LES MARGINAUX PARISIENS

aux XIVe et XVe siècles

BRONISLAW GEREMEK
de l'Institut d'Histoire
de l'Académie des Sciences de Pologne

LES MARGINAUX PARISIENS

aux XIVe et XVe siècles

Traduit du polonais par
Daniel Beauvois

FLAMMARION

Titre de l'ouvrage original :

LUDZIE MARGINESU W SREDNIOWIECZNYM PARYZU

Ce livre a d'abord été publié
dans la Collection L'Histoire vivante
créée par Denis Richet

Printed in France

ISBN 2-08-081239-4

INTRODUCTION

Les recherches sur la structure sociale des villes médiévales se sont longtemps concentrées sur le sort des couches supérieures qui, seules, en raison de leurs fonctions économiques, de leur situation de possédants, de leurs privilèges dans la vie publique, avaient droit à l'histoire [1]. Il est bien vrai qu'elles étaient les supports du système [2], qu'elles façonnaient le destin de la ville, décidaient de sa prospérité et puis, c'est leur histoire que les documents conservés jusqu'à nos jours permettent de suivre le plus facilement et le plus complètement. L'histoire des *divites et potentes,* le problème de savoir s'il faut distinguer ou identifier le monde de la richesse et celui du pouvoir, l'évolution des groupes placés à la tête de la ville ont donc occupé longtemps la première place parmi les directions d'étude. Les problèmes délicats posés par la division de la société en états se retrouvaient également quand il s'agissait de définir la structure interne des villes, toute l'attention se dirigeait encore, alors, vers les fonctions de groupes sociaux particuliers, à commencer par les premiers dans la hiérarchie de la dignité et de la respectabilité [3].

Mais à mesure que les recherches sur l'histoire sociale des villes quittaient le plan juridico-institutionnel, l'image que l'on avait des structures urbaines s'élargissait lentement aux échelons inférieurs de l'échelle. Les travaux sur la démographie historique des villes, l'analyse statistique des différents niveaux de fortune des bourgeois (en particulier les travaux de Gustav Schmoller et de ses disciples, sur les rôles fiscaux des villes allemandes) ont posé le problème d'une vision globale de la population où ne pourrait plus manquer la « couche inférieure [4] ». Ce n'est pourtant que récemment que l'on a commencé à jeter des ponts entre ces études statistiques et les recherches sur les institutions, en posant la question du caractère social de cette « couche inférieure », en observant la situation économique et la place dans les rapports de production (plus seulement dans l'échelle des fortunes) des groupes qui la composent [5]. Les distinctions opérées sont loin de la précision [6], mais l'on peut admettre que ces groupes constituent un ensemble qui ne possède ni indépendance économique, ni droit de cité [7]. Si même les salariés de différents types y dominent [8], une grande partie n'en est pas moins composée d'éléments peu stabilisés, enclins aux migrations, sans affectation professionnelle ou productive durable.

Notre sujet se situe justement sur cette frontière fluctuante. Nous allons nous attacher à des gens ou des groupes qui sont rejetés, ou se mettent d'eux-mêmes en marge de la vie sociale, ne participent pas aux processus de production et dont la vie reste irréductible aux normes de comportement en vigueur. Ils n'appartiennent pas à la société des états puisque, dans la hiérarchie de la dignité, de l'honneur et du respect, ils ne se définissent que négativement. Ils n'assument dans la vie économique aucune fonction permanente, pas plus que dans la vie sociale. Pour pénétrer ce milieu, il nous faudra, avant tout, étudier les actions et les formes d'action d'individus ou de collectivités qui semblaient asociaux aux contemporains et qui contrevenaient à l'ordre des valeurs établies. Nous tenterons ensuite de saisir les rapports de ce monde aux structures sociales : origine des marginaux, durée de la « condition » marginale, liaisons et chevauchements des groupes marginaux soit entre eux, soit avec les groupes professionnels, soit encore avec différentes couches de la société organisée.

A la différence de l'historien des classes pauvres, nous n'aborderons pas ici le problème des artisans à gages, de leur situation matérielle, de leur rôle social, car ils étaient en grande partie, sinon dans la majorité des cas, intégrés aux structures corporatives. Ce n'est que lorsqu'ils ne voudront, ou ne pourront, assurer leur existence de cette façon, et que leur indépendance les fera entrer en conflit avec les formes organisées, qu'ils apparaîtront dans le présent travail, au même titre que les transfuges d'autres groupes sociaux.

Les frontières de ce monde ne se laissent pas définir d'emblée, puisque le manque de stabilité est justement ce qui caractérise les individus et les groupes qui le composent. Nous reconnaîtrons ici pour marginales, en nous fondant essentiellement sur les actes judiciaires, les personnes et les collectivités que la société du temps a reconnues pour telles devant ses tribunaux, dans les décisions de ses autorités, ou dans l'expression de son opinion [9]. Les documents nous présentent leurs agissements comme des crimes, mais la criminalité ne sera pas notre objet premier. Nous nous fixerons sur le milieu dont le mode de vie se présente comme anormal, c'est-à-dire ne respecte pas les normes en vigueur dans la société [10]. Ce n'est qu'à ce titre que nous parlerons du « milieu criminel », en le considérant comme un ensemble de criminels notoires. Il faudra également envisager le phénomène criminel sur une échelle sociale beaucoup plus large. La signification du crime, même unique, dépend de la situation matérielle ou de l'appartenance sociale de son auteur. Le geste précipite plus souvent sur une voie irréversible l'individu de basse extraction que celui d'une origine plus haute. Le jeune noble ou le chevalier qui pillent et tuent, s'intègrent rarement à un groupe criminel, mais, après les mêmes crimes, un paysan ou un journalier n'ont quasiment pas d'autre choix. Nous ne confondrons pas, enfin, les marginaux et les criminels, car la frange marginale de la société accueille des éléments sur qui pèse l'infamie, mais qui ne commettent aucun crime.

Quelques mots d'explication sur le cadre géographique et chronologique de notre étude. Le choix de Paris comme champ d'observation donne forcément un caractère particulier aux conclusions à tirer et il limite les possibilités d'application dans le domaine comparatiste. Cette énorme agglomération médiévale rappelle, par ses structures de production, les petits centres urbains sans production spécialisée liée au grand commerce. La draperie emploie à Paris moins de 12 % de l'artisanat alors qu'à Ypres la proportion est de 56 % [11] ; par contre les métiers liés au luxe y occupent une place plus importante que partout ailleurs. Plus de la moitié des artisans pratiquent de petits métiers liés au marché local. Les compagnons, il est vrai, y sont très nombreux [12], mais ils diffèrent fondamentalement, par exemple, du salariat de Florence à la fin du Moyen Age [13]. La situation parisienne est donc bien caractérisée par une population très nombreuse et les structures de production du petit artisanat.

Les rôles et les fonctions de Paris sont multiples. Dans le cadre chronologique que nous avons choisi, la fonction de capitale de la monarchie se renforce considérablement [14]. La ville est un important centre de commerce et d'opérations bancaires, elle s'affirme de plus en plus comme une « capitale économique [15] ». Elle est enfin l'un des foyers les plus sérieux et les plus nombreux de la culture et de la vie intellectuelle françaises. Le monde universitaire parisien constitue l'un des plus nombreux regroupements d'étudiants de l'Europe d'alors [16]. La diversité de ces fonctions est à l'origine d'une situation sociale complexe. Des cercles distincts, mais qui s'interpénètrent, coexistent : noblesse, courtisans, universitaires, bourgeois. Cette situation a des conséquences évidentes pour notre problème car les groupes qui nous intéressent vivent en dehors de chacun de ces cercles, mais devront être définis dans leurs rapports avec chacun d'eux.

Notre étude porte sur une période allant du XIIIe au XVe siècle, mais elle s'attarde plus spécialement sur le XIVe et la première moitié du XVe siècle. La nature du sujet, qui n'offre pas de documentation strictement limitée et spécifique, appelait le cadre chronologique le plus large possible. A l'intérieur de ce vaste espace, le noyau principal sera constitué par ce qu'il est convenu d'appeler la grande crise. Malgré l'intérêt manifesté ces dernières années pour la crise du bas Moyen Age, le problème des mutations sociales de l'époque et celui de la « crise sociale », ont été peu étudiés [17]. Le processus de développement des groupes marginaux en est partie intégrante. Le relâchement dans le mode de vie des classes supérieures, l'énorme fardeau des exactions de la noblesse, l'enrichissement rapide des uns et l'appauvrissement des autres, tout cela affaiblit le respect des conventions sociales et de la loi. La crise de la vie religieuse, tant sur le plan des institutions que sur celui des valeurs, le contraste entre la doctrine et la pratique de l'Eglise [18], aggravent cette situation et créent des conditions propices à la non-observation des règles et des normes générales.

Dans la documentation originale dont nous disposons pour Paris, les matériaux statistiques ou démographiques manquent qui permettraient de saisir les changements numériques. Des séries suffisamment continues pour étudier l'évolution des phénomènes décrits font également défaut. C'est pourquoi — mais pas seulement pour cela — nous mettons l'accent sur la définition des principaux éléments constituant la frange marginale. Ceux-ci, dans la phase initiale de notre période, se comportent comme une société d'équilibre et attestent, au contraire, vers la fin, une sorte de crise structurelle.

1. Récemment : *Untersuchungen zur gesellschaftlichen Struktur der mittelalterlichen Städte in Europa. Reichenau Vorträge 1963-1964*, Konstanz-Stuttgart, 1966.

2. Sur le « verfassungtragende Schichte », voir Th. Mayer, *Einleitung*, in *Untersuchungen zur gesellschaftlichen Struktur...*, pp. 7 et suiv.

3. Cf. « Ordres et classes. Colloque de l'Ecole normale supérieure de Saint-Cloud (1967) », *Annales*, 1968, n° 2, p. 241.

4. Le problème des classes inférieures a fait l'objet d'un colloque franco-allemand à Saint-Cloud en 1962 ; ces actes n'ont pas encore été publiés. Les recherches sur la pauvreté au Moyen Age, menées sous la direction de M. Mollat, à la Sorbonne, concernent également la question sociale, voir *Recherches sur les pauvres et la pauvreté*, Paris, 1962.

5. A. von Brandt, « Die gesellschaftliche Struktur des spätmittelalterlichen Lübeck », in *Untersuchungen zur gesellschaftlichen Struktur*, pp. 215 et suiv., surtout p. 236 ; E. Maschke, « Die Unterschichten der mitellalterlichen Städte Deutschlands », in *Veröfentlichungen der Kommission für die Geschichtliche Landeskunde in Baden-Württemberg*, Reihe B, B. 41, 1967.

6. On éprouve ici la constante difficulté d'appliquer des conceptions contemporaines aux structures préindustrielles, cf. *Problèmes de stratification sociale. Actes du Colloque International (1966)*, publiés par R. Mousnier, Paris, 1968 (Publication de la faculté des lettres et sciences humaines de Paris).

7. Sur l'étendue de la pauvreté dans les villes, F. Graus, *Chudinamestka w dobe predhusitske*, Praha 1949, p. 9 ; von Brandt, *op. cit.*, p. 222, attribue « die grosse Masse der Unselbständigen, die nicht das Bürgerrecht besassen » à la plus basse classe qu'il distingue.

8. Pour cette catégorie voir B. Geremek, « Les salariés et le salariat dans les villes au cours du bas Moyen Age », in *Troisième Conférence internationale d'Histoire économique,* Munich 1965, Paris, 1969, pp. 553 et suiv.

9. Un état des recherches et des théories sociologiques concernant les « phénomènes appréciés négativement » est donné par A. Podgórecki, *Patologia życia spolecznego,* Warszawa, 1969.

10. Cf. E. Durkheim, *Les règles de la méthode sociologique,* Paris, 1895, ainsi que R. Merton, *Social Theory and Social Structure,* Glencoe, 1959.

11. B. Geremek, *Paryz najwiekszym miastem średniowiecznej Europy?,* Przeglad Historyczny, t. LVIII, 1967, pp. 189 et suiv., où l'on trouve une comparaison des structures de production de Paris, d'Ypres et de Francfort-sur-le-Main.

12. J'ai consacré à l'étude de ce milieu un livre intitulé *Najemna sila robocza w rzemiosle Paryza XIII-XV w. Studium o sredniowiecznym rynku sily roboczej,* Warszawa, 1962 (traduction française : Paris 1968).

13. Cf. V. I. Rutenburg, *Narodnyje dviženija v gorodach Italii* (XIV-načalo XV v., Moskwa-Leningrad, 1958, chap. I, et du même, *Najemnyje rabočije v Italii XIV-XV vv.,* (in :) *Iz istorii rabočego klassa i rievolucjonnogo dviženija,* Moskwa, 1958.

14. Y. Renouard, « Paris », in : *Etudes d'histoire médiévale,* t. I, Paris, 1968, pp. 171 et suiv., deux textes extraits des recueils : « Paris — croissance d'une capitale », Paris, 1961 ; « Paris — fonctions d'une capitale », Paris, 1962.

15. G. Fourquin, « Paris — capitale économique à la fin du Moyen Age », *Bulletin de la Société de l'Histoire de Paris et de l'Ile-de-France,* n°s 87 et 88, 1961.

16. *Aspects de l'université de Paris,* Paris, 1949.

17. L'état des études et la bibliographie se trouvent chez F. Graus, *Das Spätmittelalter als Krisenzeit. Ein Literaturbericht als Zwischenbilanz,* Mediaevalia Bohemica, I, 1969. Supplementum ; cf. R. Romano, A. Tenenti, *Die Grundlegung der modernen Welt,* Frankfurt a. Main, 1967, pp. 9 et suiv.

18. Voir à ce sujet J. Toussaert, *Le sentiment religieux en Flandre à la fin du Moyen Age,* Paris, 1963, surtout pp. 372 et suiv. ; et E. Brouette, *La psychologie religieuse du petit peuple namurois devant la Réforme,* Miscellanea Tornacensia. Congrès de Tournai de la Fédération archéologique et historique de Belgique, t. I, Bruxelles, 1951, pp. 235 et suiv.

CHAPITRE PREMIER

LA CRIMINALITE ET LE MILIEU SOCIAL

1. Les marginaux et la criminalité

La représentation que l'on a couramment de la société médiévale est fondée sur une hiérarchie figée de catégories nées de la division du travail. La mobilité de la main-d'œuvre qui caractérise cette société — la ville médiévale accusant un déficit démographique qu'elle doit combler par un apport constant de l'extérieur — semble souvent ne pas affecter cette stabilité, ni entamer cette sorte de pétrification qui frappe le corps social. Si, pourtant, l'on s'arrête au bord de ce monde, l'image change complètement. « Stadtluft macht frei », soit, mais ce vent de liberté qui souffle de la ville peut tourner la tête. S'adapter à la structure complexe de la vie urbaine n'est pas aisé, tandis que se laisser vivre en marge de cette masse de problèmes constitue une solution de facilité très tentante. Le relâchement qui marque presque toujours l'étape d'adaptation initiale et transitoire, peut devenir un état permanent.

Les sociétés évoluées sont ordinairement accompagnées d'une frange marginale. On peut même aller jusqu'à dire que l'existence d'individus ou de groupes non intégrés constitue l'une des preuves de la cohésion de l'ensemble donné. Les traits et le nombre de ces groupes peuvent donner une représentation très précise de la société considérée, de son niveau de développement, de la capacité d'adaptation de ses structures [1].

Lors des grandes mutations socio-économiques, certains

éléments marginaux qui ne trouvent pas place dans les structures existantes, fournissent la matière dont sortiront de nouvelles couches et classes sociales. Il est ainsi possible, dans la perspective des siècles, de considérer les marginaux du Moyen Age comme préfigurant la formation du futur salariat de l'industrie : cette classe à venir s'esquisse en eux *in statu nascendi*[2]. Si, par ailleurs, nous envisageons l'existence des marginaux du bas Moyen Age comme inhérente au système féodal, il devient alors essentiel de comprendre quels liens unissent ces éléments au corps principal de cette société. Nous devrons donc examiner l'aire d'extension de cette marge, son mode de recrutement, sa composition, ses conditions de vie et sa place par rapport à la structure sociale.

Le caractère partiel de notre objet n'est pas sans poser certaines difficultés[3]. La mobilité, les déplacements constants, sont le propre des gens de ce milieu. C'est fréquemment hors des murs de la ville qu'ils cherchent les conditions les meilleures pour accomplir leur « métier[4] ». Et pourtant la ville semble exercer sur eux une sorte de magnétisme, surtout cette ville mastodonte qu'était le Paris médiéval. Si nous admettons, en effet, que la capitale de la France comptait, début XIVe siècle, plus de 200 000 habitants, nous la reconnaissons du même coup pour la plus grande ville d'Europe au bas Moyen Age. Une telle masse crée des conditions particulièrement favorables pour les éléments instables qui restent irréductibles aux normes sociales en vigueur. Par la force des choses, la surveillance est ici moins stricte, moins efficace, et la vie dans la grande métropole donne des possibilités de profit plus grandes, de même que des occasions de crimes plus nombreuses. Les villages et les bourgades des environs, ne peuvent être, pour ces individus, que des lieux de séjour temporaires, les étapes de leur vie nomade. Le lieu d'élection est donc, sans doute, la grande ville, mais ils se complaisent, au moins autant, dans les forêts, les endroits écartés et, par-dessus tout, sur les routes. Le nomadisme constitue leur condition naturelle. Limiter notre observation à la ville signifie donc nous couper d'un champ très important, c'est laisser de côté toute une partie de la vie et de l'activité des marginaux. Précisons toutefois que, lorsqu'ils comparaissent devant les tribunaux parisiens, l'enquête et leurs aveux offrent un tableau complet de leur vie. Leur existence extra-urbaine se dessine donc assez bien dans le *curriculum vitae* qu'ils déclinent alors.

La composition des marges sociales est déterminée par deux facteurs. Tout d'abord la société exclut les groupes qui vivent en contradiction avec le bon ordre ou qui se livrent à des activités honteuses (les prostituées et, dans une certaine mesure, les mendiants). Certains individus se séparent ensuite, d'eux-mêmes, du corps social. Ce sont ceux qui enfreignent les normes de la vie collective, ceux qui s'adonnent aux activités criminelles, dans le sens large que Florian Znanecki donne à cette expression, à savoir : « une conduite qui crée un danger pour le système collectif. » En d'autres termes, il s'agit de ceux qui portent atteinte à l'autorité sociale, qui violent l'éminente dignité du système collectif [5].

Le premier de ces processus ne semble pas offrir de difficulté quant à l'étude et à l'interprétation. La répulsion sociale concerne ici des groupes entiers dont les moyens d'existence ou la situation physique sont condamnables ou déplaisants. Mais précisons bien que cette répulsion possède des degrés. Si, par exemple, dans l'éthique sociale du Moyen Age, on blâme l'usure, le commerce lui-même n'est pas tenu en haute estime ; ou bien encore, il suffit d'exercer certains métiers pour être l'objet du mépris. Même si ces attitudes se modifient avec le temps et si la doctrine s'adapte à la réalité, elles conservent toute leur force dans les sphères supérieures de la société féodale. Parallèlement, un groupe qui semble universellement blâmé, comme celui des prostituées, peut bénéficier de toute une série de mesures qui marquent leur consécration sociale : privilèges royaux ou municipaux. Le degré de la réprobation collective sera donné, avec la plus grande sûreté possible, par les actes juridiques et les registres judiciaires.

Il est donc normal que, du fait du caractère du milieu que nous allons examiner, du fait, aussi, des sources dont nous pouvons disposer, nous placions la question de la criminalité au centre de notre réflexion.

Les études historiques sur la criminalité n'ont pas de tradition bien établie [6]. La pratique des tribunaux a provoqué la rédaction de compilations, de recueils de lois anciennes, destinés à appuyer l'exercice quotidien de la Justice. Ce n'est que lorsque la sociologie et la criminologie modernes ont posé le problème de l'évolution de ce fléau dans sa relation avec le développement de la civilisation qu'est apparu le besoin de retour à la justice d'antan, non plus pour y puiser des exemples importants ou intéressants, mais pour définir un état global de la criminalité à différentes époques [7]. Ces études ont cependant dû se limiter à une période pour laquelle existent des séries statistiques suffisamment représentatives et continues. La statistique judiciaire est pratiquée depuis la fin du XVIIIe siècle, mais ce n'est qu'à partir de la moitié du XIXe siècle que, sous l'influence de Quételet, elle est soumise aux rigueurs nécessaires et unifiée dans ses principes. Les séries statistiques disponibles pour le XIXe siècle ont été utilisées au début du XXe, dans des études sur le lien de la criminalité avec les conditions économiques [8]. Ensuite seulement la statistique criminelle est devenue l'instrument d'étude indispensable de la sociologie du crime et de la criminologie [9].

L'histoire sociale commence également à l'utiliser. Fait capital, les historiens eux-mêmes, conscients de la grande importance du problème de la criminalité pour l'intelligence de l'évolution historique et de la conjoncture sociale, se sont mis à construire des séries pour la période préstatistique. Ces essais se limitent à des sondages restreints dans le temps et l'espace, car le travail est long et fastidieux. Même si, pourtant, l'on parvenait à établir sur cette question des séries embrassant plusieurs siècles, cela ne ferait pas beaucoup progresser notre connaissance du problème lui-même. Les criminologues qui tentent de mesurer son importance exacte de nos jours, ont coutume de parler du flottement qui existe entre le phénomène réel et l'image qu'en donnent les statistiques policières ou judiciaires [10]. Les études sur ce flottement font apparaître la faiblesse de toute construction hypothétique dans ce domaine. Quand l'étude porte sur une époque particulièrement éloignée dans le temps, le flottement devient plus grand encore : le caractère et l'efficacité de l'action répressive ne sont pas invariables, le concept même de crime est sujet à changements, l'opinion publique varie dans sa sensibilité à l'égard de tel ou tel type de crime, dans sa conception du danger présenté pour l'ordre public. La signification des séries statistiques change donc fondamentalement en proportion de l'évolution globale de la société. Dans l'étude historique de ce problème, comme, du reste, en histoire sociale en général, il paraît plus important, ou plus vraisemblable, de déceler des relations internes, d'étudier les changements dans la fréquence des différents genres de crimes ou dans la vigueur de leur répression, que d'établir des chiffres définitifs.

Mais c'est alors que l'histoire doit avouer son incertitude. L'historiographie des dernières décennies, dans son désir de moderniser ses méthodes d'observation, a modifié l'idée qu'elle se faisait de ses disciplines auxiliaires, n'hésitant pas à s'attribuer des sciences tout à fait indépendantes et elles-mêmes portées à traiter l'histoire en discipline annexe. Le croisement des disciplines, le dépassement des barrières de spécialités devient le fondement indispensable d'un renouvellement des sciences humaines. Il n'est reste pas moins vrai que se risquer dans le domaine de sciences voisines présente de grands dangers. Pour l'historien les principaux sont, d'une part, l'anachronisme qui consiste à appliquer au passé des idées (et pas seulement des méthodes !) qui ne conviennent qu'au présent et, d'autre part, d'adopter une grille d'observation dont les principales questions ne peuvent pas trouver de réponse dans les sources disponibles. On touche ici non seulement le caractère fragmentaire de la documentation, le passage des archives au crible des siècles, les destructions, mais aussi la différence des niveaux de développement de la science, de la conscience, individuelle et collective, du progrès de la civilisation en général.

Il convient d'avoir ces difficultés en mémoire en nous aventurant sur le terrain de la criminologie et en essayant de définir une méthode de recherche ou un questionnaire-modèle [11]. L'historien reste impuissant devant certaines exigences et la rigueur des questions du criminologue. Il lui sera impossible d'établir quelle réaction chimique se produit dans le corps du bandit au moment où il commet un forfait, ou le fonctionnement de ses glandes. Il ne parviendra pas non plus à déterminer le rôle des maladies mentales dans la genèse des crimes décrits, même s'il est conscient du problème. La typologie physique des criminels lui restera de même inconnue. L'historien ne peut trouver que sporadiquement dans des sources antérieures au XIXe siècle des réponses aux questions relevant de l'anthropologie criminelle. Le bien-fondé de ces questions est pourtant incontestable pour comprendre la genèse du geste criminel [12].

Ces insuffisances de la matière dont il doit se servir ne sont pas à négliger non plus, lorsque les recherches portent sur les questions de criminalité qui relèvent des méthodes spécifiques et de la problématique historiques.

D'ailleurs, ce n'est pas la criminalité qui doit nous retenir surtout, mais les traits et le fonctionnement d'un milieu social donné dont le crime est une activité quotidienne. Ce milieu est celui des bas-fonds, de la plèbe urbaine du Moyen Age, et une telle descente dans les couches inférieures de la société est difficilement compatible avec la vision hiérarchisée, échelonnée, de la société urbaine. Les bas-fonds exigent, par définition, que l'on renonce à la société organisée. Les marginaux ne font pas que commettre des crimes, leur existence même semble être un crime.

Nous nous attarderons spécialement sur un groupe que l'on qualifie traditionnellement de « professionnels » du crime [13]. L'observateur oscille souvent, dans son approche de ce milieu, entre deux attitudes, fondées sur un *a priori* parfois inconscient, et qui ne s'excluent pas du tout : une répulsion morale et une curiosité pour le pittoresque du milieu, accompagnée souvent d'une certaine sympathie pour l'anarchie qui y règne.

Cette dernière tendance a d'ailleurs été scientifiquement féconde. L'intérêt de la presse et de la littérature pour le monde du crime a entraîné une demande en tableaux de la vie des criminels du Moyen Age. C'est surtout la fascinante figure de François Villon, le poète vagabond, qui est devenue le stimulant des études sur cette sphère avec laquelle l'auteur du *Grand Testament* se reconnaît tant de liens. Les études les plus récentes sur le poète font d'ailleurs douter de cette adhésion. La *Ballade de la grosse Margot* n'exprimerait qu'une certaine pose ou une provocation délibérée. Il semble pourtant que cette opinion ne puisse résister aux preuves que fournissent les conflits de Villon avec la loi. Ce qui nous importe, quoi qu'il en soit, est la vraisemblance du tableau de cette société où les études classiques de Longnon, Sainéan, Schwob et Champion placent le poète, c'est-à-dire la couleur, la diversité d'un monde socialement malade [14].

Une société malade ? Le jugement *a priori* contenu dans cette expression appelle aussitôt une rétractation. Durkheim, en notant que la criminalité se manifeste dans toutes les sociétés connues, que son coefficient a tendance à croître au fur et à mesure du développement de la civilisation contemporaine, souligne qu'il est insuffisant de parler du caractère pathologique de la délinquance, car cela confère à la maladie une valeur constitutive [15]. Il convient donc de traiter ce phénomène comme normal dans les sociétés évoluées, et même, en un certain sens, comme indispensable au développement de la conscience collective de l'humanité [16]. L'historien aurait d'ailleurs du mal à accepter la thèse de la pathologie sociale pour une autre raison : il ne saurait traiter d'une médecine quelconque de la société autrement que comme objet de ses recherches sur la fragilité de la destinée et des jugements humains. Il ne peut considérer la société en se fiant pleinement aux conventions que nous imposent les normes et les appréciations reçues. Il ne peut les reconnaître pour siennes. Il étudie donc ce « monde du crime » comme une partie de la société en général. Il approche celle-ci par le biais de sa frange marginale [17].

2. Le crime et la peine

Nous ne faisons connaissance avec les marginaux, le plus souvent, qu'au moment où ils entrent en conflit avec les normes juridiques admises. Ne risquons-nous donc pas de déformer le tableau ? Nous aurons à reprendre cette question au dernier stade de nos réflexions, lorsque nous essaierons de fixer la place de ces gens dans la société urbaine médiévale. Contentons-nous pour l'instant, de constater que les marginaux, de par leur style de vie, rompent les conventions sociales. La situation dans laquelle ils se présentent à nous, à travers les actes judiciaires, n'est donc pas tellement anormale, elle serait plutôt le couronnement de cette façon de vivre typique. Les marginaux enfreignent les lois en vigueur, l'appareil judiciaire et policier doit les poursuivre.

« Car toute joutise doit tous joez enquerre et aprandre coment ele devra et porra pugnir les mauffetors », cette définition que l'on trouve dans *Les Etablissements de Saint-Louis* [18] donne déjà un avant-goût de l'évolution capitale qui va se dessiner dans la conception de la procédure criminelle et de la mission de la justice. Le principe de la vengeance privée, de l'accusation individuelle, qui exigeait, pour entreprendre des poursuites, une plainte de la victime ou de ses proches, cède la place à celui de l'enquête où la poursuite du crime devient une obligation publique [19]. Alors que, dans le système précédent, toute affaire se déroulait entre deux individus, la victime et l'accusé, le nouveau, qui se répand du XIIIe au XIVe siècle, met, entre les deux parties, une force intermédiaire, celle des organes de justice qui agissent dans l'intérêt public [20].

Cette fonction nouvelle est, avant tout, celle du pouvoir royal. La poursuite des crimes est l'une de ses fonctions publiques [21]. Mais déjà le droit coutumier qui conservait le vieux principe selon lequel tout procès doit être entamé par un plaignant, fait une exception pour les personnes de mauvaise renommée envers lesquelles il convient d'ouvrir d'office une procédure. *Li livres de Jostice et de Plet* [22] énumère comme tombant sous « inquisicion de mauvèse renomée » ceux qui tiennent des maisons closes, les pillards, ceux qui causent du scandale, qui se bagarrent et font le mal. Le droit coutumier angevin rappelle aussi que rechercher et punir toute personne de mauvaise conduite fait partie des devoirs des représentants de l'autorité royale. Il est révélateur de voir quels suspects sont visés dans ce recueil. Ce sont ceux qui ne peuvent attester ni propriété, ni moyen honnête de subsistance et qui se complaisent dans les tavernes [23]. Les tribunaux doivent les rechercher, puis, après avoir établi où ils habitent et de quoi ils vivent, ouvrir d'office une enquête, quoi qu'on leur reproche, afin de les châtier. Même si les preuves manquent, même sans enquête, il est possible d'expulser de tels individus, car la tâche des autorités est de nettoyer le pays des « mauvaises gens [24] ».

La notion d'infraction ne semble poser aucun problème, ni causer le moindre tracas aux juristes du Moyen Age. Le droit coutumier traite des diverses formes de « mauvaises actions » et des peines correspondantes, en considérant comme évident qu'un crime est un préjudice porté à une personne physique, à son bien ou à son honneur. Il s'agit donc d'entorses aux normes élémentaires des rapports humains, inchangées depuis des siècles. Si l'on veut trouver des éléments de changement, il faut les chercher dans la conception de la faute. Les recueils juridiques du XIIIe siècle, de même que la pensée canonique, commencent à distinguer l'élément subjectif, le degré de mauvaise volonté [25]. De nouvelles infractions apparaissent tandis que d'autres disparaissent. L'attitude de l'opinion face aux comportements extrêmes commence à changer.

La littérature du temps nous offre l'image de crimes limités socialement aux classes dominantes : la trahison et le meurtre y occupent la première place, les grandes passions s'y déchaînent, les tribunaux et le droit y feraient figures d'intrus [26]. La justice se conquiert ici individuellement, avec l'appui des gens, non des institutions. L'intervention de l'autorité elle-même est traitée à ce niveau, et non institutionnellement. Par contre, dans les couches inférieures de la société, le crime, dans sa dimensions existentielle, celui qui trouve ses raisons dans la vie quotidienne, est monnaie courante. Le système judiciaire et l'appareil policier sont, avant tout, dirigés contre les échelons inférieurs de la hiérarchie sociale : ce sont eux qu'il faut surveiller, eux qui créent le danger, eux qui frisent le crime sans arrêt. L'infraction semble être là un phénomène endémique. Seules des peines sévères peuvent l'endiguer [27].

Sévères, elles l'étaient. « Quiconque est pris en cas de crime et atains du cas, si comme de murtre ou de traïson, ou d'homicide, ou de feme esforcier il doit estre trainé et pendu. » Tel est l'avis de Beaumanoir [28]. Hormis ces quatre crimes cardinaux que l'on doit payer de sa tête, Beaumanoir cite comme « crimes » l'incendie délibéré d'une maison, qu'il faut punir de pendaison (§ 831) ; l'hérésie et la sodomie qui méritent le bûcher (§ 833) ; la falsification de monnaies qui vaut à son coupable d'être jeté dans l'eau bouillante (§ 834) ; le vol de tout bien immeuble qui justifie aussi la pendaison.

Les fautes plus légères, les « mendres mesfès » qui restent du domaine du droit coutumier sont surtout les coups et blessures avec effusion de sang, que les recueils désignent sous le vocable de « sang menu [29] ». Beaumanoir précise qu'elles tombaient autrefois sous le coup de la loi du talion [30] mais qu'elles ne sont plus passibles que d'amendes, d'emprisonnement et d'indemnités correspondant au préjudice causé [31].

Les peines corporelles, de même que la très fréquente sentence de mort, le fouet, le fer rouge, la mutilation d'un membre, ont pour but de frapper les imaginations : « Pour ce que l'en se gart de fere mal et se l'en ne s'en garde, que l'en en port peine de cors selon le mesfet [32]. » La gradation des peines reste donc en rapport direct avec le degré de danger que représente le délit pour l'ordre social [33]. Cela permet de comprendre pourquoi le vol est passible comme le meurtre de la peine capitale.

La rigueur à l'égard du vol [34] manifestée par le droit coutumier français, rigueur qui n'est d'ailleurs pas exceptionnelle dans l'Europe médiévale [35], a pour but de préserver la propriété. Si Beaumanoir ne prévoit plus uniformément que la seule peine de mort pour toute espèce de vol, la tradition coutumière franque appliquait, au contraire, toute une série de châtiments. Dans la jurisprudence de Charlemagne, le vol est passible de peines allant de l'œil crevé à la hart [36]. *Les Etablissements de Saint-Louis*, pourtant contemporains de Beaumanoir, offrent encore la gradation des peines pour vol. Voler un cheval mérite pendaison ; voler la nuit vaut au coupable d'avoir les yeux crevés ; dans les autres cas, on recommande de proportionner la peine aux éventuelles récidives. Un premier larcin peut entraîner la section de l'oreille, on peut aussi crever un œil ; mais au deuxième, on coupe un pied ou le nez ; le troisième vol ne pardonne pas : le voleur est pendu [37]. Un vol réitéré trois fois semble indiquer que son auteur ne s'amendera plus, cela permet de le définir comme un criminel, catégorie qui n'échappe pas à la corde [38]. Le droit coutumier anglo-normand prévoit la pendaison quand la valeur des biens volés excède douze deniers ; en dessous, on punit d'exposition au pilori, de flagellation, de section d'un doigt ou d'une oreille. En cas de récidive, les vols mineurs peuvent également coûter la vie [39].

La sévérité des peines n'est toutefois pas seulement l'expression d'une défense acharnée de la propriété. Elle semble aussi découler de la fréquence des délits et exprimer une certaine impuissance de l'appareil judiciaire ou policier devant les dimensions du phénomène. La dureté de la répression n'est-elle pas ordinairement le signe d'une faiblesse de fait de l'appareil d'Etat ?

Dans l'éventail des peines prévues par la jurisprudence médiévale, l'incarcération ne joue pas un grand rôle [40]. Il s'agit, le plus souvent, d'arrêts préventifs, en attendant le moment du jugement. Le plaignant comme l'accusé sont passibles d'arrestation, le but de la prison étant de s'assurer de la comparution des deux parties à l'audience. Ce caractère de prévention est attesté par le fait que les prisonniers pouvaient fréquemment recouvrer la liberté moyennant caution. Toutefois, au cours du bas Moyen Age , l'emprisonnement *sensu stricto* prend une plus grande importance [41]. Si l'on rencontre rarement la prison dans les verdicts, elle apparaît assez souvent dans les « lettres de rémission » royales (documents par lesquels le roi signifiait sa grâce à un condamné). Il s'agit de la prison au pain sec et à l'eau, conçue comme une forme d'expiation, à l'instar des pèlerinages à accomplir. Ce temps de contrition durait de nombreux mois [42] et il arrivait que les prisonniers mourussent sans avoir été jugés. Les dures conditions de la détention ainsi que la brutalité de l'interrogatoire entraient pour beaucoup dans cette mortalité des captifs [43]. Priver un condamné de droit commun de liberté n'est pas une peine fréquente et ne semble pas correspondre à la conception médiévale du châtiment qui doit être une « venjance des mesfès » (Beaumanoir XXX, 936). Cela ne satisfait pas non plus aux exigences d'une punition ostentatoire, la prison est trop discrète [44].

Paris compte bon nombre de prisons, ce qui n'empêche pas les autorités de se lamenter sans cesse sur l'impossibilité de contenir tous les condamnés [45]. Chacune des juridictions seigneuriales a ses geôles propres, de même que les autorités ecclésiastiques, mais le principal établissement destiné aux criminels est le Châtelet de Paris [46]. Les geôles qu'on y trouve sont de différents types [47]. Le principe est que le prisonnier acquitte lui-même le prix de son entretien, les gardiens ne vivent que de ces ressources. Les « droit commun » qui n'ont pas en ville de famille susceptible de leur assurer quelques subsides sont soumis à des conditions carcérales particulièrement pénibles. Ceux qui ne peuvent payer pour un grabat, ou la botte de paille dont ils se feraient une litière, sont réduits à la « fossée » suintante d'humidité et, même pour cela, il leur faut acquitter une certaine redevance. Un grabat coûte six deniers. Le séjour en « fossée » un denier. La nourriture est maigre, voire inexistante. Les prisonniers sont surtout tributaires de l'aide éventuelle de visiteurs miséricordieux ou de la philanthropie organisée. Si donc le séjour en prison n'était pas quelque chose de rare ou de déshonorant [48], il n'en était pas moins, pour les pauvres en général, et surtout pour les criminels, même pendant l'enquête ou en attendant le verdict, un cauchemar terrifiant.

Les amendes et les châtiments corporels revêtent dans le répertoire des peines médiévales, une importance toute particulière. Selon la tradition du talion et de la « composition » mérovingienne, ils satisfont la conception de la justice des hommes du temps. Il n'était pas rare que l'amende excédât les possibilités du coupable [49]. La législation française du XIVe siècle préconise alors sa transformation en incarcération, au pain sec et à l'eau, sans préciser la durée [50]. Le nombre des prisonniers insolvables augmentant, la question est débattue en conseil du roi, en 1398. On constate, en effet, que beaucoup de « povres et misérables personnes » condamnées aux prisons du Châtelet y meurent de misère et de maladie alors que les sommes que l'on exigeait d'elles étaient minimes. Le prévôt de Paris se voit alors accorder le droit de réduire les peines et de remettre en liberté les gens réellement pauvres [51]. Il est net qu'il s'agit là de délits mineurs, d'« amendes civiles » transformées en emprisonnement [52].

Le bannissement aussi occupe, dans la panoplie de la répression, une place bien à lui. Il est appliqué, au premier chef, à tous les accusés ou à tous les suspects qui ne comparaissent pas devant le tribunal dans les délais impartis. La non-comparution place son auteur hors la loi [53] et le bannissement est l'une des plus lourdes peines qui soient à la disposition des juges. Sa gravité est fonction de l'aire géographique qu'il affecte et de sa durée. Il pouvait, en effet, être étendu à l'ensemble de la juridiction et signifier l'expulsion de la ville [54] ou même, dans le cas de Paris, interdire le séjour dans toutes les terres du ressort de la juridiction seigneuriale. Avec le temps, cependant, les villes se communiquent leur liste de bannis [55]. A mesure que l'appareil d'état se développe, les tribunaux prononcent de plus en plus de bannissements hors du royaume. Les victimes de telles mesures sont refoulées dans la marginalité, surtout celles que frappe une exclusion à vie. Ce verdict est, en effet, assorti de tout un cérémonial de dégradation destiné à faire éprouver au condamné son déshonneur, sa mort civile et la possibilité de sa mort physique. On lui attache la corde au cou, on lui frotte le front à la potence [56]. En cas de retour ou de nouveau crime, la loi prévoyait primitivement sa mort immédiate, chacun pouvait tuer cet « outlaw[57] » comme un chien, mais par la suite, à la fin du Moyen Age, cette règle est atténuée[58], il n'est plus permis de le tuer, mais seulement de le molester ou de le battre[59].

Le bannissement est souvent appliqué en punition du vol[60], parfois du meurtre (sans circonstance aggravante), du vagabondage, de proxénétisme ou de la prostitution en dehors des limites fixées par les autorités[61]. Il arrive que cette peine punisse des délinquants qui comparaissent devant leurs juges et qui mériteraient la mort. Ainsi, cette toute jeune voleuse de Normandie est seulement condamnée à trois coups de verges, à avoir l'oreille coupée et à être chassée, alors qu'elle encourait la mort, étant donné la quantité de ses larcins et leur valeur élevée[62].

Cette autre, servante d'un bourgeois de Paris, est condamnée à être enterrée vivante au pied de la potence pour avoir volé la fortune de son maître. Le verdict est pourtant modifié en appel : elle sera fouettée trois fois, exposée au pilori et bannie[63]. La mort civile doit ici remplacer la mort physique[64]. Le résultat paradoxal de ce type de répression n'est que la multiplication des personnes obligées de se livrer au crime, car il est peu probable que beaucoup de ces proscrits aient pu s'établir dans un nouvel endroit et y mener une vie honnête. Ainsi le bannissement d'une ville était-il suivi de la proscription d'une autre ou de tout le pays[65]. Cette mesure vouait sa victime au vagabondage, loin du pays natal où il pouvait facilement être reconnu, mais sans doute conduisait-elle rarement à passer les frontières du pays[66]. Ce voleur notoire, condamné, pour une rixe, à trois ans de bannissement hors du territoire du diocèse parisien, ne tarde pas à reparaître dans les tavernes de la ville[67]...

3. La sécurité et la police de la ville

Les remparts semblent garantir la sécurité contre l'ennemi extérieur et assurer la tranquillité publique intérieure. Le regroupement de la population, par les relations de voisinage qu'il crée, facilite le contrôle mutuel. L'isolement dans les murs, le contrôle des passages de portes, semblent également mettre un frein à toute tentative contre l'ordre public. Le vaste espace de la campagne avec la lisière de ses bois à l'horizon, asile accueillant et cachette rassurante, avec ses pistes et ses routes où la vie grouille et par où la richesse arrive, tout cela est bien plus familier au criminel que la ville. Il faut pourtant constater que les agglomérations, à mesure qu'augmente la densité de leur population, non seulement suscitent et appellent la délinquance, mais lui offrent des conditions favorables. Plus la ville se développe, plus croît son étendue et grandit sa population, plus les conditions de sécurité à l'intérieur de ses murs diminuent.

L'énorme ceinture des remparts qui entourent Paris aux XIVe et XVe siècles a prouvé plusieurs fois son efficacité devant divers envahisseurs, mais l'énormité de la masse contenue dans ces murs rend les rapports entre habitants plus anonymes. Les liens traditionnels de voisinage et de connaissance réciproque se réduisent vite au cadre de paroisses données et même de rues données. Celui qui vient d'un autre quartier se distingue, il se remarque, mais il est difficile de le traiter en étranger avec toute la peur et l'hostilité que cette idée suppose dans la mentalité médiévale. Quand, en 1407, Louis d'Orléans est assassiné dans la rue Barbette, le prévôt fait immédiatement fermer les portes de la ville pour mener son enquête. Tous les habitants de la rue sont interrogés et il apparaît que la quinzaine de complices, auteurs du crime, a pu loger dans l'une des maisons et préparer son embuscade sans éveiller l'inquiétude des voisins. Ce n'est qu'après avoir enfin retrouvé un porteur d'eau, fournisseur de ladite maison, que l'on peut se procurer quelques renseignements sur cette bande [68].

Les autorités font sans cesse appel à la solidarité de « voisinage » dans la lutte contre les malfaiteurs. Les ordonnances royales exhortent les habitants à intervenir quand, à proximité de chez eux, se produit un vol avec effraction, un viol ou autre méfait, afin d'arrêter le coupable [69]. Beaumanoir souligne que celui qui surprend un voleur *in flagranti* jouit aussitôt des prérogatives d'un sergent : Il peut le poursuivre et l'arrêter [70]. En cas de vol ou de meurtre, il arrive, en effet, que des témoins ou des spectateurs organisent immédiatement la chasse à l'homme [71]. Il est cependant évident que de telles actions avaient peu de chance de réussir, les possibilités de fuite étaient trop grandes et quitter la ville sans tarder ne posait pas de problème au malandrin.

Pour fermer les portes de la ville, des circonstances particulières sont nécessaires. En temps normal, c'est par là que s'écoule le flot des départs et des arrivées. Le commerce et l'artisanat parisien attirent les gens des environs et les Parisiens possèdent des vignes hors les murs. Mais même quand les portes sont fermées, il n'est pas difficile de franchir les remparts. Ceux-ci n'empêchent nullement, par exemple, une joyeuse compagnie d'emmener, nuitamment, une fille dans les fossés, près de la porte de Montmartre [72]. On imagine par là comme il était aisé de s'enfuir à un malfaiteur qui ne pouvait trouver de cachette en ville. On ne peut donc dire que la présence des remparts assurait la tranquillité collective.

Celle-ci devait être défendue par un appareil spécial, dont nous avons évoqué plus haut la faiblesse. Vérifions cette assertion en ce qui concerne Paris.

La sécurité parisienne est surtout l'affaire des sergents du Châtelet, à savoir des exécuteurs de la justice du prévôt [73]. Ils sont divisés en deux détachements : à pied et à cheval. Les premiers exécutent les verdicts et veillent à la sécurité *intra muros,* et les seconds remplissent ces mêmes fonctions *extra muros,* dans toute la juridiction du prévôt. Le contrôle auquel ils sont soumis étant très faible, les abus de pouvoir sont fréquents. On s'en plaint constamment [74], mais toutes les ordonnances royales qui rappellent les sergents à l'ordre sont sans effet. Leur place est tellement lucrative qu'on verse plus ou moins légalement aux hauts fonctionnaires du Châtelet de grosses sommes pour l'obtenir [75]. Conscients de leur force, haïs de la population, ils tirent de leur supériorité tout le profit possible. Alors qu'ils doivent réprimer les crimes et poursuivre leurs auteurs, ils semblent eux-mêmes vivre au bord de l'illégalité. Le prédicateur Jean Menot dénonce, dans l'un de ses sermons, ces sergents du diable, qui passent leur temps dans les gargotes [76]. Le fait est vérifié, mais ils trouvent un bon prétexte dans les obligations de leur charge. Les individus de mauvaise renommée ne manquent pas dans leurs rangs [77], certains sont traînés devant les tribunaux pour vol ou participation à des bandes organisées [78]. Les cavaliers, dont on exige qu'ils sachent lire et écrire [79], ont des charges administratives et non plus seulement policières. Ils représentent dans le personnel du Châtelet, une catégorie supérieure. Il arrive que celle-ci soit le tremplin d'une brillante carrière ; ainsi Robert de Tuillère qui a été, avec son frère, sergent du Châtelet, devient « lieutenant criminel » du prévôt [80].

La réputation qui les accompagne et la peur qu'ils suscitent, trouvent un écho dans le *Testament* de Villon. Voici qu'une compagnie de sergents à pied s'avance :

Item aux Unze vingts sergens
Donne, car leur fait est honneste
Est sont bonnes et doulces gens
...
J'entends à ceulx à pié, hohete !
Car je n'ay que faire des autres [81].

Leur nombre, au Châtelet, variait sans cesse et il est bien difficile de l'évaluer. Au début du XIVe siècle Paris devait en compter 80 à pied et autant à cheval. En fait, le prestige et l'intérêt pécuniaire de la fonction, doublés de l'incohérence du contrôle royal, font que ce nombre croît sans arrêt avec l'approbation des prévôts successifs [82]. Les ordonnances du roi tentent de limiter cette augmentation en procédant par paliers [83]. Dans la première moitié du XIVe siècle, on fixe à environ 200 gardes le chiffre total et dans la seconde moitié, on passe à 400 [84]. L'inefficacité de ces quanta est évidente : en 1327, déjà, les sergents semblent être 700 environ. Pour défendre leurs intérêts, sergents à pied et sergents à cheval — qui sont en conflit permanent au sujet de leurs prérogatives respectives — s'organisent en confréries séparées [85], et bientôt ce sont elles qui veillent à limiter l'accès au métier. Sans doute est-ce sous leur influence qu'à partir du milieu du XIVe siècle le nombre de sergents dans chaque détachement est fixé à 220 [86].

Ainsi donc, les forces de police d'une ville de centaines de milliers d'habitants étaient constituées de 220 sergents (puisque les cavaliers sévissaient en dehors de Paris) et encore étaient-ils en même temps préposés à l'exécution des verdicts du Châtelet pour les affaires civiles. Le plus souvent, ils se recrutaient dans le milieu des artisans et ne consacraient pas tout leur temps à leur fonction [87].

En dehors de ce corps, le prévôt disposait également d'une garde personnelle qui était aussi chargée de certaines besognes policières : douze hallebardiers appelés « sergents à la douzaine [88] ».

Quelques juridictions séparées existaient sur le territoire de Paris. Il s'agissait surtout de terres appartenant à l'évêque et aux communautés religieuses. Celles-ci exerçaient le pouvoir civil et à ce titre rendaient la justice. Les organes judiciaires des juridictions seigneuriales disposaient aussi de sergents dont les attributions, dans leur cadre, étaient les mêmes que celles de leurs homologues royaux [89]. Nous manquons de données quant à leur nombre, mais l'on peut estimer, au vu des nombreuses juridictions de ce type, qu'ils étaient plusieurs dizaines [90]. Ils jouent cependant, dans le maintien de l'ordre, un rôle très secondaire. Le Châtelet, qui lutte sans relâche contre la justice seigneuriale à l'intérieur de Paris, restreint considérablement leurs prérogatives. Peu à peu, il s'arroge la surveillance policière de toute la ville, se réserve l'exclusivité de la majorité des procès criminels. Les sergents du ressort seigneurial sont donc réduits à faire exécuter les sentences de leur instance et à avoir l'œil aux petites infractions quotidiennes : injures, querelles, rixes, jeux de hasard [91].

L'heure du crime, comme on sait, sonne à minuit. La nuit fait apparaître et souligne l'impuissance de l'homme, elle cache aussi bien les forces impures que les malfaiteurs [92]. L'angoisse métaphysique s'accompagne de la peur devant la violence, le brigandage, le vol à la faveur des ténèbres.

Les échevins s'occupent de la sécurité nocturne avec une sollicitude particulière [93]. Leurs arrêtés fixent le couvre-feu, la cloche de la ville fait taire toute vie, les tavernes ferment, les portes des maisons sont closes tandis que le guet entreprend sa ronde de nuit autour de la ville endormie [94]. Cette garde nocturne est assurée par les métiers qui délèguent leurs représentants à tour de rôle, soixante bourgeois devant monter la garde chaque jour. Ils sont d'ailleurs secondés par la garde royale. Une compagnie de celle-ci se compose de vingt sergents à cheval et de quelques dizaines de fantassins armés [95]. La mission de cette garde, telle qu'elle est définie pas une ordonnance royale de 1364, est de veiller à la sécurité de la ville, de surveiller les prisons du Châtelet, d'éviter les incendies, les attaques, les viols, les meurtres et de faire en sorte que les locataires ne quittent pas leur maison en cachette sans avoir acquitté leur loyer [96]. La garde bourgeoise est répartie en différents endroits de la ville, surtout à proximité des prisons et ne doit pas, en principe, quitter ces postes, d'où son nom de « guet assis [97] ». La compagnie royale doit, au contraire, se déplacer et mettre la main au collet de tous malfaiteurs, vagabonds ou gens en armes trouvés dans les rues après l'extinction des feux [98].

L'obligation pour les bourgeois de faire partie du guet, même si elle ne revenait qu'avec une faible fréquence [99], était assez mal supportée et les tentatives pour s'en faire exempter étaient nombreuses [100]. Les commis chargés de pointer la présence à la ronde trouvaient là un moyen de s'enrichir : moyennant rétribution *ad hoc*, ils dispensaient du service de nuit [101]. Il ne faut donc pas surestimer la ponctualité de ce service et son efficacité quant à la sécurité des habitants. Le *bourgeois de Paris* note avec ironie qu'un chef du guet effectuant sa ronde, se faisait précéder par deux ou trois ménétriers dont le jeu bruyant devait servir à mettre les malfaiteurs en garde à son approche [102].

Les sergents du Châtelet dans l'exercice de leurs fonctions se partageaient les différents quartiers de Paris [103]. Le guet faisait de même, imitant en cela la répartition par secteurs, prévue par l'organisation militaire de la milice [104]. Celle-ci était, en effet, divisée en « dizaines », rigoureusement contrôlées par le « Parloir aux bourgeois », le principal organe municipal dont elle était l'un des appuis [105]. Les chefs de sections, les quarteniers, les cinquanteniers et les dizainiers étaient tenus de veiller à l'exécution de toutes les décisions du pouvoir municipal autonome puisqu'ils étaient les représentants de la bourgeoisie [106].

Il leur était donc facile, en se fondant sur la solidarité « civique » face au crime, de contrôler le maintien de l'ordre dans le cadre qui était le leur. Même le prévôt faisait appel à eux, bien que la sécurité relevât exclusivement de ses attributions personnelles et ne concernât en rien la municipalité. En 1413, il rappelle à tous les échelons de la milice qu'ils doivent veiller sévèrement à ce qu'aucun complot ne se trame [107]. En 1418, pendant le tumulte de la plèbe, le roi recommande à ses sujets parisiens d'obéir en tout à leurs chefs [108] et, l'année suivante, il fait promulguer une ordonnance spécialement consacrée au retour au calme. Il y intime l'ordre aux fonctionnaires du Châtelet, qualifiés d' « examinateurs », de rassembler, chacun dans sa circonscription, les responsables de la milice, et d'établir avec eux la liste des suspects [109]. Quarteniers, cinquanteniers et dizainiers sont également requis par le prévôt afin de poursuivre les mendiants et les vagabonds. Ce n'est qu'à travers ce réseau qu'il peut espérer toucher tous les quartiers, surtout pour réprimer le vagabondage systématiquement et sans faiblesse [110].

Il faut bien reconnaître que le nombre de toutes ces gardes chargées de la police parisienne était considérable comparé à celui d'autres villes médiévales [111] mais il n'est guère possible d'admettre qu'il permît un quadrillage suffisant de la métropole [112]. La structure traditionnelle des organes de sécurité dans les villes préindustrielles ne faisait pas de la surveillance une fonction professionnelle [113], on comptait sur le jeu des liens familiaux, professionnels, de voisinage, sur l'autorité du chef de famille, l'organisation corporative ou le volontariat de la milice.

Nous avons dit que l'efficacité de ces liens diminuait dans un ensemble social si énorme, c'est ce qui explique l'augmentation des forces de police autonomes. Cela ne signifie pas qu'il faille négliger la place de la solidarité des métiers et des relations traditionnelles. Elles constituent encore, à côté des peines très lourdes destinées à détourner du crime [114], le fondement de la sécurité urbaine.

4. La législation contre le vagabondage

La mobilité géographique et sociale se heurte, dans la société médiévale, à des obstacles nés d'une tendance à la pétrification des relations territoriales et sociales. L'instabilité inquiète, elle est suspecte. Le vagabondage est un délit. La législation le concernant rend compte, d'une part, des intentions, de l'action et de l'attitude du pouvoir royal, de l'autre, elle donne une certaine représentation du milieu concerné, représentation qui tente, en même temps, de le classifier. Nous ne traiterons ici que du premier aspect, en essayant de présenter le développement et l'évolution de la politique officielle face au problème [115].

On rencontre les premières allusions à la nécessité de poursuivre les vagabonds dans les formules de droit coutumier qui subsistent dans *Les Etablissements de Saint Louis*. L'un des articles analysés ci-dessus, pour son rapport avec les criminels, stipule que l'on appréhendera les personnes sans revenu déterminé, les piliers de tavernes, et qu'on les expulsera de la ville s'il s'agit d'individus de « mauvaise vie[116] ». Un telle disposition peut trouver son origine tant dans la législation carolingienne[117] que dans l'influence du droit romain[118] mais elle constitue plutôt, en l'occurrence, un rappel des devoirs de la police municipale, qui tend à tourner la procédure judiciaire normale, qu'une véritable mesure contre les vagabonds. Au cours des premières étapes de la formation des agglomérations, les éléments d'immigration, socialement instables, ne veulent pas toujours se soumettre aux impératifs de travail et d'ordre[119]. Cela devrait attirer l'attention des fonctionnaires royaux des villes, mais il est révélateur que seules les municipalités soient concernées. Malgré une opinion très répandue, l'activité législatrice de Louis IX n'offre pas d'acte visant à combattre directement le vagabondage ou la mendicité[120]. Le début de cette lutte est à dater seulement du milieu du siècle suivant.

La peste noire crée, dans la plupart des pays d'Europe, une situation critique quant au marché du travail[121]. L'épidémie cause de grands ravages dans le monde laborieux, les propriétaires terriens, comme les entrepreneurs, ressentent durement ce manque de bras et les salaires augmentent rapidement. On se plaint partout des « exigences exorbitantes » des salariés[122]. Dans cette situation, le problème des vagabonds devient partie intégrante de celui, plus vaste, des sans-travail ou de ceux qui refusent de travailler. Ainsi s'explique la hâte et l'énergie apportées dans la répression par les autorités. En Angleterre, le phénomène occupe une place de choix dans le *Statute of Labourers* de 1349[123]. En Castille, Ferdinand IV ordonne, dès 1308, aux mendiants aptes au travail, de quitter Burgos, mais ce n'est qu'en 1351, dans une ordonnance de Pierre Ier, que l'on trouve un système complet de répression[124]. En France, enfin, c'est l'ordonnance de Jean II le Bon, du début de 1351, qui marque le véritable début de la chasse aux errants[125].

Ce texte[126] s'applique à Paris et à sa région, c'est-à-dire à la « prévôté et vicomté de Paris ». Constatant que la ville et de nombreuses bourgades avoisinantes sont pleines de personnes qui traînent sans travailler, refusent tout emploi, mais fréquentent tavernes et maisons closes, il recommande de mettre un terme à cette situation. Pour cela, un choix très simple est offert à ceux qui manquent d'embauche — quel que soit leur sexe, leur condition, leur métier — aux oisifs qui passent leur temps à jouer aux dés, aux mendiants, aux chanteurs des rues (seuls sont exclus les estropiés et les malingres) : tous doivent, sur-le-champ, embrasser un métier, gagner eux-mêmes leur vie, sinon quitter Paris et autres lieux dans un délai de trois jours. La non-observation de ces prescriptions est punie d'amendes très sévères. La première fois qu'on surprend un individu à traîner sans emploi, il est passible de quatre jours de prison au pain et à l'eau, la seconde fois il risque le pilori et la troisième, il est proscrit après avoir été marqué au front d'un fer rouge [127].

Quelques années plus tard, en novembre 1354, « à l'honneur de Dieu et au profit de la chose publique ordonné est de par le Roy et son conseil et commandé étroitement » qu'une monnaie « forte » soit établie. Ce document revient sur la question des salariés, des salaires, des prix et dans ce contexte pose à nouveau la question des vagabonds et mendiants qui fuient le travail. La situation de la main-d'œuvre continue à être mauvaise, les salariés exigent une rétribution de plus en plus forte, leur insolence ne connaît plus de borne et beaucoup refusent simplement de travailler [128]. On leur interdit donc de se trouver et de boire dans les tavernes les jours ouvrables, de s'adonner aux jeux de hasard, de quitter l'endroit où ils travaillent, en quête d'un meilleur salaire [129]. Pour conjurer l'extension du mauvais exemple et pour le bien public, on ordonne de proclamer dans toutes les villes que toute personne capable de travailler, quelle que soit sa qualification, est tenue de se livrer à une activité qui doit lui procurer les moyens de vivre [130]. Si, dans un délai de trois jours, cette activité n'est pas trouvée, les intéressés doivent quitter la ville sous peine de se voir appliquer les châtiments prévus par l'ordonnance de 1351.

Les ordonnances de 1351 et 1354, analogues dans leurs attendus, se complètent mutuellement. La seconde n'est, en réalité, qu'une reprise de celle de Jean le Bon, étendue explicitement à l'ensemble du royaume. Ce qui importe, c'est la connexion soulignée entre les mesures réprimant le vagabondage et la situation du marché de la main-d'œuvre. A partir du moment où l'on décide de faire cesser l'effronterie des salariés et d'entraver leurs déplacements, il devient indispensable d'introduire l'obligation de travailler et de reconnaître le « chômage volontaire » pour une infraction.

L'origine de ces ordonnances est à chercher également dans le souci de la sécurité. La rupture de l'équilibre entre l'offre et la demande de main-d'œuvre en faveur des salariés, la facilité d'embauche en différents endroits, et la possibilité illimitée de chercher de meilleures conditions de travail et de vie, tout cela porte atteinte aux structures de base de la société féodale. Mais le relâchement social, la liberté de déplacement, la possibilité de gains faciles, entraînent aussi un processus de corruption. Ils ébranlent la sécurité collective. Aussi l'ordonnance sur le travail et les vagabonds est-elle suivie, quelques mois plus tard, de la décision royale de confier la poursuite de tous les délinquants à un commissaire spécial. Cet acte énumère de façon très complète toutes les sortes de criminels et les diverses catégories du monde du crime [131]. Le motif de l'obligation du travail et celui de la sauvegarde de la sécurité se retrouvent dans toute la législation ultérieure.

Le besoin en main-d'œuvre semble, du reste, se faire surtout sentir dans l'agriculture [132]. On manque de laboureurs et de vignerons. La vigne, particulièrement absorbante, exige un plus grand nombre de salariés [133]. L'artisanat, par contre, ne semble pas souffrir de la même situation, si l'on excepte l'indiscutable crise du milieu du siècle. Et puis, l'artisanat exige une qualification, les règles corporatives veillent jalousement à l'accès au métier, au respect du temps d'apprentissage. La demande en main-d'œuvre y est donc très figée, peu élastique. Quand le trop-plein de main-d'œuvre se manifeste en ville, l'artisanat n'est pas en mesure de l'absorber. Pour détourner les effets socialement dangereux du chômage en ville, les autorités ont le choix entre le refoulement des « chômeurs » hors des murs ou l'établissement d'un plan d'embauche dans certains travaux publics.

En septembre 1367 est proclamé à travers Paris un ordre du roi à tous ceux qui peuvent travailler, mais sont sans emploi, d'avoir à se présenter aux chantiers de réparation des fossés, moyennant une rétribution que la municipalité juge honnête [134]. Les réfractaires se verront infliger des peines immédiates et radicales. Tous ceux que les sergents surprendront seront amenés au Châtelet pour y être fouettés ou soumis à tout autre traitement adéquat. L'ordre d'employer les désœuvrés aux chantiers de la ville se répète quelques années plus tard, en juillet 1371 [135], et bientôt le procédé devient une arme classique dans l'arsenal utilisé par les échevins dans leur lutte contre le chômage.

L'ordonnance de 1382[136] (qui a pu être précédée d'autres mesures de caractère analogue) montre que les efforts des autorités se portaient également dans une autre direction et tendaient à éliminer les masses d'« oisifs » du territoire de la ville, en les envoyant là où les bras manquaient réellement et douloureusement, c'est-à-dire à la campagne. Alors que là-bas personne ne peut cultiver ni faire paître le bétail, que les garçons de ferme et tous domestiques font défaut, Paris et autres « bonnes villes » regorgent de désœuvrés, hommes et femmes, qui pourraient gagner leur pain en travaillant, au lieu de se cacher dans les asiles et de mendier quelques subsides. S'ils ne peuvent trouver de travail en ville, qu'ils aillent à la campagne. Et de brandir toujours les mêmes menaces : la prison, les verges, tandis que l'allusion aux sergents spécialement affectés à la recherche des réfractaires[137] reprend la disposition sur laquelle s'achevait l'ordonnance de 1367.

On jugera du peu de résultat de ces invites à leur fréquente répétition. Leur formulation montre plutôt l'impuissance croissante des autorités que le développement de l'appareil répressif. Le prévôt voit, il est vrai, ses prérogatives élargies, on lui permet maintenant de pourchasser les délinquants non seulement dans l'aire de sa juridiction, mais dans tout le royaume[138]. Pour ce qui est des vagabonds, toutefois, on s'en tient à la proclamation rituelle de l'obligation de travailler[139]. Dans l'une de ces proclamations, celle de février 1389, la question du vagabondage et des sans-travail est encore liée à celle des salaires excessifs et des prix. On note même ici l'écho d'une certaine irritation face à la répulsion des plébéiens pour le travail : celui-ci n'est-il pas leur élément naturel ? Souvent aussi ces mesures de lutte dénoncent la pratique des jeux de dés, de paume, de boules qui absorbent sans utilité le temps des ouvriers et salariés[140]. La répression des jeux de hasard et des joueurs est directement liée à celle du vagabondage : le temps libre doit absolument, pour les basses classes, se limiter aux fêtes prescrites par l'Eglise et à la durée de la nuit. C'est que les années quatre-vingts du XIVe siècle sont, dans la vie économique de la France, une période de crise où la situation du milieu du siècle semble, même si la dépression est moins forte, se répéter.

La dernière décennie de ce siècle apporte de nouvelles

mesures de rétorsion à l'égard des délinquants et des vagabonds. En 1395, face à une recrudescence de la criminalité à Paris, surtout la nuit, les autorités décident de rechercher les sans-logis jusque dans leur cachette nocturne. On rapporte en effet, et cela est confirmé par les aveux des malfaiteurs, emprisonnés au Châtelet, que les vagabonds passent la nuit sur les bateaux et péniches à foin amarrés dans le port. Tout en rappelant les peines qui menacent les crimes nocturnes, peine de mort en tête, l'ordonnance demande aux sergents de vérifier l'identité des gens qui dorment sur ces bateaux et d'arrêter ceux qui ne font pas partie de l'équipage. Ceux-ci sont passibles de quinze jours de prison au pain et à l'eau, au Châtelet, et d'une amende de 60 sous [141].

Quelques années après [142], le prévôt promulgue une mesure qui répète *grosso modo* celles de 1388 et 1389. Constatant que beaucoup de personnes aptes au travail vivent de mendicité par paresse, négligence ou mauvaise volonté, ce qui fait monter le prix de la main-d'œuvre [143], la municipalité leur enjoint de quitter la ville sous huitaine, sous peine des verges et du bannissement [144].

L'argument de la cherté de la main-d'œuvre semble devenir un leitmotiv de chaque nouveau texte. Celui que nous venons de mentionner fait suivre l'article concernant les réfractaires au travail d'un paragraphe qui s'adresse directement aux salariés. Constatant la montée des prix et leurs exigences toujours plus grandes, ils sont priés, au nom du roi, de ne demander qu'une rétribution « convenable et honnête ». Les gens de l'artisanat pris en flagrant délit d'oisiveté un jour ouvrable se voient, à leur tour, menacés d'incarcération.

Le législateur, reflétant à coup sûr l'opinion générale, explique l'absence ou la cherté de la main-d'œuvre par la mauvaise volonté et la corruption des salariés. C'est leur désaffection à l'égard du travail qui crée un danger pour l'ordre social.

Les premières décennies du XVe siècle, qui ne sont pas marquées par la prospérité, ne permettent, ni aux autorités royales, ni à la municipalité d'esquisser la moindre tentative énergique sur le plan social. Mais il serait trop simple de conclure à la disparition du problème des vagabonds par le simple constat du manque de mesures contre eux. Le devant de la scène est occupé par la difficile situation politique de la monarchie. Les constants changements dans le rapport des forces, l'affaiblissement du pouvoir, l'anarchie politique, paralysent toute initiative « policière » de l'appareil municipal. Nous voyons la question du vagabondage et de la mendicité reparaître, en mai 1413, dans ce grand programme de restauration de l'Etat que fut *L'Ordonnance Cabochienne* [145]. Pour ce qui est de la question qui nous intéresse ici, cette grande ordonnance est plus une compilation d'actes juridiques anciens qu'une création originale. Plus qu'une référence à la situation du temps, elle constitue le résultat et la somme de ce qui s'est fait jusqu'alors. Si, pourtant, les formules restent anciennes, des accents nouveaux et caractéristiques s'y font jour.

De nouveau, ce qui attire l'attention sur les mendiants (« caymans et caymandes [146] ») est la dépopulation des campagnes, le manque de bras pour la terre ou les soins du bétail. Il faut souligner qu'en ces années, les destructions de la guerre commencent seulement et que la situation économique de la région n'est pas encore mauvaise. L'historien de ces campagnes estime que c'est surtout la période 1410-1441 qui est marquée par les dévastations. Celles-ci sont donc faiblement ressenties au moment du mouvement de Caboche [147]. On peut simplement penser que, dans la représentation collective, mûrissait lentement la conscience d'une longue stagnation économique et que l'incertitude de la situation politique aggravait l'impression de crise. Et toujours la difficulté économique réside dans le manque de main-d'œuvre. Même cause, même effet : on s'indigne de voir tant d'hommes capables de travailler aux champs traîner sans emploi dans les rues de Paris et autres villes [148]. Fonctionnaires royaux et juges s'entendent donc recommander de forcer tout ce monde [149] au travail, de lui interdire d'errer dans les églises et de demander la charité. Puis, l'argument de la situation du marché du travail disparaît de la législation. On met maintenant en avant l'ordre public et la sécurité, car ces années voient se multiplier les « maraudeurs », individus armés qui profitent du relâchement général. L'ordonnance de 1422 prescrit aux sergents d'appréhender tout rôdeur armé qui ne se connaît aucun maître, qui ignore le mot de passe nocturne ou se livre au brigandage [150].

Le règne de Charles VII est marqué par un ensemble d'actes visant à régulariser l'affaire des vagabonds, oisifs en tous genres et mendiants de Paris [151]. Il est probable que cela fait l'objet de délibérations au conseil royal où la municipalité et les bourgeois [152] réussissent à faire entendre leurs plaintes. La plaie que présentent ces gens qui ont perdu toute notion d'une vie respectable, qui se livrent au vol, se battent, perturbent le calme de la cité, a fini par les exaspérer [153]. Pour se débarrasser de ce fléau, les mandataires de la bourgeoisie parisienne proposent d'engager, sous leur autorité, un corps spécial de lutte. Ils suggèrent surtout que chacun des seize « examinateurs » ou « commissaires » du Châtelet s'installe à demeure dans les seize quartiers qui sont les leurs. Les cinquanteniers et les dizainiers n'auront plus alors qu'à inspecter chaque semaine toutes les maisons de leur secteur et, ayant surpris des gens sans métier ni travail [154], qu'à en adresser procès-verbal au commissaire qui transmettra l'affaire aux instances judiciaires. Les dizainiers et cinquanteniers, en récompense de ce service, seront exemptés de l'impôt sur la vente des vins.

Inquiétante aussi, la recrudescence des vols. Leurs auteurs ne craignent pas la corde, chapardent et raflent ce qu'ils peuvent, puis trouvent un asile sûr en ville [155]. Pour mettre fin à cette situation, les bourgeois proposent des mesures extrêmement dures. Il faut, disent-ils, qu'un voleur qui récidive trois fois soit puni dans les mêmes conditions que l'homme ou la femme qui lui a fourni une cachette : « ensemble lesdits larrons et leur receleur et receleuse seront bruslez tous vifs [156]. »

Les bourgeois déplorent que beaucoup de crimes aient leur origine dans le quartier universitaire [157]. De vulgaires bandits et voleurs se font, en effet, passer pour des étudiants et commettent leurs forfaits sous couvert du privilège universitaire. Afin d'y remédier, on interdit le port d'armes aux étudiants que l'on soumet, par ailleurs, à une sévère réglementation. Ils doivent pouvoir attester qu'ils étudient réellement, en présentant un certificat du principal de leur collège.

Le dernier document de cet ensemble est une disposition qui vise les mendiants [158]. Sa première partie répète, en l'abrégeant, et sans ajouter grand-chose, l'article 256 de *L'Ordonnance Cabochienne*, commenté ci-dessus. Elle ordonne aux juges royaux d'obliger les mendiants et vagabonds sains de corps à travailler, sous peine d'emprisonnement au pain et à l'eau. La seconde partie s'en prend aux faux mendiants, qui simulent des infirmités ou des maladies, afin d'extorquer une aumône. La description des subterfuges de ces simulateurs est passionnante et il nous faudra y revenir. Retenons seulement ici que l'on demande la nomination de personnes qui contrôleraient les mendiants et qui feraient punir les éventuels contrefacteurs de façon sévère et exemplaire [159].

Nous n'avons plus de document sur les autres mesures municipales qui ont pu être prises, mais l'ensemble du recueil d'ordonnances qui émanent de cette administration indique une conscience aiguë du danger social représenté par l'extension du vagabondage. Une autre preuve en est fournie par le conseil que tient la chambre criminelle du Parlement, en juillet 1473, et dont tous les commissaires-examinateurs royaux du Châtelet reçoivent les conclusions [160]. Constatant le fléau des vols, brigandages et tromperies qui sévit à Paris, le Parlement distingue deux catégories de coupables. D'une part, des individus isolés, sans emploi, ni résidence fixe ; de l'autre des quidams richement vêtus et porteurs d'armes qui se disent au service de quelqu'un et commettent viols et infractions en s'adonnant à la débauche. Les commissaires reçoivent donc l'ordre de mener, chacun dans sa circonscription — et l'on retrouve là le vœu de la municipalité —, une enquête sur la criminalité, afin d'établir le mode de vie des bandits, d'arrêter les vagabonds de tout poil et de les incarcérer au Châtelet sans aucun égard à leurs protestations, interventions ou appels (en cas d'appel, toutefois, l'intéressé devait être conduit à la prison du Parlement, à la Conciergerie [161]). On recommande, en outre, aux quarteniers et cinquanteniers d'accompagner les commissaires dans cette tournée des quartiers, afin de leur prêter main forte.

Une telle décision du Parlement, la plus haute instance judiciaire dans la France de l'époque, montre l'importance capitale que revêt alors le danger social de la criminalité et de la marginalité dans la capitale. En fixant la compétence des commissaires et de l'appareil municipal, elle marque le départ de la future législation royale et celui de l'action des édiles, face au vagabondage, au seuil des temps modernes. Cela explique qu'elle ait été si souvent copiée, rééditée séparément [162] ou en recueils [163]. Paris ne cessait pas d'être une ville dangereuse.

Dans les décisions touchant les vagabonds et mendiants de la fin du XVe et du début du XVIe siècle s'esquisse déjà la doctrine sociale moderne qui joint la répression à l'organisation d'une bienfaisance contrôlée. Pour l'aspect répressif le point de départ reste l'acte du Parlement de 1473. Les arrêtés municipaux ultérieurs découlent de l'esprit et de la lettre de ce texte, de même que l'attitude à venir du Parlement [164]. Les vagabonds doivent donc être recherchés, arrêtés, expulsés de Paris et châtiés selon une procédure judiciaire accélérée [165]. On intensifie la lutte contre les maraudeurs, les soldats en mal d'armée qui deviennent vagabonds [166] : c'est surtout contre eux que devaient agir les prévôts des maréchaux [167]. On essaie aussi d'engager tout ce monde aux travaux publics. En décembre 1486, on projette de l'employer aux travaux d'aménagement du Morin [168]. C'est en 1496 que Charles VIII ordonne enfin d'envoyer les désœuvrés et les vagabonds aux galères [169]. La tendance à éliminer le danger social va de pair avec l'effort pour rendre utiles les inutiles.

Toute cette législation rend compte du sentiment d'insécurité sociale toujours plus fort face aux personnes non intégrées. Il serait vain de chercher dans les documents analysés une image bien nette de ce milieu, mais chaque fois qu'il faut punir un « criminel » ou un « vagabond », toutes les mesures visent, avant tout, les couches inférieures de la société urbaine. Ce sont leurs membres qui tombent dans la délinquance, ce sont eux qu'il faut poursuivre puisqu'ils ne remplissent pas la fonction qui leur est impartie de par leur statut social [170]. Les lois contre le vagabondage montrent que le motif des poursuites n'est pas seulement le forfait perpétré, mais le seul fait d'être sans feu ni lieu. Le vagabond est un criminel, d'une part, parce qu'il refuse de travailler comme Dieu le commande, et d'autre part parce que les vagabonds, en tant que groupe, commettent des crimes, parce que, parmi eux, se recrutent des voleurs, des bandits et autres sbires...

Les différences dans la motivation des mesures que nous avons signalées, ne permettent pas de traiter les lois contre le vagabondage comme un indice de la situation réelle, comme un reflet de l'évolution du marché de la main-d'œuvre ou des tensions dans la situation sociale de la ville. Nous observerions plutôt une progressive conjonction de ces deux facteurs et c'est l'appareil policier de la répression, toujours plus important, auquel viennent s'ajouter les milices bourgeoises, qui est chargé de réaliser en permanence ces buts économiques et sociaux.

Il est pourtant bien tentant de traiter cette législation,

ne serait-ce que pour sa continuité, comme un sismographe social. Tant il est vrai que les possibilités de saisir la dynamique des groupes marginaux du Paris au bas Moyen Age sont réduites, surtout au niveau de leur signification dans la vie socio-économique.

François Simiand a montré qu'il existe un rapport inversement proportionnel entre le niveau des salaires et le vagabondage ou la mendicité et que le plus grand nombre de mendiants et vagabonds se situe en période de bas salaires ou de stagnation en ce domaine [171]. Nos données confirment-elles ces assertions ? Les lacunes dans l'état actuel de nos connaissances sur la vie économique de Paris ne permettent pas une confrontation de la chronologie des ordonnances avec la courbe des salaires [172]. Mais nous pouvons affirmer que nous ne retrouvons pas dans nos matériaux la loi absolue énoncée par Simiand. Toute notre période est en effet marquée par de hauts salaires. Si l'on prend en considération la dévaluation de la monnaie et la montée générale des prix, on peut, tout au plus, admettre que nous sommes en période de salaires stationnaires, stabilisés. L'ordonnance de Jean le Bon, elle, correspond sans le moindre doute à une période de hauts salaires et les plaintes concernant ce phénomène se reproduisent dans plusieurs autres ordonnances.

La législation contre les vagabonds témoigne, avant tout, de l'importance que les autorités et l'opinion donnent au phénomène de vagabondage. Et cela n'est pas fonction seulement du nombre de vagabonds. Dans les moments où les salaires montent, le refus de travailler, même s'il a tendance à diminuer, éveille la plus grande animosité des classes possédantes et entraîne une politique de répression accrue.

La régularité observée par Simiand se rapporte, en outre, à l'époque industrielle. Il convient de prendre en compte, pour le Moyen Age, de notables différences de mentalité. La tendance à assurer son existence, à parvenir à un niveau minimum et indispensable, était le principal stimulant du travail des salariés. Les hauts salaires permettaient de travailler moins : le temps libre n'est-il pas un rêve de toujours ? Les classes populaires l'atteignaient rarement au Moyen Age. L'inadaptation du milieu toujours plus nombreux des salariés aux besoins et aux lois économiques du pré-capitalisme est donc bien à la base de la recrudescence du vagabondage, à la charnière du Moyen Age et de l'époque moderne [173].

1. Cf. récemment : E. Neyman, « Typy marginesowosci w spoleczenstwach i ich rola w zmianie spolecznej », *Studia Socjologiczne*, n° 4, 1966, pp. 35 et suiv. ; ainsi que : B. Geremek, « O grupach marginalnych w miescie sredniowiecznym », *Kwartalnik Historyczny*, t. LXXVII, 1970, p. XXX, et dans ce même numéro des études sociologiques ou historiques polonaises, par N. Assorodobraj, J. Gierowski, B. Baranowski, S. Grodziski, M. Frančič.

2. Cette conception se trouve dans les tentatives d'interprétation marxiste de l'histoire sociale du bas Moyen Age faites au siècle dernier par K. Kautski (en particulier *Vorläufer des neuen Sozialismus*, Berlin, 1909). La correspondance de K. Marx et de F. Engels offre un écho de cette polémique.

3. Le même point de vue a été adopté, quant à une époque postérieure et au cas polonais, par M. Frančič, « Ludzie luźni w osiemnastowiecznym Krakowie », Wroclaw, 1967, *Studia z Historii Spoleczno-Gospodarczej Malopolski*, t. 9.

4. J. J. Jusserand, *La vie nomade et les routes d'Angleterre au XIVe siècle*, Paris, 1884.

5. F. Znaniecki, « Social Research in Criminology », *Sociology and Social Research*, vol. 12, 1928, p. 207.

6. Cf. G. Radbruch, H. Gwinner, *Geschichte des Verbrechens. Versuch einer historischen Kriminologie*, Stuttgart, 1951 — malgré son titre, cet ouvrage est un recueil de documents essentiellement historiques, juridiques et anecdotiques.

7. Cf. W. A. Bonger, *Over criminale Statistick, Een bijdrage tot haar geschiedenis en haar theorie*, Tijdschrift voor strafrecht, deel 48, 1938, pp. 417 et suiv.

8. A. C. Hall, *Crime in its relations to social progress*, New York, 1902 (Columbia Studies in History, Economics and Public Law, vol. XV) ; J. van Kan, *Les causes économiques de la criminalité. Etude historique et critique d'étiologie criminelle*, Paris-Lyon, 1903 ; W. A. Bonger, *Criminalité et condition économique*, Amsterdam, 1905 ; ces deux études sont des réponses à un concours lancé par l'université d'Amsterdam.

9. Cf. par exemple L. Merlet, *Registres des officialités de Chartres*, Bibliothèque de l'Ecole des chartes, 4e série, t. II, pp. 574 et suiv. ; R. Demogue, *La criminalité et la répression en Champagne au XVIIIe siècle*, Travaux de l'académie de Reims, t. CXXV, 1909 ; Y. M. Bercé, « De la criminalité aux troubles sociaux : la noblesse rurale du sud-ouest de la France sous Louis XII », *Annales du Midi*, 1964, pp. 41 et suiv. ; J.-P. Charnay, « Sur une méthode de sociologie juridique : l'exploitation de la jurisprudence », *Annales E.S.C.*, 1965, pp. 513 et suiv. ; pp. 734 et suiv. ; J. Cl. Gégot, « Etude par sondage de la criminalité au XVIIe siècle », *Revue Historique*, t. CCXXXIX, 1968. Pour une liste complète des travaux, cf. le recueil *Crimes et criminalité en France sous l'Ancien Régime*, Paris, 1971.

10. E. Seelig, *Traité de criminologie* (traduction de l'allemand), Paris, 1956, p. 199 ; P. Horoszowski, *Kryminologia*, Warszawa, 1965, p. 54.

11. Sur les théories criminologiques actuelles : D. Szabó, « Le point de vue socioculturel dans l'étiologie de la conduite délinquante », *Revue internationale des sciences sociales*, t. XVII, 1966, n° 2, pp. 193 et suiv., et A. Podgorecki, *Patologia zycia spolecznego*, Warszawa, 1969.

12. P. Grappin, *Phylogénie humaine et criminalité*, Paris, 1953, p. 12, rappelle les antécédents de l'anthropologie criminelle aux XVIe et XVIIe siècles.

13. Cf. J. Maxwell, *Le crime et la société*, Paris, 1924, pp. 161 et suiv. ; G. Aschaffenburg, *Das Verbrechen und seine Bekämpfung*, Heidelberg, 1923 ; R. Heindl, *Der Berufsverbrecher. Ein Beitrag zur strafrechtsreform*, Berlin, 1926, pp. 136 et suiv. ; E. H. Sutherland, *The professional thief*, Chicago, 1937 ; N. Morris, *The habitual criminal*, Cambridge, Mass., 1951.

14. V. *infra*, chap. IV et VI.

15. E. Durkheim, *Les règles de la méthode sociologique*, Paris, 1895, pp. 64 et suiv.

16. *Ibidem*, pp. 67 et suiv. A la suite de Durkheim le célèbre criminologue américain E. H. Sutherland (*Principes of sociology*, Boston, 1939), a étudié la conduite criminelle comme une conduite normale, liée à un monde social spécifique, ayant sa propre échelle des valeurs et son propre système socialisant.

17. Même démarche chez M. Foucault, *L'histoire de la folie à l'âge classique*, Paris, 1961.

18. *Les Etablissements de Saint Louis*, éd. P. Viollet, Paris, 1881-1886, t. II, chap. XVII (il s'agit en l'occurence du droit coutumier de l'Orléanais).

19. A. Esmein, *Histoire de la procédure criminelle en France*, Paris, 1882, pp. 43 et suiv., 83 ; P. Viollet, introduction des *Etablissements de Saint Louis*, t. I, pp. 196 et suiv.

20. R. Grand, *Justice criminelle, procédure et peines dans les villes aux XIIIe et XIVe siècles*, B.E.C., t. CII, 1941, p. 70.

21. Esmein, *op. cit.*, p. 83.

22. Ed. Rapetti, Paris, 1850, XIX, 44, § 12 : « Li rois puet faire par inquisicion de mauvèse renommée issint de cex qui tiennent les bordeaux de robeors, de pecéors, de mellis, et de cex qui sont coustumiers de fere autres injures, et de mettre en poines à sa volonté sans dampnement de cors. »

23. *Les Etablissements de Saint Louis*, I, XXXVIII (t. II, p. 54) : « De soupeçoneus punir par l'office au prevost. Se aucuns est qui n'ait riens, et soit en ville sanz riens gueaignier, et volentiers soit en la taverne, la joutise le doit bien prandre et demander de coi il vit. »

24. *Ibidem*, II, XVII (coutume de l'Orléanais) : « se aucuns est mauvaisement renomez par cri ou par renomée, la joutise le doit prandre, et si doit anquerre de son fait et de sa vie et là où il demeure. »

25. Cf. W. Engelmann, *Die Schuldlehre der Postglossatoren und ihre Fortentwicklung*, Leipzig, 1896 ; H. Kantorowicz, *Albertus Gandinus und das Strafrecht der Scholastik*, Berlin, 1907-1926 ;

S. Kuttner, *Kanonistische Schuldlehre von Gratian bis auf die Dekretalen Gregors IX,* Citta del Vaticano, 1935.

26. D'où les limites du travail de F. C. Riedel, *Crime and punishment in the old french romances,* New York, 1938.

27. Voici comment le *Style du Châtelet de Paris* définit le châtiment : « Paine si est travail de corps, soucy de cuer et desplaisir de voulenté qui sont ordonnés pour justice et pour punition ou pour chastiment. » — Cité d'après L. Battifol, « Le Châtelet de Paris vers 1400 », *Revue historique,* t. LXIII, 1897, p. 273.

28. Ph. de Beaumanoir. *Coutumes du Beauvaisis,* éd. Salmon, t. I, Paris, 1900, § 824. Sur la différence entre l'homicide et le meurtre, *ibidem,* §§ 825-828.

29. Grand, *op. cit.*, p. 94.

30. Beaumanoir, *Coutumes du Beauvaisis,* t. I, p. 432 (§ 841) : « selonc l'ancien droit qui mehaignoit autrui l'en li fesoit autel mehaing comme il avoit a autrui fet. »

31. *Ibidem* : « ains s'en passe on par amende... et par longue prison et par fere rendre au mehaignié selonc son estat son damage. »

32. *Ibidem,* t. II, p. 174 (§ 1306).

33. Grand, *op. cit.*, p. 99.

34. *Ibidem,* p. 94 : « La propriété apparaît plus sévèrement défendue que la personne humaine. »

35. Cf. J. le Foyer, *Exposé du droit pénal normand au XIIIe siècle,* Paris, 1931, pp. 137-143. J. Imbert, *La peine de mort. Histoire. Actualités,* Paris, 1967, pp. 45 et suiv.

36. P. Viollet, *Notes pour servir à la législation sur le vol,* Bibliothèque de l'Ecole des chartes, t. XXXIV, 1873, pp. 331-332.

37. *Les Etablissements de Saint Louis,* t. II, pp. 48-49 (I, 32). Cette gradation se justifie : « car l'on n'en vient pas dou gros membre au petit mais dou petit au gros. »

38. *Summa de legibus Normanniae...,* expliquant le mot « *ius* » comme une somme due, cite la phrase : « Latro suspensus bene habuerit ius suum. » — *Le Foyer, op. cit.*, p. 141.

39. *Le Foyer, op. cit.*, p. 142.

40. R. Grand, « Prison et notion d'emprisonnement dans l'ancien droit », *Revue historique du droit français et étranger,* 1940, pp. 58-87. Pour comparer avec l'Angleterre médiévale, voir : R. B. Pugh, *Imprisonment in medieval England,* London, 1968, ainsi que des remarques générales dans P. W. Tappan, *Crime, justice and correction,* New York, 1960, p. 585 et A. Porteau-Bitker, « L'emprisonnement dans le droit laïque du Moyen Age », *Revue historique de droit français et étranger,* 91, 1968.

41. F. Aubert, « Le Parlement et les prisonniers », *Bulletin de la Société d'Histoire de Paris,* t. XX, 1893 ; H. Moranvillé, « Note sur les prisons à la fin du XIVe siècle », *ibidem,* t. XXI, 1894, p. 73.

42. Ainsi, parfois, après une procédure d'appel : Bibliothèque nationale, Ms. Fr. coll. Dupuy 250 ; fol. 3. Fr. (21 juillet 1456) : Gilles du Boys, condamné par le prévôt de Paris à être noyé voit, après appel, sa peine commuée en « à pain et à l'eau jusques au bon plaisir du Roy ».

43. Np. Archives nationales, X^{2a} 12, fol. 207 V (1934) — Cas de mort d'un condamné au Châtelet, fol. 419 (1400) ; sur l'énorme mortalité dans les prisons anglaises, voir H. S. Bennett, *The Pastons*

and their England. Studies in an age of transition, Cambridge, 1968 — 49 cas de mort en un an dans les prisons londoniennes ; voir aussi Grand, *Justice criminelle,* p. 106. La formule que l'on rencontre souvent dans les suppliques au roi : « risque de finir ses jours en prison », est, il est vrai, un poncif bureaucratique, mais il reflète une certaine réalité concrète. Parmi les gages du bourreau de Bayeux, nous relevons, pour 6 exécutions effectives, 4 cas de mort en prison. Il n'est alors payé que pour le transport du corps. Bibliothèque nationale, Ms. Fr. 26018. Quittances et pièces diverses (1380-1382), N. 155.

44. B. Guenée, *Tribunaux et gens de justice dans le baillage de Senlis à la fin du Moyen Age (1380-1550),* Strasbourg, 1963, p. 279.

45. *Ordonnances des rois de France,* t. VIII, p. 309 (1398) : « nostre Chastellet de Paris est souventes foiz si plain et si garny de prisonniers, que l'en ne scet où les logier seurement et secrettement, et especialement les crimineulx ».

46. Guillebert de Metz, *Description de Paris sous Charles VI,* in Leroux de Lincy et L. M. Tisserand, *Paris et ses historiens aux XIVe et XVe siècles,* Paris, 1867 (Histoire générale de Paris), p. 197 : « et la sont les prisons en merveilleux nombre ». Sur les prisons parisiennes, en plus des travaux de F. Aubert et H. Moranvillé, cf. L. Battifol, « Le Châtelet de Paris vers 1400, *Revue historique,* t. LXIII, 1897, pp. 46 et suiv. ; J. Hillairet, *Gibets, piloris et cachots du vieux Paris,* Paris, 1957.

47. L'instruction sur les prisons de 1372 donne un tableau de la situation (Bibliothèque de la préfecture de police, 33, *Livre vert ancien du Châtelet,* fol. 81 et suiv. ; C. Leber, *Collection des meilleures dissertations,* t. XIX, Paris, 1838, pp. 169 et suiv., voir aussi celle de 1425 (*Ordonnances des rois de France,* t. XIII, pp. 101 et suiv.).

48. Guenée, *op. cit.,* pp. 291 et suiv., soulignant que « la prison est une éventualité normale de l'existence », cite une œuvre rimée de la deuxième moitié du XIVe siècle où il est dit qu'un homme de 72 ans dort 3 ans, que son enfance dure 15 ans et que les maladies ou la prison lui en prennent 5.

49. M. Patkaniowski, *Wina i kara. Elementy rzymskie i germanskie w prawie karnym statutow miast wloskich,* Krakow, 1939, note, parmi les multiples interprétations du passage des amendes aux peines corporelles, l'idée selon laquelle ce changement aurait réalisé le vœu de la plèbe insolvable.

50. *Ordonnances des rois de France,* t. II, p. 283 (1348) : celui qui ne dénoncera pas les blasphémateurs sera passible de 60 livres d'amende « et s'il estait pauvre, qu'il ne la pust payer pecuniaire, qu'il demeure en prison au pain et à l'eau, jusque à temps que il ait souffert penitence en ladite prison, quoi doit suffire, satisfaire et valoir ladite amende. » De même dans l'ordonnance de 1397 (*ibidem,* t. VIII, p. 130).

51. *Ibidem,* t. VIII, pp. 296-297.

52. Il faut relever que Beaumanoir (*Coutumes du Beauvaisis,* § 842, p. 434) s'élève contre l'insuffisance de quelques amendes et estime que l'emprisonnement de longue durée serait un épouvantail efficace.

53. Esmein, *Histoire de la procédure,* p. 62, explique l'évolution de l'idée de non-comparution devant le tribunal. Au XIVe siècle,

elle commence à être interprétée comme un aveu de faute. Le proscrit, quant à lui, s'il est appréhendé, doit recevoir une peine proportionnée à son forfait.

54. Np. Archives nationales, X²ᵃ 17, fol. 266 V (1417) — bannissement de Paris de deux personnes accusées de « certaines cabuseries et piperies ».

55. E. Janin, *Documents relatifs à la peine de bannissement (XIIIᵉ et XIVᵉ siècles)*, Bibliothèque des chartes, IIᵉ série, t. III, pp. 422, 425 ; A. Pagart d'Hermansart, « Le bannissement à Saint-Omer d'après des documents inédits », *Bulletin historique et philologique*, 1901, pp. 461 et suiv.

56. Pour le cérémonial en Allemagne, cf. R. His, *Das Strafrecht des deutschen Mittelalters*, t. I, Leipzig, 1920, pp. 410 et suiv., 533 et suiv.

57. Cf. en particulier, M. Keen, *The outlaws of medieval legend*, London (1961), (Studies in Social History), pp. 191 et suiv.

58. Bibliothèque nationale, Ms. Fr. 21803, fol. 289 (copie du *Livre gris du Châtelet*, fol. 10) — Un boulanger a été banni pour vol, mais il a contrevenu à cette décision en rentrant à Paris. Le prévôt le fait fouetter publiquement et déclare que, la fois prochaine, il le fera pendre sans rémission « nonobstant son jeune âge ». Le Parlement rejette l'appel du condamné et ordonne dorénavant d'arrêter, d'emprisonner et de fouetter les bannis sans possibilité d'appel (1502).

59. Dans le *Style du Châtelet de Paris* cela est défini ainsi : « Maiz quiconque les trouvera hors lieu saint s'efforce de les prendre à assemblé de gens, à cry, à haro, à son de cloches et par toutes les voyes et manieres que l'en pourra. » (Cité d'après Battifol, *op. cit.*, p. 45.)

60. Dans le *Registre criminel du Châtelet de Paris*, éd. H. Duplès-Agier, Paris, 1861-1864 (Société des Bibliophiles français), nous trouvons quelques cas de proscription : un couple de boutiquiers complices de voleurs est expulsé à vie de Paris et de sa vicomté (I, p. 163) ; suite à un premier vol une femme est condamnée au bannissement de Paris et d'une zone de 10 milles autour de la ville (I, p. 310). Un voleur débutant et « homme vacabond » subit la même peine (I, p. 507) ; un « juif et homme vacabond » accusé de vol est banni à vie du royaume (II, p. 54) ; une femme est bannie à vie de Paris et sa vicomté pour diffamation et faux témoignage (II, p. 130) ; un proscrit de 1385 (pour dix ans) est banni à vie du royaume en 1390 (II, pp. 142 et suiv.) ; pour un premier vol commis par indigence deux voleurs sans importance sont éloignés à vie de Paris et d'un rayon de 10 milles. Ces peines sont souvent assorties de l'oreille droite coupée, du pilori, des verges.

61. Voir le tableau des bannissements de la juridiction de Sainte-Geneviève à la limite des XIIIᵉ et XIVᵉ siècles ; « Ce sont les banz de Sainte-Geneviève » au début du registre criminel (publié par L. Tanon, *Histoire des justices des anciennes églises et communautés monastiques de Paris*, Paris, 1883, pp. 347-351) ainsi que celui de Janin, *op. cit.*

62. Archives nationales, JJ 164, N. 89 (1410) — elle est grâciée par le roi et ne doit passer en prison que 15 jours au pain et à l'eau. Mais dans un autre cas la peine de bannissement à vie rem-

place celle de la main coupée (pour complicité au crèvement d'yeux). Le Parlement en décide ainsi car l'accusé a obtenu une lettre de rémission le dispensant des peines corporelles. — Archives nationales, X^{2a}, fol. 294 V (1396).

63. Bibliothèque nationale, coll. Dupuy 250, fol. 38 (1456) : « Hermine Valenciennes chambriere nagueres servant en l'hostel de Me Nicolle Asailly. »

64. Grand, *Justice criminelle*, p. 93, considère que le bannissement était appliqué quand la peine de mort semblait trop dure et l'amende ordinaire trop légère.

65. Archives nationales, X^{2a} 28, fol. 338 (1460) — Jacobin le Clerc, qualifié de « ruffain », est d'abord « banni de Tournai », puis « banni de Paris ».

66. L. Douët d'Arcq, *Choix de pièces inédites relatives au règne de Charles VI*, t. II, Paris, 1864, n° CIII, p. 196 (1382) — note un cas de voleur banni qui « pour ce est vagabondes hors de nostre royaume ».

67. *Registre criminel du Châtelet*, t. I, p. 81 — Jehan de Soubz le Mur est pris par les sergents de l'official et jeté aux oubliettes. Archives nationales, X^{2a} 10, fol. 77 et suiv. (1379) — un charpentier du roi, condamné à la proscription du royaume, est capturé à Meaux et il explique qu'il ignorait qu'il fût banni.

68. P. Raymond, *Enquête sur l'assassinat de Louis, duc d'Orléans (1407)*, Bibliothèque de l'Ecole des chartes, VIe série, t. I, 1865.

69. *Ordonnances des rois de France*, t. XI, p. 350 (1273) : « Ordinatum fuit... quod quotiescumque melleia vel domorum fractio, raptus mulierum vel aliud consimile maleficium Parisiis accideret omnes vicini... exeant ad impediendum malum, pro posse suo, et ad arrestandum et capiendum malefactores. »

70. Beaumanoir, *Coutume du Beauvaisis*, XXXI, (t. I, p. 482) : « car c'est li communs pourfis que chascun soit serjans et ait pouoir de prendre et d'arester les maufeteurs ».

71. *Registre criminel de la justice de Saint-Martin-des-Champs à Paris au XIVe siècle*, éd. L. Tanon, Paris, 1887, p. 46 (1333) : « lequel Perrin fut prins à chasse et à fuicte, par lesdictes bonnes gens, et à cri. »

72. *Registre criminel du Châtelet*, t. II, p. 509 : « et ainsi amenerent elle qui parle jusques sur les murs de Paris ».

73. L. Battifol, « Le Châtelet de Paris vers 1400 », *Revue historique*, t. LXI, 1896, pp. 258 et suiv. ; F. Lot et R. Fawtier, *Histoire des institutions françaises au Moyen Age*, t. II, Paris, 1958, p. 380.

74. *Ordonnances des rois de France*, t. I, p. 744 (1320) : « et font moult d'autres excès et meffais » ; Archives nationales, Y 1, *Livre Doulx-Sire*, fol. 37 V — plaintes sur le fait que les sergents du Châtelet se laissent corrompre, *ibidem*, fol. 1 V — plaintes sur la négligence des sergents qui mettent les gens en prison et ne s'intéressent pas au déroulement ultérieur de l'affaire.

75. Archives nationales, X^{1a} 1480, fol. 269 (1423) ; G. Fagniez, « Fragment d'un répertoire de jurisprudence parisienne au xve siècle », *Mémoires de la Société de l'Histoire de Paris et de l'Ile-de-France*, t. XVII, 1890, p. 55.

76. « Ministri Diaboli, car ecclesiae eorum tabernae, horae eorum sunt chartae et aleae. » — Cité d'après Du Cange, *Glossarium mediae et infimae latinitatis*, s. v. horae ; cf. Archives natio-

nales, JJ 154, N 640 (1400) — un sergent de Fort-l'Evêque avec huit « compagnons oiseux ey querans avantages » oblige des vignerons de rencontre à leur payer à boire à la taverne, ce qui se monte à la coquette somme de quarante sous.

77. Comme ce Jean Cholet qui dans le *Journal de Jean de Roye* (éd. B. de Mandrot, t. I, Paris, 1894, p. 58 et suiv.) est qualifié de « paillart », et auquel Villon fait souvent allusion, rappelant avec ironie le métier de tonnelier qu'il exerçait naguère. (*Le Lais*, v. 185 ; *Le Testament*, v. 1102, 1113 — F. Villon, *Œuvres*, éd. par A. Longnon, IVe éd. revue par L. Foulet, Paris, 1932, pp. 7, 47 et suiv.

78. Archives nationales, JJ 171, N. 156 (1422) — Raoulet Mathurin, sergent de Fort-l'Evêque, obtient une lettre de rémission suite au vol qu'il a commis (JJ 189, N. 277, 1458) — document publié par M. Schwob dans la *Reproduction fac-simile du manuscrit de Stockholm*, Paris, 1905 — Etienne Garnier désirant se procurer l'argent nécessaire à l'obtention d'un poste de sergent à cheval au Châtelet s'approprie le butin d'un voleur ; il est néanmoins grâcié, et peu après devient gardien de prison au Châtelet (clerc de la petite geôle) — Villon en parle également, en rappelant ses tromperies — ses « joncheries » — (Longnon-Foulet, p. 98).

79. *Ordonnances des rois de France*, t. XIII, pp. 88 et suiv. ; art. 111, 1425.

80. *Journal d'un bourgeois de Paris*, éd. A. Tuetey, Paris, 1881, p. 93, n° 1.

81. *Le Testament*, CVII, v. 1086-8 (Longnon-Foulet, p. 47).

82. Le fait qu'ils eussent l'habitude de recevoir des « cadeaux » des candidats-sergents n'était pas sans rapport avec cette augmentation. Cf. Fagniez, *Fragment d'un répertoire*, p. 55.

83. En 1327 une ordonnance royale exige des sergents le versement d'une caution pour avoir le droit d'exercer. Elle est de cent livres pour les fantassins et de cinquante pour les cavaliers (*Ordonnances des rois de France*, t. II, p. 7).

84. Le tableau suivant illustre l'évolution des effectifs (selon les *Ordonnances des rois de France*, t. I, p. 751 ; t. II, p. 7 ; t. V, p. 194 ; t. VII, p. 207 ; t. IX, p. 75) :

Année	Sergents à pieds	A cheval
avant 1309	80	80
1309	90	60
1321	133	98
1327	120	80
1369	?	220
1388	?	220
1405	220	220

85. Cf. *Ordonnances des rois de France*, t. XIII, p. 98.

86. Parmi les réformes annoncées par *L'Ordonnance cabochienne* (éd. A. Coville, Paris, 1891, p. 117) l'art. 191 indiquait la nécessité de se pencher sur la trop grande extension de ce corps et de le réduire au nombre autrefois coutumier.

87. Ainsi parmi les sergents familiers à Villon, Jehan de Loup

(*Le Lais,* XXIV, v. 185 ; *Le Testament,* CX, v. 1110) est pêcheur, flotteur de bois, vidangeur, etc. (*Œuvres,* p. 149) ; Casin Cholet (*Le Lais,* XXIV, v. 185 ; *Le Testament,* CIX, v. 1102, CX, v. 1113) est tonnelier, il est d'ailleurs rayé des cadres, condamné au fouet et emprisonné en 1465 (*ibidem,* p. 144) ; Michault du Four (*Le Testament,* CVI, v. 1078) est aubergiste et boucher (*ibidem,* p. 147). Le « Bourgeois de Paris » note la rapide carrière de Pierre Baillé qui, de garçon cordonnier devient sergent au Châtelet, puis se hisse à un poste élevé de l'administration (*Journal d'un bourgeois de Paris,* p. 224).

88. Battifol, *op. cit.,* p. 264. L'un d'eux apparaît aussi chez Villon. Jehan Ragnier « qui est sergent, voire des Douze » (*Testament,* CV, v. 1071), et qui figure par erreur dans l'index de Longnon comme sergent à pied (F. Villon, *Œuvres,* p. 152).

89. Tanon, *Histoire des justices,* p. 88.

90. Le Parloir aux Bourgeois possédait aussi dix sergents, mais leurs fonctions se limitaient à la compétence du tribunal auquel ils étaient liés, c'est-à-dire aux affaires commerciales (G. Huisman, *La juridiction de la municipalité parisienne de Saint Louis à Charles VII,* Paris, 1912, pp. 48 et suiv.).

91. Tanon, *op. cit.,* pp. 116 et suiv.

92. J. Le Goff, *La civilisation de l'Occident médiéval,* Paris, 1964, pp. 225 et suiv. Un courtier en vin rapporte comme une chose naturelle qu'il a toujours une dague sur lui car il rentre souvent tard le soir. — A. Longnon, *Paris pendant la domination anglaise (1420-1436),* Paris, 1878, N. CLVV, p. 328.

93. Cf. A. Voisin, « Notes sur la vie urbaine au XVe siècle. Dijon la nuit », *Annales de Bourgogne,* IX, 1937, pp. 265 et suiv., et P. Bargellini, « Vita notturna », in *Vita privata a Firenza nei secoli XIV e XV,* Firenze, 1966.

94. Cf. G. Fagniez, *Etudes sur l'industrie et la classe industrielle à Paris aux XIIIe et XIVe siècles,* Paris, 1877, p. 44 ; Huisman, *op. cit.,* p. 182.

95. N. Delamare, *Traité de police,* t. I, Paris, 1722, pp. 255 et suiv. Une compagnie de la garde royale se composait, sous Louis IX, de 20 cavaliers et de 40 fantassins (ordonnance de 1254) ; sous Jean le Bon, on y trouvait 20 cavaliers et 26 fantassins (ordonnance de 1364, *Ordonnances des rois de France,* t. III, p. 668) ; Le service de nuit doit être effectué par la moitié de la compagnie (*ibidem,* t. V, p. 97). La ronde est constamment accompagnée d'un chef (miles gueti), de son lieutenant et d'agents dits « clercs du guet », cf. L. Level, *Guillaume de Tignonville, prévôt de Paris,* Positions de thèses de l'Ecole des chartes, 1935.

96. Isambert, *Recueil des anciennes lois,* t. V, N. 356, p. 172.

97. J. Du Breul, *Le Théâtre des antiquités de Paris,* Paris, 1612, pp. 1009 et suiv.

98. Bibliothèque de la préfecture de police, 43, Coll. Lamoignon, t. III, fol. 167 (1394), et Archives nationales, Y 2, *Livre rouge vieil du Châtelet,* fol. 124 (1395).

99. Du Breul, *op. cit.,* p. 1009 — La garde devait être assurée environ une fois toutes les trois semaines.

100. En cas de maladie d'un bourgeois, sa femme doit fournir une attestation au Châtelet. L'une des corporations de Paris se

plaint de ce que cet usage expose l'honneur des épouses. — Fagniez, *Etudes sur l'industrie*, p. 49, n° 4.

101. Deux « clercs du guet » sont accusés du fait en 1364, il s'agit de Pierre Gros-Parmi et Guillaume Poivré (Isambert, *op. cit.*, p. 174).

102. *Journal d'un bourgeois de Paris*, pp. 105 et suiv.

103. Les mêmes divisions étaient observées quant à la propreté et l'hygiène de la ville. Archives nationales, Y 2, *Livre rouge vieil du Châtelet*, fol. 172 V, et M. Poëte, *Bulletin de la Société de l'Histoire de Paris*, t. XXXII, 1905.

104. Isambert, *op. cit.*, p. 172, t. V, N. 356.

105. Huisman, *op. cit.*, p. 182.

106. Quand, en 1419, on examine la situation intérieure de Paris, les représentants de la bourgeoisie sont : le prévôt des marchands, les échevins « et plusieurs notables bourgeois tant quarteniers que cinquanteniers, dizeniers et autres habitans de Paris ». — Archives nationales, X^{1a} 8603, Reg. B, fol. 56 V et suiv. Ils participent aussi comme représentants aux élections pour les dignités urbaines — Archives nationales, KK 1009, fol. 3 V (1429).

107. Bibliothèque nationale, Ms. Fr. 8064, fol. 359 (1413).

108. Bibliothèque de la préfecture de police, 33, *Livre vert vieil premier du Châtelet*, fol. 167 (1418).

109. Archives nationales, X^{1a} 8603, Reg. B, fol. 58 V (1419) : « Ordonnons que les examinateurs de nostre Chastelet un chascun en son quartier... manderont et assembleront les quarteniers, les cinquanteniers et dizeniers de leur quartier. » Il y avait au Châtelet, entre 1338 et 1477, seize examinateurs qui étaient nommés par le roi. — Delamare, *op. cit.*, t. I, p. 211 ; Ch. Desmaze, *Le Châtelet de Paris*, Paris, 1854, pp. 9 et suiv. ; P. Thilliez, *Les commissaires au Châtelet*, Positions des thèses de l'Ecole des chartes, 1946.

110. Bibliothèque de la préfecture de police, 33, *Livre noir vieil du Châtelet*, fol. 42 (1422) ; Archives nationales, Y 8, fol. 217. Cf. la fin du présent chapitre.

111. Cf. D. M. Nicholas, « Crime and punishment in fourteenth-Century ». Ghent. *R. Belge de Phil. et d'Hist.*, XLIII, 1970, p. 307.

112. Dans un mémorial remis au roi en 1336 par un bourgeois, nous trouvons une appréciation très sévère concernant la sécurité. Nous y lisons : « vostre ville de Paris est mauvaisement gardee de jour et de nuict », l'argent dépensé pour les sergents et la ronde est tout à fait gaspillé ; tout le monde porte une arme sur soi, etc. — Bibliothèque nationale, Ms. Fr. 16602, fol. 252.

113. Cf. G. Sjoberg, *The preindustrial city*, Glencoe (1960), p. 246 ; Williams, *op. cit.*, p. 80 : « The good men of the ward were still the basis of the police system. »

114. Cf. Sjoberg, *op. cit.*, pp. 248 et suiv.

115. J'ai traité de ce problème dans un article : B. Geremek, « La lutte contre le vagabondage à Paris aux xive et xve siècles », (*in :*) *Ricerche storiche ed economiche in memoria di Corrado Barbagallo*, Napoli, 1970, pp. 211 et suiv. — On y trouvera aussi les textes des lois contre le vagabondage pour les xive et xve siècles.

116. *Les Etablissements de Saint Louis*, t. I, chap. xxxviii (éd. P. Viollet, t. II, p. 54).

117. Cf. *Cap. regum francorum*, éd. Boretius, t. I, p. 132.

118. Dans la deuxième partie de ce texte qui, constitue, de l'avis de l'éditeur, un ajout postérieur, on a une référence au « droit escrit en la Digeste, De officio praesidis, L ; Congruit » (*Les Etablissements de Saint Louis*) (p. 54).

119. H. Pirenne, *Les villes du Moyen Age*, Bruxelles, 1927, p. 10.

120. A l'origine du malentendu se trouve, semble-t-il, une inscription dans la collection des copies et extraits d'actes constituée à la fin du XVIIe siècle par (ou sur ordre de) Delamare pour les besoins de son *Traité de police* (Paris, 1722). On a là la copie de décisions contre les vagabonds et les mendiants, non datées, mais portant en marge la mention (Bibliothèque nationale, Ms. Fr. 21803, fol. 103) : « Ordonnances du Roy St Louis sur les abus qui se commettaient à Paris, faites l'an 1254 au mois de Decembre. Extrait d'un livre en parchemin qui est en la bibliothèque du Collège de Navarre ; et des ordonnances du roi Charles VII » ; ainsi que l'indication d'origine : Ordonnances de la ville de Paris, fol. 186 V). Dans l'ordonnance de Louis IX de décembre 1254 (Isambert, *op. cit.*, t. I, N 170) nous trouvons, il est vrai une sévère répression de la prostitution (art. 34), de la fréquentation des tavernes (art. 36), mais rien contre les malfaiteurs, les vagabonds et les mendiants. C'est au règne de Charles VII qu'il faut rattacher ces mesures. Sans entreprendre une analyse critique du texte, remarquons seulement qu'on y donne, pour les examinateurs du Châtelet, le chiffre de 16. Or les ordonnances royales fixent comme suit le nombre des examinateurs : 1320 : 8 ; 1327 : 12 ; 1337 : 16. A partir de cette date le chiffre ne varie plus et se maintient pendant tout le XIVe et le XVe siècle. Les tentatives pour l'augmenter sous Louis XI se heurtent à une résistance décidée et l'un des premiers actes de Charles VIII cite encore le nombre de 16 examinateurs (Delamare, *Traité de police*, t. I, pp. 211 et suiv.). Chr. Paultre, *De la répression de la mendicité et du vagabondage en France sous l'ancien régime*, Paris, 1906, p. 17, a pris l'information du copiste pour argent comptant et attribué les deux ordonnances à Louis IX, sans prêter attention à l'allusion dudit copiste aux ordonnances de Charles VII. A. Vexliard, *Introduction à la sociologie du vagabondage*, Paris, 1956, p. 67, a imprudemment suivi Paultre.

121. Cf. E. Perroy, « A l'origine d'une économie contractée ; les crises du XIVe siècle », *Annales E.S.C.*, 1949, p. 181 ; F. Lütge, « Das 14./15. Jahrhundert in Schatten der Pestepidemien », *Jahrbücher für Nationalokonomie und Statistik*, B. 165, 1953, pp. 161 et suiv. ; W. Abel, « Wüstungen für Preisfall im spätmittelalterlichen Europa », *ibidem*, pp. 380 et suiv. ; E. Carpentier, « Autour de la " peste noire " : famines et épidémies dans l'histoire du XIVe siècle », *Annales E.S.C.*, 1962, pp. 109 et suiv.

122. B. Geremek, *Najemna sila robocza w rzemiosle Paryza XIII-XV w.* Studium o sredniowiecznym rynku sily roboczej, Warszawa, 1962, pp. 161 et suiv.

123. B. H. Putman, *The enforcement of the statutes of labourers during the first decade after the Black Death (1349-1359)*, New York, 1908. Columbia Studies in History, Economics and Public Laws v. XXX, p. 72.

124. L. Lallemand, *Histoire de la charité*, t. III, Paris, 1906,

pp. 346 et suiv. ; Ch. Verlinden, « La grande peste de 1348 en Espagne : contribution à l'étude de ses conséquences économiques et sociales », *Revue Belge de Philologie et d'Histoire*, t. XVII, 1938, pp. 103 et suiv. A Valence, Jean II s'occupe des faux mendiants dès 1321 (à propos de la représentation juridique des pauvres aux tribunaux). L. Revest Corzo, *Hospitales y probos en el Castellon de otros tiempos*, Castellon, 1947, Documentos, p. 89.

125. Sur l'ordonnance de Jean le Bon, cf. R. Vivier, « La Grande Ordonnance de février 1351 », *Revue Historique*, t. CXXXVIII, 1921, pp. 201 et suiv., ainsi que Perroy, *Les crises...*, p. 181.

126. Dernière édition : *Les métiers et les corporations de la ville de Paris*, éd. de R. de Lespinasse, Paris, 1886-1897, Histoire Générale de Paris, t. I, p. 2.

127. *Ordonnances des rois de France*, t. II, p. 564, Isambert, *op. cit.*, t. IV, n° 211, p. 700.

128. Geremek, *Najemna sila robocza*, p. 175.

129. *Ordonnances des rois de France*, t. II, p. 564 : « Item. Que eschiver ladite oisiveté desdits ouvriers, deffendu est estroitement, que aucuns d'iceux n'aillent boire, ne employer leur temps en tavernes ou autre part, ou exercent jeux deffendus aux jours ouvriers et que aucun d'iceux ouvriers ne se departent des lieux, où ils auront tenu leur domicile, depuis la Saint Jean d'Esté. »

130. *Ibidem* : « Ordonné est pour obvier à telx fraudes et malices et pour extirper tels curies de mal fait et de mal exemple, et pour tout le bon estat de la chose publique, qu'il soit deffendu et crié solemnement en toutes villes, par les justiciers d'icelles, que aucunes personnes hommes et femmes, sains de leur corps et membres, saichanz, non saichans mestiers, qui soyent taillez à ouvrer, ne soyent ou demeurent oiseux en tavernes ou autre part, mais se exposent à faire aucunes besoignes de labour, tel comme à chacun devra appartenir, si que il puissent gaigner leur vie. »

131. *Ibidem*, t. IV, p. 158 (1354) : « Nous avons entendu que parmi nostre royaume sont, vont et conversent plusieurs personnes hommes et fames, banniz et bannies de nostredit royaume, pour meurtres, larrecins et autres malefaçons que ilz ont faiz et commis en nostredit royaume, et que plusieurs personnes hommes et fames, demourans et habitans en nostredit royaume, sont rongneurs de monnoie, faiseurs, alloeurs et maechanz de fausse monnoie, et vont et sont alez ou temps passée hors de nostredit royaume porter billon, acheter monnoie contrefaites aus nostres : ensement que en nostredit royaume sont habitant et conversent plusieurs meurtriers, larrons et larronesses, espieurs de chemins, efforceurs de fames, bateurs de genz pour argent, ademneurs, trompeurs, faux-semoneurs et autres malfaiteurs qui ont fait ou temps passé et font de jour en jour tant et si grant quantité de granz et enormes malefaçons et ont les desusdiz malfaiteurs tant et si grant quantité de complices, conforteus et a recepteurs que le peuple de nostredit royaume en a esté et est encore de jour en jour grandement domagiez et grevez. »

132. Sur le marché de la main-d'œuvre, cf. E. Perroy, « Wage labour in France in the later middle ages », *The Economic Hist. Rev., sec.* ; ser., vol. VIII, n° 2, 1955 ; G. Fourquin, *Les campagnes de la région parisienne à la fin du Moyen Age*, Paris, 1964, publi-

cation de la faculté des lettres et sciences humaines de Paris, série Recherches, t. X, spécialement pp. 228 et suiv., 258.

133. R. Dion, *Histoire de la vigne et du vin en France,* Paris, 1959.

134. Leroux de Lincy, *Hugues Aubriot, prévôt de Paris sous Charles V,* Bibliothèque de l'Ecole des chartes, V[e] série, t. III, 1862, p. 208.

135. Bibliothèque nationale, Ms. Fr. 21557, fol. 54 V, copies du *Livre vert ancien du Châtelet,* fol. 153, et du *Livre blanc petit du Châtelet,* — tous deux disparus. Tuetey, *op. cit.,* ne cite aucune copie de cet acte.

136. Bibliothèque nationale, Ms. Fr. 21803, fol. 150, *Livre vert ancien du Châtelet,* fol. 159.

137. Sans doute est-ce ainsi qu'il faut comprendre la formule : « d'estre prins, batus et emprisonnez par certains sergens et autres qui a ce ont este et seront commiz et ordenez », *ibidem.*

138. Archives nationales, Y 2, *Livre rouge vieil du Châtelet,* fol. 98 (1398) — répété très souvent par la suite, v. Geremek, *La lutte contre le vagabondage,* note 39.

139. Archives nationales, Y 2, *Livre rouge vieil du Châtelet,* fol. 88 V, et Bibliothèque nationale, Ms. Fr. 21803, fol. 151.

140. *Ibidem,* fol. 88 V : « se... ils sont trouvez oiseux ou jouans aux dez, a la paume ou autres jeux ».

141. *Ibidem,* fol. 124 V ainsi que Bibliothèque nationale, Ms Fr. 21803, fol. 151 : « Comme plusieures personnes de petit estat, gens oyseux et autres de petit et mauvais gouvernement soient coustumers d'aller rever de nuyt parmi la ville de Paris, et de commettre plusieurs delits et malefices, comme de rompre huys et fenestres, battre gens, rober et piller les barreaux de fer etant en la closture et sur les murs de laditte ville de Paris, rompre et oster les serrures et trains des huis des hostels de manans et habitans en la dicte ville, et de faire et commettre plusieurs autres mauvaistiez et delits et en aprz, les aucuns des personnes dont cy dessus est faicte mention se vont coucher et loger es batteaux à foing et autres estans sur ladicte riviere de Seine à Paris. »

142. *Ibidem,* fol. 165, non daté ; le document précédent est de 1398 et le suivant de 1399.

143. *Ibidem* : « Plusieurs personnes aians puissance de gaigner leurs vies à la peine de leurs corps par paresse, negligence et mauvaisetie se rendent oyseulx, mendians et querans leurs vies aval la ville de Paris, tant en eglises comme ailleurs, dont ouvriers et gens gaignans leurs vies à la peine de leurs bras se rendent plus cheries et coustangeux. »

144. *Ibidem* : « Ils aient vuider lad. ville de Paris, se ilz ne se applicquent a gaigner leurs vies a la peine de leur corps en icelle ville ou ailleurs. »

145. *L'Ordonnance cabochienne* (*26-27 mai 1413*), art. 256.

146. *Ibidem,* p. 179 : « Le peuple et par espécial les laboureurs pour les guerres, moratlitez et autres accidens, soit en petit nombre au regart de ce qui chiet en labour... plusieurs labouraiges demeurent sans cultiver, et plusieurs vilaiges du plat pays demeurent mal habitez. »

147. Fourquin, *op. cit.,* pp. 209 et suiv.

148. *L'Ordonnance cabochienne,* p. 179 : « Pour eschever la peine de labourer, pour la gloutonnie d'eulx. »

149. *Ibidem*, p. 179 : « Les caymans et caymandes qui ne sont pas impotens mais ont puissance de labourer ou autrement gaigner leur vies, et aussi gens vacabondes et oyseux, comme houlliers et autres semblables. »

150. Bibliothèque de la préfecture de police, 33, *Livre noir vieil du Châtelet,* fol. 42 : « Item l'on commande et enjoinct à tous lesdits sergens, quarteniers, cinquanteniers, dixainiers et autres à qui appartient la garde de la ville que toutes manieres de gens oyseux, vagabondes et autres qui porteront harnois tant le jour que de nuict sans adveu, seigneur ou autre à qui ce appartienne de faire et sans savoir le nom de la nuict ou qui romperont, heurteront huys ou feront autres fractions noise ou excez ilz prennent et amenent prisonniers ou Chastellet de Paris, sur paine d'estre mis prisonniers et d'amende volontaire. »

151. L'original de ces mesures nous fait défaut. Elles se trouvent dans un recueil publié au XVIe siècle : *Les ordonnances royaux sur le faict et jurisdiction de la prevosté des marchands et eschevinage de la ville de Paris,* Paris, 1501, plusieurs fois réédité par la suite (nous utilisons l'édition de Paris, 1595). Sur les quatre mesures qui nous intéressent ici, les trois premières sont données de façon allusive, la dernière offre un texte complet. Celui-ci rappelle dans son expression l'article 256 de *L'Ordonnance cabochienne.* La collection de copies Delamare, offre un texte repris du recueil imprimé : Bibliothèque nationale, Ms. Fr. 21803, fol. 163.

152. On peut le deviner d'après les premiers mots de l'ordonnance : « semblablement fut remonstré audit seigneur qu'en bonne ville de Paris y avoit plusieurs faultes et abus subjects à reformation », *Les ordonnances royaux...,* p. 236.

153. *Ibidem* : « Plusieurs gens oysifs, non habituez à bien vivre, mais usitez à fetiller, à embler de jour, de nuict, à battre, frapper, et faire plusieurs autres maux. »

154. *Ibidem* : « Gens qui n'ayent vacation ny mestier, ou autre occupation. »

155. *Ibidem*, pp. 236 et suiv. : « Les larrons qui de nuict et de jour vont rober et piller les maisons et sans crainte d'estre pendus, persistent en crime et delicts, lesquels se retirent en aucunes maisons. »

156. *Ibidem*, p. 237.

157. *Ibidem* : « Item, et pour ce qu'en l'Université souz umbre d'estude ce font beaucoup de maux par mauvais garçons qui se disent estre escoliers et sont ribleurs et ne font que battre et ribler. »

158. *Ibidem*, pp. 237-238 : « Ordonnance contre les caymans et les belistres. »

159. *Ibidem*, p. 238 : « Fault qu'il y ayt gens députez pour les visiter et s'il s'en est trouvé d'abuseurs qu'ils soient punis en sorte. »

160. Archives nationales, Y 8, Bannières II, fol. 217 V, Y 9, Bannières III, fol. 39 V, ainsi que des copies postérieures : Archives nationales, Y 16198, Bibliothèque nationale, Ms. Fr. 21803, fol. 169-170, Ms. Fr. 21386, fol. 120 : « Pour obvier a plusieurs larcins, pilleries ; pipperies et desroberies qui continuellement sont commises en cette ville de Paris tout en plein jour comme de nuict, plusieurs gens oyseux et vagabons estans en cette ville de Paris, les aucuns sans adveu et les autres qui se disent officiers, comme

sergens et autres qui sont vestus et habillez de plusieurs robbes et riches habillements portans espées de grands cousteaux, qui ne s'appliquent à aucun estat ou autre bonne maniere de vivre. »

161. *Ibidem* : « De eux enquerir et informer desdites malefaçons et de ceux qui les commettent, et de la manière de vivre des dessus dits et que ceux qui trouveront tant vagabons et sans adveuz, que aussi soupçonnez au charges de malefices dessus declarés. »

162. Bibliothèque nationale, Ms. Fr. 21803, fol. 166 — Imprimé séparé.

163. Girard et Joly, *Troisième livre des offices,* t. II, p. 1477.

164. Un tableau de ces décisions se trouve à la Bibliothèque nationale, Ms. Fr. 8063, coll. Dupré, fol. 317 et suiv.

165. Cf. *Ordonnances des rois de France,* t. XX, p. 399, art. 55 (1493) (De faire et parfaire le procès des vagabons) ; A. Fontanon, *Edicts et ordonnances des rois de France depuis Louys VI dit le Gros jusques à présent,* Paris, 1611, t. I, p. 660, art. 91-93 (1499) ; Archives nationales, Y 8, Bannières, fol. 218 (1513) etc.

166. Archives nationales, X^{1a}, 8609, fol. 143 et suiv. (1493) et Y 6^2, *Livre bleu du Châtelet,* fol. 35 V.

167. Colonel Larrieu, *Histoire de la gendarmerie,* Ire partie, Paris, 1993, p. 83 ; Guenée, *Tribunaux et gens de justice...,* p. 307. La principale attribution du « prévôt des maréchaux » devient justement de poursuivre les vagabonds — cf. Archives nationales, X^{2a} 70, fol. 184 V (1515) : « Les prevostz des mareschaulx n'ont jurisdicion sur gens tenans feu et lieu, sed dumtaxat sur vaccabons. »

168. Bibliothèque nationale, Ms. Fr. 21803, fol. 15 et 172 : « Bailler les caymans et gens oyseux... pour... les faire besongner et descombrer la riviere de Morin et icelle faire navigable. »

169. Sur l'enrôlement à bord des bateaux de diverses « gens de petite valeur » cf. l'ordonnance royale de 1400. — *Ordonnances des rois de France,* t. VIII, p. 640. Jacques Cœur, comme on sait, fournissait ses galères en vagabonds, capturant souvent sous ce terme des personnes étrangères à tout vagabondage. — P. Clément, *Jacques Cœur et Charles VII,* Paris, 1886, p. 263 ; *Les affaires de Jacques Cœur. Journal du procureur Dauvet,* éd. M. Mollat, t. I, Paris, 1956, p. 9. Cf. Ch. de la Roncière, *Histoire de la marine française,* t. II, Paris, 1914, p. 277.

170. Dans le traité de Guillaume du Breuil sur la pratique judiciaire du Parlement nous rencontrons une définition très large du concept de vagabond : « esset vagabundus, ita quod nescivetur ubi haberet domicilium suum. » G. du Breuil, *Stilus curie parlamenti,* éd. F. Aubert, Paris, 1909, p. 15 ; on y cite un exemple de 1315. Un ecclésiastique se dit chanoine de Chartres, alors que la partie adverse le qualifie de vagabond. Les lois contre le vagabondage visent cependant nettement les sans-logis des milieux populaires.

171. F. Simiand, *Le salaire, l'évolution sociale et la monnaie,* t. II, Paris, 1932, pp. 31 et suiv., ainsi que t. III, diagramme 2.

172. Courbe de niveau des salariés : Fourquin, *op. cit.,* p. 276, p. 508 — salaires des vendanges pour 1406-1415, 1407-1511 ; Geremek, *Najemna sila robocza...,* p. 162 (salaire des ouvriers du bâtiment 1340-1360).

173. Cf. W. Sombart, *Der moderne Kapitalismus,* t. I, München, 1916, 2e éd., pp. 798 et suiv. ; N. Assorodobraj, *Poczatki klasy*

robotniczej Problem rak roboczych w przemysle polskim epoki stanislawowskiej, Warszawa, 1966, 2ᵉ éd., pp. 18 et suiv. ; B. Geremek, *La popolazione marginale tra il Medioevo e l'èra moderna*, Studi Storici, IX, 1968, pp. 623 et suiv.

CHAPITRE II

EXAMEN DES SOURCES

Les études concernant l'histoire de la criminalité essaient de se référer à l'élaboration d'une statistique. Le résultat des dénombrements est, par la force des choses, souvent trompeur, et jamais satisfaisant quant à l'image globale obtenue, même en se situant dans un cadre géographique et chronologique limité. Certes les archives judiciaires sont parmi les réserves documentaires de l'histoire les plus riches, mais leur énormité même les a exposées aux pertes et aux destructions. La valeur des archives judiciaires médiévales ou modernes, quant aux études statistiques, dépend également de la puissance et du bon fonctionnement de l'appareil judiciaire et policier ; de ce fait, les résultats numériques, pour des régions ou des époques différentes, sont difficilement comparables. Les calculs touchant l'histoire statistique de la criminalité dans la période préindustrielle donnent plus une indication directionnelle, concernant les crimes considérés comme les plus graves pour une époque donnée, qu'un tableau réel de la criminalité [1].

Il est cependant difficile de nier l'utilité de ces observations. Elles jettent une lumière sur des similitudes ou des particularités de caractère interne et essentiel. Ainsi une étude statistique de la criminalité dans une région de France au XVIIe siècle a-t-elle donné un relief marqué à la différence qui existe entre criminalité urbaine et criminalité rurale ; seule la première comporte des criminels de profession, la délinquance y prend un caractère organisé et régulier[2]. Il est donc impossible de généraliser cette image ou de l'appliquer à la situation rurale. Cela oblige également à s'interroger sur le rôle de la ville dans la genèse de la criminalité. La statistique, en l'occurence, même si elle est trop imparfaite pour saisir le fil des changements temporels, éclaire les problèmes fondamentaux.

Les archives judiciaires parisiennes des XIVe et XVe siècles semblent riches. Si nous laissons cependant de côté les énormes collections d'actes du Parlement, où les affaires parisiennes occupent une place infime et concernent rarement les personnes des classes sociales inférieures, il ne reste que les actes fragmentaires et de moindre importance des tribunaux à Paris. La série des actes du Châtelet, si importants dans l'optique qui est la nôtre, n'a pas été conservée, à l'exception d'un registre de la fin du XIVe siècle. Les lambeaux d'archives de quelques juridictions seigneuriales du territoire de Paris qui nous sont parvenus, concernent des périodes différentes et par conséquent, ni en coupe synchronique ni en tableau évolutif, ils ne peuvent rendre une image de la criminalité.

Le manque de continuité de ces matériaux est particulièrement sensible, si l'on veut, comme nous, observer la conjoncture de la criminalité sur une longue période. Il est évident que les dimensions de la délinquance variaient, que des changements se produisaient dans l'intensité de certaines sortes de crimes. Nous ne pouvons toutefois ici que formuler des hypothèses car nos matériaux ne permettent pas de constituer des séries statistiques.

Même sur la base de documents si fragmentaires, nous pouvons pourtant essayer de mettre en évidence certaines relations statistiques à l'intérieur de chaque ensemble. Les rapports et les calculs présentés ici offrent ainsi une coupe assez proche de la réalité.

La crédibilité des informations de première main sur lesquelles doivent se baser chaque tableau et chaque calcul est encore affaiblie par le caractère même de la procédure judiciaire. A l'époque qui nous intéresse, le moyen essentiel d'obtenir des aveux est déjà la torture. Elle s'est répandue comme moyen de connaître la vérité, en même temps que la pénétration du droit romain dans la procédure, encore que les lois barbares permissent déjà d'en user à l'égard des esclaves et, même, dans des cas exceptionnels, à l'égard des personnes libres [3]. Dans les premières notations du droit coutumier français ne se rencontre pas, il est vrai, de mention de la torture, mais déjà dans une ordonnance de 1254 (seulement dans la rédaction latine), on défend d'avoir recours à la torture à l'égard des « *personas autem honestas et bonae famae, etiam si sint pauperes* [4] » d'où il ressort et se confirme que la question peut être appliquée aux personnes de mauvaise réputation. Au XIVe siècle, la torture constitue déjà un moyen courant dans la procédure judiciaire, une garantie de l'efficacité du système répressif dirigé contre les criminels [5], mais elle reste limitée aux gens de basse condition [6]. Au Châtelet, d'après le registre criminel de la fin du XIVe siècle, elle est employée de façon régulière ; elle semble avoir été moins appliquée dans les juridictions seigneuriales.

Le raffinement des tortures médiévales [7], qu'augmentent encore les progrès techniques [8] du temps, permet de douter sérieusement de la véracité des aveux arrachés par la force. On mesurera la cruauté des supplices au nombre de morts consécutives à des sévices ou à celui des mutilations plus ou moins durables, plus fréquentes encore [9]. Le Parlement examine une affaire de ce type en 1491 : le procureur du Châtelet, se défendant des accusations qui sont portées contre lui, prouve que les tortures du Châtelet sont conduites en accord avec les recommandations d'un chirurgien, qu'elles sont exécutées par des personnes d'une très grande compétence (l'une d'elle a même quarante ans de pratique) et que c'est là un moyen de lutte indispensable contre les infractions et les crimes [10], de plus en plus nombreux sur la place de Paris. Les tortures appliquées par les tribunaux parisiens [11] étaient en tout cas suffisamment sévères pour arracher n'importe quel aveu et par conséquent aussi des faux-témoignages. Il arrive, au cours de l'instruction, qu'un accusé revienne sur les aveux formulés [12] ; des mensonges destinés à l'éviter se produisent également [13]. Les dépositions obtenues après plusieurs séances successives sont à considérer avec d'évidentes réserves [14]. Il restait aussi à l'accusé la possibilité, après la sentence, sur les lieux de l'exécution, de revenir sur les aveux qu'on lui avait extorqués. Cela certes ne pouvait changer le verdict, mais permettait de se mettre en règle avec sa conscience. On rencontre cependant très rarement ce procédé [15] et cette possibilité ne suffit pas à nous assurer de la véracité des autres dépositions, elle ajoute seulement une certaine crédibilité à la documentation des tribunaux médiévaux.

1. Le châtelet

L'énorme majorité des affaires criminelles d'une certaine importance aboutissait au tribunal où le prévôt de Paris (ou son représentant) rendait la justice au nom du roi. Ce tribunal prenait des arrêts de première instance pour la plus grande partie du territoire de la ville et constituait l'échelon hiérarchique supérieur de nombreuses juridictions seigneuriales. Le prévôt de Paris avait aussi, comme nous l'avons rappelé, des prérogatives et des obligations extraordinaires pour la poursuite des bandits, voleurs et autres délinquants [16].

Quant à l'importance du tribunal du Châtelet, plus que de sa compétence légale, elle ressort du fait que le prévôt avait en mains l'appareil répressif le plus efficace et le plus nombreux de la ville. Le nombre des affaires qui venaient devant ce tribunal était si grand qu'il fut nécessaire de restructurer l'appareil judiciaire, de former plusieurs chambres, d'abord selon leur importance [17], ensuite selon leur caractère : les crimes furent donc examinés à part. Les archives ne nous ont pas conservé d'actes judiciaires du Moyen Age, nous manquons donc de matériaux de base pour brosser le tableau de la délinquance urbaine.

Un heureux concours de circonstances a cependant permis la conservation d'un seul registre dans la série des livres judiciaires du Châtelet [18]. Trouvé au milieu du siècle dernier dans l'une des bibliothèques parisiennes et publié par Henri Duplès-Agier [19], ce livre contient les « procès des prisonniers criminalz admenz ou Chastellet de Paris [20] » et jugés entre le 24 juillet 1389 [21] et le 18 avril 1392. L'essentiel des affaires concerne des crimes commis à Paris [22]. Quelques-unes seulement touchent des forfaits perpétrés hors les murs, dans les environs de Paris, et transmises au prévôt en vertu de ses pleins pouvoirs « extraordinaires [23] ». Les procès pour des délits commis hors de Paris, mais dans les limites de sa prévôté, sont peut-être plus nombreux, une méthode scrupuleuse pourrait commander de les exclure d'une étude portant sur la ville elle-même, mais il convient de rappeler que chaque biographie de criminel offre des séjours plus ou moins longs et des délits commis dans la ville même.

Pour cette période de près de trois ans, couverte par le registre criminel du Châtelet, nous disposons des procès-verbaux de 107 procès. Ce nombre, qui n'est guère très élevé, permet pourtant une connaissance plus approfondie du caractère de la criminalité [24].

Les délits se présentent selon les groupes suivants pour l'ensemble du document : 1389-1392 [25].

Nature du délit	*Nombre d'accusés*	*%*
trahison et crime d'état	12	9,4
meurtre	6	4,7
pillage	6	4,7
vol	85	66,1
sorcellerie	4	3,1
faux	2	1,6
recel	2	1,6
proxénétisme	2	1,6
jeu de hasard	2	1,6
viol	1	0,8
chantage	1	0,8
abandon d'enfant	1	0,8
incendie	1	0,8
diffamation	1	0,8
blasphème	1	0,8
totaux	127	100

La majorité des infractions qu'avait à juger le prévôt de Paris étaient donc des vols. Ce vocable désigne toutefois des faits sociaux très divers. Qui plus est, le vol étant, dans la théorie et la pratique du Moyen Age, le crime par excellence, c'est dans cette catégorie qu'il faut aussi chercher les indices typologiques du milieu criminel. L'abondance des notes dans les actes judiciaires du Châtelet rend possible, bien mieux que dans beaucoup des autres matériaux de notre documentation, une classification des délits que nous groupons dans notre tableau sous le vocable de « vols ».

Les auteurs de vols, pris en flagrant délit ou dénoncés, savaient le prix qu'ils devaient payer en avouant leur faute. La première déposition se limite donc à des faits tellement évidents qu'il serait vain de les nier. Considérant qu'après trois vols seulement, on était passible de la corde, avouer un premier vol n'était pas encore trop dangereux.

Mais on passait ensuite à la torture. « La Gehine » était en effet, on l'a dit, un moyen couramment utilisé au Châtelet. Ce n'est qu'après cette séance qu'on obtenait les aveux concernant les crimes commis pendant le reste de la vie ; les années les plus proches étaient traitées avec une méticulosité beaucoup plus grande que la période ancienne. On peut penser que cela correspondait à l'intérêt des préposés à l'interrogatoire, ainsi qu'à l'état de fraîcheur de la mémoire — et à l'émotivité — des intéressés.

En essayant d'introduire certaines distinctions dans le groupe des condamnés pour vol, il a fallu tenir compte du nombre de délits avoués pendant l'audience.

	1390		*1391*	
Nature du délit	*Nombre d'accusés*	*%*	*Nombre d'accusés*	*%*
trahison et crime d'état	9	19,6	2	4,4
meurtre	3	6,9	3	6,7
pillage	—	—	6	13,3
vol	31	67,4	26	57,8
sorcellerie	2	4,3	2	4,4
faux	1	2,2	—	—
jeu de hasard	—	—	2	4,4
chantage	—	—	1	2,2
incendie	—	—	1	2,2
diffamation	—	—	1	2,2
blasphème	—	—	1	2,2
	46	100	45	100 [26]

Il faut traiter ces données avec toutes les précautions convenables. Nous y sommes invités non seulement par le difficile et complexe problème des aveux contraints, mais par la subjectivité de la relation de celui qui avoue et l'impossibilité de vérifier ses dires.

Nombre	*1389*	*1390*	*1391*	*1392*	*Totaux* [17]	*%*
1 ou 2 vols	3	6	7	2	18	21
3 à 5 vols	3	7	5	1	16	29
6 à 10 vols	6	11	10	4	31	37
plus de 10 vols	6	6	4	3	19	23
totaux	18	30	26	—	84	100

En se conformant à la sensibilité juridique du temps et au droit coutumier, il ne faudrait reconnaître pour délinquants « sporadiques » que le premier groupe d'accusés. Les sentences donnent, en outre, fréquemment, une distinction à trois degrés, qui présente pour chacun d'eux la fréquence suivante :

	1389	*1390*	*1391*	*1392*	*Totaux*	
larron	11	16	14	6	47	55 %
très fort larron	2	10	9	4	25	30 %
larron et murdrier	5	5	3	—	13	15 %

On peut cependant se demander si la différenciation des deux premiers degrés est véritablement précise et répond toujours à des dispositions différentes des criminels. Entre ces deux premières définitions on remarquera cependant deux niveaux d'appréciation des juges. L'expression « très fort larron » désigne des bandits plusieurs fois récidivistes ou dont les délits sont particulièrement odieux, soit par la façon dont ils ont été commis, soit par la valeur des objets dérobés. Seule la dernière expression « larron et murdrier » désigne un groupe spécial car elle est liée à une catégorie juridique différente, ainsi — comme nous pourrons nous en convaincre — qu'à un châtiment particulier. L'accomplissement d'un meurtre indique, sans conteste, une situation aiguë de « détermination au crime », mais n'exclut pas du tout que le délit — tant le vol que le meurtre — ait été, dans la vie de l'accusé, un événement exceptionnel et isolé.

Il sera donc difficile de considérer ces chiffres comme des indices solides des catégories criminelles. On a seulement l'impression que plus du tiers, si ce n'est la moitié des accusés de vol, sont des délinquants occasionnels.

Mais le tribunal parisien les traite sans faiblesse. Les circonstances atténuantes sont rarement prises en considération. La principale d'entre elles, élaborée par l'éthique médiévale et la doctrine canonique [28], à savoir l'extrême nécessité comme justification du vol, n'est présente dans notre document que de façon en quelque sorte négative. Les juges soulignent avec insistance que le vol a été perpétré sans nécessité absolue. Une fois seulement la pauvreté est prise en compte : dans le cas d'un salarié de vingt-quatre ans, porteur aux halles de Paris qui, portant aux bourgeois des paniers de harengs, leur en volait parfois un ou deux, et qui, revenant à Paris après la moisson, avait volé quelques chemises dans une maison de Saint-Cloud ainsi qu'un manteau séchant sur une barrière à Notre-Dame-de-Montfort. Considérant qu'il avait volé poussé par la pauvreté [29] et que ces vols étaient sa première faute [30], le tribunal arrête qu'il sera seulement fouetté en public et banni à vie de Paris. Le motif de l'atténuation de la peine peut être aussi, parfois, le jeune âge de l'accusé : une servante parisienne qui a reconnu une quinzaine de vols n'est ainsi condamnée qu'au pilori et à un mois de prison à l'eau et au pain sec, d'autant plus que les objets dérobés sont de faible valeur [31]. Dans l'énorme majorité des cas la sévérité prédomine au Châtelet [32]. Le tableau des peines infligées aux accusés de vol le montre éloquemment :

Peine	*1389*	*1390*	*1391*	*1392*	*Total*
pendaison	10	15	18	8	51
traînage et pendaison	5	5	3	—	13
traînage et décapitation	2	—	—	—	2
enterrés vivants	—	1	1	1	3
bûcher	1	3	—	—	4
bannissement	—	—	2	1	3
pilori / oreilles coupées / verges	—	6	2	—	8

Par conséquent 11 personnes sur 84, à peine 13 %, ont réussi à sauver leur tête devant ce tribunal. La rigoureuse répression du vol n'était pas seulement un principe théorique.

La rigueur des verdicts du Châtelet (dans l'ensemble du registre, 79 % sont des verdicts de mort !) peut faire douter que ce document soit assez représentatif. A quoi pourtant attribuer son caractère exceptionnel ? Les années 1389-1392 ne se signalent en rien dans l'histoire sociale de Paris [33]. Il semble donc que seule l'augmentation de la criminalité et la nécessité de renforcer les moyens de répression dans toute la métropole puissent expliquer le caractère particulier du registre criminel du Châtelet [34]. Il serait, certes, difficile d'induire quoi que ce soit, quant à la criminalité et la jurisprudence pour l'ensemble de la France médiévale, sur cette seule base. Mais rien n'interdit de lui accorder foi pour ce qui est de la situation à Paris et ceci n'est pas limitatif aux années directement concernées. La perte des autres registres du tribunal criminel du Châtelet commande cependant de conserver une certaine prudence.

2. Les juridictions seigneuriales

Les archives n'ont conservé, de l'énorme masse de matériaux judiciaires provenant des tribunaux des juridictions seigneuriales en activité sur le territoire de Paris au Moyen Age, que des fragments (encore ceux-ci ne se rapportent-ils qu'aux juridictions ecclésiastiques). Or, il convient de rappeler que c'est justement à la justice privée qu'appartenaient les jugements concernant la plus grande part du territoire urbain [35]. Le domaine royal s'étendait lentement sur Paris, surtout au détriment de la propriété laïque. Les grandes seigneuries ecclésiastiques demeuraient intactes en ville, conservant leurs droits de justice propres. L'évêque, les ordres religieux, les églises, se comportaient, en l'occurence, en seigneurs féodaux [36]. La délimitation territoriale de chaque juridiction fournissait de nombreuses matières à disputes : ces limites étaient souvent définies par des rues. Mais des conflits éclataient quant à l'appartenance de telle ou telle maison d'une même rue qui pouvait dépendre de ressorts différents.

Ces conflits sont la chance de l'historien, car ils sont à l'origine de l'accumulation de pièces à conviction dans les actes judiciaires, en premier lieu dans ceux qui ont fait l'objet d'un appel et concernent les droits du prévôt de Paris ou d'autres juridictions. Les registres judiciaires élaborés de la sorte sont douteux non seulement par le caractère tendancieux des choix et la possibilité de faux, mais par l'intention même de leur élaboration. Il s'agit de documents assemblés arbitrairement, pour prouver l'extension d'une juridiction ou d'une aire de compétence ; si, toutefois, ces principes directeurs ne nous permettent pas de saisir la vie judiciaire dans son déroulement normal (comme on pouvait le faire d'après le registre du Châtelet) les rapports quantitatifs entre les différentes sortes de crimes conservent, dans le cadre de chaque recueil, une certaine valeur.

Les registres de cette nature faits aux abbayes de Sainte-Geneviève [37] et de Saint-Germain [38] ne couvrent pas seulement l'aire de la ville, mais aussi celle des villages environnants où ces abbayes avaient des prérogatives judiciaires. Si l'on se limite au territoire parisien et au hameau de Saint-Germain-des-Prés, les enregistrements d'affaires criminelles se présentent ainsi (selon le nombre d'accusés) :

Nature du crime	*Sainte-Geneviève 1263-1305*	*Saint-Germain-des-Prés 1265-1307*	
		Paris	*Saint-Germain*
assassinats	9	1	2
suicides	1	—	1
vols	14	19	7
rixes	1	2	—
faux	2	—	—
autres	2	3	2

D'où il ressort que les relations quantitatives sont ici les mêmes qu'au Châtelet. L'infraction au droit de propriété est au premier plan. Au Châtelet cette constatation concernait la pratique judiciaire, ici elle définit la hiérarchie des crimes et leur fréquence dans la conscience juridique, elle exprime les intentions de ceux qui accumulaient ces copies et extraits d'archives.

Notons également l'échelle des peines prescrites dans

les verdicts des deux abbayes à l'égard du délit le plus fréquent, celui du vol :

Peine	*Sainte-Geneviève* [39]	*St-Germain-des-Prés* *Paris* [40]	*Saint-Germain* [41]
pendaison	4	13	2
traînage et pendaison	1	—	—
enterrés vifs	2	—	—
bannissement	—	2	1
oreilles coupées et verges	—	—	1
relaxe	2	—	2

Sur les 30 personnes jugées pour vol dans les deux abbayes dont nous connaissions le verdict, 22 ont été condamnées à mort. En comparaison avec les verdicts du registre criminel du Châtelet, le nombre des peines capitales pour vol est donc de peu inférieur, l'impression d'extrême rigueur dans la punition des atteintes au droit de propriété se confirme donc pleinement.

Il suffira de citer deux exemples puisés dans le registre de Saint-Germain-des-Prés. En juin 1304, au Pré-aux-Clercs, un certain Hamonnet d'Ortay, pris de vin, s'endort. Deux voleurs le détroussent complètement, le laissant en chemise, après lui avoir jeté aux yeux une poudre qui l'empêche de les reconnaître. L'un des voleurs perd cependant son capuchon, ce qui permet d'identifier les coupables. Soumis à la torture, ils avouent leur vol, sont condamnés à la pendaison et la sentence est exécutée au gibet de Saint-Germain [42]. Une autre affaire de vol se termine plus heureusement pour le fautif. Un pauvre, originaire de Provins, a commis à l'étal d'un boucher de Saint-Germain un vol dont l'objet était un morceau de viande d'une valeur n'excédant pas 2 à 3 deniers. Le coupable est si longtemps tenu en prison que sa vie est en grand péril mais, comme, enfin, il est tout à fait dépourvu d'argent (ne pouvant même payer les frais de son emprisonnement) on admet que l'on peut traiter son larcin comme une suite de la nécessité. On le relaxe en se contentant de l'expulser du territoire de Saint-Germain [43].

Le registre de l'abbaye de Sainte-Geneviève contient également une liste de verdicts de bannissement hors des terres de l'abbaye [44]. Cette liste aussi n'est qu'un recueil d'exemples qui doivent servir à prouver l'aire coutumière des prérogatives judiciaires des abbés. Etre banni des terres de l'abbaye n'était pas une peine très lourde, car elle n'interdisait que l'accès au hameau situé au pied de la colline de Sainte-Geneviève [45]. Elle frappait le plus souvent des personnes de la condition la plus basse, ne possédant rien, pour lesquelles le départ à Paris ou l'un des hameaux environnants, ne posait pas de grande difficulté. Mais elle était marquée d'infamie ; le nom de banni entraînait et poussait en marge de la société. Voici comment se présente le tableau des bannissements dans les années 1266-1302 notés dans le registre :

Motif du bannissement	*Hommes*	*Femmes*	*Total*	
soupçon d'assassinat	4	2	6	16,7 %
vol	6	3	9	25 %
débauche	—	15	15	41,6 %
motif inconnu	6	—	6	16,7 %
total	14	20	36	100 %

Nous avons distingué les femmes pour une raison évidente : plus de 40 % des bannis hors des terres de l'abbaye de Sainte-Geneviève sont des femmes accusées de se livrer à la prostitution (« fames de chans », « foles de leur corps », « bordelerie et makelerie »). Les autres sont, pour la plupart, des suspects dont on n'a pas réussi à prouver le crime, mais dont la « mauvaise renommée » est un motif suffisant au bannissement comme verdict d'infamie.

La magistrature seigneuriale parisienne a également laissé un nombre considérable de registres judiciaires renfermant la liste des arrestations courantes, des procès ou des verdicts. Dans ce groupe de documents, le plus ancien est le registre criminel du prieuré de Saint-Martin-des-Champs [46]. Il contient la liste « des esplois de la justice » des religieux de ce couvent. Plus de 300 affaires se répartissent inégalement selon les années : de 1332 à 1340 les inscriptions se font de façon assez systématique (avec un trou important en 1334 et 1335, années pendant lesquelles on ne relève qu'une affaire), par contre, au cours de la décennie suivante, le document se présente de façon plus lâche et fortuite. La nécessité de rédiger et de conserver les actes de procédure judiciaire, et non pas seulement les verdicts touchant les questions litigieuses, n'était pas encore uniformément reconnue, ce qui explique que les premières initiatives de ce type ne portent pas un caractère systématique et qu'il serait difficile de les considérer comme complètes. En l'occurence ce sont plutôt des relations internes entre différentes espèces de crimes qui sont importantes, que les évaluations quantitatives concernant les changements selon un axe chronologique. Dans le tableau qui suit, nous n'embrassons que des années qui semblent relativement bien représentées dans le registre susnommé :

Nature du crime	*1332*	*1333*	*1336*	*1337*	*1338*	*1339*	*1340*
meurtre	—	1	—	1	—	—	1
pillage-effraction	5	—	—	—	—	2	—
vol	8	—	5	1	1	1	6
faux	—	—	—	—	1	—	—
recel	1	—	—	—	—	—	—
rixes	12	10	35	55	56	16	12
prostitution et proxénétisme	1	1	1	—	—	—	—
viol	1	—	—	1	1	—	1
blasphème	—	—	—	—	1	2	—
autres [47]	2	—	3	2	—	—	2
totaux	30	12	44	60	60	21	22

L'image qui se dégage de ces données est étonnamment uniforme et, en un certain sens, banale : la masse principale des crimes jugés au tribunal de ce prieuré est fournie par des bagarres avec effusion de sang (de 40 % à plus de 91 % selon les années). Aucune circonstance exceptionnelle susceptible d'affaiblir l'éloquence de ce tableau n'est à prendre en considération. Le quartier représenté par la juridiction du prieuré est encore, au milieu de XIVe siècle, hors les murs de la ville de Paris (c'est-à-dire des remparts de Philippe Auguste) mais lors de la construction des remparts de Charles V, il sera incorporé à la ville. Son caractère urbain est depuis longtemps fixé : le réseau des rues et la majorité des noms que nous trouvons dans les plans du XVIe siècle se trouvent déjà sans difficulté au XIIIe. Les prérogatives juridictionnelles du prieuré Saint-Martin-des-Champs ne se différencient pas non plus de celles des autres tribunaux seigneuriaux de Paris : les affaires criminelles sont de leur ressort [48] ; le cloître possède sa prison propre, de même que son propre poteau pour l'exécution des sentences (auprès du gibet de Montfaucon) [49].

Dès le début du XVe siècle, les registres de tribunaux seigneuriaux (de juridiction ecclésiastique) deviennent de plus en plus nombreux [50]. Les inscriptions deviennent régulières et systématiques, rendant constamment compte de toutes les séances du tribunal. C'est le cas de la série des registres judiciaires de Saint-Germain-des-Prés qui commence en 1407 [51], du monastère de Saint-Eloi, de la moitié du XVe siècle [52], ou encore de la juridiction du Temple, appartenant, jusqu'en 1312, à l'ordre des Templiers puis aux chevaliers de Saint-Jean. Ce dernier recueil, qui concerne un petit quartier de la ville, peut nous servir pour une estimation quantitative. Il commence [53] à la date du 19 mai 1401 et s'achève le 14 juillet 1420 ; il englobe donc une période très dramatique dans l'histoire de Paris : la ville passe de mains en mains, d'Armagnacs en Bourguignons, avant de tomber sous l'occupation anglaise :

Crimes	*1411 en partie*	*12*	*13*	*14*	*15*	*16*	*17*	*18*	*19*	*1420 en partie*	total	
vol	—	4	1	—	1	2	4	—	—	6	18	7 %
résistance à l'autorité	—	—	—	—	2	5	—	1	—	—	8	3,1 %
rixes	28	17	24	21	35	32	23	10	7	—	197	76,6 %
affaires de mœurs	1	1	—	—	—	—	—	—	—	—	2	0,8 %
viol	—	—	1	—	—	—	—	—	—	—	1	0,4 %
jeux de hasard	—	3	1	4	3	1	1	3	—	—	16	6,2 %
blasphème	—	—	—	—	3	—	—	—	—	—	3	1,2 %
dettes	—	—	1	1	—	—	—	—	—	—	2	0,8 %
« mauvaise renommée »	—	—	2	2	1	—	—	—	—	3	8	3,1 %
divers	1	—	—	—	1	—	—	—	—	—	2	0,8 %
total	30	25	30	28	46	40	28	14	7	9	257	100 %

Dans ce cas encore, la plupart des affaires sont des accusations pour coups et blessures ; elles constituent les 3/4 de l'ensemble envisagé sur dix ans [54]. Si l'on ajoute à ce groupe de délits ceux qui relèvent de la résistance à l'autorité, qu'il faut le plus souvent interpréter comme une opposition aux sergents qui intervenaient dans les rixes, il faut alors estimer à 80 % les affaires examinées par les fonctionnaires du grand prieur du Temple. Elles sont liées à la brutalité élémentaire de la vie quotidienne. Parmi les autres contraventions, les vols viennent en tête, avec les jeux de hasard (6,2 %). Il faut souligner aussi l'accusation de « mauvaise renommée », donnée souvent comme motif d'incarcération par les sergents (31 %).

Enfin le dernier tableau statistique sera fourni par un document de nature quelque peu différente : le registre des arrestations opérées sur le territoire relevant du Chapitre de Notre-Dame, c'est-à-dire principalement dans la Cité [55]. Comme le port de Saint-Landry se trouvait dans ces limites, les bateliers de Seine et travailleurs du port y sont représentés en grand nombre. Une partie des prisonniers provient des villages des environs de Paris appartenant au Chapitre de Notre-Dame. Le registre commence le 17 mai 1404 et s'achève le 26 mai 1406, par conséquent seule l'année 1405 est complète.

Motif de l'emprisonnement	*1404 partiel*	*1405*	*1406 partiel*	*Total*	
meurtre	2	—	—	2	0,4 %
vol	14	10	5	29	5,9 %
résistance aux autorités	12	17	4	33	6,8 %
bagarres	115	115	32	262	53,7 %
prostitution	—	4	2	6	1,2 %
viol	3	—	—	3	0,6 %
jeux de hasard	30	48	23	101	20,6 %
blasphème	1	1	—	2	0,4 %
dettes — amendes non payées	13	2	7	22	4,5
divers (faux, abus d'autorité, disputes)	14	12	2	28	5,75 %
total	204	209	75	488	

Bien que la rubrique des rixes occupe relativement moins de place que dans les cas précédents, elle constitue néanmoins, ici aussi, plus de la moitié de l'ensemble des accusations. Très nombreuses aussi, celles qui frappent les jeux de hasard, lesquels sont d'ailleurs souvent pratiqués dans l'enceinte de la cathédrale ou encore dans son voisinage le plus proche. L'on peut estimer que cette fréquence était due aux particularités sociales de la juridiction du Chapitre de Notre-Dame, ainsi qu'au zèle de ses sergents dans leur lutte contre les jeux condamnés par l'Eglise.

Les différences entre les registres judiciaires analysés au début et les trois derniers ne sont qu'apparentes. Il est évident qu'en préparant des recueils de copies comme pièces à l'appui de revendications juridictionnelles — et cela est le cas pour nos premiers documents — les fonctionnaires ne prêtaient attention qu'aux affaires les plus importantes, à celles qui, selon eux, indiquaient l'étendue de leurs prérogatives de juridiction. Les trois derniers registres, eux, témoignent de la pratique judiciaire courante, mais de façon plus complète. Si l'on omet les affaires de rixes, les vols retrouvent la première place parmi les délits.

3. Le Parlement et la chancellerie royale

En dehors des matériaux relatifs aux affaires « criminelles » qui se trouvent dans les archives judiciaires des autorités municipales (rappelons qu'à Paris les autorités municipales *sensu stricto,* c'est-à-dire le *parloir aux bourgeois,* ne possédaient pas de prérogative en ce domaine) [56] ainsi que dans les actes judiciaires des tribunaux seigneuriaux, un très grand nombre de matériaux sont contenus dans les archives centrales des institutions royales, celles du Parlement et de la chancellerie.

Les affaires de délinquance parisienne avaient peu de chances d'aboutir devant le Parlement royal [57]. Elles n'y parvenaient, en règle générale, que lorsque se produisait un conflit de juridiction. Cela concernait, au premier chef, les affaires de clercs — véritables ou faux — à l'égard desquels, selon le *privilegium fori,* étaient seuls compétents les tribunaux ecclésiastiques [58]. L'évêque de Paris fait donc appel au Parlement quand le Châtelet emprisonne ou juge un clerc. En 1381, l'évêque réclame au Parlement la restitution de Jehan Petit dit Dubois qui est « clerc en habit et tonsure » ; mais le procureur royal, au nom du prévôt de Paris, réplique que ce prétendu clerc, marié du reste [59], est accusé de vol, d'assassinat et porte « un mantel qui a le colet de drap vert et le demourant du mantel est de drap brun qui est habit parti et non-plein », ce qui est contraire au droit canon. Le Parlement tranche l'affaire au bénéfice du prévôt en arguant justement du fait que le prisonnier ne portait pas l'habit convenable à son état [60]. La majorité des affaires, dans la longue et riche série des procès-verbaux et des verdicts de la *Tournelle criminelle* du Parlement, concerne les rapines commises par des nobles, les actes de violence, les brigandages ou abus de pouvoir, mais le petit peuple des délinquants de la capitale n'apparaît qu'exceptionnellement dans les pages du registre parlementaire [61]. Les frais de jugement constituent déjà une barrière [62], et puis le droit d'appel dans les affaires criminelles ne s'instaure que tardivement, pour ne devenir général qu'au XVe siècle. Des ordonnances royales tendent, en outre, à limiter les appels et à exclure de ce ressort les criminels surpris en flagrant délit ou sur qui pèsent de lourdes présomptions [63].

Dans les archives de la chancellerie royale se trouve une série de documents d'un type particulier : les *lettres de rémission* [64]. Il s'agit d'une série extrêmement riche en détails quant à la société et aux mœurs, car le solliciteur d'une grâce donnait régulièrement toute sa biographie et la lettre du roi la répétait. Mais, ici aussi, se présente une barrière matérielle : pour obtenir une lettre de rémission, il fallait payer, et cher, car à côté des taxes officielles s'ajoutaient des frais indispensables pour gagner la sympathie de la chancellerie. Les cas d'exemption de taxe pour indigence étaient certainement exceptionnels [65], il fallait donc disposer de certains moyens matériels, de relations personnelles, d'une famille, d'amis pour obtenir la grâce royale. Dans la formule officielle de la lettre du roi l'expression « parents et amis charnels [66] » se répète souvent. Ce sont eux qui supplient le roi de grâcier l'accusé, eux qui affirment qu'il s'agit d'un homme honnête et respectable. Ces liens de famille, de groupe, de profession [67], les représentants des marges sociales les plus déshéritées, par définition, ne les avaient pas.

Les lettres de rémission relatives aux affaires criminelles

fournissent surtout des informations quant à la frange située entre le monde du travail et celui du crime : artisans qui se sont laissés tenter par une occasion de voler [68], paysans qui ont pris part à des pillages [69], clercs cherchant dans les expéditions militaires l'occasion de s'enrichir [70].

Etant donné le caractère de ces deux séries, il serait peu efficient de confronter globalement les matériaux concernant les Parisiens et les affaires s'étant déroulées à Paris, serait-ce en opérant par sondage parmi les dizaines de milliers de documents contenus dans les registres de la chancellerie du roi. La valeur essentielle de ces matériaux est justement de présenter des cas individuels, des biographies. Les types d'existence qui se précisent à la lumière de cette documentation pourraient être saisis dans une dimension de masse, mais cela exigerait une étude spéciale.

Ces dernières remarques s'appliquent d'ailleurs à la totalité des matériaux sur la criminalité des XIVe et XVe siècles, présentés ici en quelques sondages et coupes. Il serait illusoire d'essayer de les disposer en une série évolutive. C'est bien pourquoi nous n'avons pas tenté, dans nos tableaux, de présenter une conception unique, une nomenclature uniforme. Des propositions solides ne peuvent porter que sur la disposition des éléments constitutifs, sur le sens et l'importance de certaines sortes de criminalité, ainsi que sur les directions fondamentales choisies par l'appareil répressif et judiciaire. Les changements de caractère de la criminalité se sont produits sur de longues périodes, aussi lentement que les changements de la conscience sociale à l'égard des actes asociaux ou criminels. Dans le cadre temporel qui est ici le nôtre, on peut parler d'intensification ou d'affaiblissement temporaire de la criminalité, mais je ne pense pas que l'on puisse, sur la base des matériaux actuellement accessibles, tracer une « conjoncture de la criminalité ». Il faut tout particulièrement rappeler l'importance des effets sociaux de la guerre de Cent Ans. Il ne fait aucun doute que la guerre a créé, dans une certaine mesure, des milieux délinquants, a favorisé leur développement, mais qu'elle a, par ailleurs, procuré une occupation à des éléments asociaux. Les moments de répit dans la guerre, les courtes pauses entre les opérations militaires étaient particulièrement redoutables : des masses de gens se trouvaient alors soudain sans occupation qui n'avaient plus de place précise dans la société, qui avaient l'habitude de peu respecter la propriété et la vie humaine, qui savaient se servir d'une arme et qui conservaient certains éléments d'organisation et de coordination.

En cherchant à fixer les contours des groupes marginaux de la société, il faut moins regarder les faits criminels que leur place dans la vie des gens, en cherchant à saisir le comportement criminel par l'étude des biographies individuelles. C'est d'ailleurs en cela que gît la difficulté majeure : pour connaître cette collectivité, nous ne pouvons nous aider d'aucune approche globale, nous sommes contraints de nous frayer un chemin à travers une multitude de cas isolés [71].

1. L'Official de Chartres trouvait toujours quelque motif pour traiter les affaires criminelles comme des affaires civiles et limiter les peines à des amendes. Cela a une évidente répercussion sur les calculs que l'on peut faire d'après ce qu'on a conservé des archives de cette juridiction. Ce sont ces calculs qu'a tenté de faire L. Merlet, *Registre des Officialités de Chartres,* Bibliothèque de l'Ecole des chartes, 4 série, t. III, 1856, pp. 574 et suiv.

2. M. Bercé, « Aspects de la criminalité au XVIIe siècle », *Revue Historique,* t. CCXXXIX, 1968.

3. A. Esmein, *Histoire de la procédure criminelle en France,* Paris, 1882, p. 94.

4. *Ordonnances des rois de France,* t. I, p. 72.

5. *Ibidem,* p. 98.

6. En 1398 encore, l'une des parties d'un procès qui se déroule au Parlement considère qu' « on ne doit point metre un filz de bourgeois à question se il n'y a partie poursuivant ». Archives nationales, X^{2a} 12, fol. 399 V.

7. Cf. L. E. Halkin, « La cruauté des supplices de l'Ancien Régime », *Revue historique du Droit français et étranger,* t. XVI, 1937, fasc. 1.

8. Comme en témoignent certains spécimens exposés dans les musées, ou l'iconographie : J. Millaeus, *Praxis criminis persequendi,* Paris, 1541 ; J. Damhoudère, *La Practique et enchiridion des causes criminelles,* Bruxelles, 1571 ; cf. A. Mellor, *La torture,* Paris, 1961 (2e éd.).

9. Archives nationales, X^{2a} 12, fol. 404 V (1399) — C'est une accusation en ce sens qu'adresse ici l'Evêque de Paris au Châtelet JJ 143, Nr 297 (1392) — acte concernant les tortures subies à Senlis par un Parisien qui en est mort. *Registre criminel du Châtelet de Paris,* t. I, Paris, 1861, p. 546. Récit d'un prisonnier sur la mort sous la torture.

10. Archives nationales, X^{2a} 60, sub. 3 may 1491 — Affaire de

viol concernant deux « fillettes publiques » ; l'un des accusés meurt après avoir été torturé, l'autre reste estropié pour la vie.

11. Cf. description des tortures : L. Battifol, « Le Châtelet de Paris vers 1400 », *Revue historique*, t. LXIII, 1896, p. 269 ; G. Ducoudray, *Les origines du Parlement de Paris et la justice aux XIIIe et XIVe siècles*, Paris, 1902, pp. 506 et suiv.

12. *Registre criminel du Châtelet*, t. I, p. 21, t. II, pp. 217, 419, 472.

13. *Ibidem*, t. I, p. 546.

14. *Ibidem*, p. 145, p. 208 (trois tortures) p. 249 (à propos des tortures fréquentes à la prison papale d'Avignon).

15. Cas de rétractation des aveux après le verdict et quelques instants avant son exécution. *Ibidem*, t. I, p. 157, t. II, p. 343.

16. Ch. Desmaze, *Le Châtelet de Paris*, Paris, 1584, p. 3 ; Glasson, « Le Châtelet de Paris », *Séances et travaux de l'Académie des sciences morales et politiques*, t. XL, 1893, pp. 45-92 ; Battifol, *op. cit.*

17. Desmaze, *op. cit.*, pp. 8 et suiv. ; Ducoudray, *op. cit.*, p. 705 (« l'auditoire d'en bas » et « l'auditoire d'en haut »).

18. Archives nationales, Y 10531.

19. *Registre criminel du Châtelet de Paris du 6 septembre 1389 au 18 mai 1392*, publié par la Société des bibliophiles français, t. I-II, Paris, 1861-1864.

20. *Ibidem*, p. 1, « proces des prisonniers criminalz admenz ou Chastelet de Paris ».

21. Il s'agit de la date d'entrée en fonction du « clerc criminel » Aleaume Cachemarée qui signe chacun des actes. Le premier procès du registre est daté du 6 septembre 1389.

22. Il s'agit quelquefois de crimes accomplis ailleurs, mais dont les auteurs ont été pris dans Paris ou ont été complices de criminels parisiens ; *ibidem*, pp. 137 et suiv. : Colin Petit dit l'Enfant, habitant à Troyes est jugé sur la base des aveux d'un autre qui est membre d'une bande de voleurs parisiens.

23. Ainsi est traité un célèbre chef de bande armée, Mérigot Marchès. Le prévôt le juge assisté de quelques « nobles hommes et puissans seigneurs » en juillet 1391. *Registre criminel du Châtelet*, t. II, p. 177.

24. Cf. F. Lot et R. Fawtier, *Histoire des Institutions françaises au Moyen Age*, t. II : *Institutions royales*, Paris, 1958, pp. 382 et suiv. : « On a le sentiment que les délits et crimes jugés au Châtelet frappent seulement une partie infime des coupables. Ceux qui sont pris sont jugés et condamnés pour exemple. »

25. Nous prenons pour unité de compte non pas les procès, mais les accusés (dans le même procès on pouvait avoir parfois plusieurs accusés). Même méthode chez Battifol, *op. cit.*, pp. 274. Pour comparer, voici les chiffres de celui-ci. Sur 128 prévenus jugés entre 1389 et 1391, 85 sont accusés de vol, 16 de meurtre, 7 d'avoir empoisonné des puits, 6 de pillage, 4 de trahison et espionnage, 4 de sorcellerie, 4 de sodomie, 3 de viol, 3 de complicité de meurtre, 2 de recel, 2 de faux et 8 sont respectivement accusés de provocation à la débauche, d'incendie, de falsification de monnaie, de médisance, de chantage, de blasphème, d'abandon d'enfant et de désobéissance à un ordre. Ce tableau, qui a pour but d'enregistrer les variétés de crimes, note tous ceux qu'avouent les accusés pendant l'enquête (à un accusé correspondent donc plusieurs infrac-

tions) : Dans nos calculs, par contre, dans le souci d'établir certaines proportions dans la criminalité, nous ne faisons entrer en ligne de compte que l'accusation de base contre le prévenu (à un accusé correspond un seul crime).

26. Les femmes étaient en 1390 : 7 (15 %) et en 1391 : 8 (17,8 %).

27. Nous manquons d'indications pour l'un des accusés de vol à cause d'une carence de l'acte. C'est pourquoi, sur un groupe de 85 accusés, notre tableau n'en retient que 84.

28. S. Kuttner, *Kanonistiche Schuldlehre von Gratian bis ouf die Dekretalen Gregors IX*, Vatican, 1935, pp. 294 et suiv. ; G. Couvreur. *Les pauvres ont-ils des droits ? Recherches sur le vol en cas d'extrême nécessité depuis la Concordia de Gratien (1140) jusqu'à Guillaume d'Auxerre* († 1231), Rome-Paris, 1961 (Analecta Gregoriana, vol. 111) pp. 257 et passim.

29. *Registre criminel du Châtelet,* t. II, p. 279 : « Ces choses il print par povreté qui est chose vraysemblable au regart de sa personne. »

30. *Ibidem* : « Que en cas de premier larrecin, l'en n'a pas acoustumé, oudit Chastelet, de afire justicier aucune personne. »

31. *Ibidem,* t. I, p. 200 : « Attendus les petites valeurs d'une chascune des parties de larrecins... la jeunesse d'icelle. »

32. En cas d'avis divergents de la part des juges, le prévôt tranchait par principe dans le sens de la sévérité.

33. Cf. G. Fourquin, *Les campagnes de la région parisienne à la fin du Moyen Age,* Paris, 1964, pp. 260 et suiv.

34. On peut ajouter ici que le prévôt du moment, Jean Foleville, entre justement en fonction en janvier 1389 et qu'il a probablement cherché à manifester son énergie et son zèle. Archives nationales, Y 1, *Livre doulcx Sire,* fol. 2.

35. Olivier - Martin, *Histoire de la coutume de la Prévôté et Vicomté de Paris,* t. I, Paris, 1922, pp. 44 et suiv. Ducoudray, *op. cit.*, pp. 565 et suiv. ; P. Lemercier, *Les justices seigneuriales de la région parisienne de 1580 à 1789*. Paris, 1933.

36. L. Tanon, *Histoire des justices des anciennes églises et communautés de Paris,* Paris, 1883, p. 3 ; A. Friedmann, *Paris, ses rues, ses paroisses du Moyen Age à la Révolution. Origines et évolution de circonscriptions paroissiales,* Paris, 1959 ; J. du Breul, *Le théâtre des antiquitez de Paris,* 1612, p. 802, constate que Paris compte, en dehors du roi, vingt cinq seigneurs ayant droit de justice et aussi cent quarante et un « moyens et bas justiciers ».

37. Tanon, *op. cit.*, pp. 347 et suiv.

38. *Ibidem,* pp. 413 et suiv.

39. Dans cinq cas la peine n'est pas indiquée.

40. Cinq cas encore de peine inconnue.

41. Un cas de verdict inconnu.

42. Tanon, *op. cit.*, pp. 432 et suiv.

43. *Ibidem*, p. 426 : « Pris un povre home nez de Pruvinz qui avoit emblé char, montenz II deners ou trois... Et por ce que il fu trové de bonne afaire, et ne avoit point de argent seur li, il fu delivré » ; cf. également P. Viollet, *Registres judiciaires de quelques établissements religieux,* Bibliothèque de l'Ecole des chartes, t. XXXIV, pp. 335, 341, ainsi que *supra* la question des vols par nécessité.

44. Tanon, *op. cit.*, p. 347.

45. Sur l'étendue territoriale des prérogatives de l'abbaye, cf. *ibidem*, pp. 232 et suiv.

46. *Registre criminel de la justice de Saint-Martin-des-Champs à Paris*, éd. L. Tanon, Paris, 1887, L. Tanon, *Histoire des justices...*, pp. 455 et suiv.

47. Il s'agit ici du retour de bannis avant la fin de leur proscription, de bagarres, d'injures, de tentatives pour arracher des prisonniers aux mains des sergents et d'engagement de marchandises étrangères.

48. Tanon, *Histoire des Justices...*, p. 279.

49. *Ibidem*, p. 283.

50. Cf. *Guide des recherches dans les fonds judiciaires de l'Ancien Régime*, Paris, 1958, pp. 381 et suiv.

51. Archives nationales, Z^2 3264, et suiv. Cf. F. Lehoux, *Le Bourg Saint-Germain-des-Prés depuis ses origines jusqu'à la fin de la Guerre de Cent Ans*, Paris, 1951, pp. 230 et suiv.

52. Archives nationales, Z^2 3257 (1457-1462) et Z^2 3258 (1462-1468) etc.

53. Archives nationales, Z^2 3756.

54. Ou plus exactement de neuf ans, car pour 1411 la seconde moitié de l'année seulement est concernée par le registre alors que pour 1420, on n'a que la première moitié.

55. Archives nationales, Z^2 3118 (le registre commence par ces mots : « C'est le pappier de la jurisdiction de l'eglise de Paris à la barre pour les prisonniers. »)

56. G. Huisman, *La juridiction de la municipalité parisienne de Saint Louis à Charles VII*, Paris, 1912, pp. 22 et suiv. : Lot et Fawtier, *op. cit.*, p. 374 soulignant que le « Parloir aux bourgeois » ne possédait que le droit de basse justice.

57. Sur les archives du Parlement : F. Filhol, « Les Archives du Parlement de Paris : Source d'histoire », *Revue Historique*, t. CXCVIII, 1947, pp. 40-61. Sur l'activité judiciaire du Parlement voir surtout E. Boutaric, *Actes du Parlement de Paris*, Paris, 1863-1866 (avec la vaste introduction de Laborde) ; F. Aubert, *Le Parlement de Paris de Philippe le Bel à Charles VII*, Paris, 1887-1890 ; idem, *Histoire du Parlement de Paris de l'origine à François Ier*, Paris, 1894 ; G. Ducoudray, *Les origines du Parlement de Paris et la justice aux XIIIe et XIVe siècles*, Paris, 1902 ; Ed. Maugis, *Histoire du Parlement de Paris*, Paris, 1913-1916.

58. R. Génestal, *Le privilegium fori en France du décret de Gratien à la fin du XIVe siècle*, t. I-II, Paris, 1921-1924 ; nous nous occuperons plus en détail de cette question dans le chap. v.

59. Le mariage n'exclut pas le bénéfice du privilegium fori, à condition toutefois, qu'il ne s'agisse pas de « bigamie ». Cette situation était celle de personnes épousant des veuves ou des jeunes filles non vierges — cf. Génestal, *op. cit.*, t. I, pp. 62 et suiv.

60. Archives nationales, X^2 10, fol. 123 (18 i 23 janvier 1381 n. st.

61. M. Langlois et Y. Lanhers ont publié récemment les auditions d'accusés conduites par les « greffiers criminels » du Parlement dans les années 1319-1350 (reliées avec le registre X^{2a} 4). Ces déclarations contiennent peu d'affaires relevant du droit commun.

Cf. Y. Lanhers, « Crimes et criminels au XIVe siècle », *Revue Historique,* t. CCXL, 1969, p. 325.

62. Cf. H. Lot, *Les frais de justice au XIVe siècle,* Bibliothèque de l'Ecole des chartes, t. XXXIII, pp. 217 et suiv., pp. 558 et suiv., t. XXXIV, pp. 204 et suiv., ainsi que les *Ordonnances des rois de France,* t. VIII, p. 396 (1400) et t. XIV, p. 284, art. 102 (1454).

63. *Ordonnances des Rois de France,* t. XIV, pp. 284 et suiv., art. 13.

64. Des explications générales sont données par M. François, *Note sur les lettres de rémission transcrites dans les registres de Trésor des Chartes,* Bibliothèque de l'Ecole des chartes.

65. En 1400 le roi signale que des lettres de rémission sont accordées sans que la taxe obligatoire de 6 sous soit perçue par sa caisse. Cette taxe est empochée par les fonctionnaires. — *Ordonnances des rois de France,* t. VIII, p. 396.

66. Le formulaire de la chancellerie royale prévoit cette expression pour le cas où le mandant est en prison, mais s'il est en fuite il doit présenter la demande en son nom propre — cf. P. Champion, *François Villon. Sa vie, son temps,* t. II, Paris, 1913, p. 15, n. 3.

67. Les plaintes au sujet de la trop grande mansuétude dans l'octroi des lettres de rémission sont très nombreuses. *L'Ordonnance cabochienne,* éd. A. Coville, Paris, 1891, p. 40, art. 214.

68. Archives nationales. JJ 171, N. 342, 1421, Gilet Prunier, tisserand de toiles.

69. Archives nationales, JJ 171, N. 467, 1421, Pierre de May, laboureur à Saint-Gervais-des-Parisis.

70. Archives nationales, JJ 171, N. 411, 1421, Henriet le Gros, clerc non marié.

71. Pour étudier la criminalité contemporaine, E. H. Sutherland (*The Professional Thief,* Chicago, 1937) a également procédé à l'examen d'échantillons biographiques individuels. Sur l'étude de la vie des criminels, cf. C. R. Shaw, *The Jack-Roller,* Chicago, 1945.

CHAPITRE III

LA TOPOGRAPHIE SOCIALE DE PARIS

On fonde l'étude de la topographie sociale de la ville médiévale sur la notion de quartier conçu comme un organisme dans lequel se forment naturellement et spontanément des groupes d'affinités [1]. Ainsi divers artisans habitaient-ils et travaillaient-ils isolément, donnant leur nom à des rues. Les armuriers, les épiciers, les pelletiers, les cordonniers, les tonneliers, les lavandières, avaient leur rue [2]. La ville du Moyen Age s'assimilait ainsi à une *fabrica,* énorme manufacture dont les branches d'activité étaient dispersées dans l'espace. Les originaires des différentes provinces cherchaient, de même, à se regrouper. Les immigrants de Bretagne, Normandie, Flandres ou Picardie habitaient ensemble dans des rues à leur nom. Les marchands et les banquiers italiens avaient également la leur, la rue des Lombards, tandis que la population juive se regroupait de façon homogène [3].

Ces concentrations en un point étaient encouragées par les facilités plus grandes offertes aux métiers. On pouvait, par exemple, utiliser le matériel en commun. Elles étaient aussi le résultat des exigences du contrôle corporatif. La raison la plus puissante était le besoin d'aide solidaire. Le fait d'habiter ensemble renforce le sentiment de sécurité et la solidarité est plus forte entre cordonniers ou Bretons du fait qu'ils sont voisins. L'arrivant de Bretagne ou de Normandie trouve de meilleures conditions d'adaptation à la vie urbaine quand il est parmi ses « pays » ; ce phénomène d'agglutination se retrouve de nos jours. Avec le temps, les quartiers ainsi délimités ne parviennent plus à accueillir tous les membres d'une même communauté professionnelle ou géographique et le Paris des XIV-XVe siècles ne présente plus ces regroupements homogènes.

L'implantation des différentes classes, des différents groupes de Paris, change et dépend de l'évolution du peuplement progressif de la ville [4]. C'est au XIIe siècle que s'ébauche, en gros, la forme de celle-ci. Paris commence alors à renforcer son rôle économique, devient le centre du pouvoir monarchique et celui de la vie intellectuelle. A côté de la Cité, noyau originel, grandit, au nord, une agglomération de plus en plus active économiquement bien que peu structurée encore. La ceinture de cinq kilomètres de remparts dont Philippe Auguste entoure la métropole contribue à son unité. La surface de 250 hectares ainsi délimitée se couvre peu à peu de constructions, mais, dès la moitié du XIIIe siècle, la ville déborde de ses murs. A la fin de ce siècle, une cinquantaine de rues au moins se trouvent hors les murs. La population de plus de 200 000 habitants du début du XIVe siècle est inégalement répartie [5]. Les nouveaux remparts édifiés au milieu du XVe siècle englobent un tiers de la surface restée jusqu'alors en dehors de la ville. L'aire urbaine couvre maintenant 439 hectares et, cette fois encore, il s'agit de terrains partiellement urbanisés, dont plusieurs restent agricoles. L'inclusion d'un terrain dans les remparts occasionne automatiquement une montée de sa valeur et stimule son urbanisation [6]. Ce développement a deux conséquences très importantes : une augmentation de la densité, assez inégale il est vrai, et un brassage des catégories sociales.

Si nous essayons de situer la place de la plèbe urbaine dans la topographie sociale de Paris, il nous faut aborder le problème d'un double point de vue : définir d'abord l'espace de la richesse et celui de la pauvreté, puis isoler les îlots de la délinquance.

1. La topographie de la pauvreté

Il n'est pas facile de distinguer les différents niveaux matériels. Les sociologues et urbanistes de notre temps connaissent bien les variations du développement de la ville dans l'espace, mais les remparts de la ville médiévale semblent limiter considérablement le rôle de la mode dans le choix des quartiers par tel ou tel groupe riche. La difficulté est de trouver des documents donnant à la fois une idée de l'importance des fortunes et de leurs localisation.

Les livres de la taille offrent justement une telle possibilité [7]. La liste des contribuables et le montant de leur impôt sont indiqués par paroisses, les plus grandes d'entre elles étant divisées en plusieurs secteurs, dits *quêtes*. Dans ce cadre, les personnes imposables sont énumérées rue par rue. La localisation des fortunes qu'offrent ces documents est donc parfaitement suffisante.

Ces registres, en indiquant les sommes à payer par chaque chef de famille, permettent de retrouver la situation matérielle de la population, mais pas de l'ensemble de celle-ci, car sur 61 000 feux, le plus complet des livres de taille ne cite que 15 200 contribuables [8]. Ces livres de la taille, surtout, ne rendent pas compte des groupes les plus démunis, ceux qui, justement, nous intéresseraient le plus.

Il faut donc reconnaître que le tableau de la répartition des richesses ne nous dira rien des plus grandes misères. Mais, sans doute, ne serons-nous pas loin de la vérité, si nous admettons que la catégorie des plus pauvres contribuables nous conduira sans mal sur la trace des groupes les plus déshérités de la société parisienne.

Les distinctions que l'on trouve dans les rôles fiscaux sont toujours assez arbitraires et fortuites, mais celles que contiennent explicitement quelques-uns de nos documents sont de la plus grande importance pour notre recherche. Nous y trouvons une liste spéciale des personnes imposables les plus pauvres (les *menuz*). Le fait d'être couché sur cette liste semble déjà le signe d'une qualité sociale particulière, tant au plan objectif qu'à celui de la conscience des contemporains.

Prenons pour guide du Paris médiéval le registre de 1297 [9] qui donne justement ces deux listes séparées, d'une part « les gros », de l'autre « les menuz ».

L'amplitude entre les impôts payés dans le premier groupe est très grande : de 6 sous à 48 livres, et même 54 livres, si l'on compte les sociétés italiennes ; elle est, par contre, faible parmi les menus : de 2 à 5 sous. Le rapport d'un groupe à l'autre se présente dans ce livre de la façon suivante [10] :

Catégories imposables	*Feux*	*%*	*Impôt*	*%*	*Moyenne de l'impôt*
les gros	5 360	55,8	8 567 l 6 s	93,7	31 s 11 d
les menus	4 250	44,2	584 l 1 s	6,3	2 s 8 d

Nous utilisons surtout dans notre étude cette distinction entre gros et menus et la moyenne de l'impôt acquitté par habitant dans chaque paroisse ou quête. Sans présenter ici le résultat des calculs pour l'ensemble de la ville, nous voudrions nous attacher seulement aux écarts à la moyenne.

Quelles sont donc ces moyennes, dans les grandes zones de Paris que tracent aussi bien les actes fiscaux, que les descriptions traditionnelles [11] ?

	GROS			MENUZ		
Zones	*Feux*	*%*	*Moyenne de l'impôt*	*feux*	*%*	*moyenne de l'impôt*
Rive droite	4 198	55,3	34 s	3 392	44,7	2 s 9 d
Cité	435	62,3	34 s 6 d	263	37,7	2 s 8 d
Rive gauche	641	55	19 s 3 d	523	45	2 s 8 d
Bourgs	86	54,4	12 s 4 d	72	45,6	2 s 7 d

La physionomie sociale de la capitale apparaît ici nettement. La zone de la rive droite indique une forte concentration des grandes fortunes bourgeoises et la moyenne de l'impôt pour quatre mille contribuables s'y maintient à un haut niveau. En effet, sur 33 contribuables qui paient plus de 16 livres, 5 seulement habitent la Cité et tous les autres, la rive droite. Les paroisses et les deux bourgs de la rive gauche inclus dans notre liste, Notre-Dame-des-Champs et Saint-Médard, ne comptent que peu de contribuables, mais on y relève surtout l'absence complète de grosse fortune.

La plus haute moyenne d'impôt, donc de fortune, se situe dans la petite paroisse de Saint-Pierre-des-Arcis, dans la Cité : près de 100 sous, c'est-à-dire 5 livres par contribuable [12]. Les plus riches paroisses de l'île, en reconnais-

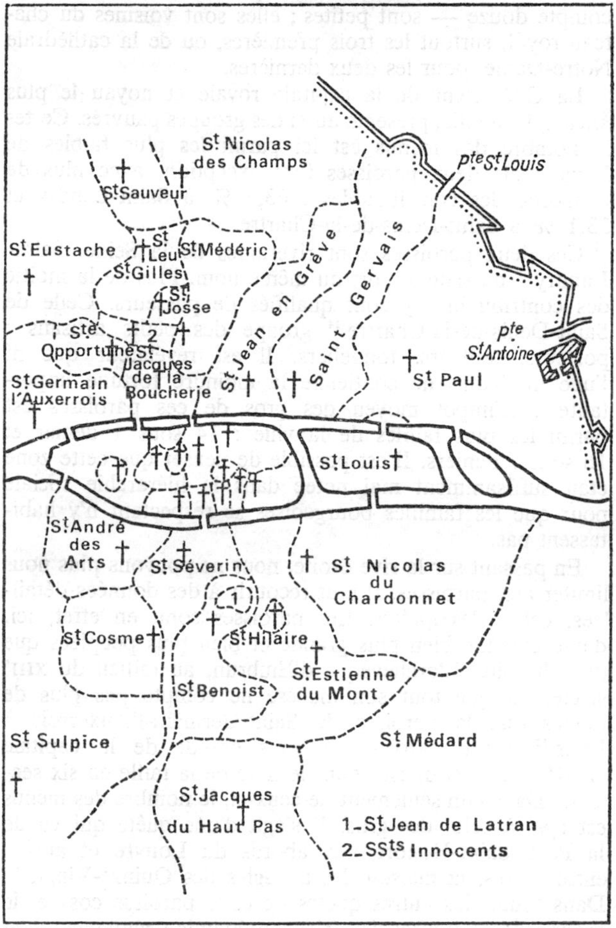

Les paroisses de Paris, d'après
le plan de Ménard (1720-1729).

sant pour telles celles dont l'impôt moyen dépasse 40 sous (2 livres) sont : Saint-Barthélemy, Sainte-Croix, Saint-Pierre-aux-Bœufs et Sainte-Marine (les deux dernières étant données ensemble). Toutes ces paroisses — la Cité en compte douze — sont petites ; elles sont voisines du château royal, surtout les trois premières, ou de la cathédrale Notre-Dame, pour les deux dernières.

La Cité, cœur de la capitale royale et noyau le plus ancien de la ville, présente aussi des groupes pauvres. Certes le nombre des menus est ici parmi les plus faibles de Paris, mais deux paroisses font exception, avec plus de la moitié des contribuables : 63,2 % à Saint-Landry et 53,1 % à Saint-Denis-de-la-Chartre.

Ces deux paroisses sont riveraines de la Seine. Saint-Landry [13] possède le port du même nom. Plus de la moitié des contribuables y sont qualifiés de passeurs. Celle de Saint-Denis-de-la-Chartre [14] groupe des petits artisans : porteurs, tailleurs, tonneliers. Il est révélateur que ni l'une ni l'autre ne contienne la moindre fortune importante [15]. L'impôt moyen des gros de ces paroisses est parmi les plus faibles de la ville : 14 sous 1 denier et 16 sous 7 deniers. Il est possible de penser que cette zone était suffisamment mal notée dans la hiérarchie sociale pour que les familles bourgeoises se respectant n'y habitassent pas.

En passant sur la rive droite, nous ne pouvons plus nous limiter aux paroisses. Il faut recourir à des données détaillées, celles des *quêtes*. Les paroisses sont, en effet, ici, d'une étendue bien plus grande et bien plus peuplées que dans la Cité. L'archevêque d'Embrun, au milieu du XIIIe siècle, dit que tout son diocèse ne compte pas plus de fidèles que la paroisse de Saint-Germain-l'Auxerrois à Paris [16]. Cette paroisse, la plus grande de la capitale (1 410 feux) est divisée dans le livre de la taille en six secteurs. Dans l'un seulement de ceux-ci, le nombre des menus est égal à celui des gros. Il s'agit d'une quête qui va de la Porte-Saint-Honoré aux abords du Louvre et abrite, entre autres, la maison des aveugles des Quinze-Vingts [17]. Dans toutes les autres quêtes de cette paroisse cossue, le groupe de la bourgeoisie riche prédomine nettement [18] et l'impôt moyen qu'on y paie dépasse le niveau général.

La paroisse de Saint-Eustache, qui comprend le quartier des Halles, semble regrouper une bourgeoisie moyenne où les gros sont plus nombreux que les menus. Cette dernière catégorie ne vient en tête que dans une quête sur quatre, celle qui se situe autour du pilori de la ville, devant les Halles et rue de la Truanderie, où la toponymie semble déjà révélatrice du caractère social. A vrai dire, cette appellation provient de la période où la ville était en formation ; à mesure qu'elle évolue, ce nid de misère voit s'installer aussi de riches bourgeois [19] et, en fin de compte, les habitants de cette grande rue, ou plutôt de ces deux rues, celle de la Grande et celle de la Petite-Truanderie, sont de petits artisans et de petits marchands.

Les paroisses situées sur la frange nord de la ville, le long des remparts, sont parmi les moins fortunées. La paroisse de Saint-Laurent [20] au bout de la rue de Saint-Martin, située en dehors des remparts de Philippe-Auguste, compte, sur 168 feux cités par la taille de 1297, 130 menus soit 77,4 % [21]. Beaucoup de ces taillables sont des fripiers, des marchands de ferraille et autres représentants des petits métiers. Parmi les bourgeois riches (l'impôt moyen est ici très bas, à peine 13 sous 10 deniers) il y a des aubergistes, ce qui s'explique par la position de la paroisse à l'entrée d'un quartier commerçant.

La paroisse voisine de Saint-Nicolas-des-Champs est surtout peuplée de menus, tant dans sa partie située dans les murs (61,1 %) que dans celle, hors les murs, qui lui est parallèle, près du couvent de Saint-Martin-des-Champs, (55,8 %) [22]. Dans la partie *extra muros* les menus sont constitués presque exclusivement d'artisans : tailleurs de pierre, maçons, tisserands, cordonniers, fileuses de soie, mais aussi orfèvres. Une partie importante des gros sont des maquignons (près de la Porte Saint-Martin) et des aubergistes. C'est dans le petit réduit compris entre les rues de Saint-Martin, du Grenier-du-Saint-Ladre, le cimetière et la rue Trace-Putain (qui perdra son nom insultant avec le temps) que se concentre la population misérable.

Dans les enclaves très peuplées qui formaient les paroisses *intra muros,* la composition professionnelle des contribuables est plus diversifiée. A côté d'artisans, nous trouvons aussi des petits commerçants, des musiciens ou des jongleurs dans la rue qui porte leur nom (rue des Jongleurs). La misère semble ici être enfermée dans le carré des rues Saint-Martin, des Jongleurs, du Beau-Bourg et de Simon-le-Franc. Ce pâté est coupé par la rue des Etuves et celle de la Plastrière [23], il est réuni par un étroit couloir au Grand-Cul-de-Sac et à la Porte-du-

Temple dont le caractère social est le même. Dans ces deux quêtes la taille de 1297 cite 55 gros pour 169 menus.

Ces deux parties de Saint-Nicolas-des-Champs *intra muros* sont, en fait, des enclaves dans la paroisse voisine de Saint-Merry qui est moyennement riche. L'aire de la troisième quête de cette paroisse jouxte directement le Beau-Bourg et englobe souvent le prolongement des mêmes rues ; par exemple celle de Simon-le-Franc. Elle est la seule des quatre quêtes de cette paroisse où les menus (57,9 %) soient plus nombreux que les gros.

Saint-Jacques-de-la-Boucherie est une des paroisses les plus peuplées de Paris et s'étend sur des quartiers riches parmi lesquels on compte celui de la Pelleterie, situé dans la Cité, mais ne lui appartenant pas, et où les gros sont 71 % tandis qu'ils paient un impôt moyen de 66 sous 6 deniers. Ici aussi une quête (sur cinq) offre la prédominance des menus (65,1 %) il s'agit d'une mince bande de maisonnettes derrière la rue de Saint-Martin, entre la rue des Arsis et l'église Saint-Jacques [24]. Parmi les habitants, des artisans du cuir, des fileuses, des baigneurs, des fabricants de clous...

La Grève, du port de Seine jusqu'au-delà des murs constitue la paroisse de Saint-Jean-en-Grève où se groupent des marchands et artisans moyens. La médiane de l'impôt que les gros y acquittent ne dépasse pas beaucoup 40 sous. C'est, bien sûr, en Place-de-Grève que l'on trouve les plus grosses fortunes. La troisième quête, entre la Bretonnerie et la rue des Blancs-Manteaux, abrite des tisserands et des fileuses, les menus sont ici 53,6 %.

La paroisse de Saint-Paul [25] comprend un vaste territoire réparti de chaque côté du rempart de Philippe Auguste. La plus grande partie a encore, au XIIIe siècle, un caractère rural et la zone marécageuse y rend la population moins dense. Grâce à cela ce quartier pourra devenir résidentiel aux siècles suivants. La population bourgeoise que nous révèlent les livres de la taille y est relativement pauvre. Les plus aisés sont quatre, dont deux qui paient dix livres, le reste paie un impôt moyen qui n'excède pas une livre. Sur les 618 feux de la paroisse, 323 sont menus, soit 53,3 % de la population. Ce sont, pour l'essentiel, des artisans, surtout des tisserands, des foulons, des teinturiers, mais aussi des pêcheurs, tonneliers, porteurs, plâtriers.

Ayant ainsi achevé la revue des paroisses de la rive

droite passons « outre les pons », sur la rive gauche, dans la ville universitaire. Ecoles, maîtres et étudiants définissent son caractère. L'université, selon les évaluations prudentes des historiens, compte plus de 10 000 étudiants et enseignants [26]. Cette ville en soi exige une série d'infrastructures économiques : rien que les tavernes estudiantines sont près de cent [27]. Il va sans dire que des groupes indépendants du milieu estudiantin s'y sont formés aussi, dès avant l'installation des écoles.

La population qui est touchée par l'obligation fiscale est ici composée d'artisans en tous genres, de marchands et boutiquiers. Le quartier tire aussi un trait propre de la présence des fabricants de parchemin et des nombreuses auberges. Peu de bourgeois riches s'y rencontrent : l'impôt moyen des gros reste inférieur à une livre. Mais parmi les sept paroisses de rive gauche, qui, ensemble, ne comptent pas tant de feux que Saint-Germain-l'Auxerrois et à peine plus que Saint-Eustache ou Saint-Jacques, dans trois seulement le nombre des menus dépasse la moitié des personnes imposées. Ce sont les paroisses de Saint-André-des-Arcs, Saint-Hilaire et Sainte-Geneviève-du-Mont.

La première des trois, qui deviendra plus tard Saint-André-des-Arts, est limitée par la Seine et le rempart la séparant du bourg Saint-Germain, elle groupe un grand nombre de collèges universitaires de la faculté des Arts [28]. Ici encore les registres de taille indiquent la prédominance de petits artisans et boutiquiers. Parmi les menus (54,9 %) les métiers les plus pratiqués sont les transports et la pêche : la proximité de la Seine est la chance de ces gens qui voisinent avec des porteurs, fripiers et cordonniers.

Petits métiers et petit commerce occupent les menus (50,2 %) de la vaste paroisse de Sainte-Geneviève-du-Mont, placée au centre du quartier universitaire. Ce sont des tailleurs, des charpentiers, des cordonniers, des serruriers, des boutiquiers, des marchands de bois dits « bûchers », surtout rue de la Bûcherie, qui existe encore de nos jours. Les pauvres se pressent surtout place Maubert et dans ses environs immédiats, entre la Seine et la Montagne-Sainte-Geneviève.

A Saint-Hilaire aussi le nombre des menus dépasse la moitié des habitants (63 %), mais il s'agit d'une toute petite surface [29] où le livre de la taille ne cite que 10 gros et 17 menus, des porteurs et des cordonniers.

En ce qui concerne les bourgs qui entourent Paris sur

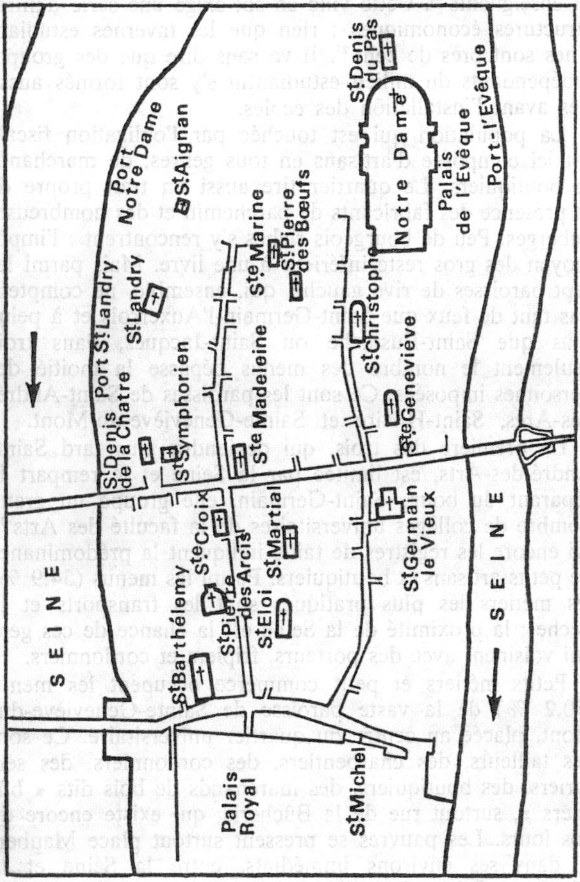

Plan de la cité fin XIIIe siècle.

les deux rives, les livres de la taille ne contiennent que de maigres données. Quelques paroisses de rive droite ont un prolongement hors les murs et atteignent les bourgs (Saint-Laurent par exemple). Pour la rive gauche nous ne disposons que de renseignements touchant Notre-Dame-des-Champs et Saint-Médard. Sur 158 feux qu'on a dans ces deux bourgs, la moitié est faite de gros, faiblement imposés : 12 sous en moyenne. Une liste de 1292 donne aussi les contribuables du bourg de Saint-Germain-des-Prés [30] et ici non plus, bien que nous n'ayons pas de menus, la situation matérielle des habitants ne dépasse pas la moyenne [31]. L'aisance médiocre des îlots de peuplement surburbain contraste avec les résidences qu'y possède la noblesse, qui s'installe volontiers hors les murs [32]. De façon générale la zone proche des remparts attire naturellement la population pauvre, celle qui arrive de la campagne, les garçons artisans, les journaliers [33].

Ainsi s'achève notre tour du Paris du XIIIe siècle. La localisation de la richesse et de la pauvreté n'est pas toujours facile à établir, l'une voisine avec l'autre et une vision cohérente se dégage difficilement de ce tableau. De manière générale et globale nous dirons que la richesse est disposée concentriquement, que la périphérie semble plus pauvre, et que le centre, la Cité, groupe des bourgeois aisés. Mais la Cité, dans l'ensemble, n'a plus l'importance d'antan, elle vient loin derrière la rive droite bien nantie. On ne peut plus non plus la reconnaître pour le centre géographique de la ville. Sur le plan social c'est un milieu particulier où la richesse côtoie les catégories les plus défavorisées. Cette petite île groupe aussi bien de « beaux quartiers » que les refuges des déshérités. Sur la rive droite, de la Grève à Saint-Germain-l'Auxerrois s'étend le quartier le plus riche de la ville. En gros, la supériorité des fortunes de la partie ouest de Paris saute aux yeux de même que l'indigence des quartiers nord et est.

Cette répartition semble se maintenir dans l'évolution ultérieure de la topographie sociale. Il est évident qu'à mesure du développement de l'agglomération, les limites du centre changent, s'élargissent. Les remparts de Charles V [34] absorbent des terres qui n'étaient que faubourgs, cela n'est pas sans répercussion sur la composition de la population. Les quartiers nord et est [35], sur la rive droite, conservent pourtant leur caractère populaire et plutôt pauvre. Notre tableau de la fin du XIIIe siècle reste, dans une large mesure, valable pour les siècles suivants [36].

2. Le problème du logement

Le tableau de la société que nous venons de brosser restant sur le plan topographique — même s'il permet de préciser certains traits, de localiser les pauvres et les riches, les quartiers plus ou moins urbanisés — méconnaît un aspect important du problème : celui des différences sociales que trahit la hauteur des constructions. Celles-ci, dans une ville dont la densité est parmi les plus fortes d'Europe, sont relativement élevées, elles comptent couramment plusieurs étages [37]. Et l'on peut dire que la condition sociale change d'étage en étage. En montant les escaliers des maisons bourgeoises, on descend les échelons de la hiérarchie sociale et ceux de la propriété. La situation est la même au Moyen Age qu'à l'époque moderne [38]. Habiter au rez-de-chaussée, avoir fenêtre sur rue, permet d'exercer une activité commerciale ou artisanale, celle-ci devant, selon les règlements corporatifs, se pratiquer à la vue de tous. Les étages ne servent qu'à l'habitation. Les différences de loyer donnent une certaine idée de celles qui existaient entre les locataires.

Parmi les immeubles appartenant à l'Hôtel-Dieu se trouve une maison sise près de l'église Saint-Landry dans l'île de la Cité. Les comptes de l'hôpital pour les années 1422-1436 donnent les loyers annuels de chaque logement dans cette maison à quatre étages ou quatre « louages [39] ». Le loyer le plus élevé est payé par le locataire du « premier étage du bas » c'est-à-dire du rez-de-chaussée. En 1422, et plusieurs années de suite, il se monte à 64 s.p. tandis qu'on paie 48 s.p. pour les trois étages de dessus et 32 s.p. pour le dernier [40]. Cet immeuble est situé dans un quartier pauvre et ces loyers ne semblent pas très élevés [41]. Par la suite ils baissent notablement car, pendant l'occupation anglaise, un grand nombre de maisons restent vides. Le *Journal d'un bourgeois de Paris* sans trop s'embarrasser de chiffres, affirme que 24 000 maisons sont abandonnées [42] ! La demande en logements tombe, en tout cas, de façon catastrophique et certains étages restent inoccupés des années durant.

Les locataires de cette maison sont souvent des femmes désignées parfois sous le nom de « filles », ce qui pourrait signifier, dans ce quartier peu honorable, que la maison abritait des commensaux peu recommandables. Le dernier étage est occupé, en 1422, par une « fille » nommée Marion Bourdine ; elle y reste l'année suivante, mais, en 1424 et 1425, elle s'installe à l'étage du dessous pour, en 1426, emménager au premier d'où, en 1430 ,elle « s'en alla sans payer [43] ». Le logement le meilleur marché est repris en 1424 par Perrin Godefroy, aide maçon qui, du reste, paie moins cher que la locataire précédente : 20 s.p. Les comptes de 1428 et 1429 notent qu'il ne règle plus son loyer, puis il quitte la maison. Les occupants suivants, parmi lesquels figure un garçon pelletier paient encore moins : 16 s.p.

L'étage supérieur n'est certainement qu'une soupente dont la surface est réduite par la déclivité du toit. Bien évidemment, ce type de chambre ne sert qu'aux catégories les plus défavorisées [44] : garçons de l'artisanat, salariés de tous genres, fileuses et ouvrières. Le fait est illustré par les maisons de rapport de Nicolas Flamel, richissime parisien qui rédige son testament en 1416.

Louer des maisons constitue déjà à Paris, au Moyen Age, une très lucrative entreprise. Les amateurs de logement ne manquent ni sur la rive gauche, « à l'université [45] », ni sur la rive droite, « en ville [46] ». Spéculer sur l'immobilier est risqué, mais présente de grandes chances de rapports [47]. C'est ce qui attire Nicolas Flamel. Ses contemporains estiment qu'il tire sa fortune de pratiques alchimiques, mais les historiens ont trouvé la source de cette richesse dans les bénéfices de sa fonction de notaire ou encore dans les affaires louches qu'il traite après l'expulsion des juifs du royaume, en 1384. Il est plus vraisemblable qu'il doit tout ce qu'il a aux spéculations immobilières : il rachète des maisons, des créances, et construit lui-même des logements. Guillebert de Metz, le chroniqueur de Paris au XVe siècle, en évoquant la figure de Flamel dans sa galerie des notables parisiens, cite ses fondations charitables avec beaucoup d'admiration. Il considère comme telles les maisons construites par Flamel [48] où le bas est occupé par un artisan qui paie un loyer, affecté par le propriétaire au logement gratis des aides habitant aux étages.

En fait les maisons édifiées par Flamel n'étaient pas des fondations philanthropiques et rapportaient un bénéfice considérable [49]. Pour construire, il choisissait des terrains de faubourgs récemment incorporés à la ville car ils y étaient moins chers que partout ailleurs [50]. Dans d'autres cas, il préférait les terrains vagues ou les maisons en ruines. Cela garantissait un coût d'installation minimum et un amortissement rapide des investissements. Flamel cherchait ses locataires dans la population pauvre, mais réservait les meilleurs locaux, comme dans toutes les maisons de rapport, à des ateliers artisanaux. Il inscrivait souvent au fronton de ses maisons des sentences édifiantes [51]. L'une d'elles, gravée sur la maison qu'il construit en 1407, rue de Montmorency, rappelle à ceux qui logent aux étages qu'ils sont tenus de réciter le *Pater Noster* et l'*Ave Maria* pour le salut des pauvres pécheurs [52]. Cela fait partie intégrante du bail de location, mais naturellement, ces locataires ne sont pas dispensés de loyer. Ce n'est que dans son testament que Flamel lègue à chacun d'eux — ils sont trente en tout — une aumône de 20 s. p. à déduire de leur loyer [53].

Cette composition des immeubles de Flamel est typique de la construction parisienne de l'époque : des chambres louées aux habitants les plus pauvres aux étages supérieurs, et un rez-de-chaussée occupé par un atelier, une auberge ou l'appartement d'un bourgeois [54]. C'est le type qui domine dans les zones les plus peuplées de la capitale où les constructions hautes, à plusieurs étages, sont les plus nombreuses. Les maisons basses, étroites, à un étage, occupées par une seule famille, ne manquaient pas non plus. Elles abritent aussi des pauvres. Une ancienne « fille de joie » habite seule dans une maison ou une chambre dont la fenêtre donne sur la rue [55] — sans doute s'agit-il d'une de ces maisonnettes où demeurent habituellement les prostituées. Les miséreux logeaient encore dans les cabanes et baraques des fossés de la ville [56], près des marais, dans les prairies, en lisière de la ville, les bidonvilles du Moyen Age. On voit ainsi l'habitante d'un taudis de ce genre voler une botte de paille dans une meule voisine, afin de se faire une litière, car elle n'a rien d'autre. Ces bouges constituaient certainement une grande partie du paysage urbain dans les quartiers de la misère.

3. Les lieux du crime

La répartition des groupes les plus pauvres de la société urbaine ne permet pas encore d'indiquer avec certitude les lieux où s'assemble la population la plus misérable. On ne peut que l'approcher, indiquer les directions de recherche. On peut certes, en toute sûreté, éliminer certains quartiers, ceux que l'on dit « beaux », les rues ou groupes de rues où n'habite que la bourgeoisie riche, inaccessibles aux gens de basse condition. Le prix des terrains en ville, la cherté des loyers ainsi que la politique protectrice des autorités, créent des barrières suffisamment fortes pour que la bourgeoisie aisée n'ait pas à craindre le voisinage direct de la misère. Mais ces « beaux quartiers » qui se coupent nettement du reste n'occupent qu'une petite place. La plus grande part revient à des paroisses et des quartiers où le *popolo grasso* voisine avec le *popolo minuto* [57]. Il semble pourtant possible d'esquisser les contours de ces endroits où la vraie misère se cache, les « mauvais lieux » se situant aux confins de la normalité et de la marginalité.

Une tradition littéraire bien enracinée nous répond d'emblée qu'il s'agit de la « Cour des Miracles ». Victor Hugo a popularisé cette image d'un asile de voyous et de mendiants, mystérieusement préservés des représentants de la loi, de toute autorité et régi par ses propres règles [58]. L'auteur de *Notre-Dame de Paris,* soucieux surtout de l'accumulation des matériaux historiques s'est peu soucié de chronologie et a transplanté sans cérémonie au XVe siècle l'image d'une Cour des Miracles de deux siècles postérieure [59]. Hugo puisait, en effet, sa documentation dans l'œuvre d'Henri Sauval, l'historien et amateur d'antiquités du XVIIe siècle (1620-1670) œuvre qui ne parut qu'un demi-siècle après la mort de l'auteur, car quelques parties avaient été reconnues « scandaleuses [60] ». Sauval décrit bien, de fait, la célèbre Cour des Miracles située près de la rue Neuve-Saint-Sauveur qui exigea, pour la détruire, au milieu du XVIIe siècle, un siège en règle [61]. La Cour était composée d'une vaste place et d'une longue ruelle derrière le couvent des Filles-Dieu, sur l'emplacement des anciennes fortifications. Là, par un dédale de ruelles malodorantes et ravinées, on parvenait à un amas de cabanes en torchis où fourmillaient les familles des gueux [62]. C'étaient les slums, les bidonvilles du XVIIe siècle.

En dehors de cette Cour des Miracles-là, Sauval en énumère encore une dizaine d'autres auxquelles il attribue les mêmes caractéristiques. Il estime que ces repaires de la misère et du crime « sont peut-être aussi anciens que les gueux et la gueuserie [63] ». La rue de la Truanderie, dont nous avons parlé, peut entrer dans le lot, car cette rue de la paroisse Saint-Eustache, près des Halles, a été, selon Sauval, la première, tant que les bourgeois ne s'y sont pas installés [64]. L'étape suivante, dans l'apparition de ces cours, est datée par Sauval du XVIe siècle et localisée rue des Francs-Bourgeois, dans les terres du Temple [65].

Là, sur un terrain vague, apparut dans la première moitié du XIVe siècle, une fondation charitable qui devait être, à l'origine, un repaire de misérables. Le premier mercredi après la Toussaint 1334, Jehan Roussel, bourgeois de Paris, et sa femme Aalis : « en l'honneur de Jésus-Christ, de la benoîte Vierge Marie et tous les saincts du paradis, et pour le salut et remède de leurs âmes, d'eulx, de leurs amis et bienfaicteurs, avoient faict faire et eddifier en une place vuide qu'ils avoient de leur conquest assise a Paris au lieu que l'on dict les Poulies de lez la porte Barbette, vingt-quatre estaiges de maisons et herbagaiges tous dessoubs une couverture de thuiles pour heberger et hosteller bonnes gens [66]. » Les renseignements sur le caractère et le destin ultérieur de cette fondation sont minimes. En 1370, elle est donnée comme réservée aux femmes. En 1415, la fille de Roussel remet l'asile, ainsi qu'une rente annuelle de 70 s. p. pour son entretien, entre les mains du grand prieur, à condition qu'il y loge quarante-huit personnes, qui paieront chacune un denier par semaine [67]. Il est probable que le caractère féminin de ces maisons disparaît au cours du XVe siècle et que la rue Richard-des-Poulies commence à se peupler d'hommes. Ces indigents exempts d'impôts ou de taxes urbaines ont dû être appelés des francs-bourgeois ce qui explique la nouvelle appellation de la rue au XVIe siècle [68]. Mais ces bourgeois très particuliers deviennent vite la bête noire des autorités et de la population, ils couvrent les passants d'insultes, s'agitent sans cesse, se livrent à la débauche, volent sans arrêt, tant et si bien que les masures sont démolies et leurs habitants expulsés [69].

Il n'y a toutefois aucune raison de penser qu'il y eût ici, aux XIV-XVes siècles, un centre de délinquance et de mendicité du type de la Cour des Miracles du XVIIe siècle. Ces vingt-quatre maisonnettes, ou plutôt ces chambres contiguës pour deux personnes chacune, rappellent par leur situation et leur disposition les béguinages si typiques. Ce n'est que la dégradation progressive de cette fondation qui a pu conduire à ce que, dans l'espace laissé par le jardin, puis dans les maisons elles-mêmes, s'installassent des bandits, des mendiants et des vagabonds [70]. Si cet endroit avait été, dès le XVe siècle, un centre organisé du type de la Cour des Miracles, il est probable que Guillebert de Metz, le scrupuleux auteur de la description du Paris de l'époque, si sensible aux éléments d' « exotisme » et de pittoresque, n'aurait pas manqué de le signaler [71].

Il est donc risqué, jusqu'à la fin du Moyen Age, de parler de véritables « royaumes » des miséreux. Par contre, on pourra indiquer dans la topographie sociale de Paris certains points de concentration naturelle des indigents. Tout ce qui ressemble à une ruelle, une impasse, une cour, surtout fermée d'une grand-porte qui semble clore un espace bien circonscrit, tout cela est propice.

Parmi ces ruelles qui, pour la plupart, n'ont pas de nom [72], rappelons ce fameux Grand Cul-de-Sac-de-Saint-Nicolas-des-Champs à la limite de Saint-Merri. Le registre de la taille ne relève ici aucun gros et, à côté des dix-huit menus qui sont cités, dont quatre exercent la profession de « courroier », il est fort probable que l'on devait avoir beaucoup de gens dont les moyens n'atteignaient pas la limite d'imposition.

Ces ruelles portent parfois le nom de cours [73]. Sauval estime qu'elles sont toutes peuplées de pauvres artisans et salariés, ou bien de mendiants et vagabonds [74]. On peut supposer qu'il en était de même du XIIIe au XVe siècle, tout en se gardant de généraliser. Le registre de la taille de 1297 parle de la « Court le Roy », dans la paroisse de Saint-Barthélemy, et les quatorze habitants y sont tous des gros [75]. Les autres cours citées dans ce registre fiscal sont situées dans des quartiers qui sont loin d'être pauvres, mais leurs habitants sont, pour la plupart, des artisans, des femmes sans profession définie et les menus y sont plus nombreux que les gros [76]. Il est évident que ces registres passent sous silence la couche la plus pauvre de la population et ne permettent pas d'établir de façon incontestable les traits de ces cours. Nous ne pouvons, par conséquent, que conjecturer quelles pouvaient être les personnes non imposables qui habitaient là. La « Court-Robert-de-Paris », selon le registre de 1297, ne compte que deux familles qu'on peut rattacher à la bourgeoisie moyennement riche. Mais nous savons, par ailleurs, que cet endroit est l'un de ceux où se pratique couramment la prostitution, on comprend, dès lors, quelle pouvait être la physionomie de ce petit groupe.

Une mauvaise réputation s'attache également à quelques parties du territoire de Paris possédant une juridiction séparée. On pouvait échapper à la rigueur de l'autorité prévôtale d'une façon très simple, en s'installant dans un secteur relevant de la compétence d'un des tribunaux seigneuriaux. Ceux-ci disposaient d'un appareil répressif moindre et préféraient recourir aux amendes que de semer la terreur par des peines capitales. Aussi ces juridictions pouvaient-elles devenir le siège de nombreux éléments criminels. La rumeur publique faisait ainsi de la seigneurie des Templiers, située sur la rive droite, un repaire de sans-abri [77].

Les cimetières aussi attirent les délinquants. Le cimetière médiéval est l'un des endroits où se déroule la vie publique de la plèbe urbaine. Les actes judiciaires citent très souvent celui des Saints-Innocents [78]. Il est entièrement inclus dans un quartier de miséreux. Le fabliau *Des III dames de Paris* donne une description des alentours où il n'y a que « gens povres ou truans qui se couchent par ses ruelles [79] ». Le cimetière lui-même est le lieu de rencontre des prostituées, des mercantis, vagabonds et oisifs de tout acabit. C'est là aussi que toutes sortes de bonimenteurs attendent une victime crédule. Les voleurs trouvent dans la nécropole et ses environs immédiats des amateurs pour les objets dérobés. La proximité des tombes donne à ces rencontres suspectes sur le fond de la Danse Macabre [80] un relief tout particulier.

Les études sur l'écologie de la criminalité indiquent que les groupes criminels se forment dans les endroits qui se signalent par une forte désorganisation sociale [81]. Au cours des diverses étapes du peuplement de Paris au Moyen Age ces endroits se situent à la périphérie de la ville, là où, peu à peu, sont intégrées des zones qui, de ce fait, perdent leurs hôtes habituels, les pauvres, les vagabonds, les immigrants sans propriété, les gens sans métier. Ces zones sont aussi celles de la prostitution.

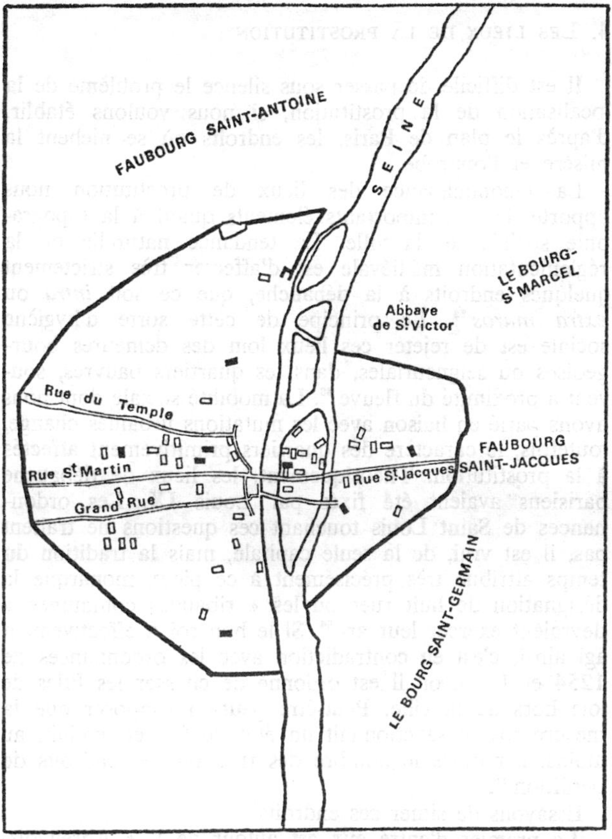

La prostitution à Paris au Moyen Age
d'après le plan de M. Legrand (1380)

leurs hôtes habituels, les pauvres, les vagabonds, les immigrants sans propriété, les gens sans métier. Ces zones sont aussi celles de la prostitution.

4. Les lieux de la prostitution

Il est difficile de passer sous silence le problème de la localisation de la prostitution, si nous voulons établir, d'après le plan de Paris, les endroits où se nichent la misère et l'opprobe.

La reconnaissance des lieux de prostitution nous apporte de très importants éléments quant à la topographie sociale de la ville. La tendance naturelle de la réglementation médiévale est d'affecter très strictement quelques endroits à la débauche, que ce soit *intra* ou *extra muros* [82]. Le principe de cette sorte d'hygiène sociale est de rejeter ces lieux loin des demeures bourgeoises ou seigneuriales, dans les quartiers pauvres, souvent à proximité du fleuve [83]. La mobilité sociale dont nous avons parlé en liaison avec les mutations urbaines change, toutefois, le caractère des quartiers primitivement affectés à la prostitution. Théoriquement, les lieux de débauche parisiens avaient été fixés par Louis IX. Les ordonnances de Saint Louis touchant ces questions ne traitent pas, il est vrai, de la seule capitale, mais la tradition du temps attribue très précisément à ce pieux monarque la désignation de huit rues où les « ribaudes communes » devraient exercer leur art [84]. Si le bon roi a effectivement agi ainsi, c'est en contradiction avec les ordonnances de 1254 et 1256, où il est ordonné de chasser les filles de joie hors de la ville. Peut-être peut-on supposer que la mesure royale sanctionnait un état de fait et tendait, au moins, à réduire le nombre des rues ou des endroits de perdition [85].

Essayons de situer ces endroits.

Le premier d'entre eux est autour de l' « Abreuvoir-de-Paris » appelé aussi « Abreuvoir-de-Mascon [86] » plus précisément en la « Bouclerie » sur la rive gauche, à la limite des paroisses de Saint-André-des-Arts et de Saint-Séverin. Le registre fiscal de 1297 n'indique l'abreuvoir qu'en tant que repère [87], mais donne à propos de la « Bouclerie » quelques indications sur ses habitants. Il distingue la « Grant-Bouclerie » où, de chaque côté, logent deux gros [88] et deux menus [89] et la « Petite-Boucleric » avec trois gros [90] et quatre menus [91]. Ce petit nombre de personnes imposées fait penser que les pensionnaires des lupanars devaient habiter ailleurs. Le quartier ne change pas d'aspect au XVe siècle [92]. On cite encore, dans le quartier universitaire, un lieu du même genre, à savoir la rue Fromental (la rue du Froit-Mantel) dans la paroisse Sainte-Geneviève [93].

Dans le centre traditionnel, l'île de la Cité, une rue seulement est affectée à la prostitution, celle de Glatigny, dans la paroisse pauvre de Saint-Landry. Nous sommes ici dans le centre de débauche le plus célèbre du vieux Paris [94]. Le terme « fillette de Glatigny » était devenu synonyme de fille de joie. Ce « val d'amour », comme on l'appelle poétiquement, est véritablement le haut lieu de l'amour vénal. Quatre contribuables habitent ici en 1297 et ce ne sont que de très modestes personnes [95]. La proximité du port de Saint-Landry, de même que la présence des clercs de la Cité, a longtemps maintenu la réputation de cette rue. Cela dure jusqu'à ce que François Ier fasse liquider ce centre de scandale.

Les cinq dernières rues se situent rive droite. La rue Champ-Flory [96] dans la paroisse de Saint-Germain-l'Auxerrois compte en 1297 quatre gros et deux menus [97]. Placée près de l'ancien Louvre, elle est en dehors des remparts de Philippe Auguste, dans le quartier que n'engloberont que les remparts de Charles V.

La rue Chapon, dans la paroisse de Saint-Nicolas-des-Champs *extra muros*, est tout près du cimetière paroissial. Le registre y cite quatre gros et huit menus [98] mais la rue étant assez longue en dehors des maisons d'artisans, il devait rester assez de place pour les maisons closes. Non loin de là se trouve la résidence de l'évêque de Châlons [99] et ce fait est donné en explication de l'interdiction, promulguée au début de 1369, de louer des logements aux filles dans cette rue. Sans doute, à mesure des mutations de la ville, la spécialisation des lieux a-t-elle changé et sans doute les maisons closes se sont-elles trouvées noyées parmi les *loca honnesta* [100], mais l'interdiction susdite n'entre pas en vigueur, car on parle encore de la rue Chapon, en 1420, comme d'un lieu courant de prostitution [101].

A proximité immédiate de l'église Saint-Merri se trouvaient deux centres de ce genre : Baillehoe et la Court-Robert-de-Paris. D'après les registres d'impôts, la « rue de Baille-Hoe » est très peuplée. En 1292, elle compte vingt-trois contribuables [102] et, en 1297, un gros (Jacques le Chauvrier : 12 s. p.) et vingt-sept menus [103]. Une grande partie d'entre eux file le lin et le chanvre. Mais ici, « de tous temps », constate l'une des pages d'un procès venu devant le Parlement en 1387, « il a eu femmes de vie [104] ». La cause de ce procès est justement la présence des prostituées dans le voisinage si proche d'une église et dans une rue où, déjà, habitent bon nombre d'honnêtes bourgeois et bourgeoises. Les démarches restent pourtant vaines, puisque l'affaire de Baillehoe revient sur le tapis pendant l'occupation anglaise. Guillebert de Metz constate qu'on y trouve encore beaucoup de « galloises [105] ». C'est en 1425 qu'un acte spécial d'Henri VI, sur une nouvelle plainte des paroissiens de Saint-Merri contre ce voisinage malsain, contraint les filles de joie à quitter cette rue et à aller s'installer non loin de là, en ce « lieu que l'on dit la court Robert [106] ».

Nous avons déjà eu l'occasion de rencontrer la Court-Robert (la Cour-Maître-Robert-de-Paris). Là où le registre de 1297 ne citait, comme nous l'avons dit, que deux contribuables, il y en a douze en 1292, qui paient chacun deux sols parisis, et dont les métiers ne laissent rien paraître du caractère de leur rue (sauf un aubergiste) : il y a là des tailleurs et savetiers [107]. La physionomie de la Court-Robert [108] est pourtant due aux « bordeaux » qu'on y trouve [109]. Leur présence, ici aussi, irrite les voisins. Les fenêtres de la résidence parisienne du prince Louis d'Anjou donnent juste sur cet endroit scandaleux et il essaie de l'éloigner de son château [110].

Le « bordel de Tiron [111] », enfin, achève cette liste des principaux lieux de rencontres galantes. La rue Tiron, dans la paroisse de Saint-Paul, compte, en 1297, trois gros et cinq menus [112], mais dans ce quartier peu peuplé, l'un des jardins bien isolés du reste de la rue pouvait faire office de maison close.

Les remarques qui précèdent sont loin d'épuiser la série des rues de Paris où la débauche se réfugiait. Dans un récit de voyage à travers la capitale, écrit dans la seconde moitié du XIIIe siècle [113], nous trouvons une liste de rues mal famées où « maintes meschinette s'y louent souvent ». On a ici, sur la rive gauche, près de la place Maubert, la rue des Noyers ainsi que le clos Bruneau, la rue des Ecoles, celle des Cordeliers, la rue Saint-Séverin. Dans la Cité, à part Glatigny, on a encore la rue Saint-Denis-de-la-Chartre [114], celle des Marmousets, de Sainte-Croix et de Cocatrix [115]. Rive droite, nous avons la rue des Lavandières (paroisse de Saint-Germain-l'Auxerrois), la rue de Béthisy et, à côté, celle de l'Arbre-Sec ; et puis encore la rue de Beaubourg [116] près de la fontaine Maubué, la rue « Quiquenpot », la rue Troussevache, la rue Baillehoe, le carrefour Guillory, la rue Pute-et-Muce, la rue Tiron et enfin la rue aux Commanderesses (c'est-à-dire de celles qui procurent des servantes). Nous remarquerons que toutes ces rues sont groupées autour des huit que nous avons citées comme les bastions traditionnels du métier.

On en concluera que toutes les tentatives pour assigner à la débauche des rues spéciales, pour créer une sorte de ghetto de la prostitution, demeurent vaines. On essaie, par exemple, à plusieurs reprises, de nettoyer les environs immédiats des églises de la Cité. En 1425, le chanoine Pierre d'Orgemont, au nom des églises de Saint-Christophe, de Saint-Pierre-aux-Bœufs et de Sainte-Marine, exige le départ des femmes de mauvaise vie qui gravitent autour de l'hôtel de l'Ours et de celui du Lion [117]. En 1443, le Chapitre de Notre-Dame fait chasser les prostituées des petites maisons situées près de la cathédrale, devant le portail du palais épiscopal, du côté de la Seine. En 1460, le même Chapitre fait expulser les dames qui vivent dans les maisonnettes contiguës à la résidence d'un des hôtes du cloître [118]. Tout cela, comme on voit, était peu efficace.

Il n'était pas dans nos intentions, du reste, d'effectuer un relevé systématique des lieux de la prostitution médiévale à Paris [119]. En fixant sur la carte les principaux centres de débauche nous avons surtout cherché à définir les zones de relâchement social. En l'occurence les situations sont très diverses. Comme nous l'avons vu, les maisons closes sont parfois situées dans des quartiers extrêmement peuplés [120], même à côté d'églises et dans des endroits qui sont loin d'être pauvres [121]. Dans d'autres cas il s'agit de ruelles, de terrains non construits ou inhabités, des bords de la Seine, des rues où l'on n'a que des jardins et des lupanars en tous genres, souvent aussi des boutiques ou des maisonnettes [122].

Leur emplacement dépend aussi directement de la dynamique du peuplement et de l'extension de la ville, laquelle cause la promotion ou la décadence sociale de certaines rues et quartiers. Voyons par exemple cette petite rue Sablon, près de l'Hôtel-Dieu, dans la Cité donc. Habitée naguère par des personnes honorables, elle perd ce caractère respectable à partir du percement de la rue Neuve et les propriétaires ne peuvent plus trouver d'autres locataires que des bouchers et des dames de petite vertu. En 1326, un acte royal interdit de louer des maisons à ces dernières sur le *vicus Sabuli*[123]. Cette voie et celle, toute proche, des Chambres-l'Evêque qui conduit aux latrines publiques, sont longtemps mal famées, servent de repaire à toutes sortes de malfaiteurs et scandalisent les sœurs de l'Hôtel-Dieu dont les fenêtres du réfectoire donnent sur les tristes spectacles qu'elles offrent[124]. En 1482, il est décidé de fermer la première des deux côtés, ne laissant un passage pendant la journée qu'entre la rue Neuve et celle des Chambres-l'Evêque[125]. Les latrines publiques de la Seine, que nous évoquions à l'instant, furent longtemps un endroit où se retrouvaient pour la nuit criminels et prostituées[126]. Quand la municipalité les en chasse, ils se regroupent sur une place bordant la Seine, non loin de là, au Marché-Neuf[127].

Ces migrations de groupes frappés d'infamie sont un phénomène compréhensible et naturel. Il est plutôt étonnant de voir la stabilité de bon nombre d'entre eux et ce, des siècles durant.

1. Cf. K. Bücher, *Die Bevölkerung von Frankfurt a/M im XIV. und XV. Jahrhundert. Sozialstatische Studien*, Tubingen, 1886 ; H. Bungers, *Beiträge zur mittelalterlichen Topographie, Rechtsgeschichte und Sozialstatstik der Stadt Köln*, Leipzig, 1897 ; Ph. Wolff, *Les « estimes » toulousaines des XIVe et XVe siècles*, Toulouse, 1956.

2. Rue de la Heaumerie « ou len fait armeures », Leroux de Lincy et L. M. Tisserand, *Paris et ses historiens aux XIVe et XVe siècles*, Paris, 1867, p. 211 ; rue de la Mortelerie « ou l'on fait les mortiers », *Cartulaire de l'église Notre-Dame de Paris*, éd. B. E. Ch. Guérard, t. III, Paris, 1850, p. 360 ; rue de la Pelleterie, rue la Tonnelerie, rue des Lavandières, rue de la Cordouennerie, etc., cf. *Les rues et églises de la ville de Paris...*, Paris, chez Jean Trepeul, s. d. Avec le temps, cependant, beaucoup de

noms perdent leur rapport initial et ne signifient plus qu'une situation antérieure.

3. Sur la Juiverie, cf. Leroux de Lincy et Tisserand, *op. cit.*, p. 162, et M. Roblin, *Les Juifs de Paris,* Paris, 1952, p. 19.

4. Un exposé succint et précis du développement urbanistique de Paris est donné par P. Couperie, *Paris au fil des temps,* Paris, s.d.

5. Bibliographie et état de cette question du chiffre de la population parisienne : B. Geremek, *Paryz najwiekszym miastem sredniowiecznej Europy?*, Przeglad Historyczny, t. LVIII, 1967.

6. Cf. T. Manteuffel, *Przyczynek do dziejow XIII — wiecznego Paryza,* (in :) *Prace z dziejow Polski feudalnej ofiarowane Romanowi Grodeckiemu,* Warszawa, 1960, p. 150.

7. Description et analyse de ces documents chez K. Michaëlsson, *Etudes sur les noms de personne français d'après les rôles de la taille parisiens,* partie I, Uppsala Universitets Arsskrift, 1927, N. 1, pp. 23 et suiv.

8. H. Géraud, *Paris sous Philippe le Bel d'après les documents originaux,* Paris, 1837.

9. *Le livre de la taille de Paris : l'an 1297,* publié par K. Michaëlsson, Goteborg, 1962, Acta Universitatis Gothoburgensis, vol. LXVII, 1963. L'éditeur des registres fiscaux considère celui de 1299 comme le meilleur. — Michaëlsson, *Etudes...*, partie I, p. 35.

10. Pour la répartition voir Geremek, *Paryz...*, p. 185.

11. Pour simplifier nous comptons en sous. Rappelons que 20 sous valent 1 livre et 12 deniers 1 sou. Nous n'incluons pas les Lombards, les monnayeurs, les Juifs, les propriétaires de greniers à grains, ni ceux qui sont morts pendant la collecte. Tous ensemble ils paient 1434 l. 4 s. Dans nos considérations ultérieures nous nous appuyons sur des dénombrements particuliers pour chaque quête et paroisse dont il est inutile de préciser ici la technique.

12. Cf. A. Friedmann, *Paris, ses rues, ses paroisses, du Moyen Age à la Révolution. Origines et évolution des circonscriptions paroissiales,* Paris, 1959, pp. 376 et suiv.

13. Taille 1297, pp. 192 et suiv. et 389 et suiv.

14. *Ibidem,* pp. 191 et 388 et suiv.

15. La seule exception est Thomas Bouvart dans la paroisse de Saint-Landry, qui paie 6 l. (*ibidem,* p. 192).

16. Friedmann, *op. cit.*, p. 296.

17. La rue du Fret-Mantel est très nettement pauvre. On n'y compte que six familles de gros contre vingt-sept de menus (*ibidem,* pp. 4 et 240).

18. La quête VI, qui couvre les environs du Châtelet et du Pont-au-Change, comprend plus de 80 % de gros (*ibidem,* pp. 34 et suiv. et 261 et suiv.).

19. *Ibidem,* pp. 54 et suiv. ; Guillaume Paquier paie ici 15 livres. A la fin du XIVe siècle l'un des habitants de cette rue est un courtisan du Duc de Bourgogne. — *Registre criminel du Châtelet,* t. II, p. 258.

20. L. Brochard, *Histoire de la paroisse et de l'église Saint-Laurent à Paris,* Paris, 1923.

21. Qui fait partie de la paroisse de la « ville S. Laurent » compte 27 menus et 3 gros.

22. Sur le couvent et la paroisse : L. Tanon, *Histoire des*

anciennes églises et communautés monastiques de Paris, Paris, 1883, pp. 268 et suiv. ; Friedmann, *op. cit.*, pp. 79 et suiv.

23. Plan dans Friedmann, *op. cit.*, p. 176, plan VIII.

24. Parmi ces rues, le Marivas et le Petit Marivas comptent 74 menus contre 10 gros. Sur la situation de cette rue, voir Géraud, *op. cit.*, p. 257. Guillebert de Metz parle aussi de cette rue : « ou demeurent les clouetiers et vendeurs de fil » — Leroux de Lincy et Tisserand, *op. cit.*, p. 210.

25. Sur la topographie de cette paroisse : Friedmann, *op. cit.*, pp. 287 et suiv., 369 et suiv.

26. Ch. Samaran, « La vie estudiantine à Paris au Moyen Age », (in :) *Aspects de l'Université de Paris*, Paris, 1949, p. 114.

27. Cf. E. Chatelain, « Notes sur quelques tavernes fréquentées par l'Université de Paris aux XIVe et XVe siècles », *Bulletin de la Société de l'Histoire de Paris*, 25e année, 1898 ; P. Champion, « Liste des tavernes de Paris d'après les documents du XVe siècle », *ibidem*, 39e année, 1912.

28. Cf. G. Dupont-Ferrier, « La Faculté des Arts dans l'Université de Paris et son influence civilisatrice », in *Aspects de l'Université de Paris*, p. 67.

29. Friedmann, *op. cit.*, pp. 168 et suiv.

30. Géraud, *op. cit.*, p. 173.

31. Une seule personne paie l'impôt minimum, *ibidem*, p. 175.

32. F. Lehoux, *Le bourg Saint-Germain-des-Prés*, Paris, 1951, pp. 160 et suiv.

33. Selon une description de 1525, la population de Saint-Germain-des-Prés est composée en majorité d' « aides-maçons, crocheteurs, charretiers et autre gens de pauvre vacation », M. Poëte, *Une vie de cité ; Paris de sa naissance à nos jours*, t. II, Paris, 1927, p. 309.

34. Sur le tracé des remparts : M. Dumoulin, *Etudes de topographie parisienne*, t. II, Paris, 1930, pp. 138 et suiv.

35. L'habitat de type résidentiel sur le territoire du Marais élargira plus tard le centre riche de la capitale dans cette direction, cf. Poëte, *op. cit.*, pp. 160 et suiv. 190 et suiv.

36. Il serait intéressant de comparer ce tableau avec celui que présente F. Furet pour le XVIIIe siècle : « Structures sociales parisiennes au XVIIIe siècle : l'apport d'une série fiscale », *Annales E.S.C.*, 1961, N. 5, surtout pp. 955-957. Cela exigerait cependant une étude topographique plus détaillée et une illustration cartographique que nous ne pouvons entreprendre ici.

37. Cf. Geremek, *Paryz...*, p. 190 ; l'habitat urbain au Moyen Age n'a pas encore fait l'objet d'étude d'ensemble satisfaisante. Un ouvrage classique en ce domaine est celui de R. Quenedey, *L'habitation rouennaise. Etude d'histoire, de géographie et d'archéologie urbaines*, Rouen, 1926. L'article de M. Jurgens et P. Couperie, « Le logement à Paris du XVIe au XVIIe siècle. Une source sur les inventaires après décès », *Annales E.S.C.*, 1962, pp. 488 et suiv., jette quelque lumière sur les constructions parisiennes du Moyen Age, mais il faut attendre des études détaillées. Les résultats de recherches fort intéressantes ont été publiés récemment par S. Roux, « L'habitat urbain au Moyen Age : le quartier de l'Université à Paris », *Annales E.S.C.*, 1969, pp. 1196 et suiv. L'auteur indique le processus d'urbanisation à travers l'habitat de la rive gauche, souligne la diversité des types de maisons dans une même

rue, avec des différences de surfaces allant de 22 à 617 m², ainsi que la généralisation, dès le XIVe siècle, des maisons à étages multiples.

38. F. Braudel, dans *Civilisation matérielle et capitalisme (XVe-XVIIe siècles)*, t. I, Paris, 1967, coll. Destins du Monde, p. 208, écrit : « D'ordinaire plus on s'élève, plus la condition sociale du locataire se détériore. »

39. Archives de l'Assistance Publique, Comptes de l'Hôtel-Dieu, reg. 6 et 7, *passim*.

40. *Ibidem*, reg. 6, fol. 6 V.

41. Cf. Abbé Villain, *Histoire critique de Nicolas Flamel et de Pernelle, sa femme*, Paris, 1761, p. 282 — sur deux cordonniers, l'un paie 64 sous de loyer et l'autre 96 sous. Ch. Demaze, *Le Châtelet de Paris...*, Paris, 1870, p. 22 — Le rapport d'une maison louée est ordinairement de 20 l. p. par an. Dans le cas que nous citons il est de 12 l. p.

42. *Journal d'un bourgeois de Paris*, éd. A. Tuetey, Paris, 1881, p. 192.

43. Archives de l'Assistance Publique, Comptes de l'Hôtel-Dieu, reg. 6, fol. 6 V, 21, 35, 50, 67, 83.

44. Ch. Jourdain, *La taxe des logements dans l'Université de Paris*, 1864, t. I, p. 174. Colin de la Sale, accusé de nombreux vols, habite « en un porche au dessous de la demeure ». Un autre jour, il traîne de maison en maison pour trouver un toit. Une servante des bains lui offre enfin sa chambre « pour bien et aumosne », *ibidem*, p. 173.

45. Ch. Jourdain, *La taxe des logements dans l'Université de Paris*, Mémoire de la Société de l'Histoire de Paris, t. IV, 1877, pp. 142 et suiv. ; Roux, *op. cit.*, p. 1199.

46. Geremek, *Paryz*, p. 189.

47. Archives nationales, JJ 119, N. 256, 1381 — Un charpentier expose : « que comme depuis X ans en ça il eust et ait acquis pluseurs maisons vuides et vagues en nostre ville de Paris... en entencion de les reparer et mectre en bon estat pour y gaigner et avoir sa substance », mais comme les moyens pour financer les travaux lui ont manqué, il a vendu les rentes (et plusieurs fois de suite).

48. Leroux de Lincy et Tisserand, *op. cit.*, p. 233 : « et fist pluseurs maisons ou gens de mestiers demouroient en bas, et du loyer qu'ilz paioient estoient soutenus poures laboureurs en hault ». Le célèbre « capitaliste » flamand Jehan Boinebroke considérait la location de logements à des artisans comme une source de revenus appréciable. — G. Espinas, *Les origines du capitalisme*, t. I : Sire Jehan Boinebroke, praticien et drapier douaisien, Lille, 1933.

49. Abbé Villain, *Histoire critique...*, p. 144.

50. *Ibidem*, p. 166.

51. Abbé Villain, *Essai d'une histoire de la paroisse Saint-Jacques de la Boucherie*, Paris, 1758, p. 151 — rue Marivaux il fait graver : « Chacun soit content de ses biens / Qui n'a souffisance, il n'a riens. »

52. M. Aubert, *La maison dite de Nicolas Flamel rue Montmorency à Paris*, Caen, 1912, p. 13 ; J. Hillairet, *Dictionnaire historique des rues de Paris*, t. II, p. 156, donne la version suivante de cette inscription : « Nous hômes et fèmes laboureurs demeurans au porche de ceste maison qui fu fée en l'an de grace

mil quatre cens et sept : sommes tenus chacun en droit sou dire tous les jours une pastrenotre et un ave maria en priant dieu que de sa grace face pardon aux poures pescheurs trespassez, amen. »

53. Abbé Villain, *Essai*, p. 278.

54. Cf. A. Jourdan, « L'immunité de la Rappée au quartier des Halles » (1137-1674), *Bulletin philosophique et historique du Comité des travaux scientifiques,* 1935, p. 11, et Roux, *op. cit.*

55. *Registre criminel du Châtelet,* t. II, p. 508.

56. *Ibidem,* p. 252 : « sur les loges et vielz maisons qui sont sur les fossez de la ville de Paris ».

57. Cf. A. von Brandt, *Die gesellschaftliche Struktur des spätmittelalterlichen Lübeck,* (in :) *Untersuchugen zur gesellschaftlichen Struktur der mittelalterlichen Städte in Europa. Reichenau Vorträge,* Konstanz-Stuttgart, 1966 (Vorträge und Forschungen, B. XI), p. 237 — près de 25 % de la population de Lubeck logeait, au milieu du XVe siècle, dans des caves et des greniers.

58. V. Hugo, *Notre-Dame de Paris* ; la place de ce problème dans l'œuvre de Victor Hugo est étudiée en détail par M. Ley-Deutsch, *Le gueux chez Victor Hugo,* Paris, 1936.

59. A. Vexliard, *Introduction à la sociologie du vagabondage,* Paris, 1956, p. 216, en a déjà fait la remarque.

60. H. Sauval, *Histoire et recherches des antiquités de la ville de Paris,* t. I, Paris, 1724, pp. 510-512.

61. M. Vloberg, *De la Cour des Miracles au gibet de Montfaucon,* Paris, 1928, p. 221.

62. Sauval, *op. cit.*, t. I, p. 511, décrit l'une d'elles : « J'y ai vu une maison de boue à demi enterrée, toute chancelante de vieillesse et de pourriture, qui n'a pas quatre toises en quarré où logent neanmoins plus de cinquante ménages chargés d'une infinité de petits enfans legitimes, naturels et dérobés. »

63. *Ibidem,* p. 510 : « elles sont peut-être aussi anciennes que les gueux et la gueuserie ».

64. *Ibidem,* p. 165. Voir aussi sur cette rue A. Jourdan, « La ville étudiée dans ses quartiers : autour des Halles de Paris au Moyen Age », *Annales d'histoire économique et sociale,* t. VII, 1935, p. 299 ; l'auteur souligne que dans les registres de la taille le nombre des menus dépasse toujours celui des gros (en 1297 : 36 gros et 54 menus ; en 1298 : 38 gros et 58 menus).

65. Les livres de la taille joignent le Temple à la paroisse Saint-Nicolas-des-Champs. Sur l'enclave du Temple voir Tanon, *Histoire des justices,* pp. 289 et suiv. ; H. de Curzon, *La maison du Temple de Paris,* Paris, 1888 ; Friedmann, *op. cit.*, pp. 40 et suiv.

66. Archives nationales, S 5073^b^, N. 40.

67. Ch. Sellier, *Le quartier Barbette,* Paris, 1899, pp. 144 et suiv. ; Vloberg, *op. cit.*, p. 46 ; J. Hillairet, *Evocation du vieux Paris,* Paris, 1952, p. 95.

68. J. Hillairet, *Dictionnaire des rues de Paris,* t. I, pp. 548 et suiv.

69. Sauval, *op. cit.*, p. 511 : « à toute heure, leur rue et leur maison était un coupe-gorge et un asyle de débauche et de prostitution ».

70. La terre du Temple est considérée comme un repaire de bandits qui cherchent à échapper aux sergents. Il n'est pas exclu qu'il s'agisse des lieux d'une ancienne fondation de bienveillance. Voir *infra,* note 77.

71. Guillebert de Metz, *Description de Paris sous Charles VI*, in : Leroux de Lincy et Tisserand, *Paris et ses historiens...*

72. Guillebert de Metz, *ibidem*, p. 220, estime le nombre des impasses de Paris à 48.

73. La court Robert Bernier dans la paroisse Saint-Paul près de la porte Saint-Antoine, est désignée dans quelques livres de la taille comme « la ruelle sanz chief », Taille 1297, p. 167, n° 3.

74. Sauval, *op. cit.*, t. I, pp. 128 et suiv. et 510 et suiv.

75. Taille 1297, p. 182 : « ceus dedens la court le Roy » — un contribuable paie 61 15 s., un 61, trois 36 s, un 30 s, deux 20 s chacun, etc.

76. *Ibidem*, pp. 127 et 337 : court Guillaume le Normant, seconde quête Saint-Jacques — 3 gros et 4 menus ; *ibidem*, p. 345 : court Thibaut, quatrième quête Saint-Jacques — 10 menus ; *ibidem*, pp. 167 et 368 : court Robert Bernier, première quête Saint-Paul — 2 gros et 7 menus parmi lesquels une certaine Emeline, fille ; *ibidem*, p. 102 : court Robert de Paris, seconde quête Saint-Merri — 2 gros dont un paie 20 s et l'autre 48 s.

77. Archives nationales, Z² 3756, sub. lundi 17 juin 1415 : « terre du temple en laquelle on dit que se lougent et hebergent les gens oysifs et vacabondes ». Cette seigneurie disposait du droit d'asile, mais la bulle d'Innocent IV de 1244, souligne que ce privilège ne doit pas être utilisé par les malfaiteurs. Les voleurs et meurtriers ne peuvent y prétendre ; de Curzon, *op. cit.*, p. 277 ; cf. P. Timbal Duclaux de Martin, *Le droit d'asile*, Paris, 1939.

78. Voir *Registre criminel du Châtelet*, index, Saint Innocent. Description du cimetière dans A. Jourdan, *Le quartier des Halles à Paris*, positions des Thèses de l'Ecole des chartes, 1933, résumé du chapitre VII.

79. *Recueil général et complet des fabliaux des XIIe et XIVe siècles*, éd. A. de Montaiglon et Raynaud, t. III, Paris, 1878, N. 73, p. 15.

80. Voir Dufour, *La Danse Macabre des Saints Innocents de Paris*, Paris, 1871, p. 16 ; J. Martineau, *Les Halles de Paris des origines à 1789*, Paris, 1960, p. 23.

81. Etudes de Clifford Shaw sur la criminalité à Chicago — cf. P. W. Tappan, *Crime, justice and correction*, New York, 1960, p. 205. Sur la critique des études écologiques : P. Horoszowski, *Kryminologia*, Warszawa, 1965, pp. 308 et suiv.

82. A Londres, les prostituées se voient assigner deux places (Riley, *Memorials of London*, London, 1868, pp. 534 et suiv.). A Venise, elles étaient confinées au Castellato, au centre du Rialto (R. Casagrande di Villaviera, *Le Cortigiane veneziane nel cinquecento*, Milano, 1968, p. 19). A Bologne, les statuts font un devoir de fouetter les prostituées qui s'établissent en dehors des places qu'on leur attribue (Statuti di Bologna, I, p. 452). A Dijon, on leur donne d'abord une rue, mais à la fin du XIVe siècle, on les transfère dans des maisons closes sises hors de la ville (E. Petit, *Ducs de Bourgogne de la maison de Valois*, t. I, Paris, 1909, p. 413). A Amiens, elles sont tenues de se trouver de nuit comme de jour dans une rue appelée la rue des Filles. Mais peu à peu cette rue n'y suffit plus et il faut agrandir le quartier de la débauche (A. Dubois, *Justice et bourreaux à Amiens dans les XIVe et XVe siècles*, Amiens, 1860, pp. 10 et suiv.).

83. *Ordonnances des rois de France*, t. I, p. 65, 1254, p. 77,

1256, p. 104, 1269 ; cf. aussi N. Delamare, *Traité de police*, Paris, 1722, p. 522.

84. Bibliothèque de la préfecture de police, 33, *Livre vert vieil premier du Châtelet,* fol. 99 : « places et lieux publicques a ce ordonnez et accoustumez selon l'ordonnance St. Loys », 1416.

85. Berriat Saint Prix, *Recherches sur la législation criminelle en Dauphiné au Moyen Age,* Paris, 1836, donne la topographie des maisons closes de Paris au Moyen Age d'après les œuvres de Sauval restées en manuscrits. Cf. H. Sauval, *La chronique scandaleuse de Paris,* publiée par le bibliophile Jean, Paris, 1909, pp. 68 et suiv.

86. Cf. J. Hillairet, *Evocation du vieux Paris,* p. 206 et *Dictionnaire historique des rues de Paris,* t. I, p. 242.

87. Taille 1297, pp. 206, 212, 403.

88. *Ibidem,* p. 207 : « Perronelle male-branche 8 s., Gileite d'Amiens 6 s. »

89. *Ibidem,* p. 400 : « Pierre de compiegne, fanier » 3 s., « Emeline de soissons 2 s ».

90. *Ibidem,* p. 207 : « Guillaume de lessay, maçon 6 s., Thomas de lessay maçon 7 s., Bietrix la cendriere 8 s. ».

91. *Ibidem,* pp. 400 et suiv. : « Richart le plastrier 2 s., Ferri le mercier, corratier 2 s., Guillaume l'englois, tavernier 5 s., Iehan le normant, porteur d'yaue 2 s. »

92. *Comptes du domaine de Paris,* t. I, Paris, 1948, col. 36 (1421-1425) : « La rue de la Bouclerie dit le bordel de Mascon ». Sur les « logettes de fillettes amoureuses » qu'on y trouvait, voir A. Berty, *Région occidentale de l'Université,* Paris, 1887, Histoire générale de Paris, p. 273.

93. La Taille de 1297 ne mentionne pas du tout cette rue, mais celle de 1292 (Géraud, *op. cit.*, p. 169) donne « en Froit-Mantel » quatre contribuables.

94. Lors d'un procès au sujet de la cour Robert en 1380, l'une des parties cite l'exemple du procès contre Me Regnaut Dacy où les prostituées de Glatigny avaient exhibé le privilège de Louis IX. Archives nationales, X^{1a} 1471, fol. 346 V : « privilegiez comme sont ceux de Glatigny qui en ont charte du roy Sainct Loys ».

95. Taille 1297, gros (p. 192) : « Richart le petit, blaatier 7 s. », menuz (p. 389) : « Mabile la buffetiere 3 s. 6 d., Robert trousse, marcheant de blé 2 s., Marie de compingne 5 s. »

96. Guillebert de Metz, *op. cit.*, p. 164 : « ou est les fillettes ».

97. Taille 1297, pp. 4 et 241.

98. *Ibidem*, pp. 83 et 305.

99. *Ibidem*, p. 83 : « rue de Trace-Putain : Tybaut de gandeluz, concierge l'evesque de chaalons 52 s ».

100. *Ordonnance des rois de France,* t. V, p. 164 (1369) : « nonnulli domos habentes in Vico Capponis, prope Cimiterium Beati Nicolai de Campis et juxta manerium dilecti et fidelis consiliarii nostri Episcopi Cathalanensis ubi sunt loca honnesta, qui domos predictas locare, aut af annum censum tradere talibus meretricibus ».

101. Bibliothèque de la préfecture de police, 33, *Livre noir vieil du Châtelet,* fol. 18 (1420) : « cri sur le fait des femmes amoureuses ».

102. Géraud, *op. cit.*, p. 77 — parmi lesquels huit femmes,

entre autres Ameline bele-assez, Ameline la petite, Ameline la chanvrière, etc.

103. Taille de 1297, pp. 102 et 319 et suiv. — dont neuf femmes.

104. Bibliothèque de la préfecture de police, coll. Lamoignon, III, fol. 31, et Bibliothèque nationale, Ms. Fr. 8064, fol. 209 ; M. Félibien, *Histoire de la ville de Paris,* t. IV, Paris, 1725, p. 538.

105. Guillebert de Metz, *op. cit.*, p. 212 : « rue de Baille-Hou, ou demouroient pluseurs galloises ».

106. A. Longnon, *Paris pendant la domination anglaise (1420-1436),* Paris, 1878, N. LXXIX, pp. 154 et suiv. : « auquel lieu de Baillehoe siéent et se tiennent continuelment femmes de vie dissolue et communes que on dit bordelieres, lesquelles y tiennent clappier et bordel publique. »

107. Géraud, *op. cit.*, p. 77.

108. Guillebert de Metz, *op. cit.*, p. 212 : « ou estoient femmes de joie ».

109. Bibliothèque nationale, Ms. Fr. coll. Clairembault 763, fol. 55 (1411) : « Mariette de lombard, fille de vie demeurant a Paris condamne à... 35 l b. par. à cause des louages... des bordeaux assis à Paris à la cour Robert » (elle doit payer 6 s par semaine).

110. Archives nationales, X^{1a} 1471, fol. 346 (1380) — Selon le représentant du prince d'Anjou « le lieu ou souloit estre le bourdel de la court maistre Robert de Paris est un lieu en rue honeste ».

111. Cf. *Registre criminel du Châtelet,* t. I, p. 61 : « bordeau de Tiron auquel il prindrent une fille de peché qui illec seoit au bordeau ».

112. Taille de 1297, pp. 177 et 379.

113. Guillot, *Dit des rues de Paris,* éd. Bibliophile Jacob, Paris, s. d.

114. Cf. *Ordonnances des rois de France,* t. VI, p. 611 et *Registre criminel du Châtelet,* t. II, pp. 381 et 389.

115. Cf. Bibliothèque nationale, Ms. Fr. 8064, fol. 121 : « rue Coquatrix qui est foraine, et ou il y a eu bordel de si longtemps qu'il n'en est memoire du contraire » (cependant le tribunal n'accorde pas foi à cette assertion).

116. Sur les maisons closes de cette rue, cf. *Ordonnances des rois de France,* t. VI, p. 611 (1381) et Guillebert de Metz, *op. cit.*, p. 209 : « ou avoit des fillettes en cul de sac ».

117. *Journal d'un bourgeois de Paris,* p. 315, n° 3.

118. P. Champion, *François Villon. Sa vie et son temps,* t. I, Paris, 1913, p. 226.

119. Le prédicateur Olivier Maillard indique que les lupanars se trouvent dans presque tous les quartiers — A. Samouillan, *Olivier Maillard, sa prédication et son temps,* Paris, 1891, p. 215. L'ordonnance royale de 1381 (*Ordonnances des rois de France,* t. VI, p. 611), cite les rues Beaubourg, Gieffroy l'Angevin, Jongleurs, Symon de Franc, les abords de l'église Saint-Denis de la Chartre et la fontaine Maubuée. Des lieux de débauche sont également attestés dans la rue au Maire (Longnon, *op. cit.*, p. 345), à la Courroirie (G. Fagniez, *Documents relatifs à l'histoire de l'industrie et du commerce en France,* t. I-II, Paris, 1898-1900, t. II, p. 109), rue de Franc Meurier « en laquelle sont demourans et residens plusieurs filles de joye » — Archives nationales, JJ 176, N. 756, rue des Canettes, rue de la Pomme rouge, rue du Champ Roussy (Archives nationales, Y 6^1, fol. 8, et Y 6^4, fol. 162 V). La liste

des rues de la prostitution donnée par Sauval, *La chronique...*, pp. 68 et suiv., exigerait une vérification.

120. Lors de l'examen de l'affaire de Baillehoe, un argument en faveur de l'entretien d'une maison close est qu'ici « oseroient mieux les gens honteux qu'en plusieurs autres bordiaux ». — Bibliothèque nationale, Ms. Fr. 8064, fol. 210 V.

121. Cf. Longnon, *op. cit.*, N. LXXIX, p. 155 : « qui sont comme non habitées ».

122. Petites maisons, chambrettes, habitacles, bordeaulx — E. Coyecque, *L'Hôtel-Dieu de Paris au Moyen Age. Histoire et documents,* Paris, 1889-1891, t. I, p. 268 ; l'Hôtel-Dieu possède rue de Mâcon deux maisons qu'il loue à trois « filles amoureuses ».

123. Coyecque, *op. cit.*, p. 164, n° 1.

124. Archives nationales, S 6353, N. 16, doss. 3, et JJ 45 N. 66 (1310). Même affaire d'une ruelle très mal famée entre la rue aux Maçons et la rue Saint-Côme sur la rive gauche.

125. Coyecque, *op. cit.*, p. 310, doc. VII.

126. *Ibidem,* p. 165 ; Friedmann, *op. cit.*, pp. 394 et suiv.

127. Coyecque, *op. cit.*, p. 310, doc. VII : « Ou par nuyt plusieurs mauvais garsons et jeunes dissolus et habandonnés se retraient et couchent. »

CHAPITRE IV

LE CRIMINEL ET SON GROUPE

L'histoire sociale doit tenter de concilier la dimension collective avec les destins individuels. L'histoire d'un homme se ramène à une biographie particulière, avec ses multiples complexités temporelles, avec les facteurs de l'époque et ceux du destin individuel. Mais, l'histoire des hommes, des foules d'hommes, des groupes et collectivités humaines, peut-elle être traitée comme un ensemble de biographies particulières, de destins humains individuels ? Cette question n'est pas seulement rhétorique, c'est le problème essentiel de l'écriture de l'histoire, de la recherche, de l'exposé de ses résultats, de la méthode historique.

Nous sommes ici entre la grande histoire et la micro-histoire, l'objet à étudier est une collectivité humaine assez importante, mais le but des recherches ne se limite pas aux rapports de cette collectivité avec le temps et l'évolution historique. On peut, en effet, traiter une classe ou un groupe social comme un *dramatis personnae* collectif et leur appliquer, en une description phénoménologique, les mêmes principes d'exposition et d'étude que ceux que l'on emploie pour l'histoire d'individus ou de petits groupes de personnes. La connaissance d'une série plus ou moins longue de destins particuliers nous permet alors de cerner le profil et le caractère de notre héros collectif et nous donne ensuite la possibilité de suivre ce qu'il fait, ce qui lui arrive et par conséquent de saisir sa place et son rôle dans l'évolution historique.

Si, pourtant, l'objet de notre curiosité est constitué par cette collectivité même (et non par le rôle qu'elle a joué), c'est à travers les destins individuels qu'il nous faut tenter de découvrir ses structures, les traits de sa particularité sociale, son mode de vie.

1. LE VOLEUR

Le voleur a coutume de choisir l'heure et l'endroit de façon que nul ne le voie, dit Beaumanoir dans sa naïve et confuse déposition : « car pour ce l'apele l'on larrecin que li lerres espie l'eure et le point que nus ne le voie [1]. » Il définit ainsi, non seulement l'auteur de l'acte délictueux, mais une certaine catégorie de gens et une façon d'agir qui lui est propre. Nous avons déjà souligné précédemment la difficulté de remonter du délit au contrevenant en tant que membre d'un certain groupe professionnel. Cet obstacle surgit plus nettement encore quand on essaie de saisir la silhouette sociale du voleur, lequel est le personnage central, la figure de premier plan des milieux délinquants au Moyen Age.

Car un vol ne fait pas le voleur, et puis, il y a vol et vol. Mais la dureté de la répression à laquelle se heurtait le vol dans l'opinion sociale du Moyen Age [2] faisait qu'un seul écart pouvait avoir des conséquences graves et entraîner le déclassement social.

La rigueur dans la répression s'étend même à des affaires bénignes : un apprenti charbonnier arrache une grappe de raisin, cela suffit à le faire emprisonner [3]. Le vol des registres du Parlement et leur vente à des papetiers conduit Etienne le Gay, dit Courtequeu, à la potence : il est vrai que l'affaire n'est plus du tout bénigne [4].

Le vol a souvent un caractère accidentel, et les tribunaux en tiennent compte, reconnaissant que le délit s'est produit dans un instant de faiblesse, à l'instigation du diable (« par temptacion de l'ennemi [5] »). Voici un jeune charpentier, « povre jeune homme », propriétaire d'une maison près de l'église de Saint-André-des-Arts [6] qui, un dimanche, s'en est allé vers la maison du duc d'Orléans afin d'y voir un spectacle consacré à l'Annonciation et la naissance du Christ ; il est entré dans une maison où il avait jadis travaillé et, n'y ayant pas trouvé le maître, a volé l'argenterie de table... Ce n'est probablement pas d'un milieu misérable qu'est issu Colain Jourdain qui, au lieu de rendre à son créditeur les 9 francs qu'il lui doit, le saoule jusqu'à ce qu'il soit ivre mort, puis le reconduit chez lui et là, tire sa créance d'un coffre : comme il ne sait pas lire (« pour ce qu'il n'estoit pas clerc »), il empoche toutes les créances qui sont dans le coffre, détruit ensuite la sienne et rend les autres, moyennant monnaie naturellement, aux autres débiteurs [7]. Même des représentants de la milice ne résistent pas à la tentation : un archer de Fort-l'Evêque pénètre au petit matin dans une maison où, à l'aide d'un couteau, il fracture un coffre dans lequel il trouve deux sacs de pièces, une coupe, un sachet tissé d'argent et des étoffes précieuses [8].

Le vol est souvent la suite d'une nécessité momentanée : manque d'argent à la maison, de vin pour continuer une ribote, de moyen honnête pour gagner sa vie. Les difficultés de la vie parisienne pendant la première moitié du XVe siècle multiplient ces circonstances. Les suppliques de familles de délinquants introduisant des recours en grâce, citent toujours l'argument des malheurs de la guerre comme circonstance atténuante. Etienne Hervy, avant de voler de la vieille ferraille dans un moulin abandonné des environs de Paris, a dû quitter Montrouge où il est né, se cacher à Paris, acheter par quatre fois sa liberté aux Armagnacs et a perdu la charrette qui était son instrument de travail [10]. Un drapier vole « par temptacion de l'ennemi et povreté » des ardoises sur le toit de l'hôtel de Nesle [11]. Jean Husson « povre varlet deschargeur de vins et du pain de Corbueil » s'est glissé nuitamment dans l'une des resserres à grains de l'Hôtel de ville, en a enlevé du froment afin de le revendre à un boulanger ; il y a été contraint par son indigence et la cherté des produits alimentaires qui règne alors à Paris [12].

Les cas les plus fréquents de vol sont le fait de la domesticité, des salariés ou des garçons artisans. Quand une fileuse de soie, jugée pour vol de matière première chez ses employeurs, indique une femme chez laquelle toutes ses commères portent leur fil volé [13], l'accent est bien mis sur la fréquence du procédé. Les vols commis par les apprentis ou les compagnons touchent le produit brut ou fini, parfois aussi l'argent ou les objets de valeur du coffre du maître [14]. L'indélicatesse de la domesticité, qui est un poncif littéraire [15], trouve une illustration abondante dans les actes judiciaires. Domestiques et servantes volent régulièrement la vaisselle d'argent des résidences de leurs maîtres [16] ; si les conditions sont plus modestes, on vole les robes de la maîtresse [17], le linge du coffre [18], l'argent du sac [19], les objets précieux et les bijoux de la cassette [20].

Il arrive souvent que des vols de ce type atteignent une importance considérable. L'un des documents de rémission présente l'affaire de Marion le Dioyne, originaire de Bonneuil. Engagée, deux mois auparavant et pour un an, comme chambrière chez Geuffroy Robin « en la vielz rue du Temple à l'enseigne du croissant », elle a quitté son employeur juste avant Noël, enlevant de son coffre « deux pellices de gris, une cote hardie de marbre caignet fourrée de gros vair, une coste simple de violet, un chapperon d'escarlate vermeille à boutons d'argent dorez et plusieurs piecez d'escarlate, une cainture et deux demis cains ferrez d'argent dorez, deux bourses et un pelleton à boutons d'argent dorez, huit petis boutons et un clou d'argent blanc, deux clefz, deux couteaux l'un à manche d'argent et l'autre à manche d'yvoire, une boutonnetière esmaillée à seize boutons, deux anneaultx d'or chascun à IIII pelles dont en l'un avait une esmeraude » ; après avoir dissimulé ces objets « en un cuevre chief », elle s'est enfuie avec son butin à Bonneuil où elle s'est cachée chez un tailleur qui devait l'épouser. Elle présente son larcin au fiancé comme étant sa dot « afin que il feust plus bien enclin à la prandre pour femme », mais Geuffroy Robin la retrouve et elle est promptement incarcérée au Châtelet [21]. Pour ce cas précis, la valeur du butin est estimée à vingt-huit livres ; pour un vol analogue, commis par une bonne d'enfants, la valeur des objets dérobés s'élève à cinquante francs de Turin [22].

L'hostellerie ou l'auberge sont le lieu de fréquents délits. Les chambres communes, que se partagent des gens qui ne se connaissent pas, donnent des occasions de vol facile dont le bien de l'aubergiste fait les frais [23] ou, le plus souvent, le sac de voyage des logeurs. Ainsi, en juin 1460 à l'hôtel de « l'Amour-de-Dieu », rue de la Barillerie (près du palais royal, dans la Cité) une chambre commune réunit : Jean Beffine, « natif de Dijon », Bertran de Chisse, « natif de Normandie », Alain Robert, « natif de Nantes en Bretagne » et encore deux « compagnons » non identifiés (le premier nommé se trouve dans un lit avec ces deux « compagnons » et les deux autres dans un second lit). Alain Robert est pris en train de voler de l'argent dans le sac de son voisin de lit. Il est caractéristique que ce Breton soit défini dans les actes comme « demourant par tout », c'est-à-dire qu'il n'ait pas de résidence fixe [24]. Les vols commis par les prostituées ont un caractère analogue, elles profitent des occasions qui leur sont fournies pendant l'exercice de leur profession [25].

Dans les cas cités, le vol était un geste sporadique accompli dans des conditions de vie en quelque sorte normalisées et dans une situation professionnelle donnée. Il serait difficile d'estimer sur cette base si le délit faisait *ipso facto* attribuer au coupable le stigmate de la délinquance, s'il l'excluait immédiatement et durablement de la « société des honnêtes gens ». Nous avons plutôt affaire ici à des situations limites révélatrices du caractère fluctuant de la division en monde du travail et monde du crime. La misère, la malchance dans la vie, ou encore la tentation d'améliorer la situation matérielle pousse les artisans [26], les domestiques salariés ou les paysans à voler. La situation n'est pas si radicalement différente qu'il pourrait le sembler, si l'on se tourne vers les criminels notoires ou ceux que les attendus du tribunal traitent comme tels.

Le vol commis par Ernoul le Barbier en août 1390 dans les environs de Paris est relativement bénin [27]. Engagé par un « labeureur et couvreur de chaume » moyennant un salaire quotidien de 12 deniers (avec la nourriture) et laissé sans surveillance, il a volé les outils confiés à sa garde et est allé les vendre à Paris sur le Petit Pont où il en a reçu 8 deniers. Emprisonné au Châtelet, il avoue qu'il est originaire de Guise en Thiérache où il a séjourné longtemps et appris le métier de charretier. Il a ensuite transporté du vin et diverses marchandises à Bourges, en Flandres, en Picardie, en Allemagne. Il jure qu'il a volé pour la première fois, mais les juges considérant les circonstances du larcin et le fait que l'accusé est un vagabond, décident de le soumettre à la question. Dans la chambre de torture, il avoue quelques autres vols à Valenciennes, cinq ans avant, à Guise, trois ans avant, à Vieurin (où il était « varlet de taverne ») huit ans plus tôt, à

Montcornet six ans auparavant et, une semaine plus tard, à Chouy qui se trouve à un quart de mille de là. Il a dépensé l'argent volé en amusements et débauche [28]. On le reconnaît pour un « très fort larron » et trois jours plus tard, il est pendu. Le vol d'outils qui avait amené Ernoul le Barbier au Châtelet n'était qu'un épisode de sa vie à Paris, et on peut supposer qu'il avait vécu précédemment de son travail, se louant pour divers travaux dans les villages des alentours ou dans les propriétés de bourgeois de Paris.

Un boulanger-pâtissier parisien, Guillaume Yvoiré, a gagné honnêtement sa vie pendant vingt ans en exerçant son métier [29]. Il a dû cependant se lancer dans un procès et, n'en pouvant couvrir les frais, a pénétré par effraction, la nuit, dans une taverne où il s'est emparé de vaisselle d'étain. Torturé, il avoue cependant encore un important vol avec effraction dans une maison du duc de Bourgogne. Ces deux vols ont été commis à quelques mois de distance. Juste avant l'exécution, au pied de la potence, il avoue, en outre, un vol avec effraction commis trois ans auparavant, dans une maison des Halles, abandonnée pendant le temps des vendanges. Ainsi donc, nous avons ici affaire à un artisan qui accomplit son métier, mais qui, en trois ans, effectue trois vols importants. Il ne met pas sa femme dans le secret, se glisse dehors, la nuit, une chandelle à la main, et s'il ne peut trouver de fenêtre ouverte, il fait sauter le loquet de la porte à l'aide d'un couteau, transporte son butin à la maison et se recouche. Au point du jour, avant même que sa femme ne s'éveille, il porte les objets volés chez un recéleur de ses amis ou les camoufle chez lui [30]. Toute cette activité suspecte ne semble pas troubler le cours de la vie bourgeoise.

Les tortures [31] de la prison épiscopale de Fort-l'Evêque ont obligé Jean Cousin, dont les occupations sont imprécises (« povre homme »), à révéler qu'il a commis son premier vol dans la maison de ses parents et ce vol n'est pas négligeable : d'abord 120 francs dans la caisse paternelle, puis 100 écus que le père avait enfouis pour plus de sûreté. Il a commis ces forfaits cinq ans auparavant, avant de fonder une famille : il a maintenant vingt-cinq ans, est marié, a deux enfants dont l'aîné a trois ans. A en juger d'après l'importance des sommes dérobées au père, il est issu d'une famille très aisée. Mais il ne cesse de voler : il s'introduit dans diverses maisons et vole, dans les coffres, argent et objets de valeur. Il obtient la grâce royale probablement grâce aux démarches et aux pots de vin du père, car on lit, dans le document, qu'il a rendu à celui-ci ce qu'il lui avait pris. Nous manquons d'information quant au train de vie antérieur de ce prisonnier, mais le nombre de vols et le temps qui s'écoule entre chacun d'eux ne permettent pas de considérer cela comme un épisode de jeunesse passager.

Puisque nous en sommes aux jeunes gens de familles riches, il vaut la peine de citer l'affaire d'un écuyer de dix-huit ans, Colin de Sales [32]. Ce fils d'un chevalier du Beaujolais a accompagné son frère à la bataille d'Azincourt. Le frère est mort au combat, et, lui, s'est dirigé vers Paris avec l'équipement du défunt, valant 600 livres environ, mais il s'est endetté et s'est bientôt trouvé sans argent. Alors, « par sa jeunesse et par temptacion de l'ennemi », il s'est mis à voler. La supplique, répétée, selon l'usage de la chancellerie, dans le document royal, énumère une longue série de vols commis par Colin de Sales : trois à la porte Baudet, trois à l'église des Saints-Innocents, un aux alentours du Châtelet et un à l'Hôtel de ville. Les lieux de ces vols sont très caractéristiques, ce sont des quartiers populeux où il est aisé de couper une bourse. Les larcins incriminés sont précisément de cette nature. Le plus important d'entre eux est le dernier, celui qui a provoqué l'emprisonnement au Châtelet. Dans l'escarcelle, volée par hasard au banquier Pierre Marado, se trouvaient vingt-sept nobles anglais, un signet en or et de nombreuses petites pièces. Nous ne savons rien de plus sur la vie parisienne de ce fils de chevalier. S'il est arrivé aussitôt après la bataille (il avait alors seize ans) il a donc passé près de deux ans à Paris, jusqu'à l'automne 1417. Comment et quand il en est venu à voler des bourses pour vivre, nous l'ignorons. Nous ne pouvons que conjecturer quels étaient, en ces années de crise des valeurs chevaleresques, les aléas de la fortune d'un rescapé d'Azincourt : en rentrant dans son Beaujolais natal, il s'est attardé à Paris, il était facile d'y gaspiller son argent, facile aussi d'en gagner.

Les exemples cités, malgré la fréquence des délits, leur nombre ou leur importance, ne concernent pas des individus réellement exclus de la communauté sociale. Dans l'affaire d'Adenet le Brioys [33] l'élément de marginalité est beaucoup plus net. Ce Breton [34] « homme de labeur et ouvrier des basses œuvres [35] », a été emprisonné pour avoir volé un mors de mule dans l'écurie du Comte de Dammartin. Il affirme d'abord que ce mors lui a été donné par un « compagnon » aux Halles ; soumis à la torture, il avoue son larcin, reconnaît qu'il a vendu ce mors pour 10 sols et commis quelques autres crimes. Un an auparavant, alors qu'il travaillait avec deux autres vidangeurs à l'hôtel du Cheval Blanc, place Maubert, il a dérobé de la vaisselle de bois d'une valeur de 20 sols. Deux ans avant, alors qu'il passait la nuit avec quelques compagnons au Port au Foin, sur les bords de la Seine, il a participé à une rixe qui s'est terminée par un meurtre. Six ans plus tôt, s'étant embusqué dans le Petit Bois de Paris, entre Paris et Melun, il a assassiné l'un de ses compagnons et n'a d'ailleurs trouvé sur lui que 10 sols ; enfin, en août 1383, il est parti, avec un groupe de Bretons, en expédition en Flandres et, près d'Arras, il a assassiné, avec eux, quatre personnes, ce qui, cette fois, lui a rapporté 20 francs. Ces aveux ont suffi pour le faire reconnaître criminel et voleur. Au pied de la potence il avoue pourtant encore, librement, quelques autres forfaits : revenant de Melun à Paris avec Perrin Petit, un vidangeur comme lui, il s'est arrêté en route à l'Hôtel-Dieu de la Ferté-Gaucher et son compagnon y a volé 40 sols [36] ; alors qu'il travaillait, il y a deux ans, avec le susnommé Perrin et un troisième larron aux égouts, chez l'évêque de Paris, Perrin a poussé dans la fosse un compagnon de travail avec lequel il se querellait ; ce crime lui a valu, à lui et Adenet, d'être longtemps incarcéré au palais et à Saint-Eloi. Une autre fois enfin, tous deux ont été battus car on les soupçonnait d'un vol dans la maison où ils travaillaient, mais le vol avait été commis par un de leurs compagnons de labeur, lui n'avait touché que son dû pour sa nuit de travail (4 sols).

Adenet le Brioys est suspect dès le premier instant et le vol du mors n'est que le révélateur de sa conduite criminelle. Il est Breton [37] et, à l'instar de nombre de ses compatriotes, il exerce une profession [38] naturellement méprisée : l'origine et le métier entraînent une répulsion sociale. Mais l'on peut également retourner la proposition : ce vidangeur breton nourrit un sentiment de répulsion et se sent étranger dans cette société de propriétaires urbains parmi lesquels il vit. Le vol est l'expression et la conséquence de cet état de faits, bien qu'il ne soit pas encore un métier.

On constate que le trait le plus fréquent de cette catégorie de gens est d'exercer successivement plusieurs métiers tandis qu'ils cherchent des occasions pour voler. Cela dure jusqu'au moment où le métier déclaré au tribunal apparaît comme une couverture de l'activité criminelle.

Henriet Testart, originaire de Senlis, se présente comme un « homme de labour et varlet à maçon [39] ». Il est accusé d'un vol d'argent dans le sac d'un homme qui, comme lui, passait la nuit à l'église Saint-Laurent, hors les murs de Paris. Arrêté par la milice, il essaie d'expliquer que l'argent trouvé sur lui provient de son travail à la moisson de Frêt, près de Lagny. Or, il a déjà séjourné à la prison du Châtelet pour avoir joué aux dés et commis diverses indélicatesses ; les juges n'hésitent donc pas à l'envoyer à la torture. Il avoue alors ce vol et une quinzaine d'autres : les lieux de ces forfaits sont des bourgades des environs de Paris : Poissy, Montmirail-en-Brie, La Verrière et quelques villes plus éloignées : Sens et Amiens. Paris, toutefois domine. C'est là que, deux ans plus tôt, il a pénétré en compagnie de quelques gaillards dans la chambrette d'une « fille de pechié » à Glatigny, ils y ont volé un manteau doublé de fourrure [40], qu'ils ont vendu le lendemain aux Halles pour deux francs ; le soir, ils ont détroussé un paysan qui revenait chez lui, rentrant de Paris. Dans le courant de la dernière semaine, il a travaillé comme porteur en compagnie de Jehannin Porte-Pennier, Jehannin au Court-Bras ainsi qu' « un nommé Symonnet », aux portes de Paris. Mais tous les jours ils volent [41]. Leurs victimes sont ceux qui dorment sous les ponts, au Port au Foin ou sous les remparts. L'une de celles-ci ayant essayé de leur résister, ils ont déshabillé complètement le malheureux et l'ont précipité dans le fleuve où il s'est noyé [42]. La mobilité de Testart est remarquable. Il traîne le long des principales artères qui joignent Paris et son arrière-pays. L'origine de cette mobilité est autant la recherche d'un travail que l' « entacion d'embler ». Du reste, il est marié, sa femme habite rue du Franc-Noyer et y vend des fromages.

La liste des vols de Testart est bien longue. L'un des complices qu'il cite a, en effet, été arrêté et celui-ci ajoute de nombreux faits. Jehannin Machin [43], dit au Court-Bras, affirme d'abord qu'il est né à Paris et qu'il y a fait « son métier de boullengerie et de pasticerie[44] » jusqu'au moment où il a pris part à l'expédition royale en Allemagne, d'où il est revenu estropié du bras[45]. Il ne peut plus, dès lors, pratiquer son métier et commence à porter la hotte aux portes de Paris. Nous ignorons toutefois quelle est la part de vérité dans cette histoire car, lorsqu'en tant qu' « homme vacabond », il est soumis à la torture, il avoue être né à Louviers, en Normandie. Ce n'est qu'après une seconde séance de torture, après être passé du « petit trestau » au « grant trestau », qu'il se décide à faire des aveux plus complets : avec Testart et autres, « lesquels sont compaignons vagabonds et repairant à la Servaise du Molinet »[46] — ils ont rançonné dix ou douze personnes au cours des trois dernières semaines « sur les fossez de Paris » (« ce faisant ils contrefasoient les sergenz[47] »). Pendant l'année écoulée, il a effectué de nombreux vols mineurs, tant à Paris que dans les environs (dans la région de Multien et en Brie) où il mendiait pour vivre[48]. L'infirmité permanente dans le cas de Machin, est peut-être à l'origine de son élimination sociale, elle lui permet de vivre de mendicité mais, comme on voit, il ne renonce pas à travailler, ni, avant tout, à voler.

L'une des circonstances les plus favorables à l'étude des milieux criminels de Paris est offerte par les conflits de jurisprudence auxquels donnaient souvent lieu les membres de ce groupe. L'affaire d'un petit chapardeur pouvait faire l'objet de controverses et parvenir, par voie d'appel, jusqu'au Parlement à qui il appartenait de trancher. Voyons de plus près cette question, en examinant le monde des clercs ; nous ne ferons ici que signaler les figures de voleurs. Un conflit de ce genre se produit justement en 1456[49]. Guillaume de Chemin, dit Blanbaston, a été emprisonné pour de nombreux vols dans les églises et autres lieux[50]. L'évêque a réclamé en vain qu'on lui remît le prisonnier qui, affirme-t-il, est un clerc. L'accusé est condamné à être pendu, mais réussit à obtenir une lettre de rémission[51]. Il est pourtant vraisemblable que le document royal n'énumère pas tous les vols, car on le condamne au fouet, au pilori, à l'infamie, à être incarcéré quatre mois au pain sec et à l'eau et enfin banni à jamais du royaume. Le procureur royal fait alors appel *tanquam a minima* et obtient satisfaction du Parlement : Blanbaston est condamné « à estre pendu et estranglé au gibet de Paris ». Dans un autre cas de ce genre, l'affaire s'achève plus heureusement pour l'accusé : le Parlement rejette les prétentions de l'évêque [52], mais aussi le verdict du prévôt qui avait condamné cet auteur de nombreux vols à la pendaison ; il recommande de s'en tenir aux verges, à l'infamie par section des oreilles, et au bannissement [53]. Ces cas d'appel nous apprennent cependant peu de choses sur le criminel lui-même : il n'est plus ici que le sujet de dispute.

Parmi les cas cités ci-dessus en exemple, le vol avec effraction est traité avec une sévérité plus grande. A partir de la fin du XIVe siècle [54] apparaît, en effet, une circonstance aggravante : l'effraction avec usage d'un crochet. On peut certes estimer que l'usage du « rossignol » a une histoire beaucoup plus ancienne, les objets de fer les plus hétéroclites pouvant faire fonction de crochet [55]. Ce type de vol est même gratifié d'une appellation spéciale : la crocheterie, et son auteur : le crocheteur [56]. Si le fait de pénétrer dans une maison est déjà un crime en soi, la « découverte » du crochet comme outil de vol acquiert dans la pratique judiciaire du XVe siècle une énorme importance, il est considéré comme preuve à charge, car il augmente l'élément d'indignité et de félonie du vol proprement dit. Les actes d'accusation pour vol soulignent maintenant ce procédé particulier [57] et la question de savoir s'il a été fait usage d'un crochet revient régulièrement au cours des interrogatoires [58]. Le fait, pour un voleur, de s'être introduit dans la maison de quelqu'un sans s'en servir est digne d'attention, car il allège la faute [59]. L'emploi du crochet est, au contraire, l'indice d'une pratique constante et professionnelle du métier de voleur. Le cambrioleur, même si, du reste, le vol n'est pas son occupation unique, doit être muni d'instruments de travail nombreux et variés. Ce petit arsenal, contenu dans un coffret ou une trousse, tombait parfois aux mains des autorités : il se révèle tout à fait considérable [60]. Dans la plupart des cas pourtant, quelques instruments rudimentaires suffisaient certainement au cambrioleur.

Le vol qui revient le plus souvent dans les pages des registres judiciaires, est du type « de poche ». Le « pickpocket » médiéval avait d'ailleurs la tâche simplifiée, justement par l'absence de poche dans le costume du temps. On portait généralement un petit sac contenant l'argent suspendu à la ceinture (en voyage ou pour se préserver du vol, on le suspendait parfois au cou). Les filous parisiens conduisaient les arrivants naïfs à Notre-Dame, leur montraient Pépin et Charlemagne dans la galerie des rois et subtilisaient leur bourse par-derrière [61]. Une occasion de voler était aussi fournie par l'afflux des fidèles à l'église — avec une certaine expérience, trancher le fil d'une bourse n'était pas difficile [62]. Tout attroupement favorisait cette activité. Même le faste et la solennité des cérémonies ne gênent pas les malandrins : à la réception donnée lors du couronnement d'Henri VI, en 1431, au palais royal, où la foule populaire est admise, une quantité de voleurs se répand partout [63]. Les voleurs à la tire exercent également à la chambre de justice où ils profitent de la presse des auditeurs [64].

Adam Charretier peut servir d'exemple de ces « tire-bourse ». Emprisonné au Châtelet en 1391, il déclare au début de son audition qu'il est pâtissier, mais la suite de sa déposition révèle qu'il est souteneur (ce qui le prive du bénéfice des privilèges des clercs). Il n'est plus tout jeune : il déclare, au début, exercer son métier depuis 23 ans. Or, depuis cinq ans, il vole constamment, coupant les bourses à tout venant, aussi bien à Paris que dans les localités voisines. Aux seules Halles de Paris, il a volé environ 50 bourses [65]. Il a tellement de vols de ce type à son actif qu'il est incapable de les énumérer tous.

Une occasion commode de subtiliser les escarcelles est fournie par les marchés : cela explique que les Halles soient le lieu favori de ceux qu'attire le profit facile [66]. La foire de Saint-Denis est de ces endroits et c'est en vain que l'on tente, par des exécutions publiques, en pleine foire, d'effrayer les amateurs de bourses [67].

Parmi les théâtres d'opération des voleurs, il faut citer toutes sortes d'endroits de réunion du petit peuple des villes : auberges et hôtels, hospices et hôpitaux ainsi que, l'été, tous les remparts de la ville, les rives de la Seine, les prairies entourant les remparts. Le vol n'atteint pas seulement les riches. Il est des degrés et des différences dans la pauvreté : la bourse d'un pauvre compagnon peut contenir ce qui manque dans celle de son voisin. Il faut considérer, en outre, que détrousser un misérable est moins risqué. Le pauvre est faible en face de la loi, il hésite à faire appel aux autorités, peut-être même préfère-t-il ne pas se rappeler au souvenir des sergents de ville. Cela explique que des bandes de débardeurs, qui se font passer pour des sergents, détroussent les malheureux qui passent la nuit dans le foin, ou sous les ponts, enroulés dans une couverture, au bord de la Seine, ou que le vidangeur glisse la main dans le sac de son voisin à l'asile des pauvres : leur butin est constitué des gains d'une journée ou des petites économies de leur victime.

La périphérie de la ville n'offre pas moins de possibilités de vol. Hors des agglomérations, hors des murs de la ville, on n'a pas à craindre d'attirer l'attention des badauds, le risque de se faire surprendre est moindre. Les déplacements constants, les voyages en quête de travail, dont il est sans arrêt question dans les confessions que font nos héros devant les tribunaux, donnent fréquemment lieu à des rapines sur les routes, sur les sentiers, dans les bois [68]. Il suffisait, la plupart du temps, de s'en aller dans les environs immédiats de Paris, de s'embusquer dans les forêts ou dans les broussailles et de guetter ceux qui allaient en ville ou en revenaient [69]. Dans d'autres cas, un voyage vers des villages plus éloignés de Paris peut aussi offrir une alternative : ou bien le chemineau trouvera un travail provisoire quelconque, ou bien il volera ce qui se trouvera : une pièce de drap, un service de table, des vêtements.

2. Les liens criminels

Dans les exemples donnés ci-dessus nous avons présenté le milieu criminel à travers les destins individuels de ses représentants. Mais ne serait-ce qu'à la répétition du scénario des crimes, à l'apparition répétée des mêmes lieux : cimetières, halles, auberges, remparts, on a pu deviner les connexions qui existent entre les gens de ce milieu. La notoriété des vols ou autres délits conduit à la fixation de certains liens sociaux, à l'établissement de relations, d'amitiés, à la naissance de complicités et de bandes criminelles. Les exemples précédents nous montraient souvent des délinquants occasionnels qu'il est impossible d'éviter dans un tableau général du milieu, mais qui n'entraient pas — ou n'étaient pas encore entrés — en relations de groupe avec celui-ci. Portons maintenant notre attention sur de véritables groupes de criminels, nous touchons alors des individus dont la vie se déroule de manière plus constante en marge de la société.

Une grande part de la population urbaine était constituée

de personnes dont le mode de vie manquait de stabilité. Les conditions d'une vie stable étaient de posséder une famille, une maison et un atelier propre. Or les places et les rues de Paris étaient pleines de jeunes gens cherchant du travail sans encore avoir les prérogatives de la maîtrise. Lorsqu'un contrat d'embauche les liait à long terme, ils entraient, ne fût-ce que pour un temps, dans la famille du maître et restaient sous sa surveillance [70]. Quant aux autres, ils constituaient une masse nombreuse « demeurant partout », celle-là même qui donne si souvent matière à jugements [71]. Ces gens nouent naturellement des liens d'amitié : ils se rencontrent sur les lieux d'embauche, à l'église (ou devant l'église), à la taverne, dans les rues mal fréquentées. Ils vont s'amuser ensemble et ensemble préparent des perturbations plus ou moins innocentes de l'ordre public [72].

C'est ce type de contacts que nous rencontrons souvent à l'origine d'un crime. C'est autour d'un pichet de vin, à l'auberge, que naissent les projets de cambriolage, de rapines, d'expéditions. Ainsi, quand, en 1481, Jean Augot dit Paris, demande sa rémission au roi à la suite de nombreux vols [73], le point de départ de son récit est une rencontre à l'auberge avec des compagnons de tous poils. L'un de ces derniers, prêtre au demeurant, l'a incité à pénétrer par effraction chez une « fille de joie » ; après cet essai fructueux, sont venus les suivants ; il s'est trouvé des complices où il fallait, tandis que le butin était vendu par la servante du prêtre. Les rencontres au cabaret permettent également de se vanter de ses forfaits : dans l'un d'eux, connu sans doute pour sa clientèle suspecte, s'organise même un concours à qui aura commis le plus de vols, le plus beau, le plus efficace et le plus habile [74].

Pour les vols, comme en général pour toute entreprise présentant un risque, on s'associe volontiers. Voyons ces deux ouvriers : l'aîné est plus expérimenté, le plus jeune n'est que débutant. Ils ont décidé de quitter Dun, près de Troyes, pour Paris, dans l'espoir de gains faciles. Ils s'engagent réciproquement à partager tout ce qu'ils réussiront à voler (le vol est d'ailleurs leur occupation secondaire car, en même temps, ils se louent comme domestiques [75]). Cet acte d'alliance entre deux valets qui partent pour Paris est particulièrement significatif : il montre et la faiblesse et la peur devant la vie dans la grande ville, l'espoir aussi de voir le sort leur sourire.

L'association conclue dans le but de voler par trois compagnons de Paris, en 1417, revêt un caractère totalement différent [76]. Ils se sont connus par l'intermédiaire d'un orfèvre auquel ils livraient de l'argent et de l'or. Il y a là Jean Cuignet, dit d'Arcys et Robin du Chesne, tondeur de son état. Ils se rencontrent à la taverne de la Coquille au-delà de la porte Saint-Honoré. Robin du Chesne est accompagné de son cousin Jean de Villers, qui est curé. Tous trois ont juré sur le pain et le vin, en présence de l'orfèvre, (et peut-être à son instigation) qu'ils agiraient toujours de concert, dans le plus grand secret et qu'ils apporteraient tout leur butin à l'orfèvre susnommé (lequel jure aussi de garder le secret), à la taverne où ce serment est prononcé. Située en dehors de la ville, féquentée probablement par des pèlerins et peut-être aussi par des mendiants qui usaient souvent du bâton de pèlerin pour passer inaperçus — cette taverne était véritablement un endroit bien choisi pour ce genre de rencontre et de transaction. Et le métal commence à affluer, sous forme de vases sacrés dérobés dans les églises parisiennes. La chance, à la fin, leur manque. Ils ne réussissent pas à quitter Paris comme ils le projetaient et se retrouvent tous trois dans la prison de l'évêque. L'orfèvre, lui, est enfermé au Châtelet d'où le tire une grâce royale obtenue, assurément, à prix d'or.

L'association de criminels est une nécessité objective. Quand le vol prend un caractère plus régulier, de dimensions plus importantes, l'action collective devient possible. Tel était le cas, ci-dessus, de Testart qui, lorsque l'argent lui manquait, prenait avec lui trois compagnons et se mettait en campagne [77].

Un autre exemple de groupement criminel est donné par le conflit juridique qui oppose l'évêque de Rouen et le bailli de Caux, à la chambre criminelle du Parlement, en 1406 [78]. Le sujet du différend est Jehan des Haies, dit le Decier. Voici sa biographie. Il est né dans une famille pauvre, a quitté de bonne heure la maison et a fait connaissance d'un tricheur débauché qui fabriquait des dés. Celui-ci lui a appris à piper les dés, il a ensuite passé sa vie dans les tavernes et maisons closes. Souteneur à Rouen, il s'est souvent retrouvé en prison pour rixes et querelles. Pendant l'une de celles-ci, il a tué son adversaire et a fait de la prison à Louviers. Il avait de l'argent, il a donc connu un sort assez doux, puis a réussi à sortir. De là il a pris la route, s'est joint à des bandes de brigands et s'est fait une réputation de « fort larron[79] ». Après un périple en Bretagne, il arrive à Paris et agit de concert avec trois compères : ils volent des chevaux, de l'argent, des objets de valeur, du linge. L'un d'eux est arrêté et trahit les autres. Arrêtés dans une taverne du Caux, on trouve, dans leurs bagages, un sac d'instruments servant aux vols par effraction[80]. Avant leur arrestation, ils se défendent l'épée à la main et l'on trouve des chevaux volés dans l'écurie : il est donc loisible de penser que Jehan des Haies et ses complices se livraient également au brigandage armé sur les routes.

Le répertoire des vols commis à Paris par les trois jeunes dévoyés suivants est beaucoup plus modeste[81]. Ils volent la nuit, pénètrent dans les maisons par les entrées dérobées, souvent aidés des domestiques du lieu, grimpent à la corde jusqu'aux fenêtres et volent ce qu'ils peuvent, de la nourriture aux objets précieux. Ils avouent treize vols. Pendant la journée, ils repèrent leur objectif puis, passé minuit, armés de stylets et de crocs se dirigent sur les lieux, sans certitude de succès, car souvent les grilles des fenêtres leur résistent efficacement. Ils fracturent les coffres au moyen d'un outil spécial appelé « turquoise ».

Une série de procès qui se déroulent à la fin de l'automne 1389 au Châtelet, à la suite des aveux de Jehan Le Brun[82], nous révèle un réseau développé de relations criminelles. Fin septembre de cette année, est incarcéré au Châtelet un apprenti fourreur, nommé Jehannin la Greue, que l'on accuse d'avoir dérobé des fourrures et des peaux. Il a commis l'un de ces vols rue Sainte-Croix-de-la-Bretonnerie, de connivence avec un compère qui est Jehan Le Brun. Celui-ci a été pris à Bobigny, près de Saint-Denis, où il essayait de vendre une pelisse et a été enfermé dans la prison locale. Amené au Châtelet pour y être confronté avec la Greue, il se révèle bavard et, comme il est convaincu de trahison à l'égard du roi, on transmet bientôt son affaire à la juridiction du prévôt. Au Châtelet, il fait une déposition qui, à part lui, accable près d'une quarantaine de personnes, il cite leurs noms, indique les crimes. Au pied de l'échafaud, le condamné rétracte les accusations proférées à l'égard de seize des personnes compromises et affirme qu'il n'a donné leur nom que pour prolonger l'enquête[83], et retarder en même temps l'exécution de son verdict (cette exécution fut en effet remise pendant cinq mois). Nous ignorons tout à fait les raisons qui ont poussé Le Brun à faire de tels aveux car, chose exceptionnelle et remarquable dans la pratique du Châtelet, il n'a été nullement torturé [84]. Nous ne savons pas, par contre, quel cours a suivi l'enquête de Bobigny. Quand on l'a amené de là pour la première fois, les autorités parisiennes savaient déjà qu'il pouvait fournir de très amples informations [85]. Est-ce déjà dans la prison du seigneur de la Mire, possesseur du fief de Bobigny, que Le Brun a pu faire ses premiers aveux et, se sachant de toute façon condamné à l'échafaud, a décidé de ne pas épargner ses complices ? Toujours est-il que les aveux de Le Brun, et des gens avec lesquels il frayait et qu'il a trahis, nous donnent la possibilité d'une passionnante reconnaissance dans les milieux criminels de la fin du XIVe siècle.

Et tout d'abord, le personnage principal du drame : le délateur. Les dépositions successives précisent par le menu le *curriculum vitae* de Le Brun.

C'est un bâtard [86]. Son père était homme d'armes dans les compagnies du roi de Navarre, et sa mère, fille de Normandie, l'accompagnait dans ses expéditions. L'enfant est mis tout jeune, par son père, en apprentissage chez un forgeron de Harfleur [87]. Après cela il part, probablement comme compagnon, à Rouen (il déclare que cela s'est passé huit ans avant, donc vers 1381). Il y travaille dans une forge, mais très peu de temps, car Jacquet le Bastart dit Damiens [88], écuyer de 28 ans qui loge dans le même hôtel que lui, lui propose de le prendre à son service, en lui promettant de l'équiper militairement, et de l'emmener en Limousin. Dès lors il sert pendant six ans comme archer (« gros varlet ») dans la garnison anglaise de La Souterraine, en Limousin, auprès de Jacquet Damiens qui est « mouche des Englois contre les François » c'est-à-dire espion [89], ainsi qu'auprès de Blanche-barbe, capitaine anglais de la place forte de Corbesin. Il participe aux expéditions militaires, pille, rançonne les sujets du roi de France, viole, capture, toutes choses quotidiennes pendant la guerre de Cent Ans. Son service militaire ne lui apporte pas de solde fixe, il se contente de ce que lui donnent ses chefs [90], mais, visiblement, il prend ce service en haine. Il raconte qu'il s'est persuadé que Blanche-barbe ne le payait pas à sa juste valeur et ne le faisait pas bénéficier des profits de la guerre. Il décide donc de lui fausser compagnie et d'abandonner le métier. Il s'enfuit à Paris, emmenant un coursier qui appartient à Blanche-barbe et vaut trente francs environ. A Paris, où il est arrivé depuis deux ans, il vend le cheval [91], ce qui s'ajoute aux quinze francs or d'économie qu'il avait. Cela lui permet de s'habiller convenablement et de vivre un certain temps en jouant aux dés et en fréquentant tavernes et lupanars [92]. Quand l'argent vient à manquer, il faut trouver un moyen de s'en procurer.

Trois possibilités s'offrent à lui : se refaire forgeron, soldat ou bandit, métiers qu'il a pratiqués précédemment. Il choisit les deux derniers. Après avoir épuisé ses richesses, il reprend du service chez le connétable puis, alors qu'il séjourne à Rouen, s'engage dans l'armée royale qui part en campagne en Allemagne (juillet-septembre 1388). Le reste du temps, il vole et pille avec des compagnons de rencontre. Il note aussi, au cours de son récit, des visites chez les filles, des amitiés de tavernes, des excursions hors de Paris : Saint-Cloud, Mantes, Brie-Comte-Robert, Meaux, Saint-Denis. L'itinéraire de ces expéditions le mène assez loin de Paris, mais toujours l'y ramène, lui et ses complices. Chacune de ces sorties laisse des traces sanglantes. Les drôles emmènent une « fille de péché » de la maison close de la rue Tiron au bois de Vincennes et, en guise de salaire, lui tranchent la gorge, puis vendent sa robe en route. Ailleurs, Le Brun tue un marchand de sel, lui prend son cheval (qu'il vendra ensuite trois francs) et trouve sept blancs dans son sac ; il tue encore un voyageur à pied, dans le sac duquel il ne découvre que douze sous. Dans les villes, il dérobe des marchandises aux étalages. A Mantes, profitant de la foire, qui se déroule à la mi-mai, il vole des chausses, des couteaux, des chaudrons ; à Paris, il vole des bagues d'argent, des coiffes de soie, des fourrures ; à Saint-Denis, du linge qui sèche. Le fruit de ces vols est écoulé chez les fripiers, sert parfois de gage pour les comptes de la taverne ou de droit aux faveurs de Guillemette, « fille de péché » à Saint-Denis, qui est son amante et sa fiancée depuis un an [93]. Pour cet homme de guerre, la vie a peu d'importance et le meurtre est une bagatelle. Il suffit même que quelqu'un de ses compères, revenant à Paris, soit mieux habillé [94] que lui pour qu'on le mette à mort à coups de bâton et de pierres, qu'on le dépouille pour ensuite gaspiller l'argent à la taverne [95].

Parmi les quelques dizaines de noms cités par Le Brun aux autorités parisiennes, on réussit à mettre la main sur un petit groupe d'une quinzaine de personnes. Le 26 octobre 1389, Le Brun est condamné à être traîné et décapité en tant que « traître au roi », mais l'exécution de cette sentence est différée dans l'attente des services qu'il peut rendre comme témoin [96] ; dix jours plus tard, un verdict de mort est prononcé à l'encontre de sept autres complices (deux, en tant que voleurs et meurtriers sont condamnés à être traînés et pendus, quatre sont voués à la hart et le dernier, qui s'est reconnu coupable de sodomie, montera sur le bûcher [97]). Dans ce premier groupe de prévenus, deux malfaiteurs n'appartiennent pas au cercle des amis et complices de Le Brun, ils leur ont été adjoints pour la ressemblance de leurs affaires, leur simultanéité, et aussi parce que, de même que les sbires de Le Brun, ils prétendaient avoir droit au *privilegium fori* [98]. Restent, de ce premier coup de filet, six autres complices : nous retrouvons leurs six procès dans le registre criminel du Châtelet, étalés sur deux ans et demi (le document s'arrête à mai 1382) et certains sont capturés tard. Tous finissent à la potence, deux, parmi eux, qui sont des meurtriers, sont préalablement traînés [99].

Il est évident que la recherche des autres a duré et ne s'est pas limitée à la juridiction du prévôt de Paris. Probablement dans les archives judiciaires d'autres villes pourrait-on retrouver quelques complices de Le Brun [100]. Pour certains, l'enquête a dû donner des résultats quelques années après la date à laquelle s'arrête le registre du Châtelet. Ainsi, il n'est pas du tout exclu que le Gibet Malingre (dit Bruyère) [101], que cite Le Brun, soit le même Gibet Malingre qui se manifeste six ans plus tard à Saint-Quentin dans une bande de bannis et de voleurs qui opère sous la conduite de Le Baudrain du Mamel [102].

Parmi les personnes que Le Brun accuse dans ses dépositions, et à propos desquelles il retire ses accusations au pied de la potence, on trouve Jaquemin et Watelet de Marbray [103]. Or, nous retrouvons ces individus dans les actes de la chambre criminelle du Parlement, car ils ont fait l'objet d'une dispute entre l'évêque et le prévôt de Paris. Il appert qu'ils ont été arrêtés à la suite d'une enquête menée en ville après que deux criminels, pris par le bailli de Vermandois, les eurent lourdement chargés [104]. Les aveux de Le Brun n'ont donc été ici qu'une présomption supplémentaire, il avait d'ailleurs pu faire un faux témoignage sous la pression du Châtelet. L'un des deux suspects, à peine arrêté, échappe aux sergents et se cache dans une église, mais il est repris plus tard, en quittant celle-ci. L'évêque affirme que ces drôles relèvent de sa juridiction puisqu'ils habitent sur son territoire, le procureur royal réplique que ce sont des délinquants itinérants, que l'un d'eux n'a même pas de domicile fixe et que l'autre loge sous le Grand-Pont [105]. Nous ignorons finalement s'ils ont eu des contacts quelconques avec le groupe de Le Brun.

Les aveux de Le Brun et comparses ramènent souvent le nom de Jean de Saint-Cloud [106], chaussetier de son état (faiseur de chausses), qui a participé à force meurtres, rapines et vols. De toute évidence celui-là a dû tromper la vigilance des sergents de ville ou s'enfuir de Paris. Mais nous retrouvons son nom des années plus tard. Voici qu'en 1400, la chambre criminelle du Parlement examine le cas d'un habitant de Beaune, Etienne Rivier, accusé de s'être livré aux jeux de hasard et d'avoir volé (déjà emprisonné à Paris pour cette raison [107], il avait échappé aux gardiens). L'un des arguments de l'accusation est qu'il a été cité comme complice au procès de Jean de Saint-Cloud, au tribunal du prévôt de Paris, procès qui a coûté la vie à l'accusé [108]. Il est difficile de ne pas admettre qu'il s'agit du complice de Le Brun, retrouvé enfin par les autorités parisiennes.

Par contre, nous disposons des aveux de douze malfaiteurs qui permettent de reconstituer leur vie criminelle et fournissent des détails biographiques de nature plus générale. Nous nous sommes attardés longtemps sur la personne du délateur, non qu'il faille le traiter en chef de bande, car il est difficile d'appeler bande le groupe en question, mais parce que l'ensemble des sources dont nous disposons est, cependant, centré sur lui. La collectivité que nous révèlent ces aveux constitue le milieu dans lequel il vivait, ce sont ses compagnons et des personnes dont ses amis lui avaient parlé. Il est également possible d'admettre que les principaux éléments de sa biographie sont assez typiques pour l'ensemble de ce milieu. Nous contentant de cette biographie plus détaillée, passons maintenant à l'examen global des autres étranges clients du bourreau de Paris.

Tous sont accusés de vol. Sous la torture, ils avouent entre deux-trois et une vingtaine de vols. Habituellement, après un premier vol commis chez l'employeur, vient une pratique de plus en plus grande. L'un des compagnons de

Le Brun, Raoulet de Laon, n'est même pas en mesure d'énoncer tous les vols qu'il a faits depuis sa première tentative, à Chartres, dans l'atelier du fourreur où il travaillait comme garçon. Il déclare simplement que « depuis ce, s'est toujours entremis de fere larrecins [109] ». Les vols sont de caractère très différent : on coupe la bourse d'une marchande des quatre saisons dans la foule des chalands [110], on vole son voisin d'auberge [111], on rafle de la volaille dans un poulailler [112], on s'empare d'un cheval, on dérobe du linge, des vêtements, de la vaisselle dans les maisons [113], on subtilise une robe ou une pièce de drap à un étalage [114]. Dans une maison éclate un incendie, dans la maison voisine, un cri : Haro ! La troupe des badauds s'assemble pour voir un blessé qu'on apporte [115] et aussitôt cela donne prétexte à l'un d'entre eux pour voler une pièce de service ou un vêtement. Ce peut être encore le brigandage sur la grand-route accompagné d'assassinat [116] : cinq sur les douze avouent des meurtres. Quelques-uns d'entre eux, comme Le Brun, ont trouvé dans les campagnes militaires la possibilité d'une vie facile [117]. Ils sont l'instrument de vengeances privées quand ils se font « batteurs à loyer » [118] et toujours reviennent les mêmes éléments : l'auberge, la taverne, les filles de joie. Ces dernières sont non seulement leurs compagnes de plaisir, mais aussi une source de profit : les accusations selon lesquelles ils ont « protégé » des filles et se sont faits souteneurs se répètent maintes fois [119].

Sept d'entre ceux qui comparaissent devant le tribunal portent la tonsure, marque apparente de l'appartenance à l'*ordo clericorum*. A l'instar de Le Brun et suite à ses dénonciations, ils reconnaissent librement, ou sous la torture, que ce signe est faux et qu'ils se le sont fait faire sur le conseil de camarades expérimentés dans le but d'échapper à la juridiction laïque et à la corde [120]. La tonsure donnait aux voleurs un sentiment de sécurité plus grand. Elle permettait, en tout cas, de sauver sa tête, même à l'issue d'une incarcération. Car nous n'avons pas affaire à des novices devant le tribunal et la prison. Au moins six d'entre eux ont déjà été précédemment punis, dont deux plusieurs fois, deux autres ont même été bannis. On peut donc penser que l'élément dans lequel se mouvait Le Brun était constitué de professionnels du crime. La fausse tonsure est d'ailleurs le signe typique de l'adhésion au milieu criminel [121]. Et ce, non seulement parce qu'elle est le résultat d'une expérience de la contravention (expérience personnelle ou des complices), mais aussi parce qu'elle est le résultat du choix de la voie à suivre et la garantie de pouvoir la suivre [122].

Les données manquent, dans les aveux, pour déterminer l'origine sociale de ces gens (à part Le Brun, dont nous savons qu'il est un bâtard, un seul de ses complices donne son origine [123]). Par contre, nous savons leur métier : les artisans dominent. Voici comment se présente le tableau des professions avouées par les accusés :

tailleurs	3	fourreur	1
ouvriers agricoles	2	chaussetier	1
terrassiers	2	portefaix	1
forgeron	1	menuisier	1

Huit sur douze possèdent donc une qualification artisanale ; il s'agit évidemment de « garçons » qui n'ont peut-être pas terminé leur apprentissage. Les terrassiers (ou « pionniers ») et ouvriers agricoles peuvent être considérés comme ne possédant aucune qualification professionnelle. Mais, indépendamment du métier appris, (tout au moins si l'on en croit leurs dépositions), il se livrent aux activités les plus diverses. On voit ainsi un garçon tailleur qui déclare s'adonner en même temps aux travaux de terrassement et de canalisation [124], un garçon de ferme qui est aussi charretier en ville et aide-maçon [125]. Beaucoup travaillent de façon saisonnière aux vendanges [126] ou à la moisson, pendant la période où les salaires sont hauts.

Tout indique aussi que nous avons affaire à des gens jeunes. Deux seulement sont mariés. Ils ne déclarent pas leur âge au tribunal, mais donnent des indications sur celui de leurs comparses (ce dont les autorités ont besoin pour entamer des poursuites). Cet âge se situe généralement entre vingt et trente ans. A en juger d'après les données biographiques que contiennent leurs propres aveux (date de la fausse tonsure, du départ de l'atelier ou du premier vol), il est possible d'affirmer avec une grande vraisemblance qu'eux-mêmes sont jeunes, qu'aucun — sauf un cas [127] — n'a dépassé la trentaine et que la majorité a autour de vingt-cinq ans.

Ainsi se présentent les principaux traits de la biographie collective de ces douze complices. Il nous faut

	I	II	III	IV	V	VI	VII	VIII	IX	X	XI	XII
1388						A+M F+R+1		A+N+H	A+H* B+C B+C+1	B+C		A+B+C +1*
1389				A+M +N+1 B+C A+C +F+1		C+P	I+P L+M+P	A+C B+E A+B* C+N+1	A+C A+B C+E B+1	B+E B+C		
1390		H+N+3						H+N				

maintenant examiner les situations dans lesquelles ils se sont rencontrés et les caractéristiques des autres liens qui les unissent.

Les contacts mutuels — ceux pour lesquels nous possédons une attestation documentaire — portent sur un laps de deux ans. Il s'agit aussi bien de collaboration à des actes criminels qu'à des rencontres (dans trois cas) à l'auberge ou en prison. Le petit tableau ci-joint, dans lequel nous situons ces contacts dans le temps, indique que trois des membres du groupe étudié n'en ont eu aucun ni directement, ni entre eux, ni avec d'autres complices. Le Brun lui-même (désigné dans le tableau par la lettre A) a eu des relations directes avec quatre des douze prisonniers, il ne connaît les autres que par ouï-dire, par les récits d'autres complices.

Ce tableau englobe les expéditions collectives. L'astérisque indique une rencontre à l'auberge ou en prison. Basé sur les dépositions faites au cours de l'enquête, il est évidemment incomplet ; il n'a de valeur que pour la période située entre l'été 1388 et l'automne 1389, date à laquelle se produisent les premières arrestations. Les dates exactes ne figurent pas toujours dans les aveux, elles sont parfois établies hypothétiquement. Les chiffres indiquent les participants supplémentaires ne ressortissant pas à l'« affaire Le Brun ».

Evidemment, il convient de se rappeler que ne se trouvait à la prison du Châtelet qu'un petit cinquième des voleurs de tous ordres que mentionnent les aveux des douze accusés. Nous avons encore tenu compte de trois voleurs qui, à vrai dire, n'étaient pas emprisonnés au Châtelet (dans la période envisagée ici), mais qui ont joué un rôle important dans les relations entre les douze accusés. Perrin-Quatre-Doigts (P) qui a été jugé à Saint-Denis pour vol et condamné à mort [128], avant même l'arrestation de Le Brun, apparaît plusieurs fois dans les dépositions. Le Brun cite parmi les compères de Perrin un certain Colin Petit dit l'Enfant (I), ainsi que Perrin du Quesnoy (L). Raoulet de Laon (C), quant à lui, reconnaît de lui-même qu'il a réalisé un de ses vols avec Perrin-Quatre-Doigts. Outre les contacts, il faut aussi indiquer l'aspect psychologique de cette affaire, à savoir l'importance de la « publicité », l'impression produite par l'emprisonnement et l'exécution récente de l'un des membres du milieu sur les autres : on vérifie bien par là le caractère exemplaire des peines sévères et des exécutions publiques comme moyen de dissuasion. Jehan de Saint-Cloud (M), dont nous avons déjà parlé, semble bien être l'un des principaux malfaiteurs mêlés aux actions de notre groupe, et même l'un de leurs initiateurs. Thierry le Beaubarbier, enfin, (N) [129], constitue l'exemple intermédiaire entre quelques figures de notre milieu : né à Langres, il a trente ans environ, il est de petite taille ; défini comme un dangereux voleur et meurtrier [130], il a échappé aux autorités parisiennes (Le Brun n'avait pas donné son nom entier) et en février et août 1390 encore, il accomplit quelques crimes en compagnie de Perrin Marosier [131].

Si l'on analysait la situation d'un grand nombre des individus cités dans les dépositions, cela ne changerait pas les conclusions essentielles. Nous n'avons pas, ici, affaire à une bande, mais à une collectivité unie par des liens de connaissance étendus, mais lâches, ainsi que par des liens de collaboration plus nets, mais limités à quelques personnes. Certains vols sont commis individuellement, d'autres par petits groupes. Le vol ou le brigandage sur les routes sont habituellement, pour des raisons évidentes, le fait de quelques complices.

On liait connaissance à l'auberge, on renforçait l'amitié devant un pichet de vin [132], on se transmettait des renseignements sur les hauts faits d'autres gredins, on se prodiguait des conseils sur la façon de se prémunir contre les verdicts des tribunaux. Vivre à l'auberge offrait d'ailleurs, en soi, bien des incitations à voler : Le Brun et deux compagnons boivent à la taverne de la Granche, au Petit-Pont, ils sortent à la brune (à huit heures du soir) afin de « gaigner aucune chose pour eulx vivre », rencontrent un passant, brisent sa lanterne et arrachent dans l'obscurité la bourse qui pendait à sa poitrine, après quoi ils rentrent à l'auberge, où ils échafaudent un plan d'attaque avec effraction de la maison d'une poissonnière [133]. Comme la patronne refuse d'accorder un lit à deux autres comparses pour la somme d'un blanc, ils lui volent une robe doublée de fourrure [134].

La prison, lieu traditionnel de l'éducation des voleurs, est aussi un facteur de rapprochement. Jean Cousin, qui a conseillé à beaucoup de se prétendre clerc, a appris ce procédé en prison, à Provins, où il avait échoué après quelque rixe [135]. Le Brun et Cousin sont à la prison de l'évêque en même temps et après en avoir été libérés eur grâce est obtenue à la suite de la Joyeuse Entrée de la :eine à Paris), ils volent de concert, en septembre 1389 [136].

Le voyage enfin, joue un rôle unificateur. C'est bien pourquoi les verdicts définissent cette espèce de gens comme des vagabonds. Ils sont très mobiles, surtout l'été. Ils savent mieux que quiconque qu'il n'est pas sûr de s'aventurer seul sur une route. Ils s'associent donc pour partir, en se fixant d'avance le vol ou le pillage comme but [137] et le travail comme nécessité, ou comme moyen passager de donner à leur existence un caractère légal [138].

Ce n'est pas par hasard que la majorité du groupe est formée de garçons artisans, car le voyage est la forme habituelle d'acquisition du métier et de recherche de hauts salaires [139]. D'autres moyens plus faciles, pour subsister, s'offrent généralement au cours du voyage. On peut donc aussi lier connaissance sur un plan professionnel, dans un lieu commun de travail [140], ou dans un cabaret où se réunissent les « varlets ».

Les liens criminels, dans le milieu de Le Brun, prennent aussi la forme d'associations analogues à celles que nous évoquions précédemment. Celles-ci se constituent souvent pendant la première phase de la carrière du hors-la-loi et cela se comprend dans la mesure où, pendant les premiers pas, l'association semble présenter beaucoup d'avantages. Parfois elle découle naturellement des conditions du vol : quand, dans la chambre commune d'une auberge, Perrin du Quesnoy déleste l'argent du sac d'un dormeur, il est contraint de le partager avec un tiers, témoin du geste, et peut-être aussi son instigateur [141]. Plus fréquemment la complicité est scellée par un serment. Pour pallier les dangers de cette profession et de ce mode de vie, la certitude de posséder un ami sûr [142] ne manquait pas d'importance. Il s'agissait aussi, en quelque sorte, de contracter une assurance sur le risque matériel. De fait, si paradoxal que cela paraisse, le vol est une activité aussi hasardeuse que le commerce dans les conditions médiévales, ce qui explique qu'on recherche, de part et d'autre, les mêmes formes de sécurité [143]. Le serment d'amitié est donc assorti d'une clause de coopération dans le vol [144] et de partage juste et équitable des « bénéfices », clause qui semble être loyalement respectée [145].

Par contre, au sein du micro-milieu que nous étudions, ce type d'association formellement définie ne se rencontre pas. Mais l'on voit d'après le tableau des contacts mutuels entre amis et connaissances de Le Brun, comment certains se répètent et comment, dans un grand nombre de cas, les vols sont, en outre, le résultat d'une action commune à deux ou trois personnages. Si dans certaines dépositions, nous avons cru pouvoir saisir des associations de forme institutionnalisée, il ne semble pas possible, cependant, de considérer cet élément institutionnel comme fondamental. Ce serait plutôt le caractère spontané et naturel qui prévaudrait dans ces liens de solidarité et de co-responsabilité. L'un des aveux d'Etienne Blondel jette une lumière intéressante sur ce problème. Il raconte comment il est arrivé d'Orléans à Paris, avec son camarade et complice, peu avant l'Entrée de la reine en ville, comment ils se sont livrés là à de nombreux larcins. Puis, alors que les fastes pour l'accueil de la reine ont déjà commencé, Blondel vole, de connivence avec Raoulet de Laon (C). C'est celui-ci qui garde le manteau, mais il a pour cela l'accord non seulement du précédent, mais aussi de Cousin et même d'un quatrième larron [146]. Le fait que cet accord pour l'attribution du butin soit donné par le complice du vol, mais aussi par deux comparses, est intéressant. Je ne pense pas que l'on puisse y voir une preuve de l'existence de relations organisées sur le mode des bandes ; l'explication est peut-être plus simple. L'affaire ayant été discutée dans un cercle de complices réunis à la taverne, d'autres interlocuteurs avaient pu assister à la décision de laisser le manteau à Raoulet.

Dans le cas du groupe incarcéré au Châtelet, à la suite des aveux de Le Brun, nous n'avons donc pas affaire à une bande organisée, mais à des groupuscules de malfaiteurs associés tels que nous les rencontrons bien des fois dans les archives judiciaires [147]. Nous avons aussi souvent l'indice de liens plus larges, de groupes qui englobent un nombre plus grand de bandits : ceux qui pillent ensemble les églises [148], ou ceux qui, à plus de vingt, sont accusés de vol par effraction [149]. Ce peuvent être des liens de courte durée, sporadiques, mais nous voyons également des organisations plus durables.

Le fondement de la bande est le brigandage armé. Le problème dépasse le cadre de notre observation actuelle, qui se cantonne dans les murs de la ville, mais il est omniprésent, nous le trouvons dans toutes les biographies de marginaux et il joue un rôle majeur au cours de leur carrière. La vie parasitaire qu'ils mènent à la guerre leur fait prendre les habitudes des soudards qui vivent en « enemis de toute la chose publique [150] ». Car la guerre n'est plus l'occupation des seuls chevaliers, elle devient un métier qui absorbe définitivement ou temporairement des jeunes gens de basse extraction [151].

Aussi, quand les opérations militaires diminuent, quand une campagne s'achève, quand le contrat d'une troupe de mercenaires arrive à expiration, les routes de France recueillent-elles des masses d'individus habitués à la violence, qui ne savent où rentrer ou qui voient d'un mauvais œil le retour à leur précédent métier, leur réintégration dans la vie sociale. Au XIVe siècle, l'enrôlement n'existant pas, les troupes militaires se livraient couramment au pillage, l'histoire des grandes compagnies le montre largement [152]. A partir du début du XVe, le prévôt de Paris, profitant de l'élargissement de sa compétence [153], tente d'entrer en lutte avec les maraudeurs, les bandes armées de tous genres. Face à ces troupes de pillards, c'est un « prévôt des maréchaux » qui prend la tête de la répression policière [154]. Au milieu du XVe siècle, et pendant les décennies qui suivent, apparaissent en France, toujours plus fortes, de grandes bandes qui comptent plusieurs centaines d'individus et dont l'unique activité est le brigandage, le pillage et le vol. On suppose que leur formation est essentiellement due à l'existence de compagnies armées errantes et manquant d'exercices militaires.

C'est à cette définition que répond la plus célèbre des bandes du XVe siècle — celle des Coquillarts [155] — qui, dans les années cinquante, dévastait la Bourgogne et que les autorités de Dijon finirent par découvrir. Une quinzaine d'entre eux (mais on estime que la totalité de la bande atteignait cinq cents ou même mille brigands) tomba aux mains de la milice et finit au gibet, mais l'un d'eux, pour sauver sa tête, trahit les usages de la bande, son langage secret, les noms des chefs [156]. Parmi les mots du jargon criminel figurent des termes qui définissent différents savoir-faire de ce milieu : le « crocheteur » ouvre les coffres, celui qui dérobe des bourses est un « vendengeur », le « beffleur » entraîne les naïfs au jeu, l'« envoyeur » est un meurtrier et le « desrocheur » celui qui détrousse complètement ses victimes, le « fourbe » se fait passer pour domestique de marchand, mais sa fonction est de vendre des objets falsifiés ou de receler des choses volées, le « blanc coulon » est un voleur qui dort dans la même chambre qu'un marchand puis jette les affaires de celui-ci par la fenêtre où attendent des complices, etc. Cette énumération montre la diversité des trucs, des coups de main, éventuellement un certain degré de spécialisation dans une branche donnée.

La bande met ses subterfuges à l'épreuve en route et dans les villages, elle rançonne les marchands et voyageurs, rafle les vases précieux dans les églises, mais n'évite nullement les villes. A Dijon, en 1455, une action policière rondement menée permet d'arrêter douze coquillarts, tandis qu'ils sont dans une maison close, mais d'autres sont signalés en ville dans les années qui suivent [157]. Cette bande parvient même jusqu'à Paris. Les listes des membres contiennent des criminels issus du milieu parisien. Villon leur est lié. Nous ignorons, à vrai dire, les détails de la participation du poète aux faits et gestes de la bande, mais son œuvre donne quelques indications [158]. Villon évoque le souvenir de deux membres de la bande qui ont été pendus et l'un d'eux, Colin de Cayeux [159] est parisien. Fils d'un serrurier de Paris, il est étudiant et clerc, mais il a eu maints conflits avec la loi. Emprisonné six fois au moins, remis à la justice ecclésiastique en tant que clerc (en 1451 et 1452 à l'évêque de Paris ; à ceux de Bayeux, Rouen, Senlis les années suivantes), il a adhéré à la bande des coquillarts et opéré en même temps qu'eux dans les environs de Paris. Le procureur royal le définit comme un voleur, cambrioleur, pillard, sacrilège, être incorrigible et, à ces titres, lui refuse le droit au privilège des clercs : il est pendu en 1460 [160]. Le second personnage cité par Villon, par contre, provient d'une bonne famille noble des environs de Paris, c'est Regnier de Montigny [161] qui, pendant ses études, a eu un conflit avec la loi et s'est jeté dans le crime. Banni de Paris en 1452, il se joint alors aux coquillarts. Nous trouvons son nom sur la liste contenue dans le rapport du procureur de Dijon, en 1455 [162]. Il opère, le plus souvent, dans Paris, mais, emprisonné à plusieurs reprises tant à Paris qu'à Tours, Rouen, Bordeaux, il aboutit finalement au Châtelet, en 1457, pour participation à un vol à l'hospice pour aveugles des Quinze-Vingts et on l'y condamne à mort. Nonobstant l'intervention de parents qui jurent qu'il va maintenant vivre honnêtement, ainsi qu'il sied à un fils de noble [163], le Parlement n'accepte pas la grâce royale [164] et prescrit l'exécution de la sentence. Villon en parle dans l'une de ses ballades, en son jargon de truand [165] :

Montigny y fut par exemple
Bien attaché au halle grup
Et y jargonnast il le tremple,
Dont l'amboureux luy rompt le suc.

L'histoire des coquillarts ne s'arrête pas aux poursuites du procureur dijonnais Jean Robustel. Pendant des années encore les autorités judiciaires de Bourgogne et celles d'autres provinces entrent en relation au sujet de membres de la bande dont ils ont découvert la trace. Quelques années plus tard, en 1464, apparaît une énorme « secte de crocheterie », en Languedoc cette fois, et on l'estime forte de quatre cents membres. Un « roi » et un « connétable » sont à sa tête et, elle aussi, use d'un argot particulier, ses lieux d'action favoris sont les églises [166].

C'est, semble-t-il, une bande de ce genre qui tombe entre les mains du prévôt de Paris, en 1460. Le chroniqueur Jean de Roye note, à cette date, que de grandes exécutions ont eu lieu et qu'elles frappent de nombreux voleurs, sacrilèges, filous et cambrioleurs qu'il qualifie, d'ailleurs, de pauvres et de misérables. Les plus jeunes d'entre eux sont condamnés aux verges et au bannissement, tandis que les autres sont pendus au nouveau gibet de Paris, appelé Montigny [167]. Mais le fait que cette exécution ait eu lieu à Paris ne signifie pas que ses victimes aient agi sur le territoire de la ville.

Pour les bandes criminelles, Paris était moins un champ d'opération qu'un lieu de plaisir, une étape, un séjour pour l'hiver. La ville était pour leurs membres le couronnement du succès, elle les attirait par la perspective d'une vie joyeuse, par le grouillement des rues, les rencontres de tavernes et les lupanars. Par contre, c'est hors les murs, sur un terrain propre au brigandage, qu'ils apparaissent en groupes cohérents [168].

Les revers de fortune lors des campagnes militaires de la première moitié du XVe amenaient les bandes armées jusque sous les murs de Paris [169]. Qu'elles soient d'obédience armagnac ou bourguignonne, ces bandes se comportaient comme des détachements militaires, elles vivaient toutefois exclusivement de pillages, aux frais du peuple[170], et pratiquaient alternativement le metier des armes et le brigandage. Les artisans parisiens et autres représentants du menu peuple se retrouvent nombreux dans leurs rangs[171]. La misère et la situation désespérée d'une ville qui a vécu trente ans en état de siège est aussi à l'origine de l'organisation de certains Parisiens en bandes de brigands. Pendant l'hiver 1429-1430, sous l'effet de la formidable cherté de la nourriture en ville, de nombreux Parisiens quittent la métropole en feignant d'aller se distraire ou chercher du travail puis, « à l'instigation du diable » forment des bandes de brigands[172]. Le prévôt organise une battue contre eux et l'on en prend près d'un centaine. Le 2 janvier 1430 douze sont pendus et une semaine plus tard dix autres sont décapités sur un échafaud dressé aux Halles.

La question des liens et groupements criminels nous conduit au problème, plus vaste, du degré d'organisation de ce milieu. L'opinion publique a tendance à attribuer tant aux voleurs qu'aux mendiants — nous y reviendrons — une organisation à part, des chefs propres, des lieux de rencontre secrets et des signes de connivence. Cette opinion est pleinement confirmée par ce que nous savons de sûr concernant les coquillarts, mais pouvons-nous dire que des liens organisationnels entre professionnels du crime existaient sur le territoire de Paris ?

Un historien des corporations a souligné, en ce qui concerne le degré d'extension de la structure corporative, que même les voleurs de la fin du Moyen Age en possédaient une, qui est d'ailleurs le pendant des corporations de voleurs du monde musulman[173]. Le chroniqueur de Paris au XVIIe siècle, Henri Sauval, cite aussi, parmi les différentes catégories d'individus à la Cour des Miracles, des voleurs professionnels dont il affirme qu'ils sont unis par une organisation propre[174]. L'entrée dans cette corporation particulière devait être précédée d'un examen, de l'exécution d'une sorte de chef-d'œuvre dans l'art de la cambriole, après quoi les anciens affectaient le lauréat à une compagnie donnée. La corporation devait aussi veiller à ce que chaque voleur particulier reçût un « emploi » adéquat, afin qu'en un endroit précis (par exemple aux Halles), ils ne fussent pas trop nombreux. La relation de Sauval témoigne de souvenirs très nets de lecture de descriptions populaires des XVIe et XVIIe siècles, portant sur le monde des bandits, mendiants, vagabonds et particulièrement ceux d'Espagne et d'Italie [175]. Les exemples historiques qu'il cite, en les donnant comme des coutumes établies de longue date parmi les voleurs, sont très maigres. L'existence d'éléments corporatifs dans l'organisation des voleurs du Moyen Age n'est quand même pas exclue. Les descriptions littéraires nous répètent souvent que le métier de voleur est un vrai métier, qu'il exige des connaissances et de l'art. Le concours pour un « chef-d'œuvre » de voleur, que décrit un fabliau [176], évoque, effectivement, l'examen de maîtrise dans l'artisanat. De même, les forfanteries qu'Eustache Deschamps met dans la bouche d'un voleur, soulignent cet élément du savoir-faire qui fait du vol un métier [177] :

Je sçay bien trois gieuz, voire quatre :
De bourses coupper soutilment
D'entregetter legierement
Un henap ou un pot d'estain
Pour un d'argent, et de ma main
Couper un mordant de courroie ;
De rober nul homme ne crain.

Des coutumes liées à l'apprentissage du métier et des éléments d'organisation corporative se créent donc de manière naturelle. Dans l'argot ésotérique utilisé par les coquillarts, nous trouvons aussi un terme spécial qui désigne l'apprenti voleur, celui qui est encore en train de pénétrer les arcanes du métier [178].

Mais ce sont là des formes structurées qui sont apparues de façon spontanée, selon les exigences de la vie menée. Il serait difficile de trouver dans le milieu des voleurs des institutions élaborées qui auraient pour tâche d'organiser l'ensemble du milieu.

Dans ce chapitre nous avons tenté d'analyser des biographies de criminels sur un double plan : celui des destins individuels où l'analogie des circonstances permet d'établir certains types ou catégories, et celui des relations de groupe qui se manifestent dans ce milieu. Nous avons d'abord rappelé la tendance naturelle de l'histoire sociale à exagérer la cohésion des liens internes des collectivités envisagées. Nous avons donc essayé d'observer le plus « à ras de terre » possible, les liens qui apparaissent dans le milieu criminel parisien. Ni au plan de la conscience, ni au plan des liens réels nous ne pouvons discerner de solidarité de groupe. Un tel caractère de cohésion n'apparaît que dans les récits et les réactions de la société « normale », dans l'attitude de l'appareil judiciaire ou policier qui a tendance à se comporter à l'égard des délinquants selon les catégories du « nous » et du « eux ».

Il est, par contre, aisé d'observer dans le milieu criminel la manifestation spontanée de différentes formes de coopération et d'entraide. Les risques encourus, poussent, aussi bien sur le plan matériel que sur celui de la psychologie individuelle, à resserrer les liens de « société ». La nécessité d'un « sentiment de sécurité » motive la recherche de « compagnons », camarades ou associés. Cela est valable pour les criminels aussi : l'origine des associations de malfaiteurs est la même que celle de l' « entraide », forme primitive de la vie corporative : il s'agit de trouver des formes d'assurance collective.

Des organisations plus larges font leur apparition dans les milieux criminels vers la fin de la guerre de Cent Ans, au milieu du XVe siècle, mais il serait vain de les chercher à la fin du XIVe siècle, comme nous avons pu le constater en étudiant « l'affaire Le Brun ». Cela est très important. Le générateur du processus d'organisation du milieu criminel est la guerre ou son ralentissement. Le paradoxe n'est qu'apparent. La guerre offre du travail à des masses de gens, des jeunes surtout, sans emploi ou sans métier, des vagabonds quelquefois. Mais elle suscite également le vagabondage[179]. D'une part, les destructions privent de nombreuses personnes de leurs moyens d'existence, rejettent des masses de misérables vers les villes ; mais, d'autre part, la guerre attire de nombreux jeunes vers la vie facile, leur apprend un mode d'existence basé sur la force et la violence, enseigne d'autres principes et d'autres normes d'existence sociale. Quand les opérations militaires diminuaient, et avec elles les contrats de recrutement, la tentation de continuer la même vie était bien forte, et cette fois supposait que l'on se mît hors la loi. Les principes de l'organisation militaire, les liens de coopération et de collaboration entre les enfants de la guerre sont à la base de la formation de la société criminelle.

A l'origine de la criminalité sporadique, on peut, le plus souvent, observer l'appauvrissement ou la misère. La criminalité professionnelle et les milieux organisés naissent, par contre, de la désorganisation sociale, et non pas de la misère.

1. Ph. de Beaumanoir, *Coutumes du Beauvaisis,* éd. A. Salmon, Paris, 1899-1900, t. I, p. 476.

2. Dans un *Guide de confesseur,* paru au XVe siècle, nous lisons : « Dieu deffent qu'en nulle fin / Ne face l'ome larrecin. » Bibliothèque nationale, Ms. Fr. 944, fol. 84 V.

3. Archives nationales, Z^2 3267, fol. 85 V (1461).

4. Archives nationales X^{2a} 10, fol. 38 (1377). Cette affaire éclaire de manière intéressante l'importance que la Justice accorde à ses archives.

5. Archives nationales, JJ 164, N. 264 (1410) : Aubert Robillart, âgé de 22 ans, a volé 218 écus à son voisin, sans compter la menue monnaie ; il a caché ce butin chez lui et quand les soupçons se sont portés sur sa personne, il s'est réfugié à l'église Saint-Paul. Il a rendu l'argent et obtenu une lettre de rémission.

6. Archives nationales, JJ. 154, N. 399 (1399) : « Qui pour lors avoit une maison derriere l'esglise de Saint Andrieu des Ars a Paris ou il avoit plusieurs louages et chambres a louer pour mesnagiers. »

7. Archives nationales, JJ 164, N. 343 (1410).

8. Archives nationales, JJ 171, N. 516 (1422).

9. Archives nationales, JJ 145, N. 316 (1393) : Perrin le Normant, « povre varlet servant » a bu avec des compagnons dans plusieurs tavernes puis, étant saoul, a volé deux brides dans une écurie de la Grève. Mais il n'a pas eu de chance, il est allé les proposer à l'artisan qui les avait faites et qui les a aussitôt reconnues.

10. A. Longnon, *Paris pendant la domination anglaise* (*1420-1436*), Paris, 1878, N. 53, p. 104 (1427).

11. *Ibidem,* N. VI, pp. 12 et suiv. (1421).

12. Archives nationales, JJ 171, N. 131 (1419) : « Il n'avoit par avant de quoy vivre et gouverner lui et sa dicte femme pour le cher temps qui couroit en ceste ville de Paris. »

13. *Registre criminel de la justice de Saint-Martin-des-Champs à Paris,* éd. L. Tanon, Paris, 1877, pp. 178 et suiv. (1340).

14. Archives nationales, JJ 171, N. 123 (1420) : Un garçon tisserand de 19 ans cite les nombreux vols qu'il a commis dans les endroits où il a successivement travaillé à Saint-Denis. De même aux Archives nationales, JJ 139, N. 52, il est question des vols des garçons d'un boulanger de Saint-Denis.

15. Cf. *Le Ménagier de Paris. Traité de morale et d'économie domestique,* éd. J. Pichon, Paris, 1846, *passim.*

16. Archives nationales, JJ 139, N. 250 (1390) : Bertrandon de Sartiges a volé « une escuelle d'argent » au palais du duc de Berry ; JJ 154, N. 27 (1399) : Jean de Bequerel a volé « une escuelle d'argent » au palais du duc de Bourbonnais. Longnon, *op. cit.,* N. 150, pp. 316 et suiv. (1430) : La femme d'un boulanger qui est mort à la guerre s'engage comme lavandière à l'hôtel des Tournelles et y vole « ung plat d'argent ».

17. Bibliothèque de la Chambre des députés, col. Le Nain, Tournelle criminelle, sub 24 décembre 1418 : « Jehanette la Valette qui avoit esté d'avoir emblé à sa maistresse une robe. »

18. Archives nationales, JJ 164, N. 84 (1410) : Une jeune servante de 19 ans qui est enceinte vole chez ses employeurs différents objets qu'elle revend pour 12 francs, ce qui lui permet de subsister pendant ses couches.

19. Archives nationales, Z^2 3118, fol. 109 (1405) : Cas de vol chez le doyen du Chapitre. Le coupable est « batu de verges, lye de cordes à la barre du Chapitre de Paris » ; ou encore : JJ 164, N. 65 (1409) : Jehan Testart « varlet deschargeur de vins » vole à une harengère, pour laquelle sa femme travaille, une importante somme d'argent (171 b 2 s).

20. Longnon, *op. cit.*, N. 132, pp. 281 et suiv. (1428) : La veuve d'un tonnelier s'engage comme « norrice » chez Me Thibault Fouquaut et trouve une « verge d'or en laquelle avoit un diamant pointu » qu'elle dérobe.

21. Archives nationales, JJ 153, N. 74 (1398) : Elle doit passer 3 mois en prison au pain et à l'eau.

22. Archives nationales, JJN 112 (1420) : Ayant été grâciée elle est condamnée à un mois de prison au pain et à l'eau.

23. Archives nationales, JJ 138, N. 159 (1390) : Guillaume Taupin, « povre varlet », vole une coupe d'argent dans un hôtel de la rue des Blancs-Manteaux. Il habitait là avec un chevalier « lequel lui parle de le mener avec lui au pais de Barbarie ».

24. Archives nationales, Z^2 3257, fol. 81 et suiv. (1460) : Alain Robert suite au retrait de la plainte contre lui est condamné à 8 jours de prison au pain et à l'eau.

25. Archives nationales, Z^2 3118, fol. 151 (1406) : Agnesot Lavignonne, « fille de vie demourante au bout de la rue des murs », a été accusée d'un vol chez un prêtre habitant la même rue, mais, une semaine plus tard, il a retiré sa plainte (*ibidem*, fol. 152 et 153 V).

26. Sur les artisans qui volent du plomb aux puits publics, voir Archives nationales, JJ 175, N. 219, 223, 237, 238, 264 (1433) : Il s'agit de « plommiers » et de « canonniers » qui, selon leur lettre de rémission doivent passer un mois en prison. Dans une affaire analogue, concernant un vol de tuyaux de puits, un maréchal ferrant est d'abord condamné à la pendaison, puis cette peine est commuée. Il devra « estre battu par trois samedys, tourne au pillory ayant en son col tuyaulx de plomb, banny et ses biens confisquez » (Bibliothèque de la Chambre des députés, coll. Le Nain, Tournelle criminelle, sub 31 décembre 1455) ; de même un tisserand vole une pièce de drap se trouvant sur le métier, à Saint-Marcel (*Registre criminel du Châtelet de Paris*, éd. H. Duplès-Agier, Paris, 1861-1864, t. II, pp. 110 et suiv.).

27. *Registre criminel du Châtelet*, t. I, pp. 393 et suiv. (1390).

28. *Ibidem*, p. 394 : « Veu l'estat dudit prisonnier, qui est vacabond, sa maniere de respondre, la faulte et traïson faite par ledit prisonnier. »

29. *Ibidem*, t. II, p. 256.

30. Cf. aussi Archives nationales, JJ fol. 164, fol. 197 (1410) : un « povre homme demourant à Paris charge de femme et plusieurs enfants » a volé chez Benoît Granelle, rue de la Verrerie, une houppelande.

31. Archives nationales, JJ 154, N. 343 (1399) : « Mis es gehines et tourmente de son corps moult durement. »

32. Archives nationales, JJ 170, N. 66 (1417) : Publié dans L. Douët d'Arcq, *Choix de pièces relatives au règne de Charles VI*, t. II, Paris, 1864, N. 34, pp. 76 et suiv.

33. *Registre criminel du Châtelet*, t. I, pp. 9 et suiv. (1389).

34. *Ibidem*, p. 11.

35. *Ibidem*, p. 9.

36. *Ibidem*, p. 13.

37. Notons l'originalité du nombreux groupe de Bretons qui conserve une grande cohésion et cultive la solidarité. On n'en voudra pour preuve que les bagarres où ils s'engagent tous ensemble. Cf. Archives nationales, JJ 154 (1399) : Une bagarre entre des domestiques et des Bretons, rue des Bretons ; *ibidem*, N. 640 (1400). — Une troupe de sergents en armes de Fort-l'Evêque recherche des Bretons dans les environs de Paris ; la battue se termine par un affrontement où plusieurs victimes sont à déplorer.

38. Sur la spécialisation des Bretons dans les travaux de terrassement et de fortification, voir aussi Ph. Wolff, *Commerces et marchands de Toulouse*, Paris, 1954, p. 82.

39. *Registre criminel du Châtelet*, t. I, pp. 364 et suiv. (1390).

40. *Ibidem*, p. 372.

41. *Ibidem*, pp. 367 et suiv. : Le calendrier de leurs vols se présente comme suit — mercredi : « alerent au port au fain en Greve, sur la riviere, ouquel lieu il trouverent un homme qui dormoit, et a icellui osterent et prindrent VIII s. qui estoient en sa bourse, avec une houpelande sengle et de drap gris, dont il estoit couvers » ; jeudi : « mal prindrent semblablement, à un homme qui illec dormoit, une longue houpelande de drap gris, avec un coustel qui pendoit à sa sainture » ; vendredi : « sur les murs devant Saint-Poul trouverent un homme qui dormoit, auquel ilz osterent en sa bourse VIII s. » ; dimanche : « soubz le pont des Celestins de Paris... trouverent d'aventure un homme qui dormoit illec, auquel ilz osterent une houpelande qui estoit sur lui et un coustel qui pendoit à sa sainture ».

42. *Ibidem*, p. 372.

43. *Ibidem*, pp. 373 et suiv. Appelé dans le verdict Jehannin Mahi.

44. *Ibidem*, p. 374.

45. *Ibidem*, p. 375 ; il s'agit de la campagne d'Allemagne en juillet 1388.

46. *Ibidem*, p. 376.

47. *Ibidem*, p. 377.

48. *Ibidem*, p. 378 : « Esquelz pais ils alloit en bribes en pourchassent sa vie. »

49. Bibliothèque nationale, coll. Dupuy 250, fol. 35 V : 28 février 1456. La chambre rejette la demande de l'évêque qui voulait reprendre le prisonnier ; fol. 36, 6 mars 1456 et confirme le verdict du prévôt condamnant Blanbaston à être pendu. Le 10 mars 1456 elle casse la décision du prévôt qui avait commué la peine en bannissement, et maintient la pendaison.

50. *Ibidem*, fol. 36 : « Il a furtivement couppe bourses a plusieurs personnes et emble argent estant en icelles tant en lieux saints que ailleurs. »

51. *Ibidem*, fol. 36.

52. *Ibidem*, fol. 44 (1459).
53. *Ibidem*, fol. 45 (1459).
54. *Registre criminel du Châtelet*, t. I, p. 96 (1389) : « Lesquelles eglises ycellui Durant ouvroit à un crochet de fer qu'il portoit avecques lui sur soy. »
55. *Confessions et jugements de criminels au Parlement de Paris* (1319-1350) publiés par M. Langlois et Y. Lanhers, Paris, 1971, n° 28, p. 142 (1339). Le crochet est ici « un espatu (spatule) de fer de quoy l'en fait confiture en l'espicerie ».
56. Dans l'argot des coquillarts, au milieu du XVe siècle, nous trouvons deux termes s'appliquant au crochet : « Le roy David, c'est ouvrir une serrure, ung huiz ou I coffre et le refermer » tandis que « le roi Davyot c'est I simple crochet a ouvrir serrures » (L. Sainéan, *Les sources de l'argot ancien*, t. I, Paris, 1912, p. 97). La confection d'une tel « davyot » ou « daviet » ne posait pas grand problème. Un cardeur de laine exécute simplement sa première effraction au moyen d'une dent de sa carde (Longnon, *op. cit.*, N. 107, p. 218). L'arsenal du voleur spécialisé est évidemment beaucoup plus riche.
57. Archives nationales, X^{2a} 28, fol. 232 V-233 (1459) : Cas d'un malfaiteur qui a commis beaucoup de « larrecins et crocheteries », quand on l'a arrêté — il avait d'ailleurs déjà été quatre ou cinq fois emprisonné — on a trouvé sur lui toute une « crocheterie », X^{2a} 39, sub 3 mars 1472 : « A commis plusieurs larrecins et fait plusieurs crocheteries. »
58. *Œuvres complètes de François Villon*, éd. A. Longnon, Paris, 1892, p. LXV (= Archives nationales M 180, N. 9), année 1458 — audition de Guy Tabary au sujet du vol au collège de Navarre.
59. Archives nationales, Z^2 3257, fol. 67 V (et note sur une feuille séparée), 1460 — un laboureur d'Arcueil est entré sans « crochet » dans une maison de Villejuif.
60. Archives nationales, X^{2a} 14, fol. 301 V : « Et es bouges, dont Iedit des Haies avoit la clef a sa poictrine, plusieurs instrumens propres a telz larrons, c'est assavoir cisel, turquoises, lime, fusil, et une maniere d'archal qu'ilz nommoient roussignol et autres pertinens a rompre et huis, coffres et serrures. »
61. *Des XXIII manières de vilains*, publié par Francique-Michel, Paris, 1833 (XIIIe siècle) : « Li vilains Baubuins est cil qui va devant Nostre Dame à Paris, et regarde les rois et dist : Vés-la Pêpin, vés-la Charlemaine. Et on li coupe sa borse par derrière. »
62. Archives nationales, LL 106^A, fol. 176, et LL 270, fol. 219, coll. Sarrazin, 1359 : un « huchier » sans travail depuis longtemps et sans moyen de subsistance coupe la bourse que portait une femme dans l'église.
63. *Journal d'un bourgeois de Paris*, éd. Tuetey, p. 278.
64. P. Champion, *Notes pour servir à l'histoire des classes dangereuses en France des origines à la fin du XVe siècle*, (in :) L. Sainéan, *Les sources de l'argot ancien*, t. I, p. 381 : Georges de Jennes, arrêté cinq fois pour avoir coupé des bourses est remis, en tant que clerc à l'évêque de Paris.
65. *Registre criminel du Châtelet*, t. II, p. 384.
66. A. Jourdan, *Le quartier des Halles de Paris*, Positions des thèses de l'Ecole des chartes, 1933.
67. Sur les exécutions publiques et les réactions des foules,

cf. J. Imbert, *La peine de mort. Histoire. Actualité,* Paris, 1967, p. 71.

68. Dans un souci de sécurité on coupe parfois les forêts ou broussailles qui poussent le long des grands chemins, v. Bibliothèque nationale, Ms. Fr. 26036, N. 4139 (1409).

69. Archives nationales, LL 1260, fol. 90, p. 211, dans le registre des prisonniers de l'aumônier de Saint-Denis sont inscrits « deux larrons... lesquelx espioient les gens au boys de la royne et firent plussieurs larsins et dommaiges » ; ces malfaiteurs sont pris à la mi-août 1386.

70. L'absence d'un apprenti la nuit inquiétait le maître et pouvait le porter à déclarer le fait à la prévôté.

71. Archives nationales, Z^2 3118, *passim.*

72. Archives nationales, X^{2a} 60 sub 8 février 1490 (1491) : Jaquet le Grand, « brodeur » habitant à Saint-Marceau, accompagné de « gens mal famez... durant que les eaues basses a accoustumé venir de nuyt en la ville faire plusieurs exces » ; au moment de son arrestation il était masqué.

73. Archives nationales, JJ 207, N. 103.

74. *Registre criminel du Châtelet,* t. II, p. 386 (1392).

75. *Ibidem,* t. I, pp. 496, 499.

76. Archives nationales, JJ 170, N. 7 (1417) : publié par Douët d'Arcq, *Choix de pièces...,* N. 105.

77. *Registre criminel du Châtelet,* t. 1, p. 376.

78. Archives nationales, X^{2a} 14, fol. 301 V.

79. *Ibidem :* « Le nom d'estre le plus fort larron que on peust trouver. »

80. Voir *supra,* note 60.

81. Archives nationales, JJ 188, N. 159 (1459).

82. Il est difficile d'établir dans quel ordre et quand exactement ils ont été arrêtés. Il semble que La Greue a été pris le premier. Il comparaît pour la première fois le 23 septembre 1389 (*Registre criminel du Châtelet,* t. I, p. 47) pour l'affaire de la pelisse volée. Le Brun est amené devant le Châtelet pour la première fois le 8 octobre (*ibidem,* p. 52). Dans ses aveux, faits le 25 octobre, il déclare qu'ils ont volé la pelisse trois semaines auparavant, après quoi il a été incarcéré à Bobigny (*ibidem,* p. 67).

83. Mais parmi les seize personnes que Le Brun prétend innocentes et que l'on retrouve ensuite en prison, bon nombre ont une grande quantité de crimes sur la conscience (*Registre criminel du* Châtelet, t. I, pp. 133 et suiv., 137 et suiv., 143 et suiv., 164 et suiv.). On peut supposer que le cercle des connaissances du condamné était tel qu'il ne se souvenait plus exactement des « exploits » de chacun de ses complices, mais il est aussi probable que, pour des raisons personnelles, il ait voulu sauver quelques-uns de ceux qu'il avait d'abord dénoncés.

84. *Registre criminel du Châtelet,* t. I, p. 56.

85. *Ibidem,* p. 53.

86. *Ibidem,* p. 55.

87. *Ibidem,* p. 56.

88. Il est nommé ailleurs « Jaquet Le Piquart dit Damiens », *ibidem,* p. 113. Il a un parent à Paris qui est tapissier et habite près de la Croix du Tiroir, *ibidem,* p. 56.

89. *Ibidem,* p. 57.

90. *Ibidem,* p. 60.

91. Le Brun revend le cheval volé à un marchand pour 3 francs en 1388, *ibidem*, p. 64.

92. *Ibidem*, p. 60. Il mène cette vie probablement pendant six mois car il dit être arivé à Paris depuis deux ans, et un an et demi avant il servait chez le connétable. *Ibidem*, p. 61.

93. *Ibidem*, p. 53.

94. *Ibidem*, p. 62.

95. *Ibidem*, p. 63.

96. *Ibidem*, p. 68 ; verdict exécuté le 9 mars 1390 (*ibidem*, p. 114).

97. *Ibidem*, pp. 107 et suiv. ; verdict exécuté le 16 novembre 1389.

98. Ce sont Jehannin de Soubz Le Mur dit Rousseau, (*ibidem*, pp. 50 et suiv.) et Honoré du Puis (*ibidem*, pp. 74 et suiv.). De mëme dans l'affaire de la fausse tonsure de Jehan Binet dit de la Croix, les actes citent comme argument les faits reprochés à Le Brun et comparses. *Ibidem*, t. II, p. 152.

99. *Ibidem*, t. I, pp. 133, 137, 143, 149, 164 et suiv., t. II, pp. 30 et suiv.

100. Dans les actes de la tournelle criminelle du Parlement, on trouve mention de l'accusation de complicité de vol formulée par Le Brun contre Jacquemin et Watelet de Marbray. (Le Brun se rétracte à leur sujet au moment de mourir), *ibidem*, t. I, p. 114, mais ils sont emprisonnés ; Archives nationales, X^{2a} 12, fol. 62 (1389).

101. *Registre criminel du Châtelet*, t. I, p. 113.

102. Archives nationales, X^{2a} 12, fol. 296 et suiv., 308 (1396) : Il est qualifié ici de cordonnier, mais sert d'espion à la bande.

103. *Registre criminel du Châtelet*, t. I, p. 114.

104. Archives nationales, X^{2a} 12, fol. 62 : « Pieça le bailli de Vermandoys fist executer deux malfecteurs pour leurs demerites lesquelx didient et confesserent que lediz prisoniers avoient este leurs compaignons a faire plusieurs crimes et exces. Et pour ce le prevost de Paris ou son lieutenant qui a sceu que lesdiz prisonniers estoient en ceste ville a commande e certains sergens qu'ilz fussent prins quelquepart que trouvez pourroient estre hors lieu saint. Attendu aussi qu'il a un autre prisonnier au Chastellet appelle Jehan Le Brun depose et affirme que lesdiz prisonniers sont coulpables de plusieurs crimes qu'il a declaire. »

105. *Ibidem* : « Il ne ont aucune demeure fors l'un demeure sur Grand Pont et sont malfecteurs qui conversent en plusieurs lieux. »

106. *Registre criminel du Châtelet*, t. I, pp. 54, 55, 61 et suiv., 113, 164 et suiv.

107. Archives nationales, X^{2a} 12, fol. 432 : « Et fu trouve pieça saisi a Paris d'un saintre d'argent. »

108. *Ibidem* : « Dit que on treuve par proces qu'il fu compaignon de Jehan de Saint Clod qui fu execute a Paris par le prevost et qu'ilz avoient frequente ensemble en Bourgogne et ailleurs avec pluseurs larrons... et ce appartient par le proces du prevost de Paris et par la confession dud. execute. » L'accusé affirme qu'il ne s'agit pas de lui, mais d'un certain Rivière « dont il y a eu au pays plusieurs noms semblables ».

109. *Registre criminel du Châtelet*, t. I, p. 73.

110. *Ibidem*, p. 71 : Cette bourse contient 8 blancs, mais une

autre, subtilisée aux halles « à une femme de villaige », ne contient que 23 sous.

111. *Ibidem*, p. 170.

112. *Ibidem*, p. 148.

113. *Ibidem*, p. 96.

114. *Ibidem*, p. 92.

115. *Ibidem*, p. 90.

116. *Ibidem*, t. I, pp. 72, 111, 154 ; t. II, p. 37.

117. *Ibidem*, t. I, pp. 64 et suiv.

118. *Ibidem*, p. 100.

119. *Ibidem*, p. 165.

120. *Ibidem*, p. 190 : « Et que paravant ce qu'il feist faire sadite tonsure, il n'avoit oncques mès fait larrecin ; soubz umbre de laquelle couronne il a par plusieurs fois et plus hardiement emblé. »

121. Etienne Blondel s'est fait tonsurer trois mois plus tôt à Orléans où il a pactisé avec un malfaiteur expérimenté ; *ibidem*, p. 95.

122. Archives nationales, X^{2a} 28, fol. 232 V (1459) : Affaire du clerc Simon Bayart. Avant d'être clerc il a déjà fait de la prison et subi les verges sur condamnation d'un tribunal laïc. Après cela son père, se rendant compte de ses mauvais penchants, lui a conseillé de se faire tonsurer. Il a ensuite été réemprisonné quatre fois, mais chaque fois a comparu en tant que clerc devant le tribunal ecclésiastique.

123. *Registre criminel du Châtelet*, t. II, p. 31.

124. *Ibidem*, t. I, p. 88.

125. *Ibidem*, t. II, pp. 31, 38.

126. *Ibidem*, t. I, p. 154.

127. Perrin Marosier est veuf et servait déjà comme « varlet » dix ans auparavant. *Ibidem*, t. II, pp. 30 et suiv.

128. *Ibidem*, t. I, p. 71.

129. Nous identifions ainsi le complice que Le Brun désigne sous le nom de Beaubarbier (*ibidem*, t. I, pp. 54, 62, 113), comme étant le Thierry dont parle le Breton Perrin Marosier (*ibidem*, t. II, p. 37 : description du détroussement du marchand de sel).

130. *Ibidem*, t. II, pp. 37, 41.

131. On pourrait encore ajouter ici l'apprenti menuisier Hennequin qui participe aux vols commis par A, C et F (*ibidem*, pp. 98 et 100) ainsi qu'un individu du même nom, originaire de Picardie, qui « va de ville à autre » et s'est compromis avec K et I dans quelques vols (*ibidem*, pp. 133, 139).

132. *Ibidem*, t. I, p. 61.

133. *Ibidem*, t. I, p. 100.

134. *Ibidem*, p. 112.

135. *Ibidem*, p. 89.

136. *Ibidem*, pp. 67 et 90.

137. *Ibidem*, p. 72.

138. *Ibidem*, p. 108.

139. Cf. *infra*, chap. VIII.

140. *Registre criminel du Châtelet*, t. II, p. 38.

141. *Ibidem*, t. I, p. 170.

142. *Ibidem*, p. 140 : « Item dist que, lui (i. e. Colin Petit) et nommé Perrin Le Plastrier... s'acompaignerent ensamble en icelle

ville de Troyes, et lors promistrent et jurerent l'un à l'autre estre d'ores en avant compaignons. »

143. Une fois encore nous retrouvons en marge de la société des problèmes propres au milieu social normalisé ; cf. J. Halperin, « La notion de sécurité dans l'histoire économique et sociale », *Revue d'Histoire Economique et Sociale,* t. XXX, 1952, pp. 7 et suiv.

144. *Registre criminel du Châtelet,* t. I, p. 97 : « Ilz promistrent et jurerent li uns à l'autre que jamais jours de lers vies ne feroient aucun autre mestier que gaigner où ils pourroient trouver à gaigner lequel gaing il entendoit et entend embler. »

145. *Ibidem,* p. 97 : « Et que de tout ce qu'il gaigneroient, il feroient bonne part, porcion et compaignie ensemble » ; *ibidem,* p. 140 : « et que de tout ce qu'il feroyent et gaigneroyent, tant de jour comme de nuit, l'un en l'absence de l'autre il partiroyent ensamble et par moytié egaument » (on parle ensuite de la réalisation de cet accord).

146. *Ibidem,* p. 96 : « Item congnut que, lui et Raoulet de Laon... emblerent, en rue Neufve Saint-Merry, une houppellande de pers sengle, que a vestue ledit Raoulet, laquelle lui fu baillée du consentement de lui, dudit Cousin, et de Jehannin d'Abeville dessus nommé. »

147. *Ibidem,* t. I, p. 62 ; Beaubarbier, Raoulet de Laon et Gilet Le Bourguignon brisent ensemble le tronc de Saint-Ladre.

148. Archives nationales, Y 6^2, *Livre bleu du Châtelet,* fol. 32 V (1492).

149. Archives nationales, X^{2a} 14, fol. 399 V (1407) : Deux d'entre eux sont pendus le 7 septembre 1407.

150. *Ibidem,* fol. 234 (1405) : « Enemis de toute la chose publique. »

151. E. Boutaric, *Organisation militaire de la France sous la troisième race,* Bibliothèque de l'Ecole des chartes, t. II, 1861, pp. 485 et suiv. ; P.-C. Timbal, *La guerre de Cent Ans à travers les registres du Parlement,* Paris, 1961 ; M. H. Keen, *The laws of war in the late middle ages,* London, 1965 ; S. Czarnowski « Kultura », in *Dziela,* t. I, Warszawa, 1956, pp. 64 et suiv.

152. H. Géraud, *Les routiers au douzième siècle,* Bibliothèque de l'Ecole des chartes, t. III, pp. 125 et suiv. ; *idem, Les routiers au treizième siècle, ibidem,* pp. 417 et suiv. ; Quicherat, *Rodrigue de Villandrando, ibidem,* IIe série, t. I, 1844, pp. 117 et suiv., pp. 197 et suiv. ; G. Guigue, *Les tard-venus en Lyonnais,* Lyon, 1886 ; J. Monicat, *Les Grandes Compagnies en Velay,* Paris, 1929 ; Champion, *Notes...,* pp. 351 et suiv.

153. *Ordonnances des rois de France,* t. VIII, p. 433 (1401), t. XIII, p. 260 (1438) et p. 509 (1447) ; cf. *supra,* chap. I.

154. Colonel Larrieu, *Histoire de la gendarmerie,* Paris, 1933, Ire partie, titre I.

155. La bande des coquillarts occupe une place de choix dans les études sur Villon, étant donné les relations du poète avec ce groupe. Il faut citer ici, tout particulièrement, les nombreuses petites études de Marcel Schwob rassemblées dans *François Villon. Rédactions et notes,* Paris, 1912, et *Mélanges d'histoire littéraire et de linguistique,* Paris s.d. (*Œuvres complètes,* t. VII) et aussi Champion, *Notes...,* pp. 393 et suiv., *idem, François Villon. Sa vie et son temps,* t. II, Paris, 1913, pp. 65 et suiv.

156. Ces aveux ont été publiés par J. Garnier, *Les compagnons de la Coquille,* Dijon, 1842 ; et réédités par Sainéan, *Les sources de l'argot ancien,* t. I, pp. 83-110.

157. Sainéan, *op. cit.,* t. I, p. 396.

158. *Le Testament,* v. 1671-1672, F. Villon, *Œuvres,* éd. Longnon-Foulet ; aussi la ballade en argot : *Coquillars, aruans à Ruel,* Sainéan, *op. cit.,* p. 124.

159. Il est mentionné dans les deux strophes citées ci-dessus. Dans la ballade en argot il est appelé Colin l'Escailler. Sur ce personnage, cf. A. Longnon, *Etude biographique sur François* Villon, Paris, 1877, pp. 70 et suiv. et 171 et suiv. (document), *Œuvres complètes de François Villon,* éd. A. Longnon, pp. XXII et suiv., et *Pièces justificatives,* N. VI ; ainsi que Champion, *Notes...,* p. 421 ; *idem, François Villon...,* t. II, pp. 74 et suiv.

160. Bibliothèque nationale, coll. Dupuy 250, sub 25 septembre 1460 et Archives nationales, X^{2a} 28, fol. 339 V.

161. Longnon, *Etude biographique...,* pp. 150 et suiv. ; Champion, *Notes...,* pp. 420 et suiv. ; *idem, François Villon...,* t. I, pp. 71 et suiv.

162. Sainéan, *op. cit.,* t. I, p. 93 : avec l'annotation « mort et pendu ».

163. « Ainsi que ung enffant de bien yssu de notable generacion doit faire » — cité d'après Champion, *François Villon...,* p. 73.

164. Bibliothèque nationale, coll. Dupuy 250, sub 27 août, 3 septembre, 15 septembre 1457 : La rémission pouvait être rejetée par le Parlement pour vice de forme car elle ne prenait pas en considération plusieurs crimes et avait été accordée après la décision de la Chambre.

165. Sainéan, *op. cit.,* t. I, p. 125.

166. Champion, *Notes...,* p. 414.

167. Jean de Roye, *Chronique scandaleuse,* éd. B. de Mandrot, t. I, Paris, 1894, pp. 3 et suiv. : « En ce temps fut faite justice et grande execucion audit lieu de Paris de plusieurs povres et indigentes creatures, comme larrons, sacrileges, pipeurs et crocheteurs. »

168. *Journal d'un bourgeois de Paris,* p. 206 — les « laboureurs » des environs de Paris se plaignent en 1426 des « larrons brigans », qui « n'avoient point d'aveu et nul estandart et estoient poures gentilz hommes qui ainsi devenoient larrons de jour et de nuyt » ; mêmes plaintes sur les bandes de Chevreuse en 1437, p. 337.

169. Sur ce conflit voir l'ouvrage de vulgarisation de U. d'Avout, *La querelle des Armagnacs et des Bourguignons,* Paris, 1943, et E. Perroy, *La guerre de Cent Ans,* Paris, 1945, ainsi que Ph. Contamine, *La guerre de Cent Ans,* Paris, 1968.

170. Des compagnies de « brigands »-paysans se dressaient contre les uns et contre les autres. On sait le grand rôle qu'elles ont joué dans l'éveil du patriotisme des masses populaires pendant la guerre de Cent Ans — *Journal d'un bourgeois de Paris,* p. 12 (1411) ; *Chronique du Religieux de Saint-Denis,* éd. Bellaguet, Paris, 1839-1855, t. IV, p. 455 ; G. Fagniez, *Journal parisien de Jean Maupoint,* Mémoires de la Société de l'Histoire de Paris, t. IV, 1878 (1465). Cf. V. Guibal, *Le sentiment national en France pendant la guerre de Cent Ans,* Paris, 1875 ; G. Lefèvre-Pontalis, *La guerre de partisans dans la Haute-Normandie,* Bibliothèque de

l'École des chartes, t. LIV-LVII, 1893-1896 et t. XCVII, 1936.

171. Longnon, *Paris pendant la domination anglaise*, N. IX, p. 17 (1421) ; Archives nationales, JJ 167, N. 7 (1441).

172. *Journal d'un bourgeois de Paris*, p. 250. Fin 1455 on capture à Orléans une bande de Parisiens qui cambriole les maisons en ville et pille les environs — Champion, *Notes...*, p. 348.

173. E. Coornaert, *Les corporations en France avant 1789*, Paris, 1941, p. 109. — L'ouvrage est sans notes, l'auteur n'a donc pu étayer cette assertion en citant ses sources.

174. H. Sauval, *Histoire et recherches des antiquités de la ville de Paris*, t. I, Paris, 1724, pp. 513 et 516.

175. Il puise surtout dans Don Garcia, *L'antiquité des larrons*, trad. par le sieur d'Audiguier, Paris, 1621.

176. *Recueil général et complet des fabliaux des XIIe et XIVe siècles*, éd. A. de Montaiglon et G. Raynaud, Paris, 1872, t. IV, N. 97, pp. 93 et suiv.

177. Eustache Deschamps, *Œuvres complètes*, éd. Queux de Saint-Hilaire, Paris, 1878-1903, t. V, N. 1022, pp. 291 et suiv.

178. Sainéan, *op. cit.*, p. 95 : « ung gascatre c'est un aprentiz qui n'est pas encoir bien subtil en la science de la coquille » ; *ibidem*, p. 105 : « un gaschatre qui est a entendre oud. langaige ung coquart ou aprentiz de lad. science ».

179. Ce problème est l'un des aspects de la controverse au sujet du « coût » de la guerre de Cent Ans : K. B. Mc Farlane, *England and the Hundred Years'War*, Past and Present, N. 22, 1962 ; M. M. Postan, *The Costs of the Hundred Years'War*, *ibidem*, n. 27, 1964.

CHAPITRE V

LES CLERCS ET LA BOHEME

Dans la société de la fin du Moyen Age la mobilité sociale est faible et les chances de promotion très réduites. La barrière des privilèges s'ajoute aux divisions matérielles, et aux diverses situations de production. Dans ces conditions, l'une des rares voies de promotion possible est celle de l'Eglise, c'est par l'école qu'on y accède et les universités médiévales sont un important foyer de promotion.

Mais l'espoir de cette promotion ne se réalise pas toujours : il faut attendre longtemps le bénéfice rêvé, les tentations de la vie urbaine prennent alors le pas sur l'attente des mérites et des honneurs. Le déclassement est d'ailleurs favorisé par la coupure avec les conditions de vie d'origine, coupure qui était initialement voulue comme préalable à la promotion. Les obstacles naturels au déclassement ne jouent plus : ni liens familiaux, ni liens de voisinage, ni liens locaux.

Cette coupure s'opère au moment même de l'adhésion au milieu des clercs et étudiants. Le milieu est, en effet, lié à une condition passagère, il offre une issue, un tremplin qui permettra le saut dans la vie, mais quelques-uns manquent ce saut, d'autres ne sautent pas, et les uns comme les autres élargissent, pour un temps plus ou moins long, la zone marginale de la société. La vie même de l'étudiant, tandis qu'il est confronté aux arcanes de la science médiévale et aux difficultés matérielles de son existence, est rattachée par mille liens au monde interlope de la délinquance.

Nous voudrions envisager ici le milieu estudiantin et le cercle de la *gens joculatorum* sous deux aspects. La place du crime dans la vie de ce milieu nous retiendra d'abord, avec ce qui le lie au monde du crime. Puis, considérant les clercs, les étudiants et les jongleurs comme des catégories proches les unes des autres, tant par leur mode de vie que par leur mode de formation, nous tenterons de les situer dans la société urbaine médiévale.

1. LA TONSURE

Obtenir la tonsure était, dans la pratique ecclésiastique du Moyen Age, chose très facile [1]. Il suffisait d'être libre de sa personne [2], né de mariage légitime et d'avoir acquis une formation, très modeste d'ailleurs, pour satisfaire aux exigences du droit canon. Ces exigences même n'étaient pas toujours observées. Bien souvent des fils de serfs devenaient clercs et des bâtards obtenaient la tonsure, moyennant une redevance légèrement supérieure [3] ; les détenteurs d'une tonsure pouvaient donc difficilement attester qu'ils savaient lire et réciter les prières. La tonsure était ordinairement le résultat de l'étude et la preuve qu'on avait étudié, ce qui explique que messieurs les clercs voyaient d'un mauvais œil la création d'écoles qui diminuaient l'aire de leur juridiction [4]. Le fait de découper une tonsure sur la tête d'un jeune homme n'était encore lié à aucune consécration, il ne faisait qu'annoncer la vocation à l'état ecclésiastique. De plus en plus fréquemment, ce gage ne se confirmait pas ; le lien exclusif entre la tonsure et la carrière de l'Eglise disparaissait peu à peu. Mais comme ce signe restait formellement celui des gens d'Eglise, les cadres de la cléricature devenaient exagérément larges : on pouvait être à la fois clerc et sergent de ville [5], clerc et marchand [6], clerc et artisan.

Dans l'une des œuvres les plus intéressantes de la littérature politique française de la fin du Moyen Age, *Le Songe du vieil pèlerin*, nous trouvons une description pleine d'ironie de cette situation : « Avons trouvé dans nos loys que, se tous ceux de Paris, séculiers, princes, barons, chevaliers, gens de mestier, laboureurs scavent dire *dominus pars* et ils le voudront, nous leur donnerons couronne et aprez ce chacun s'en retournera a son mestier et office et toutefoys ils seront exemps de la juridiction du roy et demeureront nos subjets, par telle manière que de là en avant s'ils bouttiront le feu de Paris ou voleront les marchands ou efforceront les femmes, le Roi qui est juge publique et de Dieu tient l'espée pour faire justice des malfaicteurs, n'osera faire justice desditz tonsurés [7]. » Car la tonsure permet de bénéficier du *privilegium fori*, elle est, par conséquent, attirante. Moyennant paiement d'une petite somme, les parents évitaient à leurs enfants de tomber sous le coup des tribunaux civils, toujours beaucoup plus sévères que les tribunaux ecclésiastiques [8]. On profitait donc largement de ce privilège et l'exercice d'activités laïques (exception faite des métiers « bas », *vile officium*, à commencer par ceux de boucher et d'aubergiste) ne contrevenait pas au bénéfice du *privilegium fori*. Selon le droit canon, tel qu'on le pratiquait en France au XIVe siècle, le privilège était perdu [9] si l'on portait un habit laïc, ou non conforme aux prescriptions de l'Eglise [10], si l'on s'adonnait à une vie déréglée (la goliardise) ou si l'on était bigame [11] (ce qui arrivait dans l'esprit des canonistes, quand on épousait une fille qui n'était plus vierge mais *corrupta*) — alors, même la possession d'une tonsure n'évitait pas la juridiction du tribunal civil. Au XVe siècle au contraire, des clercs, même sans trace de tonsure et ne portant pas l'habit requis, conservent souvent les privilèges de leur état [12].

La large expansion de la tonsure et l'attrait des privilèges y afférant occasionnaient une multiplication de cas où des criminels s'en faisaient faire une, soit en se la pratiquant mutuellement, soit en recourant aux services d'un barbier complice ou trompé. Beaumanoir en parle déjà comme d'une pratique largement répandue [13]. Parmi les prévenus du Châtelet, jugés en 1389, nombreux étaient ces faux clercs, dont la fausse tonsure avait été pratiquée de fraîche date. Devant le tribunal, ils tentent d'en appeler du privilège que doit leur garantir la tonsure, mais les juges, après consultation du Parlement, décident de n'en point tenir compte. Ils ne réussissent pas à présenter les pièces qui confirmeraient leur état, les *lettres de tonsure*, et fournissent à ce sujet des réponses fuyantes ; il appert de surcroît qu'ils ne savent ni lire, ni écrire ; les juges estimant que l'homme naît laïc décident alors qu'il faut, toute sa vie, le considérer comme tel, à moins qu'il ne prouve le contraire [14]. Et l'on envoie les prétendus clercs à la torture, laquelle confirme les soupçons. L'un d'eux avoue qu'il s'est fait tondre par un barbier quelques mois plus tôt, dans l'espoir d'échouer à la prison ecclésiastique et d'avoir plus de chances de gagner les grâces de l'un des puissants dignitaires qui y font volontiers des visites [15]. Un second avoue qu'il s'est fait tonsurer pour la première fois sept ans auparavant, à Orléans, à l'instigation de compagnons qui l'ont convaincu que, s'il tombait aux mains du tribunal civil, il ne réussirait plus à en sortir [16]. Un autre malfaiteur a été persuadé par un codétenu de Provins dont les arguments étaient analogues : au tribunal de l'official, comme dans sa prison, on ne risque pas sa tête [17]. On y passe un certain temps, mais l'on réussit toujours à en sortir sain et sauf.

Le *privilegium fori* était fréquemment le motif de conflits juridiques entre l'évêque et le prévôt de Paris, le Parlement avait pour tâche de les résoudre. Une affaire de ce genre arrive devant celui-ci, en 1385. Un malandrin du nom de Jehan le Bourcelier se trouve alors emprisonné au Châtelet. L'évêque de Paris demande qu'il soit remis, en tant que clerc, au tribunal ecclésiastique. Ce prétendu clerc avoue pourtant qu'il n'a jamais fréquenté l'école, qu'il est analphabète, qu'il n'a jamais obtenu la tonsure par la voie normale, mais qu'après avoir commis un meurtre, huit ans plus tôt, il s'est fait tondre le crâne par un barbier et qu'ensuite, il a constamment veillé à entretenir cet artifice, comptant sur une plus grande mansuétude des juges ecclésiastiques en cas d'emprisonnement [18]. Mais l'évêque argue du fait que ces aveux ont été arrachés au prisonnier sous la menace de mort, qu'il a, en fait, reçu la tonsure de façon normale et doit bénéficier du privilège y afférant ; le Parlement donne cependant raison au prévôt et lui recommande d'appliquer au coupable la rigueur de la loi.

Le procès de Le Brun et consorts, que nous avons évoqué, constitue un moment important dans l'attitude de la justice parisienne vis-à-vis des clercs (ou prétendus tels). Les consultations que le prévôt de Paris a alors avec les juristes de la Cour royale [19], l'examen de l'affaire par Arnaud de Corbie, chancelier du roi, devant lequel les faux clercs confirment la façon dont ils ont reçu la tonsure [20], conduisent à un redoublement de rigueur à l'égard des suspects ou des coupables. Ceux qui se font passer pour clercs, qui ne savent ni lire, ni écrire, ni chanter et qui ne disposent pas des documents requis pour légitimer leur tonsure doivent fournir au tribunal, dans un délai donné, des preuves incontestables de leur appartenance au clergé. S'ils ne satisfont pas à cette obligation, ils doivent être traités comme les autres prisonniers [21]. Pendant de longues années, le procès Le Brun est ensuite rappelé : il a valeur d'exemple et crée un précédent [22]. Les conflits juridiques entre le prévôt et l'évêque deviennent, en effet, monnaie courante et la cléricature — vraie ou fausse — semble alimenter en permanence le monde des criminels.

Au printemps 1392, arrive au Châtelet un groupe de six voleurs et vagabonds qui se donnent pour clercs. Ce groupe mérite qu'on s'y arrête. Jehan Brenonville a été incarcéré pour mauvaise renommée et vol, il a déjà fait de la prison à la suite d'un jugement ecclésiastique, il possède, à vrai dire, une tonsure, mais il est analphabète et a avoué qu'il était bâtard [23]. Jaspar de Leplanc, emprisonné pour vagabondage, tromperie et usage de dés pipés, est aussi tonsuré, mais il ne sait pas lire [24]. Colin Cousin, qui a avoué des pillages, n'a même pas de tonsure, mais sait bien lire [25]. Martin le Vachier, auteur avoué de nombreux vols, n'est pas tonsuré, ne sait pas lire, mais avait sur la tête, au moment de son arrestation, les traces de « plusieurs couronnes [26] ». Jehan Raimbaut enfin a été incarcéré alors qu'il essayait de vendre sur le Grand Pont un précieux reliquaire qu'on le soupçonne d'avoir volé : il n'est pas tonsuré, mais sait bien lire [27]. Tous doivent, dans un délai allant d'une à quelques semaines, présenter les documents qui attesteraient de manière certaine qu'ils sont clercs.

Le seul registre criminel du Châtelet qui se soit conservé s'arrête en mai 1392 et ne comprend pas ce groupe de personnes ; nous ne connaissons donc pas leur destin ultérieur, ni quelles décisions ont été prises à leur encontre. Nous ignorons en particulier s'ils étaient vraiment clercs, comme ils le disaient, ou s'ils tentaient par un faux témoignage, d'éviter le jugement du redoutable tribunal du Châtelet. Mais l'authenticité de la tonsure a, avant tout, une importance juridique. Dans la réalité, la différence s'estompe entre ceux qui se sont fait tonsurer *par malice* [28] et ceux qui ont acquis ce signe de façon normale, au prix d'une brève période d'étude, voire même quelques années, qui ont acquitté un droit modique, mais ne gardent aucun lien avec le clergé, ne savent même plus lire, ni écrire, ni réciter les prières principales. Entre le malfaiteur pseudo-clerc et celui qui a reçu sa tonsure de l'évêque, la différence est très floue.

Comme nous ne connaissons ces individus qu'à travers les disputes de compétence des tribunaux, nous ne sommes pas toujours en mesure de définir leur mode de vie, ni la façon dont ils en sont venus au crime. Dans un jugement d'appel, il importe aux parties d'exhiber leurs droits, elles ne présentent donc que des faits qui prouvent ou infirment que l'accusé a usé des privilèges des clercs. La question est de savoir si le clerc s'est rendu coupable d'apostasie [29], auquel cas il perd ses prérogatives. Le procureur du roi s'efforce de montrer que le clerc suspect est un bâtard [30], qu'il s'est livré au pillage [31], qu'il a perpétré des assassinats et autres méfaits [32], qu'il est un criminel invétéré [33], se livre à de viles besognes, indignes du clergé [34]. Ce dernier reproche offre bien des difficultés aux interprétateurs de la doctrine canonique : la pelleterie et la mégisserie sont-elles assimilables à la boucherie (laquelle *ipso facto*, ou après un rappel, fait perdre le privilège [35] ? L'état de tonnelier est-il en contradiction avec celui de clerc [36] ? Et celui de maçon [37] ? On allègue fréquemment aussi l'entorse à l'interdiction canonique de la bigamie : les juges prouvent que le prévenu a épousé une veuve, une fille de joie ou autre *corrupta* [38]. Mais enfin, les reproches les plus fréquents sont ceux de débauche, de proxénétisme, de fréquentation des tavernes, de pratique des jeux de hasard, d'usage de dés pipés — toutes choses qui permettent de définir le clerc comme un *goliard* criminel [39].

Ces traits se retrouvent dans le procès qui se déroule en 1400, au Parlement, concernant la remise à l'évêque de Paris de deux clercs accusés de meurtre, Alain d'Amours et Regnault Turpin. Tous deux sont fourreurs. Le premier a déjà été condamné au bannissement pour meurtre et tous deux sont, selon le procureur du roi : « houliers publiques... bordeliers, joueurs de dez et taverniers publiques [40] ». D'après les arguments du représentant de l'évêque il apparaît qu'Alain d'Amours a fréquenté l'école pendant cinq ans, bien qu'il ait maintenant oublié l'art de la lecture. Il a d'ailleurs été remis à l'évêque par trois fois. La partie qui fait appel nie également que les accusés soient des *goliards* (concevant ce terme comme simple synonyme de proxénète [41]). Regnault Turpin que sa tonsure, son habit et sa connaissance de la lecture permettent de reconnaître formellement pour clerc est remis à l'évêque ; Alain d'Amours quant à lui, qui ne porte pas le froc, ne sait pas lire et n'est pas sûr d'avoir été tonsuré, ne lui est remis que dix jours plus tard, sur le témoignage de plusieurs barbiers affirmant qu'il a vraiment conservé la trace d'une tonsure [42].

Citons encore une affaire de ce genre qui en vaut la peine. Le prévôt de Paris a emprisonné un clerc du nom de Pierre du Bois qu'on accuse de nombreux vols, il est condamné au fouet et au bannissement. Pendant son audition le prisonnier avoue qu'il a l'habitude de voler depuis son plus jeune âge [43]. Alors qu'il n'avait que seize ans, il volait, dit-il, de l'argent à son père qui était arbalétrier et, quand il ne pouvait atteindre la cassette paternelle, il engageait les armes qu'il lui volait. Tandis qu'il travaillait à Paris comme garçon boulanger, il est allé à Saint-Denis, où il a dérobé sept chapeaux de feutre [44] ; il a été emprisonné au Châtelet, puis confié à l'évêque, lequel l'a remis en liberté, à peine deux jours plus tard. Un autre larcin [45] l'a amené, pour la seconde fois, au Châtelet, d'où il est repassé chez l'évêque. Voici la troisième fois qu'il est incarcéré pour plusieurs récidives et le prévôt considère qu'il ne convient plus de le remettre à l'évêque. La partie adverse, par contre, nie les deux affaires précédentes. L'évêque ne connaît qu'une accusation de vol contre Pierre du Bois, il dit ignorer le déroulement réel de l'affaire, d'autant plus que c'est un tricheur et un joueur notoire qui est l'auteur de la plainte [46]. Du Bois est pourtant maintenu en prison, pendant cinq semaines, et condamné au fouet, mais le bourreau refuse d'exécuter cette sentence [47], et c'est alors, seulement, qu'on le confie à l'évêque. Il appartient, finalement, au tribunal ecclésiastique de juger le vol qui lui est reproché.

Ces notations, si fragmentaires soient-elles, permettent d'affirmer que bon nombre de vulgaires bandits se recrutaient parmi les porteurs de tonsure. Nous avons jusqu'ici considéré un cercle d'individus dont l'appartenance au clergé suscitait des doutes et qui, en réalité, après un passage à l'école de paroisse ou celle de la cathédrale, revenaient à la vie laïque. Les sources du recrutement des marginaux ne se limitent pourtant pas à ces catégories ; les archives ecclésiastiques de Paris offrent des matériaux très riches touchant les prêtres déclassés, munis de la consécration sacerdotale [48]. Nous abordons là une catégorie différente de la précédente, car nous avons affaire à des membres effectifs du clergé qui se différencient également par l'âge.

La situation morale du clergé éveille, dans l'Eglise du XVe siècle et dans l'opinion publique, de sérieuses inquiétudes [49]. Nicolas de Clamanges a parlé avec vigueur et passion de ce phénomène dans la première moitié du XVe siècle et les livres judiciaires fournissent une illustration multiple et colorée de ses plaintes. L'une des explications fondamentales de cette situation se trouve dans la dégradation des conditions de vie du clergé dont les revenus diminuent de façon inquiétante, tandis que les bénéfices manquent pour les candidats aux emplois ecclésiastiques. La masse des prêtres errants croît, chacun cherche des sources de profit qui ne s'accordent pas toujours avec la dignité ecclésiastique. Changeant sans cesse de lieu de résidence, cherchant un emploi dans une paroisse, aidant le curé ou tenant l'école paroissiale [50], considérant la prêtrise comme un métier destiné à garantir quelques revenus, ils entrent en contact fréquent avec le monde des vagabonds, lui empruntant des habitudes, et en deviennent partie constituante.

Ce clergé errant affecte une prédilection marquée pour Paris [51]. Il est facile, dans ce grand centre de vie ecclésiastique et universitaire, de ne pas attirer l'attention sur son état (toutefois les lois de l'Eglise prescrivent de poursuivre les *vagi clerici*), d'y trouver une occupation quelconque ou une source de revenus. Les autorités de l'Eglise de Paris s'attaquent avec énergie à ces prêtres sans résidence, tant à ceux qui errent dans les villages du diocèse et cherchent à s'y cacher, qu'à ceux qui arrivent à Paris [52]. L'un de ceux-ci raconte ainsi sa vie à l'archidiacre [53] : Il affirme être prêtre du diocèse de Limoges, mais n'avoir pas de bénéfice. Il a célébré la messe dans différents endroits [54] avant d'obtenir du curé d'Aubervilliers l'autorisation de dire la messe moyennant un revenu fixe. Il est aussi arracheur de dents, art qu'il a pratiqué entre autres avec un compagnon auprès du Cimetière-des-Saints-Innocents [55]. Il passe souvent son temps dans les auberges.

Des moines aussi se taillent une place non négligeable

dans le monde des vagabonds [56]. La pratique des quêtes, la mendicité exercée par certains ordres, ou la collecte d'aumônes, occasionnent souvent le vagabondage, voire l'errance. Quand ils ne possédaient pas l'autorisation de leur supérieur pour voyager, ces moines comparaissaient, à côté des prêtres errants, devant le tribunal de l'archidiacre et se faisaient incarcérer dans sa prison. En 1486, frère Etienne Gourdon comparaît dans ces conditions et raconte sa vie [57] : originaire de Dreux, où il est né en 1433, il a étudié cinq ans à Rouen, puis est venu à Paris, afin d'y continuer sa formation. Pendant douze ans il a suivi les cours du célèbre collège Montaigu, puis, muni du grade de maître ès arts libéraux et ordonné prêtre, il est devenu curé de la paroisse de Morency, dans le diocèse de Beauvais. Une ou deux années plus tard, il est entré chez les franciscains dont il a porté le froc pendant treize ans. Ce temps se répartit entre Paris (quatre ans), Toulouse (deux ans) et quelques autres couvents du sud de la France. Après quoi il adopte la règle des augustins et séjourne dans quelques monastères normands de cet ordre. Il explique sa présence à Paris par une mission de son prieur qui lui a recommandé de suivre un procès concernant leur maison.

La dispersion géographique des lieux de séjour est ici frappante. Le séminariste, l'étudiant, le curé, le moine ont séjourné en des lieux et des couvents situés au sud comme au nord et ce passage de maison en maison n'a rien d'exceptionnel dans la vie monacale, il est même souvent le fruit d'une volonté délibérée des autorités de l'ordre. Même si notre moine n'était pas un vagabond [58], il est facile d'imaginer combien un style de vie si instable pouvait être dangereux pour la solidité des vocations ecclésiastiques. L'instabilité géographique, comme nous pouvons le constater souvent, est un puissant facteur de désintégration des liens sociaux, tant parmi les laïcs que parmi les clercs.

Ainsi s'explique la fréquente présence d'ecclésiastiques, ou d'anciens ecclésiastiques, dans les associations ou bandes criminelles. Nous y trouvons des prêtres qui inspirent des vols, des pillages [59], conversent avec les malfaiteurs ou les accompagnent dans leurs rencontres, participent à des vols. Dans la lettre de rémission, reçue de Louis XI par un Parisien du nom de Jean Augot, nous trouvons justement un exemple de ce genre [60]. Le héros de ce document traînait, vers 1475, en compagnie de compères du même acabit dans les tavernes parisiennes. Un prêtre du groupe, nommé Lienart Cimestre, le pousse à voler le bien d'une prostituée. Le vol est exécuté avec la participation de l'écolier Guillaume Diguet et les compagnons commettent plusieurs actes de ce genre ; chaque fois le butin est vendu par une servante avec laquelle ils ont conclu un pacte. Capturés après l'un de ces coups, les comparses sont probablement remis à la justice ecclésiastique, tandis que lui, cherche à échapper à la corde en invoquant la grâce royale ; il possède, en effet, les moyens pécuniaires indispensables pour franchir le barrage de la chancellerie royale.

C'est à l'article de la mort qu'un autre condamné du Châtelet évoque aussi un prêtre voleur. Il avoue qu' « estant en l'église de Saint-Mathurin-de-Larchant, environ heure de tierce, en la compaigne d'un gros prêtre, court homme, à un visage rondelet et barbe roussette, qu'il pense qui a nom messire Nicole et est du pays de Normandie et fréquentant chascun jour et chantant messe à Saint-Innocent à Paris... vit comme ledit prestre viuda, en laditte église, la tasse d'un homme ». Ce prêtre et son compagnon Perrin, qui se dit sergent du Châtelet, se vantent ensuite, à table, d'avoir déjà vidé force goussets [61].

Dans les cas que nous avons cités, on remarquera la présence de femmes, soit comme participantes, soit comme victimes. Bien entendu, les prostituées n'étaient pas attaquées seulement par les prêtres, mais le fait que ceux-ci fréquentassent ces femmes et se trouvassent dans les auberges les rapprochait des marginaux et des criminels. Quand une dispute ou une bagarre à la taverne amenait les sergents de ville à intervenir, on conduisait souvent au Châtelet non seulement des séminaristes, mais des prêtres surpris en compagnie de femmes. Dans de telles situations, ils préféraient être jugés sur le même pied que leurs compagnons laïcs car ils risquaient, devant la juridiction ecclésiastique, des peines plus lourdes, particulièrement le placement sous surveillance ou l'internement définitif. Ainsi donc la maison close, l'auberge et la prison du Châtelet pouvaient-elles devenir pour quelques prêtres l'école du crime et la voie du déclassement social [62].

2. Le milieu estudiantin

La foule des étudiants qui emplissaient les rues et les places de la rive gauche de la Seine était un monde en soi : nanti de privilèges [63], dirigé par une autorité propre, séparé topographiquement du reste de la ville, il n'en faisait pas moins partie de la vie urbaine. Cette énorme masse — Paris était assurément le plus grand centre estudiantin d'Europe — était socialement très diverse. La vie universitaire, au Moyen Age, attire autant les jeunes des milieux pauvres que ceux des milieux aisés. Gilles li Muisis, qui a étudié à Paris à la fin du XIIIe siècle, rappelle que cette masse était composée dans une même proportion par « enfans de riches hommes et enfans de toiliers [64] ».

A partir du milieu du XIVe siècle, on note une tendance, dans la vie universitaire, au rétrécissement des bases sociales du recrutement étudiant [65]. Les bourses diminuent, tandis qu'avec la croissance du nombre des clercs pourvus de grades universitaires, décroît l'assurance de trouver un bénéfice lucratif [66]. Les catégories les plus pauvres préfèrent envoyer leur enfant étudier un métier ou un commerce plutôt que de les confier à l'école. Gilles li Muisis, dans sa description des écoles parisiennes à cette époque écrit [67] :

Car s'ils vont as escolles, petit pourfit éront :
Or vont partout estudes un petit déclinant ;
Car dons de bénéfices vont ensi que finant ;
Pour les estudiants s'en vont déterminant ;
Se provisions fallent, toutes s'iront minant.
Seculer leurs enfans as mestiers metteront,
Les boines marchandises aprendre leur feront,
Selonc chou qui appert, pau pourveu seront.

Le système des bourses et des fondations de bienfaisance, pratiqué dans les collèges, laisse pourtant encore à la jeunesse pauvre des moyens d'existence. Celle-ci trouve souvent un appoint dans le travail de ses mains, elle se met au service des camarades les plus riches ou exécute diverses besognes dans les collèges [68]. Bien évidemment, cette diversité des origines sociales et des conditions de vie, pendant la durée des études, est la cause de tensions et de conflits internes qui prennent souvent une forme brutale. A côté des étudiants riches, qui reçoivent chaque mois un important pécule de chez eux [69], qui s'adonnent avec profit à des opérations commerciales (grâce aux franchises dont jouissaient les étudiants [70]) qui disposent de serviteurs propres, en compagnie desquels ils vont au cours, nous trouvons de pauvres écoliers vivant de la charité publique, ne reculant pas devant la mendicité, se nourrissant des reliefs de table de leurs camarades nantis [71] et portant leur écritoire ou leurs manuscrits.

Malgré cette différenciation interne très poussée du milieu, celui-ci présente des traits communs fondamentaux : la coupure avec le milieu familial et le jeune âge. Ces jeunes gens venaient à l'université avec une conscience plus ou moins grande du changement de condition sociale qui les attendait. Pour la plupart [72], un long séjour aux écoles signifiait une lente préparation au changement d'appartenance sociale ; pour tous, il devait ouvrir une carrière. C'est sur cet arrière-plan qu'il faut comprendre les éléments satiriques et la critique acerbe contenus dans la poésie des goliards du XIIIe siècle [73]. Conscients de leur propre déracinement, ils traitent toute l'organisation sociale comme une chose étrangère, ridicule et hostile.

Des jeunes donc, et parfois de très jeunes. Le cursus universitaire [74] commençait souvent à douze ou quatorze ans [75] et l'on passait de nombreuses années sur les bancs de l'école, ce n'est qu'à vingt ans qu'on pouvait prétendre à la *licencia docendi* et, plus tard, briguer la maîtrise ès arts. Celle-ci permettait d'enseigner, ouvrait les fonctions subalternes des chancelleries et l'accès éventuel à des études plus approfondies dans les facultés supérieures : en théologie, en droit canon ou en médecine [76]. La masse estudiantine était, par conséquent, composée de personnes ayant entre quatorze et trente ans.

Ces jeunes bénéficiaient des droits que confère la jeunesse, ils en usaient et en abusaient [77]. Les efforts pour organiser strictement la surveillance des étudiants avaient été vains ; on avait tenté sans résultat de les confier à la tutelle des maîtres, d'organiser les collèges universitaires [78] qui devaient unir les fonctions de maisons d'étudiants à la rigueur clostrale. Ces collèges ne rassemblaient qu'une petite partie des écoliers de Paris et les prescriptions des statuts [79] étaient impuissantes face à l'impétuosité de la vie estudiantine. Les statuts recommandaient de veiller sévèrement à ce que les écoliers s'appliquassent à l'étude sans traîner les rues, ni se livrer à l'école buissonnière ; mais, sans arrêt, se répètent les plaintes contre l'oisiveté des étudiants, contre les délits de fuite : ils se rendent en divers lieux de distraction, de jeu, se bagarrent au Pré-aux-clercs [80] et n'en reviennent qu'après la nuit. La majorité pouvait répéter après Villon [81] :

Hé Dieu ! Se j'eusse estudié
Ou temps de ma jeunesse folle
...
Mais quoy ? Je fuyais l'escolle
Comme fait le mauvais enfant.

Les sévères interdits moraux n'avaient pas réussi à préserver les collèges parisiens, ni l'ensemble du quartier universitaire, du scandale. La question de la présence de femmes dans les collèges était à l'ordre du jour. Déjà Jacques de Vitry déplorait le voisinage constant des lieux de débauche et des lieux d'étude [82]. La rue Fouarre, endroit où, traditionnellement, se donnaient les cours de la faculté des arts libéraux, servait de lieu de rendez-vous aux étudiants en quête d'amusements, de beuveries ou de dépravation ; ainsi l'affirment deux relations, l'une du milieu du XIVe siècle et l'autre du milieu du XVe siècle [83]. Les cent années qui séparent ces deux témoignages montrent l'inanité des mesures prescrites par les autorités. Au cours de la première moitié du XVe siècle et jusqu'à la profonde réforme des années cinquante [84], les collèges parisiens sont en décadence : à propos d'un collège de dix-huit écoliers qui se trouve sous la tutelle de l'Hôtel-Dieu et du Chapitre de Notre-Dame, on nous dit qu'il est *spelunca latronum* [85] et que parmi les hôtes qu'il reçoit beaucoup *vitam ducunt inhonestum* [86].

Bien sûr, il ne convient pas de prendre à la lettre ces plaintes et ces regrets relatifs à la situation morale de la jeunesse étudiante [87]. Il n'entre pas dans notre propos ici de retracer les traits principaux des mœurs estudiantines [88], ni d'en mettre en valeur les lumières et les ombres. Cela ne nous intéresse que dans la mesure où la vie des étudiants n'entre pas dans le cadre de la société urbaine et fournit des attitudes ou des phénomènes asociaux.

Les conflits entre écoliers et bourgeois, entre l'Université et les autorités municipales étaient monnaie courante au Moyen Age. Les rapports étaient suffisamment tendus pour que le moindre prétexte devînt motif à frictions. En 1365, des sergents arrivent sur la rive gauche pour y percevoir l'impôt sur la vente des chevaux et leur présence entraîne une sanglante bataille [89] ; en 1395 les bouchers de Sainte-Geneviève ont « guerre et débat » avec les étudiants [90] ; en 1407, alors que le prévôt Guillaume de Tignonville a condamné deux écoliers à la potence et fait exécuter la sentence, il doit céder devant les mouvements et la grève des étudiants : les corps des deux victimes sont portés en grande pompe au cimetière [91]. L'Université défend jalousement ses privilèges et sait, pour cela, se grouper solidairement. Mais la facilité avec laquelle les conflits éclatent est le phénomène le plus caractéristique. En 1451-1453 un canular typique, l'enlèvement d'une énorme pierre, appelée le Pet-au-Diable, laquelle se trouvait devant une maison bourgeoise, donne motif à toute une série de heurts violents, les sergents interviennent et on arrête les étudiants par dizaines [92]. Quand la procession universitaire, forte de quelques centaines de maîtres et étudiants, traverse la ville, en revenant de chez le prévôt, des bourgeois (des fonctionnaires de la police pour la plupart et des sergents de ville) se jettent sur les petits groupes isolés, au cri de « Tuez, tuez, il y en a trop ! » A la nouvelle de la manifestation aussi bien les sergents que les auxiliaires de la milice s'emparent de leurs armes, maltraitent les manifestants, menacent le recteur. L'Université, en réponse à la répression qui a entraîné la mort d'un des siens, suspend tous les cours jusqu'à ce qu'elle obtienne le châtiment des coupables (la grève se prolonge toute l'année).

De la part des sergents, nous observons une sorte de haine latente à l'égard des écoliers, lesquels ne manquent d'ailleurs pas une occasion de les taquiner ou de les troubler dans l'exercice de leurs fonctions. De nombreux autres exemples de cet antagonisme et des conflits qu'il suscite se rencontrent dans les actes judiciaires [93].

Si nous considérons ces conflits comme les manifestations d'un phénomène plus large — l'animosité de la ville envers l'université — il faut le faire non seulement sous l'angle de l'irritation constante des autorités municipales devant les privilèges (les franchises [94] touchant les douanes, les impôts [95] ou le service de la milice, par exemple [96]) et devant l'orgueil de cette puissante fille de l'Eglise, mais aussi y voir le ressentiment de la population urbaine vis-à-vis des étudiants, de leur mode de vie, de leur situation sociale. Tout ce qui fait la spécificité de la vie des écoliers éveille l'agacement, l'irritation et même la haine : leur jeunesse, l'insouciance avec laquelle ils utilisent leur temps libre, le sentiment de leur particularité, de leur indépendance, les connaissances qu'ils ont acquises pendant leurs études, leur participation active et quotidienne au monde des distractions et du rire. Et pourtant, si le milieu estudiantin semble placé sous le signe de la vie carnavalesque et de l'amusement, s'il est dans son ensemble étranger aux structures sociales, la majorité de ses membres, ayant acquis ses grades universitaires, va rentrer dans ces structures et les servir.

Mais il est une catégorie, parmi les écoliers du Moyen Age, qui prend la voie du crime. Elle renforce le lot des malfaiteurs qui traînent par villes et chemins. Elle y est poussée par la pauvreté, la soif de l'argent, la fréquentation constante d'individus qui vivent déjà en dehors de la société, par les rencontres d'auberge ou de maisons closes, les voyages à la maison natale ou vers un autre centre d'études, effectués en compagnie de vagabonds.

Comment ne pas citer ici, l'exemple du poète dont nous avons déjà invoqué le témoignage, l'exemple de cet écolier parisien qu'accompagne cette triste réputation de filou et de vagabond : François de Montcorbier, alias des Loges, plus connu sous le nom emprunté à son tuteur, de Villon [97]. L'auteur du *Grand Testament* a été découvert pour la seconde fois dans le dernier quart du XIXe siècle [98]. Il correspondait alors, non seulement à la nouvelle sensibilité littéraire — qui ne s'embarrassait pas de la délicatesse de Clément Marot, pour lequel Villon parle de « telles choses basses et particulières » — mais aussi à une certaine mode des marginaux, du monde des apaches, des filous, des souteneurs qui se mêlaient à la bohème artistique. Le poète médiéval trouvait d'ailleurs une place adéquate dans l'imagination et les sentiments de Victor Hugo. De longues années d'efforts des éditeurs ont permis d'établir les textes et de connaître la vie du poète. Les travaux classiques d'Auguste Longnon, Marcel Schwob et Pierre Champion ont livré la clef de l'œuvre du maître. L'interprétation de Villon, poète des vagabonds, a permis d'accumuler de riches et passionnants documents ; ce milieu, dès lors, a acquis scs lettres de noblesse et le droit à l'histoire.

Mais les études les plus récentes sur Villon corrigent l'image néoromantique du poète maudit [99]. On voit désormais, plus volontiers, dans la confession faite au pied du gibet une certaine ostentation et l'exagération du poète qui s'imagine parmi des vagabonds et des vauriens décrits non sans ironie, ni sarcasmes. L'origine de ce changement de tendance dans l'interprétation est, certes, à chercher dans la conviction douteuse qu'on ne peut être, à la fois, un excellent poète et un parfait coquin [100], mais la vérité semble être, quand même, de ce côté. Villon partage le destin agité de la jeunesse universitaire : il brigue avec succès les titres universitaires successifs — le baccalauréat en 1449 (il a alors dix-sept ans), la licence et la maîtrise ès arts en 1452, mais il vit sous le signe que nous indique ce vers de l'une de ses ballades : « Tout aux tavernes et aux filles » [101], il est de tous les chahuts d'étudiants (entre autres, on le retrouve dans les bagarres du Pet-au-Diable). C'est un expert en jeux de hasard, mais il n'entre en relation avec le milieu criminel qu'en 1455 ; après une rixe malheureuse au cours de laquelle il porte un coup mortel à un prêtre, Philippe Sermoise, il s'enfuit de Paris et voyage pendant quelques mois sur les routes de France [102]. Gracié par le roi, il revient dans la ville, mais pas pour longtemps ; il repart en voyage et ne revient qu'en 1462. Il séjourne plusieurs fois en prison : en 1462, il semble avoir été emprisonné à Paris pour un crime de nature imprécise. Pendant ces années de voyage, il a connu les prisons de l'archevêque de Bourges, celles du duc d'Orléans, puis celles de l'évêque d'Orléans à Meung-sur-Loire d'où il n'a été libéré qu'à l'occasion du couronnement de Louis XI [103]. Revenu enfin à Paris, il s'y fait arrêter pour vol, mais on le relâche. En 1463, convaincu d'avoir participé à une rixe mortelle, Villon est condamné à la pendaison par le tribunal du Châtelet. Après appel au Parlement, cette peine est commuée en bannissement pour dix ans. Sur ce verdict du 5 janvier 1463 s'achève la série des données biographiques et on perd la trace du poète qui a, à cette date, trente-deux ans [104].

Il est évidemment possible de voir dans le destin agité de l'ancien étudiant de Paris un concours de circonstances malheureuses, mais la connaissance précise du jargon des voleurs, dont Villon s'est servi pour composer quelques ballades [105], la distinction subtile des différentes catégories du milieu et des situations de chacun de ses membres [106], confirment indubitablement des relations étroites avec ce monde et recoupent, en quelque sorte, la biographie du poète. Si l'on essaie d'oublier un instant qu'il s'agit de Villon le poète, la biographie de François de Montcorbier dit des Loges peut être envisagée en soi et nous obtenons une carrière criminelle typique assez moyenne. L'issue tragique de la bagarre avec le père Sermoise l'éloigne de la vie universitaire ou ecclésiastique normale, que semblaient lui assurer des études couronnées de succès et la protection d'un oncle chanoine [107]. Le vol au collège de Navarre, en décembre 1456, atteste l'engagement dans la carrière du crime [108]. Pour connaître le destin ultérieur du poète, nous devrions pouvoir accéder aux aveux qu'il a faits, sous la torture, au Châtelet, en 1463. S'il est impossible de traiter Villon de voleur professionnel, on peut par contre, à bon droit, le considérer comme un représentant du monde des vagabonds et envisager cette participation comme l'un des témoignages de l'adhésion de personnes instruites à ce milieu.

Le vol du collège de Navarre, auquel Villon a participé, mérite un commentaire détaillé. Il montre, d'une part, la présence d'universitaires dans une bande de voleurs, et d'autre part, le mode de fonctionnement d'associations de malfaiteurs de ce type.

L'affaire se passe à la Noël de l'année 1456. Elle a été préparée par une rencontre de compagnons dans une auberge du quartier estudiantin, près de l'église de Saint-Mathurin. On y trouve comme participants : Colin de Cayeux [109] que nous connaissons déjà pour ses liens avec la bande des coquillarts ; un moine picard qui se nomme Damp Nicolas ; un certain Petit Jehan ; Villon et son ami de l'université, Guy Tabary (qui est cité dans le *Testament* [110] comme étant le copiste d'une des premières œuvres du poète, consacrée à l'affaire du Pet-au-Diable, laquelle ne nous est pas parvenue). Chacun d'eux a probablement déjà un passé plus ou moins chargé de crimes, mais seul Petit Jehan semble être le professionnel du groupe, les autres sont gens d'église. Tabary et Villon sont maîtres ès arts, Colin de Cayeux a été étudiant, mais n'a semble-t-il, pas terminé ses études. Après un souper à l'auberge, les compagnons se mettent en chasse. Débarrassés de leurs frocs pesants et laissant maître Tabary faire le guet, ils s'introduisent, vers dix heures du soir, dans le collège de Navarre. Ils reviennent deux heures plus tard, portant un sac de grosse toile qui contient cinq cents écus, une jolie petite fortune. Ce n'est que deux mois plus tard que le vol est découvert et les serruriers, appelés pour l'expertise, affirment que les serrures des coffres, ayant contenu l'argent du collège, portent des traces de crochetage. Selon leur déposition les auteurs du vol sont assez peu expérimentés.

Tel n'est pas, cependant, l'avis de Guy Tabary qui se révèle le plus bavard de la bande et qui vend la mèche[111]. Grâce à lui les autorités parviennent à identifier les chenapans (ce qui lui vaut, dans le *Testament*, le qualificatif d'« homme véritable [112] ».) Ayant rencontré dans une auberge du Petit Pont un prêtre nommé Pierre Marchant, il engage avec lui une longue conversation autour d'un pichet de vin et le pousse, à charge de revanche, à lui faire des confidences. A la demande du prêtre, il raconte quelles sortes de crochets il connaît et ceux qu'il a utilisés. Un orfèvre nommé Thibaud, chez qui il avait déjà fait fondre de l'or et de l'argent volés, fournit des crochets semblables aux deux compères et, comme le prêtre semble désireux d'entrer dans une bande de voleurs, il l'introduit le lendemain à Notre-Dame, où un groupe d'amis, profitant du droit d'asile, s'est caché après avoir fui la prison de l'official. Tabary lui désigne celui du groupe qu'il considère comme le plus expert en crochetage (un jeune homme de vingt-six ans aux cheveux longs), puis lui raconte quelques vols effectués auparavant (outre celui du collège de Navarre, il s'étend sur le sac opéré chez un augustin qui a rapporté entre 500 et 600 écus) ; il s'ouvre enfin du coup qu'ils sont actuellement en train de préparer contre un moine riche qui loge au couvent des augustins. Thibaud, l'orfèvre, leur a déjà préparé les crochets *ad hoc* et le cousin de celui-ci, qui est moine au couvent susdit, doit les aider en les introduisant dans la place et en leur fournissant les frocs qui faciliteront l'exécution de leur projet. Tabary met encore le prêtre de rencontre en relation avec un autre compagnon, qu'il appelle maistre Jehan, lui aussi spécialisé dans la confection des crochets [113].

On est frappé, à l'évocation de ces vols, par le fait que des personnes du milieu universitaire y participent et que cette participation ne soit ni occasionnelle, ni passagère.

Seul, peut-être, Tabary n'est pas concerné par cette remarque, son rôle semble, en effet, secondaire, auxiliaire, limité à faire le guet ou à exécuter des missions de reconnaissance [114]. Marchant n'a peut-être voulu, lui aussi, qu'entreprendre une action à son compte. Mais les autres, y compris Villon et Colin de Cayeux, parlent d'effractions, de crochetage, d'entreprises communes avec des professionnels du crime comme d'affaires presque quotidiennes [115]. Profitant de leur connaissance du microcosme universitaire, c'est là qu'ils cherchent leurs victimes. Quant à l'organisation des coups, tels que nous les relate Tabary, on est frappé par l'identité des conditions de rencontre : les mêmes que celles du milieu criminel : mêmes lieux, mêmes amitiés, mêmes associations.

Le récit de Tabary nous présente des universitaires de différentes conditions. Les uns sont des étudiants qui, dès le cours de leurs études, ont plongé dans le monde du crime : à part Colin de Cayeux, fils de serrurier, on peut citer à cet égard Regnier de Montigny qui est issu d'une famille noble bien en cours. D'autres, ces jeunes clercs qui cherchent franchise dans les murs de Notre-Dame, sont peut-être encore des écoliers. D'autres enfin, comme Villon ou Tabary, sont les représentants en titre de l' « intelligentsia » universitaire [116] pour qui n'ont pas de secret

> ... espèce collateralles,
> Oppiniatives faulce et voire,
> Et autres intellectualles,
> Et mesmement l'estimative,
> Par quoy propective nous vient,
> Similative, formative...

ainsi que le dit Villon non sans moquerie [117], mais ceux-là attendent, sans résultat, quelque bénéfice, fonction de chancellerie ou de Cour [118] et ils envisagent avec horreur de devoir quitter Paris, ce « Paris sans pair [119] » auquel ils tiennent.

Ces différentes catégories de criminels du monde universitaire ne sont plus du tout assimilables au monde de la bruyante jeunesse, ce sont les groupes « dangereux » de la fin du Moyen Age. Le relâchement général de la vie universitaire du xve siècle favorise cette décomposition sociale et la série de mesures prises pour le maintien de l'ordre public à Paris, au milieu de ce siècle [120], montre combien les étudiants étaient jugés sévèrement ; on ne compte plus parmi eux les bagarreurs, les vagabonds, les faux écoliers [121] ; on leur interdit de porter l'épée ou de s'armer de gourdins ; on introduit un systèmes d'attestations pour contrôler leur travail. Les exemples de non-adaptation ne sont pas, en réalité, imputables à la mauvaise organisation de la vie universitaire, ils s'expliquent, plus profondément, par la situation du « marché universitaire du travail », ainsi que par la place de ce milieu dans l'ensemble des structures sociales du Moyen Age.

3. Les jongleurs et « artistes »

Dans les procès concernant des clercs et leur droit à bénéficier du *privilegium fori,* le reproche de « goliardise » apparaît souvent. Aux XIVe et XVe siècles ce terme a toutefois pris une signification différente de celle qu'il avait précédemment. Il ne désigne plus le milieu coloré des baladins, de la bohème artistique et intellectuelle du Moyen Age, ni les créateurs des séditieuses et irrévérencieuses *Carmina Burana,* les poètes, chansonniers et autres faiseurs de satires [122]. Dans sa lutte acharnée contre la « famille de Golias », l'Eglise lui reproche avant tout son laisser-aller, sa vie dévergondée, et toutes sortes de débridements sexuels. Le mot « goliard » est devenu, au cours de cette lutte aussi vaine que sans merci, le synonyme de proxénète [123].

La vindicte de l'Eglise est surtout dirigée contre les artistes publics, ceux dont le métier est de procurer des distractions profanes — chansons, récits, musique instrumentale ou acrobaties. Ce milieu, défini par le nom générique de jongleurs [124], compte dans ses rangs de nombreux clercs, mais dépasse largement le monde de la tonsure ou du froc monacal, il prolonge et complète le cercle cultivé et éclairé des clercs et écoliers. Il jouxte également et recoupe, peut-être de façon encore plus nette, la frange marginale de la société.

Dès le XIIe siècle, Honorius Augustodunensis leur refuse tout espoir de salut et les qualifie de « *ministri satanae* [125] ». Deux siècles plus tard William Lengland condamne catégoriquement les historiens ambulants, conteurs de sornettes et jongleurs.

Tous ces ménestrels qui traînent de villes en villages

sont, aux yeux du poète anglais, les représentants et les suppôts du diable [126]. Les prescriptions de l'Eglise, aussi bien que les écrits des théologiens et des moralistes traitent les jongleurs avec une rigueur qui ne se dément pas, ce sont les propagateurs du scandale et des plaisirs indignes [127]. Exception est faite, cependant, pour les conteurs d'histoires propres à renforcer la vertu et la foi, pour ceux qui popularisent des vies de saints ou des moralités sur les faits et gestes de personnages exemplaires [128]. A ceux-là l'Eglise est même prête à apporter son appui, et la distinction ainsi opérée conduit, peu à peu, à la reconnaissance *de facto* des bateleurs et chanteurs.

Dans les cours seigneuriales l'arrivée de jongleurs constitue l'une des rares diversions qui interrompe la monotonie de la vie campagnarde et ils sont un élément indispensable des foires, carnavals et pèlerinages, mais dans la ville ils sont un élément permanent. Les rues, les places et les ponts de Paris [129] fournissent le cadre constant de leurs exhibitions ; un banquet ou un festin de noce ne saurait se concevoir sans leur présence ; ils utilisent même les parvis et les porches des églises pour leurs tours. Plus tard, ils doivent peu à peu céder le pas au théâtre qui se développe, ils participent alors, souvent, à des représentations ou se joignent à des troupes théâtrales [130], tout en conservant leur vocation propre de conteurs, chansonniers, acrobates, musiciens surtout, par le canal desquels la culture est le mieux perçue et transmise. Dans la vie politique aussi, ils jouent un grand rôle : les chansons à thèmes d'actualité forment l'opinion publique et les autorités doivent bien souvent intervenir pour interdire la diffusion de certaines ritournelles [131].

Les artistes, jadis itinérants, changent peu à peu de style de vie et se fixent à demeure [132]. A Paris, évidemment, la clientèle prête à se distraire est particulièrement nombreuse et cela encourage la sédentarisation des ménestrels. Au début du XIVᵉ siècle, ils sont déjà organisés en corporation distincte, mais bien avant cela, ils se regroupaient dans une rue du quartier de la rive droite appelée la rue aux jongleurs et, par la suite, la rue des ménestrels [133]. Le statut que la corporation des ménestrels parisiens obtient, en 1321, qui sera modifié et complété en 1407, normalise leur vie sur des bases analogues à celles des autres métiers [134]. Et même si, très souvent, tout ce qui touche les ménestrels et bateleurs de Paris est un sujet de préoccupation pour la municipalité, même si celle-ci fait peser sur eux toutes les mesures visant au maintien de la sécurité urbaine, cette catégorie n'en est pas moins traitée à égalité avec les autres [135]. Leur corporation se dote d'un local propre, sa direction est assurée par un chef appelé le roi des ménestrels [136] et nombre de ses membres jouissent pleinement des droits et privilèges des bourgeois de Paris [137].

Malgré tout, une ombre d'infamie continue à planer sur eux, et la corporation parisienne, tout au moins au début du XIVe siècle, ne compte que trente-sept hommes et femmes [138]. A l'instar des sociétés de ménestrels des autres villes, et conformément à la tendance générale au contrôle des règlements corporatifs [139], celle de Paris tend à limiter la concurrence, à assurer à ses membres le monopole du métier sur le territoire de la métropole. Cela n'empêche pas l'afflux de concurrents non patentés, d'itinérants qui partagent la vie des vagabonds. La méfiance permanente de l'Eglise envers tous ceux qui procurent des distractions profanes, la présence de ces errants, le lien constant des artistes avec l'auberge, la dépravation, sont autant de facteurs qui poussent cette catégorie en marge de la société.

Eux-mêmes répandent et propagent, d'ailleurs, cette image de leur condition. Un fabliau présente ainsi le personnage du jongleur [140]

N'avait pas sovent robe entiere
Qui mout est de povre riviere
Ne sai comment on l'apela,
Mais sovent as dez se pela ;
Sovent estoit sans sa viele,
Et sanz chauces et sans cotele
Si que au vent et à la bise
Estoit sovent en chemise...

Ce va-nu-pieds partage sa vie entre l'auberge et la maison close où il dépense tout ce qu'il gagne [141]. A l'issue de cette « fole vie » il va, de toute évidence, en enfer où les diables font fi de ses chansons ; ils l'emploient alors à l'entretien des feux sous les chaudrons et à la surveillance des damnés. Un beau jour, saint Pierre passe par là et joue aux dés avec notre jongleur qui se laisse déposséder de toutes les âmes dont il avait la garde. Cette incurie lui vaut finalement le ciel car les diables, fâchés, le boutent hors de l'enfer, et saint Pierre lui ouvre avec joie les portes du Ciel.

Un autre fabliau nous conte la dispute de deux ménestrels qui cherchent à savoir lequel d'entre eux est le plus expert en jonglerie [142]. Ils révèlent ainsi, sans pitié, leurs insuffisances et défauts réciproques en même temps que la misère de leur condition. Le ménestrel est misérablement vêtu, affamé, impécunieux, semblable à un égoutier, un portefaix ou un vacher [143] ; mais au lieu de travailler, il préfère traîner [144] et d'ailleurs « li fils doit resambler le pere », or toute la famille du jongleur est faite de criminels, voleurs et filles de joie — le père a été pendu pour vol, sa sœur a épousé « I lecheor », tous deux étaient voleurs, de même que leurs cousins et cousines [145]. Le jongleur finit lui-même au pilori ou à la potence.

Telle est, en effet, la destinée la plus fréquente de ce monde. En 1392, un « menestral de Guiterne » comparaît devant le tribunal du Châtelet, il est vieux, il est pauvre. Son âge ne lui a pas permis de gagner sa vie à Paris [146] et il a décidé de gagner la Normandie, pour y vivre de son art. Mais le diable lui inspire, là-bas, différents vols. On en compte dix-sept ou dix-huit entre Rouen, Gisors, Evreux, Pontoise et autres lieux. Dans chaque maison, il vole un ou deux plats d'étain et il cache son butin, après son retour à Paris, dans les marais qui s'étendent au-delà de la porte du Temple. C'est là qu'il est surpris et appréhendé, ce qui lui vaut d'être conduit au Châtelet. Soumis à la torture, le lendemain (son supplice est atténué, eu égard à son âge), il n'avoue rien d'autre. Les juges, pourtant, tiennent compte du fait qu'il a déjà fait de la prison pour vol et qu'il a autrefois enlevé une jeune fille qu'il traînait avec lui, en haillons ; ils le reconnaissent donc pour un voleur signalé. Le verdict cite aussi un argument intéressant quant à l'éthique attendue des ménestrels : leur métier doit inspirer la confiance [147]. Il est vrai que des divergences séparent ces juges ; quelques-uns sont d'avis qu'il faut lui couper une oreille et l'exposer au pilori ou encore assortir cette peine du bannissement, mais la thèse selon laquelle le prévenu n'est plus susceptible d'amendement prévaut et puis, il s'agit d'un vagabond, il faut donc le pendre. Et il est pendu le jour même. L'incarcération, l'audition, le jugement et l'exécution de la sentence se sont passés le même jour.

Faire de la musique ou des jongleries est aussi pour les

vagabonds un moyen de gagner quelques sous, une occupation temporaire ou complémentaire. Pour Poncelet de Montchauvet, dont l'affaire est transmise au Parlement par l'évêque de Paris, cette occupation est même devenue, comme on peut le supposer, la seule de sa vie dans la dernière période. Poncelet a été clerc, il a observé le célibat et a même, un certain temps, été carme. Emprisonné déjà deux fois pour dettes et vols, il est, cette fois-ci, remis à la justice ecclésiastique, à laquelle il avoue un vol avec meurtre de deux femmes. Le procureur du roi, qui veut le garder pour la juridiction laïque, argue du fait qu'il s'agit d'un bâtard qui se conduit mal depuis ses plus jeunes années, qui vagabonde et se livre au pillage. Les derniers temps, il a vécu de la représentation de farces et de jongleries aux Halles de Paris [148]. Ce fait bien établi le priverait *ipso facto* du *privilegium fori*, c'est pourquoi le représentant de l'évêque essaie de prouver, au contraire, qu'il ne jouait que comme font les étudiants, pour s'amuser, non pour gagner de l'argent [149]. Il est peu probable que cela ait été vrai. Poncelet de Montchauvet, familier des auberges et des hôtels borgnes, a besoin d'argent. La foule des halles constitue un public prompt à l'obole en échange d'une distraction [150], elle fournit aussi des possibilités de gain bien moins avouables.

Le développement du théâtre que l'on observe à la fin du Moyen Age, absorbera lentement cette masse bigarrée des « professionnels du divertissement ». Ils marqueront d'ailleurs le théâtre religieux d'une note personnelle, ils lui apporteront l'élément comique [151], la satire des institutions et des gens en place, n'épargnant personne et tournant leur propre situation, comme celle des autres, en ridicule.

En examinant cette galerie d'artistes qui sont si souvent des tire-laine ou des compagnons de rapine, il faut avoir en mémoire que leur condition est proche de celle des mendiants. Les oboles qu'ils collectent ne sont pas sans analogie avec l'aumône. Mendiants et aveugles se prêtent de même assistance dans l'exercice de leur profession, en jouant d'un instrument ou en chantant [152]. Dans le monde de la misère, tous les métiers ont des connexions mutuelles.

Il serait vain, à coup sûr, de tenter de ramener à un commun dénominateur tous ces milieux, si divers et si mal définis, tous ces clercs insoumis, ces prêtres errants, ces écoliers et ces maîtres de l'université, ces bateleurs, ces baladins, ces conteurs. Il serait peu probant de les traiter en intellectuels, encore qu'ils soient unis dans leur marginalité par certains traits communs, par leur isolement, à divers degrés, vis-à-vis de la société dont ils servent les aspirations spirituelles ou culturelles. Nous ne les assimilons pas aux marginaux, nous considérons seulement qu'ils ont fortement tendance à s'y assimiler et qu'ils constituent une large plateforme de recrutement pour le monde du crime.

NOTES

1. R. Génestal, *Le privilegium fori en France du décret de Gratien à la fin du XIVe siècle,* Paris, 1921-1924, Bibliothèque des Hautes Etudes. Sciences religieuses, t. 35 et 39, t. I, pp. 3 et suiv.
2. Mais, en 1452, Robinet du Vaudoy, servilis conditionis, reçoit la tonsure. Archives nationales, LL 305, coll. Sarrazin, fol. 98.
3. L'archevêque de Rouen prenait 5 s. pour une tonsure, mais 25 s pour les bâtards, et 45 s. si le père du bâtard était un prêtre. Génestal, *op. cit.*, p. 9, n° 1.
4. *Ibidem*, p. 6.
5. Cf. *Journal de Clément de Fauquembergue, greffier du Parlement de Paris (1417-1435),* éd. A. Tuetey et H. Lacaille, Paris, 1903-1909, t. II, p. 215. — Ordre est donné aux sergents du Châtelet qui sont clercs et célibataires, de se marier.
6. G. Fagniez, *Fragment d'un répertoire de jurisprudence parisienne au XVe siècle,* Mémoire de la Société de l'Histoire de Paris, t. XVII, 1890, p. 10, n° 23 (12 août 1402).
7. Cité d'après Génestal, *op. cit.*, t. I, p. 5.
8. Les comptes de l'évêque de Rouen font apparaître qu'entre décembre 1390 et juin 1392, 1 642 tonsures sont pratiquées. Pour la seule fête des Rameaux de 1397 on tonsure 737 enfants, Génestal, *op. cit.*, t. I, p. 4, n° 4.
9. *Ibidem*, chap. V, voir, sur l'attitude du droit canon au XIVe siècle, p. 170.
10. Archives nationales, X^{2a} 10, fol. 123 (1381) — Un clerc accusé de vol et de meurtre n'est pas remis à l'évêque car il est vêtu d' « un mantel qui a le colet de drap vert et le demourant du mantel est de drap brun ».
11. Génestal, *op. cit.*, pp. 62-80.
12. L. Pommeray, *L'officialité archidiaconale de Paris aux XVe-XVIe siècles,* Paris, 1933, pp. 216 et suiv.
13. Ph. de Beaumanoir, *Coutumes du Beauvaisis,* XI, 355, éd. A. Salmon, Paris, 1900, p. 169 : « Aucune fois avent il que l'en prent laies persones en abit de clerc, si comme larron ou murdrier, ou autre mauvese gent, qui se font fere courone li uns à l'autre, ou à un barbier. »

14. *Registre criminel du Châtelet de Paris,* éd. H. Duplès-Agier, Paris, 1861, t. I, p. 78 : « considéré que un homme naist pur lay, et qu'il doit estre tenus et reputez toute sa vie pour tel, s'il ne appert de lettre de tonsure, ou qu'il sache lire ou escripre » ; il faut souligner qu'ici le fait de savoir lire est absolument équivalent à la possession d'un document prouvant qu'on est clerc.

15. *Ibidem* : (Honoré du Puys) « sadite tonsure il avoit fait fere un pou paravent la Saint Jehan darrenierement passée, en la cité de Paris, à un barbier, qu'il ne congnoissoit, afin d'eschever la punicion de la justice temporelle, et que, s'il estoit prins par ycelle justice, que comme clerc il feust rendu à l'official, disant en soy que tousjours vient-il aucuns grans seigneurs ou dames qui font graces aux prisonniers de la court espirituelle plustost et plus souvent que à ceulx de la court temporelle ».

16. *Ibidem,* p. 80 : « (Jehan de Soubz le Mur) Ledit Perrin Amiot lui dist qu'il faisoit que fol qu'il ne portoit tonsure, veu que souvent il entrebatoit avec compaignons, et que se d'aucune aventure il estoit prins par la justice laye, qu'il seroit perdus. » Cf. aussi, *ibidem,* pp. 95, 97.

17. *Ibidem,* p. 90 : « (Jehan de Saint-Omer) il ne moroit nul prisonnier en la court dudit official, e que tousjours l'en yssoit par detencion de longue prison, nouvel advenement d'arcevesque ou autre grant seugneur, qui faisoient delivrer yceulx prisonniers » il est facile de retrouver dans ces aveux des arguments soufflés par les enquêteurs et liés à la rivalité entre juridictions laïque et ecclésiastique.

18. Archives nationales, X^{2a} 11, fol. 192 V-193 V, ainsi que Bibliothèque de la préfecture de police, 33, *Livre vert ancien du Châtelet,* fol. 113-114 V (1385) : « de consilio dicti sui socii capillos suos ad signum tonsurae clericalis per quemdam barbitonsorem radi fecerat... ad finem quod si propter dicto homicidio vel alio maleficio caperetur ipse liberationem a judicibus ecclestiasticis citius et facilius quam a secularibus obtineret ».

19. C'est là d'ailleurs le couronnement d'expériences antérieures, cf. *Le Grand Coutumier de France,* éd. E. Laboulaye et R. Dareste, Paris, 1868, IV, 6, 226 ; « Le prevost de Paris me dist l'an mil382 en avril qu'il tenoit ung clerc non marié qui estoit houlier et soupçonneux d'autre crime, il en avoit parlé au conseil du roy et a Msgrs du parlement qui estoient d'opinion qu'il fust tiré a la gehinne nonobstant sa couronne. »

28. *Registre du Châtelet,* t. I, pp. 86 et suiv.

21. *Ibidem, passim* et Bibliothèque de la préfecture de police, 33, *Livre vert ancien du Châtelet,* fol. 115 V (1392).

22. Archives nationales, X^{2a} 12, fol. 379 V (1398) : « en cas pareil ont esté executez a mort pluseurs autres ou Chastellet de Paris nonobstant qu'ils se deissent clercs ».

23. Bibliothèque de la préfecture de police, 33, *Livre vert ancien du Châtelet,* fol. 115 : « Jehan Brenonville emprisonné le XVI jour d'avril 1392 pource que l'en dit qu'il est homme mal renommé et qu'il est larron et lequel par ses mesfaits a esté prisonnier à la cour de l'église lequel Brenonville est couronné et ne sait lire, et congnoist qu'il est bastard. »

24. *Ibidem* : « Jaspar de Leplanc ou Bloyer emprisonné le XIII jour d'avril aud. an, pour ce qu'il est homme oyseux et vacabond, de mauvaise vie et renommé, trompeur et joueur de faulx

dez, si comme l'en dit, lequel a couronne rasée et ne sait lire. »

25. *Ibidem* : « Colin Cousin, emprisonné le XXVII jour de mars 1391 pour la deroberie par lui congnue avoir faite en l'hostel messire Gaucher de Chasteillon, lequel Colin n'a point de tonsure et sait bien lire. »

26. *Ibidem*, fol. 115 V : « Martin le Vachier, le II jour de may, pour ce qu'il a congnu et confessé avoir mal prins et emblé une houppelande et fait plusieurs autre larrecins, lequel Martin n'a point de tonsure et ne sait lire, sauf tant que alors qu'il fut prins il avoit plusieurs couronnes en sa teste laquelle estoit bestaudé comme à fol. »

27. *Ibidem* : « Jehan Raimbaut emprisonné le premier jour de may pour souspeçon d'avoir mal prins et emblé certains joyaulx à mettre reliques d'esglise qu'il exposoit en vente sur grant pont à Paris, lequel Raimbaut n'a point de tonsure rasée et sait bien lire. »

28. *Registre criminel du Châtelet,* t. I, p. 87 : « le malice d'iceulx prisonniers ».

29. Archives nationales, X^{2a} 14, fol. 234 V : « apostasie est de trois manieres c'est assavoir aut ordinis aut religionis aut fidei ».

30. *Ibidem* : « Guiot des Prez est de Noyon Bastart d'un chanoine » ; cf. aussi X^{2a} 22, fol. 221 (1443).

31. Archives nationales, X^{2a} 25, fol. 279 (1455) : « Alain le Gentil... est espieur de chemins. »

32. En 1403 l'évêque d'Amiens retire sa réclamation concernant Jaquet Gourdache qui est clerc mais « homme de laide vie et très mal renommez », vu la gravité des faits qu'on lui reproche : pillage, trois meurtres et l'incendie d'une maison — Archives départementales de la Somme G 487, inventaire.

33. Archives nationales, X^{2a} 44, fol. 45 V (1480) ; cf. aussi X^{2a} 17, fol. 92 V (1413) : « et ne puet tenir de faire mal et est homme incorrigible ».

34. A ce sujet, cf. Le Goff, *Métiers licites et métiers illicites dans l'Occident médiéval,* Annales de l'Ecole des Hautes Etudes de Gand, t. V, 1963.

35. Archives nationales, X^{2a} 12, fol. 441 (1400).

36. Archives nationales, X^{2a} 14, fol. 305 (1406).

37. Archives nationales, X^{2a} 14, fol. 234 V (1405) — Thomas Guillot, accusé de vol au chateau royal est « homme de vil mestier varlet de masson », mais le représentant de l'évêque réplique qu'il « n'est pas repugnant que masson ne puisse estre clerc ».

38. Archives nationales, X^{2a} 14, fol. 305 ; *Registre criminel du Châtelet,* t. II, p. 383 (1391).

39. Archives nationales, X^{2a} 14, fol. 305 (X^{2a} 17, fol. 92 V, X^{2a} 44, fol. 45 V.

40. Archives nationales, X^{2a} 12, fol. 441 (1400), ce dernier terme est ambigu et peut s'appliquer à la propriété d'une taverne que le droit canon réprouve, aussi la partie adverse discute-t-elle du sens à lui donner.

41. *Ibidem* : Le procureur dit que « mesmement Alain tient une fillette publique » et l'évêque « dit que les prisonniers ne sont pas gouliars et s'il a une fillette il ne vist pas de son conquest et ne doivent pas estre appellez taverniers pour ce qu'ilz vont ne la taverne ».

42. Sentence dans Archives nationales, X^{2a} 13, fol. 342 (1400).

43. Archives nationales, X^{2a} 28, fol. 283 (1459) : « par sa confession est actaint de sa jeunesse d'estre coustumier d'embler ».
44. *Ibidem* : « est ale a Saint Denis ou a emblé sept chappeaux de feutre ».
45. *Ibidem* : « Depuis led. prisonnier estant couche avec ung homme il a pris en sa bourse XVI s p et a emporte son pourpoint. »
46. *Ibidem,* fol. 283 V : « ung pipeur qui est ung des fors pipeurs qu'on sache trouver ».
47. *Ibidem* : « son proces fut fait et fut condemne a estre batu sur les carreaux mais le bourreau dit qu'il estoit clerc et ne le bateroit point ».
48. Pommeray, *op. cit.*
49. Cf. *Histoire du Moyen Age,* t. VII, 2e partie, par J. Calmette et E. Deprez, p. 440. Un tableau mordant des mœurs des clercs aux siècles précédents est donné par les fabliaux, cf. chap. v; Langlois, *La société du Moyen Age d'après les fabliaux,* Revue Bleue, t. XLVIII, 1891, p. 231.
50. Pommeray, *op. cit.*, pp. 260 et suiv.
51. *Ibidem*, p. 262, n. 2.
52. *Ibidem*, p. 201.
53. *Ibidem*, p. 526, Documents, N. 54, année 1494.
54. *Ibidem* : « dicit quod est presbyter Lemovencis dyocesis sine beneficio promotus ad titulum patrimonii sui ut dicit confessus est quod se fecit questari per totum indictum et celebravit in loco prophano cum licentia domini archidiaconi ut dicit ».
55. *Ibidem* : « Substraxit dentes usque ad tres et sepius stabat usque ad noctem et indifferenter ibat ad tabernam in indicto ad vivendum et evellit cum... (?) in cimiterio Sanctorum Inocencium ciudam unam dentem. »
56. *Ibidem*, pp. 209 et suiv.
57. *Ibidem*, pp. 515 et suiv., Documents, N. 40, année 1486.
58. L. Pommeray, *op. cit.*, p. 515, n'hésite pas à les considérer comme tels.
59. *Registre criminel de la justice de Saint Martin des Champs à Paris au quatorzième siècle,* éd. L. Tanon, Paris, 1877, p. 16 (1332).
60. S. Luce, *Les clercs vagabonds à Paris et dans l'Ile de France,* doc. III, pp. 6 et suiv. (1481). Le groupe de documents publiés dans ce petit livre avait été présenté par l'auteur à une séance de la Société de l'Histoire de Paris. Dans la controverse qui s'éleva alors, on s'opposa à la publication de ce travail dans le journal de la Société pour la raison qu'il pouvait servir à éveiller ou attiser des passions à l'écart desquelles la science devait rester... (*Bulletin de la Société d'Histoire de Paris,* t. V, 1878, p. 130.)
61. *Registre criminel du Châtelet,* t. II, p. 386 (1392).
62. Pommeray écrit à ce sujet, *op. cit.*, p. 276 : « Au Châtelet ils seront punis comme leurs compagnons de tavernes et de misère et pourront retourner se perdre dans les milieux mal famés. »
63. Cf. M. Davy, *La situation juridique des étudiants de l'Université de Paris au XIIIe siècle,* Revue d'Histoire de l'Eglise de France, 1931, pp. 297 et suiv.
64. *Poésies de Gilles li Muisis,* éd. Kervyn de Lettenhove, t. I, Louvain, 1882, p. 263.
65. J. Le Goff, *Les intellectuels au Moyen Age,* Paris, 1962, pp. 139 et suiv.

66. Luce, *Les clercs vagabonds à Paris*, p. 2.

67. Poésies de Gilles li Muisis, p. 264.

68. Même les droits universitaires pouvaient être remplacés par un travail physique — *Auctarium chartularii Universitatis Pariensis*, éd. H. Denifle et E. Chatelain, t. I, Paris, 1937, p. 495 : « cum ipse non haberet, unde solveret, dempto opere manuali ».

69. Archives nationales, Y 5228, fol. 22 (1414) — un écuyer de Châteauroux envoie 10 francs par mois à son fils qui étudie à Paris.

70. Cf. Archives nationales, X^{1a} 1471, fol. 450 V (1381) — cas d'un étudiant qui possède des vignes, Y 5228, fol. 26 (1414) — cas d'un autre qui vend du vin, K 950, VIII, n. 20 — cas d'un troisième, étudiant en droit, qui se livre au même commerce. Les actes d'émancipation juridique d'étudiants étaient certainement destinés à les faire bénéficier des avantages économiques du privilège estudiantin. Ainsi un « laboureur de vignes » d'Arcueil émancipe-t-il son fils de 12 ans qui va étudier à Paris (Archives nationales, Y 5228, fol. 9, année 1414 ; *ibidem*, fol. 19 : un autre acte analogue) ; cf. F. Olivier Martin, *Sentences civiles du Châtelet de Paris (1395-1505)*, publiées d'après les registres originaux, Nouvelle Revue historique de Droit, 1913-1914, p. 770, n. V.

71. Archives nationales, M 179, n° 2 — Statuts du collège de Narbonne de 1379, art. 19.

72. Nous utilisons ici des généralisations contradictoires, mais l'histoire sociale des universités médiévales en général et de celle de Paris en particulier reste très insuffisamment connue — cf. S. Stelling-Michaud, *Les universités au Moyen Age et à la Renaissance*, in : XI Congrès International des Sciences Historiques, t. I, Stockholm, 1960 et *Les universités européennes du XIVe au XVIIIe siècle. Aspects et problèmes*, Genève, 1967.

73. O. Dobiaš-Roždestvenskaja, *Kollizii vo francuzskom obščestvie XII-XIII vv. po studienčeskoj satirie etoj epochi, Istorčeskije Zapiski*, t. I, 1937.

74. Pour cette question le vieil ouvrage de Ch. Thurot a conservé sa valeur, *De l'organisation de l'enseignement dans l'Université de Paris au Moyen Age*, Paris, 1850 ; ainsi que *Aspects de l'Université de Paris*, Paris, 1949 (ouvrage collectif).

75. Mais quelques collèges universitaires embrassent tout le cursus scolaire, c'est-à-dire à partir de 8 ou 9 ans — A. L. Gabriel, *Student life in Ave Maria College, mediaeval Paris*, Notre Dame, 1955 (University of Notre-Dame Publications in Mediaeval Studies, t. XIV), p. 186.

76. Selon les statuts du collège de Narbonne (Archives nationales, M. 179, n° 2, art. 5) les étudiants en médecine obtenaient des bourses de cinq ans, ceux de droit de dix ans et ceux de théologie de douze ans.

77. Ch. Samaran, *La vie estudiantine à Paris au Moyen Age*, in : *Aspects de l'Université de Paris*, pp. 103 et suiv., en particulier pp. 126-131.

78. Cf. A. L. Gabriel, *Motivation of the founders at mediaeval colleges*, *Miscellanea Mediaevalia*, B. III, Berlin, 1964, pp. 61 et suiv. ; Le Goff, *Les intellectuels...*, p. 147 (remarques pénétrantes sur le lien entre le système des collèges et l'aristocratie des universités médiévales).

79. Statuts du collège Ave Maria de 1346, art. 86 : « Quid si

pueri sunt vagabundi », Gabriel, *Student life...*, partie II, Chartulary of Ave Maria College, XIII, p. 350.

80. Cf. F. Lehoux, *Le Bourg Saint-Germain-des-Près*, Paris, 1951, pp. 130 et suiv.

81. *Le Testament*, XXVI, v. 201 et suiv. Ici et ailleurs nous utilisons l'édition F. Villon, *Œuvres*, éd. A. Longnon, IVe édition revue par L. Foulet, Paris, 1932, in : *Les classiques français du Moyen Age.*

82. Jacobi de Vitriaco, *Historia occidentalis*, cap. 7, éd. Fr. Moschus, Duaci, 1957, p. 278 : « in parte superiori magistri legebant, in inferiori meretrices officia turpitudinis exercebant ».

83. *Ordonnances des rois de France*, t. III, p. 237 (1358), et *Auctarium chartularii Universitatis Parisiensis*, t. V, Paris, 1942, p. 387 (1450) ; cf. H. Sauval, *Chronique scandaleuse de Paris*, Paris, 1909, p. 73.

84. C.E. du Boullay, *Historia Universitatis Parisiensis*, Paris, 1665, t. V, p. 671.

85. E. Coyecque, *Notice sur l'ancien Collège des Dix-Huit*, Bulletin de la Société de l'Histoire de Paris, t. XIV, 1887, p. 180.

86. *Ibidem*, document en annexe (1407).

87. Sur l'attraction de la grande ville dans la vie des étudiants du Moyen Age, cf. J. Baszkiewicz, *Mlodosc uniwersytetu*, Warszawa, 1963, pp. 83 et suiv.

88. Ce problème a été bien éclairé par les études de C. H. Haskins rassemblées dans ses *Studies in Medieval Culture*, Oxford, 1929.

89. Archives nationales, M 67^{A}, n° 3 (1365).

90. L. Douët d'Arcq, *Choix de pièces inédites relatives au règne de Charles VI*, Paris, 1863-1864, t. I, N. LXV, pp. 126 et suiv.

91. Archives nationales, X^{2a} 14, fol. 299, Y 2, *Livre rouge vieil du Châtelet*, fol. 260 V ; Enguerrand de Monstrelet, *Chroniques (1400-1444)*, éd. L. Douët d'Arcq, Paris, 1857-1862, Société de l'Histoire de France, p. 75 ; *Chronique du Religieux de Saint-Denis*, éd. Bellaguet, Paris, 1839-1855, Documents inédits de l'Histoire de France, t. III, p. 722 ; J. du Breul, *Le théatre des antiquitez de Paris*, Paris, 1612, pp. 610 et suiv. ; cette affaire est aussi évoquée dans le vaste *Mémoire historique* de la Bibliothèque de la préfecture de police, coll. Lamoignon, III, fol. 496 et suiv.

92. Documents sur l'affaire : Ch. Douët d'Arcq, *Emeute de l'Université de Paris en 1453*, Bibliothèque de l'Ecole des chartes, Ire série, t. V, pp. 479 et suiv. ; A. Longnon, *Œuvres complètes de François Villon*, Paris, 1892, pp. XXXV et suiv. ; Bibliothèque nationale, coll. Dupuy, 250, fol. 25 V, 26, 27, 29. Sur le déroulement du mouvement : P. Champion, *François Villon. Sa vie et son temps*, t. I, Paris, 1913, pp. 56 et suiv., et *Les enragés du XVe siècle. Les étudiants au Moyen Age*, présentation et choix de textes par Ch. Dupille, Paris, 1969.

93. Cf. par exemple Archives nationales, JJ 195, N. 704 (1472) — une sanglante bagarre entre un sergent de ville et un groupe d'étudiants.

94. Bibliothèque nationale, Ms. Fr. 5294, fol. 125 V — Les franchises ne doivent s'appliquer qu'aux « vrais escolliers estudians en l'université de Paris ».

95. Dans la supplique des états du Languedoc de 1456, Isambert, *Recueil des anciennes lois françaises*, t. IX, n. 228, p. 287,

l'art. 10 constitue une plainte contre les dispenses d'impôts abusives dont bénéficient les étudiants.

96. Archives nationales, KK 495[2] (1418) : « quantité de gens se disans escoliers refusoient de faire guet et garde » ; même chose KK 180 (5[1]) N. 5 (1436). Même plainte de la municipalité de Paris.

97. Il ne saurait être question de présenter ici l'énorme bibliographie consacrée à Villon. L'essentiel est donné par Longnon-Foulet, p. IX-XVIII. Principaux travaux : A. Longnon, *Etude biographique sur François Villon,* Paris, 1877 ; M. Schwob, *François Villon, Rédactions et notes,* Paris, 1912 ; P. Champion, *François Villon. Sa vie et son temps,* Paris, 1913 (2e édition, Paris, 1933 — avec en introduction un état des études) ; G. Paris, *François Villon,* Paris, 1921 (1re édition, Paris, 1901) ; I. Siciliano, *François Villon et les thèmes poétiques du Moyen Age,* Paris, 1934 ; L. Cons, *Etat présent des études sur Villon,* Paris, 1936 ; A. Burger, *Lexique complet de la langue de Villon,* Genève, 1957 ; P. Guiraud, *Les Ballades de la Coquille de Fr. Villon,* Paris, 1968. Parmi les travaux plus restreints ceux de E. Gilson, *De la Bible à François Villon,* in : E. Gilson, *Les idées et les lettres,* Paris, 1932, pp. 9 et suiv. ; L. Foulet, *Villon et la scolastique,* Romania, t. LXV, 1939, pp. 457 et suiv. ont eu une grande importance pour la destruction du stéréotype du poète-truand.

98. Mais sa gloire a commencé dès le XVe siècle. Le poète parle lui-même des copies de ses premières œuvres qui circulent. Les éditions répandent ensuite la connaissance de ses écrits ; la première qui nous soit connue est due à Pierre Lescot, en 1489. — P. Champion, *La plus ancienne édition de François Villon,* Paris, 1924 (et fac-simile de l'édition Levet) ; J. Guignard, *Edition princeps des œuvres de Villon,* Bulletin de la Société nationale des Antiquaires de France, 1957, pp. 64 et suiv. Elle est ensuite rééditée vingt fois jusqu'à celle que prépare Clément Marot en 1533 et qui sera à son tour maintes fois copiée jusqu'au milieu du XVIe siècle. C'est alors seulement que la gloire de Villon subit une éclipse.

99. Déjà Pierre Champion dans l'avant-propos à la seconde édition de son œuvre s'est élevé contre cette vision tout en reconnaissant qu'il n'était pas sans responsabilité dans sa formation. Voir aussi Ch. Samaran, *Bulletin de la Société nationale des antiquaires,* 1957, p. 70 ; A. Burger, *L'entroubli de Villon,* Romania, t. LXXIX, 1959, p. 494.

100. Gaston Paris, *op. cit.,* p. 81, le comprend très bien quand il écrit que nous avons perdu en Villon un honnête homme, mais que nous avons gagné à jamais un grand poète.

101. *Le Testament,* v. 1699 ; Longnon-Foulet, p. 67.

102. J. Dauvillier, *Les procès de François Villon,* Bulletin de l'Université de Toulouse, N. 7, mai-juin 1943, p. 12.

103. Champion, *François Villon...,* t. II, chap. XIII, et Dauvillier, *op. cit.,* pp. 28-43.

104. A en croire Rabelais (*Gargantua,* IV, 13), Villon a fini ses jours à Saint-Maixent, en Poitou. Critique de cette version dans Champion, *op. cit.,* t. II, pp. 247 et suiv.

105. P. Champion les a publiées dans : L. Sainéan, *Les sources de l'argot ancien,* t. I, Paris, 1912, pp. 111 et suiv., et après lui R. F. Guillon, *Les ballades en jargon du manuscrit de Stockholm,* La Haye, 1920, Neophilologiese Bibliotheek, n. 3 ; Guiraud, *op.*

cit., en a donné récemment une nouvelle édition avec une nouvelle tentative de lecture et d'interprétation.

106. Voir surtout sa *Ballade de bonne doctrine,* Longnon-Foulet, p. 67.

107. Nous ignorons du reste ce qu'a fait Villon après la fin de ses études à la Faculté des arts libéraux pendant les années 1452-1455. Il s'agit pourtant d'une période capitale si l'on veut connaître le rôle de la querelle avec Philippe Sermoise dans la vie du héros.

108. Documents dans A. Longnon, *Etudes biographiques sur François Villon,* pp. 139 et suiv. ; *idem, Œuvres complètes de François Villon. Pièces justificatives,* pp. LXV et suiv. Description du vol dans M. Schwob, *Conséquences du vol au collège de Navarre* in : *François Villon, Rédactions et notes,* pp. 109 et suiv. Champion, *François Villon...*, t. II, pp. 39 et suiv.

109. Voir *supra,* pp. 129 et suiv.

110. *Le Testament,* v. 859-860, Longnon-Foulet, p. 39.

111. Longnon, *Œuvres complètes...*, p. LXV : « Dictus de Cahyeus est fortis operator crochetorum, sed dictus Petit Iehan, eius socius est forcius operator. »

112. *Le Testament,* v. 860 : « Qui est homs veritable » ; Longnon-Foulet, p. 39.

113. Cette loquacité intempestive conduit maître Tabary au tribunal ecclesiastique car ce prêtre si curieux n'est qu'un indicateur.

114. Nous connaissons le déroulement du vol d'après les aveux de Guy Tabary qui s'est probablement efforcé de diminuer sa part du crime, pourtant dans ses conversations avec le père Marchant, où il essaie d'en imposer par ses succès, il confirme qu'il n'a eu qu'une faible partie des butins lors des partages après les expéditions nocturnes.

115. Et cela même si, aussitôt après avoir commis le vol, Villon explique dans *Le Lais* (v. 273-288, Longnon-Foulet, p. 9) qu'il était en état d'ivresse et se forge une sorte d'alibi (l'allusion aux cloches de la Sorbonne qui sonnent à neuf heures du soir, v. 276). cf. Burger, *L'entroubli de Villon,* p. 488.

116. Sur un autre membre de l'Université du même genre : Archives nationales, JJ 207, N. CIII (1481), maître Guillaume Dignet, désigné dans le document en tant qu' « escolier » ; participe à une série de vols exécutés au moyen de crochets.

117. *Le Lais,* v. 286-291, Longnon-Foulet, p. 10.

118. Selon A. Burger, *op. cit.*, p. 493, Villon a participé au vol du collège de Navarre afin d'obtenir les moyens nécessaires au voyage vers la cour de René d'Anjou et tenter d'en devenir le poète.

119. Champion, *François Villon...*, t. I, p. 202, n° 1.

120. Voir *supra,* chap. I.

121. *Les Ordonnances royaulx sur le faict et jurisdiction de la prévosté des marchands et eschevinage de la ville de Paris,* Paris, 1595, p. 237. En mars 1455, l'Université elle-même s'élève contre ces prétendus étudiants ; Bibliothèque nationale, coll. Dupuy 250, fol. 32 V : « Ce jour d'huy l'université a déclaré qu'elle ne repute ceux qui vont de nuict ribler, rompre huis, armés... ladicte cour a mandé le prevost, chevaliers du guet, lieutenant criminel et procureur du Roy au Chastellet de Paris d'eulx informer et scavoir tout le plus diligeamment que faire ce pourra

qui sont telz vaccabonds, ribleurs et allans de nuict faisant les exces dessusdicts et iceux prendre et en faire telle punition qu'il appartiendra. » En 1494, le Parlement délibère sur le fait que « de present se font plusieurs scandales en cette ville tant de jour que de nuict, par aucuns mauvais garçons eux disans estre des suppots de la dicte université. » Bibliothèque nationale, Ms. Fr. 8608, fol. 128 V.

122. Sur ce milieu cf. surtout J. Ptasnik, *Kultura wiekow srednich,* Warszawa, 1925, pp. 141 et suiv. ; H. Waddel, *The wandering scholars,* London, 1927 ; O. Dobiache-Rojdestvensky, *Les poésies des goliards,* Paris, 1931, Les textes du christianisme, t. IX ; Le Goff, *Les intellectuels du Moyen Age,* pp. 29 et suiv.

123. Archives nationales, X^{2a} 12, fol. 380 et suiv. (1398). Le noble et clerc Goulart Dohis se défend d'être un « gouliart », en arguant qu'il n'est en aucune façon « renommé de mener les fillettes par les tavernes publiques ». Cf. Génestal, *op. cit.,* t. I, pp. 233 et suiv.

124. E. Faral, *Les jongleurs en France au Moyen Age,* Paris, 1910, Bibliothèque de l'Ecole des Hautes Etudes. Sciences Historiques et Religieuses, fasc. 187, p. 2 : « tous ceux qui faisaient profession de divertir les hommes » sont pour l'auteur, des jongleurs.

125. Honorius Augustodunensius, *Elucidarium,* II, 18 (Migne, *Patrologiae Latinae cursus completus,* t. CLXXII, coll. 1148) : « Discipulus. Habent spem joculatores ? Magister. Nullam : tota namque intentione sunt ministri Satanae, de his dicitur : Deum non cognoverunt ; ideo Deus sprevit eos, et Dominus subsannabit eos, quia derisores deridentur. »

126. J.-J. Jusserand, *L'épopée mystique de Williams Lengland,* Paris, 1893, p. 120.

127. Faral a dressé un inventaire de ces anathèmes pour les IXe-XIIIe siècles, *op. cit.,* appendice III.

128. *Ibidem,* pp. 44 et suiv.

129. Bibliothèque nationale, Ms. Lat. 3495, fol. 192, ainsi que le Ms. Lat. 14925, fol. 132.

130. Faral, *op. cit.,* pp. 248 et suiv.

131. En septembre 1393 est divulguée dans Paris l'interdiction suivante : « Nous deffendons à tous dicteurs, faiseurs de dits et de chançons, et à tous autres menestriers de bouches et recordeurs de ditz, que ilz ne facent, dyent ne chantent en places ne ailleurs, aucuns ditz, rymes, ne chançons, qui facent mention du pape, du roy nostre seigneur, de nos diz seigneurs de France au regard de ce qui touche le fait de l'union de l'Eglise », B. Bernhardt, *La corporation des ménétriers de Paris,* Bibliothèque de l'Ecole des chartes, Ire série, t. III, 1842, p. 404. Quelques années plus tard, en 1396, les chanteurs des rues demandent que cette interdiction soit levée à l'occasion du mariage d'Isabelle de France avec Richard II d'Angleterre, mais on ne leur permet que de chanter des refrains sur cet événement (texte publié par G. Fagniez, *Les ménétriers parisiens,* Bulletin de la société de l'Histoire de Paris, t. II, 1875). Il est question d'un harpiste engagé politiquement dans S. Luce, *Philippe Le Cat,* Caen, 1887, p. 18, ainsi que *Pièces,* n° IV. Ch. Samaran a publié dans la Bibliothèque de l'Ecole des chartes, t. C, 1939, pp. 233 et suiv., la licence d'un chanteur émise par Louis XI et lui permettant « a aller

par nostre royaume pour chanter et recorder chançons, dictez et records touchant les bonnes nouvelles et adventures... (et) assembler gens pour recorder lesdicts dictez et chançons au son de ladicte vielle ou autre instrument », à condition qu'elles ne troublent pas l'ordre public. Voir aussi P. Champion, *Louis XI,* Paris, 1928, Bibliothèque du xve siècle, t. XXXIII, t. II, p. 196. On notera que l'ordonnance de Jean le Bon de 1351 mentionne ce genre de chanteurs parmi les mendiants, *Les métiers et les corporations de la ville de Paris,* éd. R. de Lespinasse, Paris, 1886-1897, t. I, N. II, p. 2.

132. Faral, *op. cit.,* pp. 103 et suiv. : l'auteur constate qu'on commence à appeler menestrels les jongleurs qui se fixent à demeure dans les cours seigneuriales. Dans les documents des XIVe-XVe siècles ce vocable désigne cependant indifféremment les jongleurs, c'est donc dans la même acception que nous emploierons ici ces deux termes.

133. Leroux de Lincy et L. M. Tisserand, *Paris et ses historiens aux XIVe et XVe siècles,* Paris, 1867, Histoire générale de Paris, pp. 428 et suiv.

134. Bernhardt, *op. cit.,* pp. 400 et suiv., et Isambert, *Recueil des anciennes lois françaises,* t. VII, n° 379, p. 137.

135. Bibliothèque de la préfecture de police, 43, coll. Lamoignon, t. II, fol. 508 (1372). Il est interdit aux ménestrels d'exercer leur métier dans les tavernes après le couvre-feu car « sous umbre de ce que plusieurs menestriers vont jouer et corner de nuit, plusieurs roberies ont esté faites à Paris, et huys rompus avec plusieurs autres deliz et malefices ». En 1422 les menestrels et tous les instrumentistes, à l'exception des « vielleurs », se voient interdire d'exercer dans Paris s'ils ne sont pas munis d'une licence spéciale du prévôt, Bibliothèque de la préfecture de police, 33, *Livre noir vieil du Châtelet,* fol. 42.

136. Bernhardt, *op. cit.,* Bibliothèque de l'Ecole des chartes, Ire série, t. IV, 1843, p. 531 : Le pouvoir de ce roi des ménestrels s'étend sur Paris et son diocèse et, au XVe siècle, des tentatives sont faites pour l'élargir à tout le royaume.

137. Cf. Leroux de Lincy et Tisserand, *Paris et ses historiens,* pp. 428 et suiv.

138. Bernhardt, *op. cit.,* Bibliothèque de l'Ecole des chartes, t. III, 1842, p. 382 ; ainsi que F. Lesure, *La communauté des « joueurs d'instruments » au XVIe siècle,* Revue Historique de Droit, 31, 1953, pp. 79 et suiv.

139. Faral, *op. cit.,* pp. 133 et suiv.

140. *Recueil général et complet des fabliaux des XIIe et XIVe siècles,* éd. A. de Montaiglon et G. Raynaud, Paris, 1872-1890, t. V, N. CXVII, p. 65, « De Saint Pierre et du jongleur ».

141. *Ibidem* : « En la taverne ert ses retors, / Et de la taverne au bordel ; / A ces II. portoit le cembal / Mais ne sai plus que vous en die / Taverne amoit et puterie, / Les dez et la taverne amoit / Tout son gaing i despendoit, / Toz jors voloit estre en la boule, / En la taverne ou en la houle. » Les mêmes misérables ménestrels en haillons sont montrés dans un autre fabliau (*ibidem,* t. III, N. LXII, pp. 58 et suiv. *Du prestre et des II. ribaus*) ; ceux-ci ne font que jouer aux dés : « Onques ne gaaigna denier / Que li dez ne li retousist, / Et ses compains ne revousist / Onques nule autre chose fere. »

142. *Ibidem,* t. I, N. I, pp. 1 et suiv. « Des deux bordeors ribauz », et t. II, N. LIII, pp. 257 et suiv. « La Contregengle ».

143. *Ibidem,* t. I, N. I : « En garnison / Avoir. II. pourpoinz endossez / Ou à un cureur de fossez / Deusses porter une hote. »

144. *Ibidem* : « Mais tu aimes mielz truander,/Lechieres, que estre à hennon. »

145. *Ibidem,* t. II, N. LIII : « Tes pere embla. I. tabar / Par quol il fu penduz à Bar, / Et en meisme cele année / Fu ta mere à Provins plantée ; / Je vi une teue seror / Qui espousa. I. lecheor. »

146. *Registre criminel du Châtelet,* t. II, pp. 250 et suiv. (1392) : « Qui avoit esté et encores estoit un povre et ancien homme jadis menestrel de guiterne et demourant à Paris, et qui long temps avoit n'avoit aucune chose gaignié audit mestier, tant pour sa povreté comme pour son ancien sage... ne povoit doresenavant user sa vie ne espargnier aucune chose audit mestier. »

147. *Ibidem,* p. 524 : « Lui qui estoit ancien, et menestrel en qui chacun se devoit fier et tenir seur en faisant ses esbatemens. »

148. Archives nationales, X^{2a} 17, fol. 236 V et suiv. (1416) : « Appliqué à mal faire, jouer aux dez, à la paulme, suivre les tavernes et les fillettes diffamées. Piecça se rendi carme dont laissa l'abit et devint chevaucheur et homme d'armes et vagabond, ala ou Daulphiné et en après s'est fait joueur de farçes publiques et publiquement es hales de Paris et ailleurs, portant banniere et ensaigne et faisant spectaculum sui corporis et est larron et traistre murtrier. »

149. *Ibidem,* fol. 238 : « Dit qu'il n'est buffo, ne gouliart, ne jongleur ne basteleur.... mais jouait comme les escoliers sans gain. »

150. *Registre criminel du Châtelet, t. I,* p. 257 : « Un nommé Jacob, qui est de Tournay, qui moustre jeux de bateaux ès halles de Paris. »

151. Cf. R. Hess, *Das romanische geistiche Schauspiel als profane und religiöse Komödie,* München, 1965, Freiburger Schriften zur Romanischen Philologie, t. IV.

152. Dans l'un des miracles on voit en scène un borgne qui « Menesterel estoit espert / Aussint comme fut lecheor / Et mauparlier et jangleor ». Jean le Marchant, *Le livre de miracles de Notre-Dame de Chartres,* éd. G. Duplessis, Chartres, 1855, p. 112.

142. *Ibidem*, t. I, N. I, pp. 1 et suiv. « Des deux bordeors ribaux », et t. II, N. LIII, pp. 257 et suiv. « La Contregengle ».

143. *Ibidem*, t. I, N. I : « En garnison / Avoir. II. pourpoinz endossez / Ou à un cureur de fossez / Deusses porter une hote. »

144. *Ibidem* : « Mais tu aimes miels truander,/Lechieres, que estre à benaon. »

145. *Ibidem*, t. II, N. LIII : « Tes pere emblai. I. tabar / Par quoi il fu pendue à Bar, / Et en meisme cele annéé / Fu ta mere à Provins plantée ; / Je vi une teue seror / Qui espousa. I. lechéor. »

146. *Registre criminel du Châtelet*, t. II, pp. 250 et suiv. (1392) : « Qui avoit esté et encores estoit un povre et ancien homme jadis menestrel de guiterne et demourant à Paris, et qui long temps avoit n'avoit aucune chose gaignié audit mestier, tant pour sa povreté comme pour son ancien aage... ne povoit doresenavant user sa vie ne esparguier aucune chose audit mestier. »

147. *Ibidem*, p. 524 : « Lui qui estoit ancien, et menestrel en qui chascun se devoit fier et tenir seur en faisant ses esbatemens. »

148. Archives nationales, X^{2a} 17, fol. 215 V et suiv. (1416) : « Applique à mal faire, jouer aux dez, à la paulme, suivre les tavernes et les fillettes diffamées. Piecça se rendi carme dont laissa l'abit et devint chevaucheur et homme d'armes et vagabond, ala ou Daulphiné et en après s'est fait joueur de farces publiques et publiquement es hales de Paris et ailleurs, portant banniere et ensaigne et faisant spectaculum sui corporis et est larron et traistre meurtrier. »

149. *Ibidem*, fol. 228 : « Dit qu'il n'est bufio, ne goulіart, ne jongleur ne basteleur... mais jouait comme les escoliers sans gain. »

150. *Registre criminel du Châtelet*, t. I, p. 257 : « Un nommé Jacob, qui est de Tournay, qui monstre jeux de bateaux és halles de Paris. »

151. Cf. R. Hess, *Das romanische geistliche Schauspiel als profane und religiöse Komödie*, München, 1965, Freiburger Schriften zur Romanischen Philologie, t. IV.

152. Dans l'un des miracles on voit en scène un borgne qui « Menesterel estoit expert / Aussint comme fut lecheor, / Et maupalier et jangleor ». Jean le Marchant, *Le livre de miracles de Notre-Dame de Chartres*, éd. G. Duplessis, Chartres, 1855, p. 112.

CHAPITRE VI

LA BIENFAISANCE ET LES MENDIANTS

« Des personnes dignes de foi nous rapportent, déplore l'évêque de Paris, en 1363 — dans l'introduction d'un document qui autorise la création d'une confrérie charitable [1] — qu'une calamité nouvelle frappe les rues et places de Paris : elles sont envahies par une foule innombrable de mendiants. » Sans feu ni lieu, exposée au froid et à la faim, désespérée, celle-ci attend une aide quelconque. En dehors de ce regret stéréotypé, si fréquent dans la littérature sociale et les documents officiels du Moyen Age, on peut voir dans ce document — acte de fondation de l'hospice et de l'orphelinat du Saint-Esprit [2] — le reflet de l'inquiétude sociale face à une situation nouvelle.

Le nombre croissant des pauvres, des personnes incapables d'assurer elles-mêmes leur existence matérielle, met la doctrine traditionnelle de la bienfaisance et de l'assistance aux pauvres à dure épreuve. Les formes existantes, c'est-à-dire les institutions ecclésiastiques, se révèlent totalement inadaptées, tandis que la protection des déshérités reste l'une des principales missions temporelles de l'Eglise [3]. Les initiatives charitables se multiplient, dès lors, en dehors d'elle, encouragées par les prédicateurs ; la charité devient l'une des vertus les plus louées.

Les incertitudes des temps de guerre, les catastrophes naturelles, les perturbations dans la conjoncture économique engendrent, aux XIVe et XVe siècles, un processus de paupérisation, tant à la campagne qu'à la ville [4]. Paris est doublement touché par le résultat de ce processus car, traditionnellement, les murs de la grande ville attirent les paysans appauvris et affamés. La ville doit donc supporter ses propres pauvres et les autres. Or, d'après la doctrine en usage, il convient de se débarrasser au plus vite des derniers (chaque société, chaque groupe a *ses* pauvres), et de placer les premiers sous la protection d'asiles et d'hôpitaux. Il y a cependant un abîme entre les commandements de la doctrine et la pratique admise.

Rien, en effet, ne pouvait empêcher la migration vers Paris à partir des villes et villages avoisinants. Les catastrophes naturelles, la menace de la famine, les exactions des troupes belligérantes, tout poussait les foules vers cet abri tutélaire des remparts [5]. Or la vie à Paris, pendant la première moitié du XVe siècle, était pénible. Dépression économique, changement progressif des conditions climatiques, difficultés d'une ville vivant depuis plusieurs dizaines d'années en état de siège, telle était la réalité quotidienne. *Le Journal d'un bourgeois de Paris* note la cherté de l'alimentation, la difficulté des gains, la misère des « povres gens [6] », qualificatif qui englobe une très large masse de la population et pas seulement ceux qui sont sous la dépendance constante de l'assistance charitable : « en icellui temps avoient povres gens et pouvres prebstres, mal temps, que on ne leur donnoit que II solz parisis pour leur messe [7]. » Le même journal indique aussi que la décadence du commerce est l'une des causes de l'appauvrissement et de la misère [8].

Le processus de paupérisation de la population est tel que, si même nous nous limitons aux catégories de pauvres qui n'ont pas de revenu fixe et bénéficient de l'assistance, il nous sera difficile de cerner les contours de ce milieu. Son importance numérique varie selon la conjoncture économique ou les catastrophes naturelles. Nous avons pu voir, en étudiant la législation de cette période contre le vagabondage, comment les autorités essaient constamment de distinguer les « faux » pauvres des « vrais ». Seuls ceux-ci ont droit à une aide.

Les paysans et les artisans appauvris, les salariés sans travail, tous ceux pour qui l'embauche a manqué comme ceux qui ne l'ont pas cherchée, tous sont de « faux pauvres » qui ne doivent pas bénéficier de l'assistance, ni de la charité [9].

Le pauvre authentique est celui qui se trouve dans

l'impossibilité de travailler. Ce sont les estropiés, les malades, les vieillards, les veuves et les orphelins. Ce sont eux qui forment la masse autorisée et admissible des assistés. Eux seuls ont droit à une tutelle, à une place à l'asile ou à l'hôpital, à l'assistance et à la mendicité. L'étude de la bienfaisance, du réseau hospitalier et de sa clientèle va permettre une approche du caractère et de la structure de ce milieu.

1. Les hôpitaux de Paris

« Les anciens hôpitaux ne différaient en rien des maisons de correction. Le malade, le pauvre, le prisonnier qu'on y jetait était envisagé toujours comme pécheur frappé de Dieu, qui d'abord devait expier. Il subissait de cruels traitements. Une charité si terrible épouvantait [10]. »

Peut-être est-ce là une image par trop pessimiste, formée à la lumière des grands « enfermements » du XVIIe siècle. Elle traduit cependant fort bien l'une des ambivalences de l'attitude médiévale face aux malades. La maladie est envoyée par Dieu, c'est une punition des péchés, aussi la première aide que l'hôpital doit fournir est-elle spirituelle : on appelle un confesseur. Les soins médicaux n'ont qu'une importance secondaire, l'hôpital doit, en priorité, assurer asile et subsistance à celui que la maladie a atteint [11].

Il s'agit donc, avant tout, d'un hospice et les malades n'en sont absolument pas la clientèle exclusive, ni même privilégiée [12] . Même dans cette définition plus moderne de la vocation hospitalière que donne un humaniste célèbre du XVIe siècle, nous retrouvons la pluralité de fonctions : nourrir et soigner les malades, entretenir les mendiants, nourrir les enfants et les jeunes gens, garder les fous et élever les aveugles [13]. Les malades ne constituent ainsi qu'une catégorie des malheureux auxquels s'ouvre la porte des hôpitaux. Les divers établissements du temps présentent ce même caractère d'asile que l'on peut considérer comme fondamental. Sans toucher ici à la vaste problématique des hôpitaux parisiens au Moyen Age [14], nous concentrerons notre attention sur ce seul aspect de la vie hospitalière.

Après la grande vague des fondations, qui s'achève

avec le XIIIe siècle [15], les deux siècles suivants voient encore la naissance de nombreux hôpitaux qui sont d'ailleurs pour la plupart de petites institutions charitables. La toute première place revient encore, alors, à l'Hôtel-Dieu, placé sous la garde du Chapitre de Notre-Dame, situé à proximité de la cathédrale et que Jacques de Vitry désigne parmi les « *hospitalia pietatis et domus honestatis* » les plus célèbres [16]. Il est le plus important non seulement par ses dimensions, mais parce qu'il est l'hôpital de Paris proprement dit [17]. Il garde, certes, le caractère d'asile défini ci-dessus, mais dispense aussi des soins médicaux [18] et assure la tutelle des malades. Il étend sa sollicitude aux misérables impotents, à tous ceux qui sont gravement malades, aux enfants abandonnés ou sans logis, aux femmes enceintes (qui jouissent d'une salle spécialement réservée). Il ne reçoit pas, par contre, ou ne reçoit plus, les pèlerins, ce qui est conforme à la tendance générale des hôtels-Dieu en France à la fin du Moyen Age [19]. Pour eux, comme pour tout « povre passan » un accueil est prévu dans d'autres établissements, surtout au vieil hôpital-hospice de Saint-Jacques-du-Haut-Pas [20], ainsi qu'à l'asile des pèlerins fondé par la confrérie de Saint-Jacques [21]. Des établissements spéciaux doivent, selon la volonté des divers fondateurs, accueillir les femmes [22], les anciennes prostituées [23], les orphelins destinés à l'étude d'un métier [24] et enfin les membres déshérités ou inaptes de différentes corporations artisanales [25] ; en comptant les fondations de toutes espèces on peut estimer le nombre des hôpitaux et asiles de Paris à quelques dizaines [26].

L'hôpital des aveugles et les léproseries méritent une mention particulière. La maison pour aveugles fondée par Louis IX devait accueillir, selon la volonté de son fondateur, trois cents pensionnaires, d'où son nom des Quinze-Vingts. Il était réservé aux aveugles originaires de Paris et leur admission était subordonnée à l'accord de l'aumônier royal. On y admettait aussi un certain nombre de personnes en bonne santé : le personnel de l'hôpital, les guides et les femmes des aveugles. Ces pensionnaires y avaient un gîte assuré (soit dans le bâtiment principal, soit dans des maisonnettes construites sur le pourtour) et recevaient une certaine portion de nourriture. Il leur était toutefois permis de mendier en ville, activité à laquelle se livraient également les congrégations (leurs statuts obligeant les quêteurs à rendre un compte exact des recettes à la direction) [27].

Le cantonnement de quelques centaines d'aveugles en un seul point était un fait qui frappait les imaginations. Nous en trouvons des témoignages fréquents dans la littérature. Dès le XIIIe siècle, Rutebeuf présente l'image caustique de cette masse de trois cents aveugles et de leurs quêtes quotidiennes, au nom des Quinze-Vingts. Par groupes de trois couples, ils parcourent Paris en gémissant pour éveiller la pitié des passants, mais leur progression trébuchante et tâtonnante n'éveille souvent que moquerie et dérision (elle deviendra vite un poncif de la littérature des farces) [28]

Li rois a mis en I repaire
Mais ne sai pas por quoi faire,
Trois cens aveugles route à route
Parmi Paris en vat trois paires,
Toute ior ne fine de braire ;
Au trois cens qui ne voyent goute,
Li uns sache, li autre boute.

La création d'un asile spécial, et si considérable, pour une seule catégorie de mendiants — car ces aveugles sont les mendiants par excellence — n'avait donc pas pour but de les détourner de la mendicité. « Au trois cens qui ne voyent goute » tel est justement le cri des aveugles mendiant dans les rues, devant les églises ou dans les cimetières. Ils mendient également seuls, pour leur propre compte. La situation foncière de l'asile se gâtera aux siècles suivants ; pendant la guerre de Cent Ans, le nombre des pensionnaires diminue, et il en restera à peine une centaine au début du XVIe siècle.

Dans le cas des lépreux, la peur de la contagion commandait de les isoler le plus strictement possible [29]. Les fondations qui leur étaient destinées avaient autant pour but de leur assurer des moyens de subsistance que de les isoler des agglomérations. Les lépreux sont exclus de la société et il serait même difficile de les dire rejetés en marge car les marginaux, eux aussi, ont une sainte peur de les approcher. Le cérémonial de la *separatio* consiste en un retrait des lépreux de la vie sociale [30]. Les léproseries parisiennes, conformément à l'usage général, sont situées hors les murs, mais à faible distance. On peut ainsi les approvisionner facilement et cela permet aux lépreux d'utiliser leur droit à mendier une fois la semaine. Distingués par leur habit, par le bruit de la crécelle qui annonce leur maladie aux passants, ils peuvent compter sur une aumône qu'ils devront plus à la peur et au saisissement qu'à la pitié. La principale léproserie était, à Paris, l'hôpital Saint-Lazare, où le personnel était composé de dix frères et deux sœurs de charité, chargés des soins aux malades et de l'observation des règlements [31]. En dehors de cet asile principal, Paris en possédait encore quelques autres [32] plus petits, fondés par certains couvents, comme Saint-Germain-des-Prés ou Saint-Maur, ou encore par des corporations d'artisans : les monnayeurs avaient fondé la léproserie du Roule, les boulangers avaient réservé une place pour les lépreux de leur corporation dans celle de Saint-Lazare [33]. La lèpre régresse toutefois en France au cours du XIVe siècle et les léproseries, qui disposent de fonds importants, deviennent des victimes tentantes pour le trésor royal [34]. Elles hébergent de moins en moins de malades : Saint-Lazare ne compte, en 1315, que cinq hommes et six femmes [35]. Mais la diminution du nombre de lépreux, ne fait pas diminuer la peur qu'ils suscitent et les ordonnances de l'Etat multiplient à leur intention les interdictions d'entrer en ville et de mendier dans les rues [36].

L'Ordonnance cabochienne de 1413 offre les mêmes caractéristiques. Elle répète l'interdiction de pénétrer dans la ville de Paris ou quelqu'autre ville que ce soit [37]. Ces mesures étaient certainement peu efficaces, mais le processus naturel de régression du mal fait que, peu à peu, la figure du mendiant lépreux disparaît de la rue médiévale et le grincement caractéristique de la crécelle s'éteint parmi les bruits de la vie urbaine. La lèpre ne figure pas parmi les maladies simulées par les mendiants, car les conséquences de l'isolement auraient pu être trop terribles.

Il serait intéressant d'établir le chiffre de la clientèle des hôpitaux et asiles de Paris, nous manquons cependant pour cela de données suffisamment sûres. Il n'est même pas possible d'établir de combien de places disposaient les hôpitaux dans leur ensemble, il faut s'en remettre ici à des estimations hypothétiques.

Le plus grand des hôpitaux, l'Hôtel-Dieu, possédait quatre salles et deux cent soixante-dix-neuf lits ainsi qu'une salle d'accouchement de vingt-quatre lits [38]. Il s'agissait de grands lits [39] collectifs, dont l'iconographie médiévale nous fournit de multiples exemples [40]. Trois personnes pouvaient ordinairement y tenir (seule la salle d'accouchement contenait probablement des lits d'une personne). Cela signifie que l'Hôtel-Dieu pouvait accueillir huit cents malades[41]. En fait, il y en avait beaucoup moins et l'on admet généralement qu'au cours du XVe siècle cet établissement a entretenu, journellement, quatre à cinq cents personnes[42]. Dans les années exceptionnelles ce chiffre pouvait doubler ou plus ; inversement il tombe plusieurs fois à noins de cent[43]. L'hôpital héberge annuellement — si l'on omet les années d'épidémie où le seul nombre des morts pouvait atteindre cinq mille[44] — plus de mille cinq cents personnes dont le tiers étaient des malades n'en sortant que pour le cimetière[45]. Ces estimations ne font évidemment pas entrer en ligne de compte les misérables auxquels l'hôpital accordait son assistance ou même un toit pour la nuit.

Les données fragmentaires dont nous disposons pour les fondations de moindre importance, ne permettent pas d'établir le nombre de places ou de lits mis à la disposition des pauvres. Quelques institutions ont un nombre fixé de pensionnaires : l'asile de la rue Saint-Hilaire accueille six femmes ; celui de Jean-Mignon et Laurent-l'Enfant, rue des Poitevins, peut recevoir vingt-cinq femmes[46] ; celui de Sainte-Avoie, quarante-six veuves ; celui des Haudriettes, douze femmes[47], etc, Néanmoins, pas plus les léproseries que les hôpitaux-asiles — dont le désir était d'offrir un gîte au plus grand nombre possible de personnes — ne présentent une quantité déterminée de places. Nous pouvons donc, avec une assez grande vraisemblance, affirmer que les hôpitaux parisiens des XIVe et XVe siècles offraient de mille à mille deux cents places permanentes (léproseries exclues) et autant pour les pèlerins et autres « pauvres passants[48] ».

Si nous tentons de situer cette clientèle des hôpitaux dans la société du temps, il nous faut revenir à la vocation de ces établissements. Nous avons souligné qu'ils étaient destinés aux pauvres, appelés souvent *pauperes Christi*[49]. Tous les actes de fondation expriment de la même façon cette fonction de l'hôpital[50]. Il est évident que, dans l'esprit de l'époque, malade et pauvre ne font qu'un, la maladie permet de bénéficier de la charité, et le terme de « pauvre » peut ne désigner que l'état de santé et non la situation pécuniaire. Bien entendu le mot concerne aussi la pauvreté matérielle : se présenter à l'Hôtel-Dieu ou ailleurs est déjà un aveu de pauvreté assimilable à l'attente d'une aumône. Dès que les conditions matérielles le permettent, on se soigne chez soi. Les malades cherchant asile à l'hôpital proviennent des couches inférieures de la société et, pour beaucoup d'entre eux, la maladie est le premier pas vers la paupérisation ou le déclassement, il arrive aussi que ce processus soit déjà bien engagé.

Une certaine indication quant à la situation matérielle des hôtes de l'Hôtel-Dieu peut être donnée par la valeur des effets et dépôts d'argent qui sont devenus la propriété de l'hôpital à la suite de la mort des patients [51] :

Année	*Nombre de morts*	*Valeur des habits*	*Moyenne par personne*	*Dépôt en argent*
1428	380	95 l	5 s	4 l 3 s 4 d
1429	560	114 l 18 s	4 s	15 l
1430	640	74 l 6 s	2 s 4 d	51 l 14 s 8 d
1443	421	45 l 4 s	2 s 1 d	—
1444	389	53 l 6 s	3 s	—
1445	402	46 l 5 s	2 s 2 d	8 l 5 s
1446	300	64 l 19 s	4 s 4 d	18 s

Ces moyennes, comme chaque image globale, peuvent cacher des situations extrêmement diverses. Il suffit d'un patient riche pour que le prix des vêtements qu'il laisse fasse monter considérablement la moyenne [52]. Il faut aussi tenir compte du fait que si, au nombre des morts, se trouvaient effectivement des mendiants, l'hôpital ne pouvait sûrement tirer grand-chose de leurs habits. Notre tableau permet cependant, malgré la présence de malades relativement aisés [53] (tels, par exemple, des voyageurs non résidents à Paris), d'établir la prédominance du nombre de ceux qui étaient pauvrement vêtus.

L'Hôtel-Dieu avait pu renoncer, comme nous l'avons signalé en évoquant les hospices spécialisés, aux fonctions d'accueil des pèlerins qui avaient assurément été les siennes à l'origine. Cela va dans le même sens que l'évolution de tous les grands centres urbains à la fin de notre période [54]. Mais même si les soins aux malades (aveugles et lépreux exclus) sont devenus sa vocation première, il continue à offrir un toit à tous les misérables, vieillards sans abri, infirmes, inaptes au travail [55]. Toutes sortes de *pauperes sani* y séjournent donc au même titre que les malades [56]. Ainsi l'Hôtel-Dieu envoie-t-il deux cents pauvres à Notre-Dame-des-Champs lors des funérailles de Charles VII pour les faire participer au convoi funèbre [57]. Il est clair qu'il ne pouvait s'agir de malades, encore que l'on puisse penser que des indigents ou des mendiants « de la ville », auxquels l'Hôtel Dieu distribuait des secours, sans les entretenir en permanence, aient pu s'y joindre [58].

Les gîtes pour pèlerins voyaient passer des milliers de personnes, il en passe seize mille, en 1368, à l'hôpital Saint-Jacques [59]. Un tel afflux de voyageurs permet à des mendiants nombreux de trouver un refuge dans des hôpitaux. Il est vrai que les ordonnances contre la mendicité stipulent souvent qu'il ne faudra y accueillir que de vrais malades, éventuellement de « pauvres passants [60] », mais pour une seule nuit ; en réalité la stricte exécution de ces représentations présentait trop de difficultés. Ces asiles étaient utilisés comme gîtes occasionnels par toutes sortes de vagabonds [61] et mendiants du crû.

Ainsi donc, quelle que fût leur fonction primordiale, asile des pauvres ou refuge des malades, les hôpitaux parisiens étaient un repaire de miséreux qui y recevaient l'aumône, puis repartaient en ville. Cela n'allait pas sans violences, ni sans heurts et il fallait souvent faire appel à la force pour rétablir l'ordre dans ce milieu agité [62]. Le problème n'est pas que les pauvres refusent de chercher asile dans les hôpitaux, mais que trop de personnes, aptes au travail (ou à la mendicité), s'y pressent.

2. La bienfaisance et ses clients

Dans l'ensemble des activités charitables, les hôpitaux constituent le domaine principal de la bienfaisance collective. Il convient toutefois de rappeler que, si l'initiative hospitalière appartient au premier chef à l'Eglise [63] — celle-ci réalise, en effet, par là, une partie de sa mission d'assistance aux nécessiteux : évêques, abbés et prêtres sont les principaux fondateurs d'institutions hospitalières — il faut aussi marquer le rôle énorme joué, dans ce domaine, par l'initiative individuelle [64]. Nous avons eu plusieurs fois l'occasion de rencontrer sa manifestation en parlant des hôpitaux parisiens. A côté des fondations royales (des donations de Louis IX surtout), il faut citer des offrandes individuelles de divers bourgeois, telles que l'asile pour voyageuses et mendiantes d'Imbert-des-Lyons, celui des Haudriettes, fondé vraisemblablement par Etienne Hauldry au XIIIe siècle, ou encore celui dont nous avons parlé en tentant de situer topographiquement la Cour des Miracles, l'établissement fondé, en 1334, près du port Barbette, par les époux Roussel [65]. Les faits les plus fréquents, au XVe siècle, sont la dotation d'hôpitaux déjà existants [66] et différentes initiatives collectives répondant à des besoins immédiats ou des carences du système en vigueur [67].

Indépendamment de leur genèse, du caractère de leur fondation, les hôpitaux en tant qu'asiles et lieux de distribution des aumônes sont les institutions collectives de la bienfaisance urbaine. Le même rôle est joué par les autorités municipales qui participent quelquefois à la gestion (à telle enseigne qu'elles s'en chargeront complètement au XVIe siècle), mais réservent aussi une part de leur budget à l'assistance des pauvres [68]. Les fonctions philanthropiques collectives sont aussi remplies, peut-être même en premier lieu, par les confréries religieuses. Le rôle de celles-ci, peu étudié jusqu'à présent, s'avère cependant capital dans le domaine de la religiosité et des rapports des fidèles avec l'Eglise, comme dans l'ensemble de la vie urbaine [69]. L'action charitable fait toujours partie des principes proclamés lors de la création d'une confrérie, elle est même parfois son but principal. La confrérie de Saint-Jacques, tant à Paris qu'ailleurs [70], se fixe pour mission l'entretien de gîtes pour pèlerins et le secours aux pauvres. Par leur essence même, les confréries doivent assurer à leurs membres une aide mutuelle et la grâce divine ; le service des églises et l'assistance aux pauvres sont les deux grands moyens pour atteindre ce but. Il faut dire qu'en réalité, aux XIVe et XVe siècles, les problèmes de la vie commune et de l'entraide repoussent au second plan des préoccupations le principe de bienfaisance [71]. Celle-ci se réfugie dans les faux-semblants, il ne s'agira bientôt plus que d'une participation symbolique des pauvres (mais bien habillés !) [72] au banquet de la confrérie [73], on s'en tiendra même parfois à la distribution des restes [74]. La vie des métiers fait, elle aussi, une place à la bienfaisance (rappelons que plusieurs confréries étaient des émanations de corporations). Ainsi, pendant la construction de l'hôpital Saint-Jacques, les maçons renoncent-ils à une partie de leurs gains [75]. Les statuts de quelques métiers prévoient qu'une partie des amendes encaissées pour contravention aux règles sera versée aux pauvres [76]. Si un boulanger est surpris à faire du pain de mauvaise qualité ou d'un poids insuffisant, sa marchandise est confisquée au profit des pauvres et des hôpitaux [77].

Une place toute particulière revient à l'Université dans l'exercice de la charité. Elle partage les obligations de protection des pauvres qui sont celles des clercs et des institutions ecclésiastiques, mais elle double ce devoir de considérations intellectuelles et religieuses plus fortes. Le problème de la charité n'est-il pas l'un des thèmes majeurs des cours et des recherches dans les écoles parisiennes ? Le milieu estudiantin lui-même côtoie la misère, beaucoup d'écoliers vivent, sinon de mendicité, du moins de formes plus discrètes d'assistance. Rien d'étonnant, donc, à ce que les statuts des collèges fassent une place si importante aux bonnes œuvres. Le collège, lui aussi, est une institution charitable, les obligations que les fondateurs lui imposent s'inscrivent donc dans le cadre plus vaste de toute une entreprise d'entraide.

Les préceptes de bienfaisance contenus dans les statuts du collège *Ave Maria* offrent un exemple typique de la réalisation de sept bonnes actions rituelles [78]. Les pupilles du collège doivent distribuer, chaque jour, trois écuelles de soupe contenant chacune trois croûtons ; les jours de fête, ils distribuent six écuelles supplémentaires. Dans la semaine qui suit la fête des trépassés, pendant laquelle on honore la mémoire du fondateur, vingt pauvres doivent être accueillis dans les chambres du collège où l'on doit les régaler, non seulement d'une soupe qui contiendra les trois croûtons habituels, mais d'une tranche de lard et d'un verre de vin. Les écoliers distribuent également des offrandes à la Fête-Dieu, où vingt-deux malheureux recevront chacun un denier ou une miche de pain ; le jour de la messe pour le repos de l'âme du fondateur, dix nécessiteux de l'Hôtel-Dieu auront chacun un sou ; à la Toussaint, on donnera quatre deniers à vingt-cinq miséreux de l'Hôtel-Dieu et à vingt-cinq prisonniers du Châtelet ; le même jour, il faudra distribuer du bois de chauffage et, si la caisse du collège le permet, vingt-cinq paires de chausses. Les vêtements et chaussures usagés appartenant aux écoliers devront être offerts aux indigents. Le collège *Ave Maria* héberge peu d'écoliers : six boursiers réguliers [79], deux *bénéficiarii* plus modestement dotés, six autres enfin, entretenus aux frais du collège, mais à l'extérieur, dans une maison voisine, située rue des Amandiers. Dans la même rue se trouve encore un asile pour dix femmes âgées [80] et un autre pour de vieux ménagiers dans l'incapacité de travailler qui sont logés avec leur famille [81] soit, en tout, quarante personnes environ. Ces deux asiles appartiennent au collège *Ave Maria* et l'ensemble constitue une seule et même institution de bienfaisance [82].

Un tel exemple montre, encore une fois, l'union de deux formes de bienfaisance : les institutions charitables d'une part et de l'autre, la distribution d'aumônes. Il différencie aussi les diverses catégories de bénéficiaires : les mendiants, les malades, les vieillards, les enfants. Nous pourrions ici recourir aux traités de théologie qui présentent, dans leur détail, toutes les formes de la charité chrétienne [83]. Mais, dans le souci de rester aussi près que possible de la pratique sociale, nous porterons plutôt notre attention d'un autre côté, vers l'étude des testaments.

Les legs de charité [84] s'expliquent facilement. Ils sont un moyen de rachat des péchés, de restitution des biens usurpés, une façon commode de régler ses comptes avec la vie [85]. Ils constituent donc un bon témoignage sur la philanthropie médiévale et la place des différentes formes de bienfaisance — voire de leur hiérarchie particulière — dans la pensée de la noblesse, du clergé et de la bourgeoisie [86].

Un testament est un document dont la forme est figée : les formules de chancellerie s'y répètent donc fréquemment. Mais leur caractère très concret éclate dans les legs concernant les œuvres charitables. Le testateur précise souvent, par le menu, le partage de ses biens, la place où il entend être inhumé, la forme de sa tombe, le caractère et le déroulement de ses funérailles. C'est ce même souci pratique qui inspire les dispositions touchant les dons aux églises, couvents, hôpitaux et asiles. En échange de la jouissance gratuite d'une terre, d'une rente ou d'une quelconque donation, on espère un nombre donné de messes, une place convenable parmi les bienfaiteurs de l'institution et, dans la mémoire des gens, une mention dans les prières pour le repos des âmes défuntes. Dans quelques-uns de ces textes, le nombre de messes commandées pour le repos de l'âme du testateur donne toute la mesure de la religiosité excessive du temps : ce nombre peut atteindre mille et même deux mille [87]. Mais l'attitude inverse se rencontre également : plusieurs sont très réservés, voire hostiles à la pompe de l'ultime cérémonie. Il arrive que les testateurs expriment le souhait d'être enterrés au cimetière des Saints-Innocents, dans la fosse commune, réservée aux pauvres, celle où l'on inhume habituellement les morts de l'Hôtel-Dieu [88]. Il est caractéristique que ce vœu aille souvent de pair avec une grande générosité dans les dons [89].

La place la plus importante dans les legs, en dehors des sommes qui reviennent aux parents, est celle qu'occupent les donations aux églises, aux couvents et surtout aux ordres mendiants. Les offrandes aux hôpitaux, parmi lesquels l'Hôtel-Dieu tient la première place [90], se répètent régulièrement dans presque tous les testaments qui comportent des clauses de caractère charitable. Il arrive aussi qu'un testateur, ayant arrangé le partage de sa fortune, laisse aux bons soins de ses exécuteurs l'usage de certaines sommes « pour Dieu [91] ». On lègue souvent, selon la tradition consacrée, son lit et sa literie à l'Hôtel-Dieu [92]. Parmi les institutions qui bénéficient de legs fréquents, nous rencontrons également les confréries de Paris (une trentaine en tout, mais les défunts en désignent plusieurs à la fois) ainsi que, dans quelques cas, les collèges.

Il est incontestable que la majeure partie des legs de charité, dans les testaments de la fin du XIVe-début du XVe siècle, s'adresse à des institutions de bienfaisance parfaitement reconnues. Mais nous devons considérer attentivement aussi ceux qui concernent directement les indigents, sans l'intermédiaire d'aucune institution. Le nombre de legs de ce type montre l'extrême importance de cette forme « individuelle » de la bienfaisance.

C'est ainsi qu'on prévoit des offrandes au bénéfice de familles pauvres, de veuves, d'orphelins, de jeunes filles à marier sans dot [93]. Ces personnes sont parfois désignées nommément. Les dispositions les plus fréquentes recommandent toutefois la distribution d'aumônes, soit aux mendiants [94], soit aux pauvres de l'Hôtel-Dieu (mais en mains propres) [95], soit encore aux prisonniers. Certains affectent à ces bonnes œuvres des sommes tout à fait considérables [96]. Le souci de funérailles pompeuses, du bénéfice de prières nombreuses pour le repos de l'âme ou l'expiation des péchés est rarement absent de ces largesses. Certaines dispositions testamentaires prévoient que chaque pauvre présent aux funérailles sera comblé de bienfaits [97], d'autres mentionnent non seulement les mendiants, mais simplement quiconque voudra bien accepter l'aumône [98]. Les mendiants habillés en pénitents et portant un cierge lors des cérémonies funèbres méritent un traitement particulier [99].

Les legs destinés aux pauvres ne comportent que l'indication globale de la somme, quelques-uns vont cependant jusqu'à préciser le montant de chaque aumône. Nous pouvons alors évaluer combien de mendiants recevaient ces subsides. Dans un cas, la somme affectée à cet usage peut soulager 960 mendiants [100], dans un autre, plus de 2 400 (à condition, toutefois, qu'un tel nombre se présente à l'office [101]) et un troisième offre de quoi secourir 3 800 mendiants [102]. Ce dernier cas est d'ailleurs digne d'intérêt à d'autres titres. Il s'agit des dernières volontés de Denis de Mauroy, avocat, puis procureur général du roi au Parlement. Après avoir recommandé son âme « à toute la benoîte court de Paradis », précisé le lieu de sa sépulture, expliqué l'étiquette de ses funérailles, recommandé de payer toutes ses dettes, le testateur énumère ses legs et parmi ceux-ci, ceux qui doivent lui procurer une aide dans l'au-delà. Il indique scrupuleusement, avec une méticulosité toute bureaucratique, la façon de réaliser ses vœux et ses dons. Nous apprenons ainsi qu'il ne conviendra pas, le jour de l'enterrement (qui doit avoir lieu à Coulommiers), de distribuer d'aumône ni d'organiser de banquet funéraire [103]. On pourra seulement de façon discrète et cachée, (« couvertement ») sans le proclamer publiquement, glisser de la monnaie aux pauvres assemblés devant l'église. Dans l'octave qui suivra l'inhumation, on fera l'aumône à trois pauvres en l'honneur de la Sainte-Trinité : chacun recevra une portion de pain, de vin et un blanc (c'est-à-dire quatre deniers) ; le jour de l'obit, il sera distribué, après proclamation publique, une mesure de grain à chaque mendiant « sans fantise », c'est-à-dire dans l'incapacité réelle de travailler [104]. On choisira, en outre, dans Coulommiers, treize indigents plus une femme, mère d'un petit enfant, que l'on habillera correctement (les vêtements sont décrits avec précision) et que l'on priera de participer aux prières pour le défunt [105]. Suivent des dons pour les hôpitaux (l'Hôtel-Dieu, les

Filles-Dieu, les Bons-Enfants-de-Saint-Nicolas-du-Louvre, les Bons-Enfants-de-Saint-Victor, les Bonnes-Dames-de-Sainte-Avoie, les Bonnes-Dames-de-la-Chapelle-Etienne-Haudry, les Enfants-du-Saint-Esprit-de-Grève, Sainte-Anastasie, Saint-Jacques-de-l'Hôpital, les Quinze-Vingts, les Bons-Enfants-de-Saint-Honoré, Saint-Ladre, Sainte-Catherine) puis viennent des offrandes au tronc des enfants abandonnés (à Notre-Dame), à celui des prisonniers du Châtelet et des prisons de l'official. Le legs le plus intéressant vient enfin, celui qui prévoit la distribution d'aumônes aux mendiants de Paris. Au contraire des autres, celui-là est décrit dans sa forme et dans la manière de le réaliser, avec toute la minutie dont est capable le testateur. Il stipule qu'après sa mort, pendant la Semaine-Sainte, on distribuera une somme de seize livres aux pauvres, ne donnant à chacun qu'un denier [106]. Cette distribution devra être faite en prenant certaines précautions [107] et en divisant la somme totale en autant de parts qu'il y a de lieux de rencontre des mendiants. Une telle distinction nous permet d'établir la carte ci-jointe qui donne une idée de la topographie de la mendicité à Paris. Celle-ci recoupe, évidemment, la localisation des églises, chapelles et hôpitaux [108]. En répartissant ces lieux de distribution d'aumônes sur des journées différentes, le testateur nous donne aussi une idée de l'importance des divers centres, peut-être même de leur importance numérique, car il est loisible de penser qu'il a voulu diviser scrupuleusement son legs en parties à peu près égales.

Assistance aux pauvres signifie ici, à n'en pas douter, assistance aux mendiants. Dans sa prudence, voire sa méfiance à l'égard d'un attroupement de simulateurs alléchés par sa distribution, l'auteur du testament conseille de se rendre dans les endroits où les mendiants ont coutume de se tenir. Dans quelques cas, il prescrit de déposer une obole dans les troncs d'églises (près des reliques), dans ceux qu'on a disposés au bénéfice des prisonniers du Châtelet [109] et de Fort l'Evêque [110]. Il inclut également dans sa générosité les pauvres malades et les accouchées de l'Hôtel-Dieu. La somme allouée à tous ces usages est presque entièrement remise directement aux mendiants, sans l'intermédiaire d'institutions de bienfaisance et l'on peut, semble-t-il, faire confiance à ce haut fonctionnaire du Parlement : il a dû fixer le montant de ses aumônes en se fondant sur sa connaissance de la situation réelle.

Les mendiants disposaient d'une place coutumière dans ou devant les églises [111], quelques endroits leur étaient aussi réservés sur les chemins et aux carrefours [112]. Ils ne quittaient ces points d'attache que poussés par l'appât d'une aumône les jours de pardons, de fêtes patronales ou d'enterrements ; ces jours étaient connus d'avance et les distributions d'aumônes à l'occasion de funérailles étaient également publiées.

Ces jours étaient l'occasion, comme nous l'avons rappelé, de transferts quelquefois lointains ; de telles journées déterminaient des étapes dans le long voyage des mendiants itinérants. Dans les limites de Paris, ces attroupements occasionnels, devant les églises ou autres, pouvaient atteindre plusieurs centaines de personnes. Les testaments prévoient, on l'a vu, l'afflux de mille, voire deux mille mendiants. Le même Denis de Mauroy, en dehors de la distribution de Pâques évoquée ci-dessus, recommande encore de donner à l'église et dans le cimetière des Saints-Innocents, le jour des morts, une somme de quatre livres, selon le même processus : cela doit donner un total de 960 mendiants [113]. Le jour où la confrérie des pèlerins de Saint-Jacques s'assemble, on a coutume d'offrir des aumônes : un denier à chaque mendiant. Cela aussi provoque l'arrivée de plusieurs milliers d'indigents [114]. Il ne devait pas être aisé de maintenir le bon ordre lors de pareilles assemblées, et l'on peut penser que c'est à une situation de ce genre qu'a dû faire face l'évêque d'Orléans, que l'on voit accordant des aumônes, tandis que quelques dizaines de sergents font régner l'ordre à grands coups de fouet et de bâton [115]. Peut-être cela explique-t-il justement — plus que le refus de l'ostentation lors des funérailles — que les testateurs se refusent parfois à faire publiquement don d'offrandes lors de leur enterrement [116].

La charité individuelle, celle qui permettait aux mendiants de survivre au jour le jour, nous reste inconnue. Les testaments nous permettent seulement de la deviner, bien que les comptes conservés ne donnent d'indications que sur les offrandes les plus considérables. Nous possédons, par contre, quelques traces de la charité individuelle, sans lien ou presque avec l'ostentation, dans les relevés du contenu des troncs affectés aux œuvres de l'Hôtel-Dieu. Retenons, à titre d'exemple, le relevé de ces troncs pour 1416.

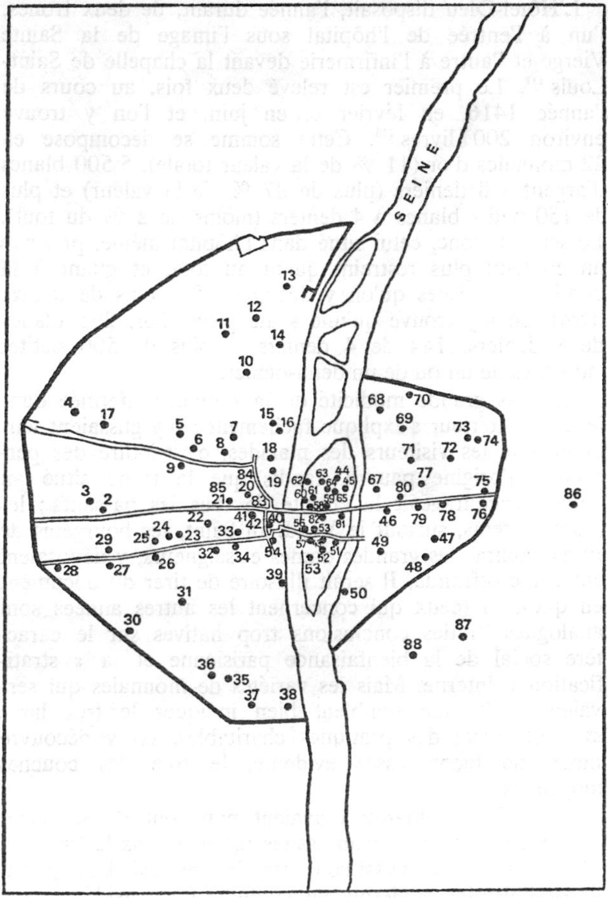

Lieux de distribution des aumônes. Denis de Mauroy recommande d'étaler la distribution des aumônes sur 8 jours. L'itinéraire des distributeurs se présente comme suit : lundi 1-9, mardi 10-21, mercredi 22-32, jeudi 33-41, vendredi 42-54, samedi 55-82, dimanche 83-85, lundi 86-88. La succession des numéros correspond à peu de chose près aux arrêts successifs (par exemple 51-54 devraient se trouver entre 42 et 43). Croquis d'après le plan de H. Legrand (1380).

L'Hôtel-Dieu disposait, l'année durant, de deux troncs, l'un à l'entrée de l'hôpital sous l'image de la Sainte Vierge et l'autre à l'infirmerie devant la chapelle de Saint-Louis [117]. Le premier est relevé deux fois, au cours de l'année 1416, en février et en juin, et l'on y trouve environ 200 livres [118]. Cette somme se décompose en 22 monnaies d'or (11 % de la valeur totale), 5 500 blancs d'argent à 8 deniers (plus de 87 % de la valeur) et plus de 150 petits blancs à 4 deniers (moins de 2 % du tout). Le second tronc, celui situé dans l'hôpital même, présente un contenu plus restreint quant au total et quant à la qualité des pièces qu'on y découvre. Sur plus de quinze livres, on n'y trouve qu'une seule pièce d'or, 295 blancs de 8 deniers, 144 de 4 deniers et plus de 500 petites monnaies de un ou de un demi-denier.

La plus grande modicité de la somme renfermée dans le tronc intérieur s'explique facilement : n'y glissaient leur obole que les visiteurs des malades, c'est-à-dire des personnes d'origine pauvre, tandis que le tronc situé au dehors encourageait la charité de tous les passants ; les jours de fêtes, surtout le Vendredi Saint, les bourgeois de Paris, comme les grandes dames et seigneurs, y déposaient aussi une offrande. Il serait illusoire de tirer du document en question (ceux qui concernent les autres années sont analogues [119]) des conclusions trop hâtives sur le caractère social de la bienfaisance parisienne et sa « stratification » interne. Mais les variétés de monnaies qui servaient d'offrande semblent bien indiquer le très large éventail social des pratiques charitables, on y découvre aussi, de façon assez évidente, le rôle des couches moyennes.

Ces brèves remarques avaient pour but de souligner les dimensions de la bienfaisance urbaine dans le Paris du Moyen Age, mais aussi son caractère général. Les spécialistes d'histoire moderne ont coutume de considérer, non sans simplification, que la charité médiévale se manifeste essentiellement de façon corporative et institutionnelle, alors que la bienfaisance moderne affecterait des formes individuelles [120]. En réalité, il est aisé d'observer au Moyen Age l'une et l'autre formes. L'extraordinaire développement des quêtes en faveur des hôpitaux et de la vente des indulgences, dans la seconde moitié du XVe siècle [121], va de pair avec une crise générale de la bienfaisance ; or c'est là le point de départ des historiens modernes. Cette crise n'est pourtant pas liée aux seuls problèmes d'une culture laïcisée ou à la désagrégation des valeurs religieuses, elle se rattache aussi au changement de plus en plus net des attitudes sociales face aux problèmes de la mendicité et du travail [122].

Joinville raconte, dans son *Histoire de Saint Louis*, une anecdote qui illustre bien la doctrine de la charité en usage à l'époque [123]. Tandis qu'il devise, à Paris, avec son ami Jean l'Ermine, une foule de mendiants les assaille, réclamant l'aumône avec insistance [124]. L'un des interlocuteurs ordonne à un serviteur de disperser les importuns. Jean l'Ermine proteste alors, disant qu'il y a là une occasion de gagner les grâces du Seigneur, que l'aumône éteint le péché comme l'eau le feu [125]. Il n'est pas dans nos intentions d'aborder ici ce vaste problème, il nous importe seulement de montrer que, très tôt, dans la bienfaisance médiévale, apparaissent des ambivalences fondamentales. Dans les grandes disputes autour des ordres mendiants du XIIIe siècle, la question du droit de mendier en général est largement posée. Dans le *Roman de la Rose,* qui offre l'écho des théories de Guillaume de Saint-Amour, l'un des principaux antagonistes de cette dispute, les pauvres comme les mendiants sont traités dans un esprit d'hostilité et de méfiance, et cette attitude ne se limite pas aux moines mendiants [126]. Rappelons que nous avons trouvé le reflet de cette attitude jusque dans les testaments qui prétendent pourtant s'assurer le rachat des péchés par des legs aux pauvres : on y recommande de choisir des mendiants véritablement incapables de travailler [127] ou de contrôler si ces malheureux ne profitent pas deux ou trois fois de l'aumône.

L'attitude envers le mendiant, nous y reviendrons plus loin, devient d'ailleurs, au XIVe siècle, un problème de politique sociale, comme nous l'avons vu en commentant la législation touchant cette question. Déjà, l'ordonnance de 1351 lance un appel aux prédicateurs et aux moines, afin qu'ils n'encouragent la charité qu'en faveur des inaptes au travail ; on conseille, de même, aux aumôniers privés de ne pas fournir de subsides aux vagabonds ou à ceux qui peuvent travailler. On se persuade lentement de la nécessité d'engager cette catégorie à travailler et même de l'y forcer.

La réforme de la bienfaisance et du système hospitalier qui a eu lieu au XVe siècle a donc mûri progressivement au cours des derniers siècles du Moyen Age. C'est l'Eglise qui a ressenti la première le besoin d'accentuer le contrôle des mendiants, car le maintien de l'ordre parmi ceux qui s'assemblent dans les églises est devenu un problème de plus en plus épineux et difficile. On tente de leur assigner une place fixe [128] ; le Chapitre appelle, avec de plus en plus de force, à leur interdire la déambulation, voire même le séjour, dans l'église [129]. Le besoin d'une réforme du système de tutelle apparaît aussi dans la prédication [130] et les autorités laïques s'en préoccupent avec de plus en plus d'attention.

Mais en dehors de toute tendance philanthropique et de toute politique urbaine, une foule nombreuse et bigarrée de mendiants vit à Paris aux dépens de la société.

3. Les mendiants

Nous rencontrons les bénéficiaires de la charité dans différents milieux sociaux et diverses catégories professionnelles [131]. Précisons, dès l'abord, que nous ne nous intéressons pas à ces dizaines de milliers de gens qui se pressent sous les murs des monastères, les jours de distribution d'offrandes, ni à ces « pauvres mesnaigiers » comblés par de riches testateurs ; nous nous attacherons seulement à ceux dont la mendicité est le mode essentiel de subsistance, à ceux qui pratiquent le porte-à-porte ou demeurent sur le parvis des églises dans l'attente de quelque obole. Nous ne parlerons donc que des mendiants de profession, des truands.

Cette catégorie a sa place dans la structure sociale de la ville. Il s'agit d'un groupe dont certains éléments sont stabilisés, soit parce que rattachés à certaines œuvres charitables, soit parce que fixés, par habitude, à certains lieux de mendicité ; mais d'autres membres de ce groupe fondent leur mode de vie sur la mobilité ; ceux-là trouvent dans les voyages le moyen d'éviter l'attiédissement des généreux donateurs, car ceux-ci, voyant toujours les mêmes visages, ou la même infirmité, deviennent moins enclins aux largesses. Il convient donc, dans l'approche numérique de ce milieu, d'avoir en mémoire ce facteur de mobilité et le flux constant d'importants groupes de mendiants. Les recensements, en ce domaine, ont tendance à ne prendre en compte que des éléments stables et des miséreux fixés à demeure en ville. Aucun dénombrement n'a d'ailleurs été pratiqué à Paris au Moyen Age [132] car cette opération n'avait pas de raison d'être : les mendiants n'étaient pas touchés par l'obligation fiscale et, jusqu'à la deuxième moitié du XVe siècle, la tutelle de la ville n'a pas de caractère institutionnel. Guillebert de Metz donne, dans sa description de Paris au XVe siècle, un nombre de mendiants qui s'élève à 80 000 [133]. Cela signifierait, si l'on prend le chiffre maximum de la population [134], qu'ils auraient constitué le tiers des habitants. Notons que l'un des historiens de Paris accepte encore ce rapport au XIXe siècle [135].

Il est pourtant bien difficile d'accorder foi au témoignage de Guillebert de Metz. Le chroniqueur donne plutôt ce chiffre comme une image, afin d'exprimer le grand nombre de va-nu-pieds qui hantent alors Paris [136].

Les testaments dont nous avons traité plus haut indiquaient que les contemporains estimaient le nombre des mendiants permanents, professionnels, à environ quatre mille. Il s'agissait d'individus ayant une place fixe, de gueux attachés à une église. Il est évident qu'il y en avait beaucoup d'autres, pour lesquels l'accès à ces lieux privilégiés était impossible, beaucoup aussi de « pauvres honteux » qui profitaient de la charité sans mendier dans les rues. H. Pirenne admet, pour Ypres, que les mendiants du XVe siècle formaient le dixième de la population urbaine [137]. Si nous acceptons la valeur de ce rapport pour la ville de Paris, c'est entre huit mille et vingt mille qu'il faut évaluer leur nombre, selon l'hypothèse que nous recevrons pour vraisemblable quant à la population globale. Mais, en définitive, il ne semble pas possible d'établir ce nombre avec toute la rigueur scientifique souhaitable.

Pour pénétrer intimement ce milieu nous disposons, d'une part, de descriptions générales, qui concernent des catégories particulières de mendiants et qui peignent leurs mœurs, nous avons, d'autre part, quelques destins particuliers. Commençons par l'examen du premier type de documents.

Dans le traité de Jean Gerson *Le Truant ou le secret parlement de l'homme contemplatif à son âme sur la povreté et mendicité espirituelle* [138], nous trouvons la description des pratiques dont l'âme doit prendre exemple pour organiser la vie contemplative. Voici donc les miséreux qui vont de maison en maison, d'église en église, qui parcourent les rues, en quête de biens temporels et de moyens d'existence [139]. Il leur faut endurer la froidure et la canicule, la pluie, le vent, et tel qui est en bonne santé, la perd vite à force de souffrir de la faim, du froid et de la soif [140]. Gagner une aumône n'est point facile. Les gueux emploient donc différents artifices pour attendrir les cœurs endurcis. Les uns essaient d'attirer l'attention en pleurant bruyamment, en criant, en déchirant leurs vêtements [141]. Les autres, pleins d'humilité et de résignation, attendent l'apitoiement spontané ; la musique d'un instrument ou quelque cantique leur gagne parfois la charité des passants. D'autres, enfin, agitent des grelots et proclament leur douleur ou leur infirmité en de longues plaintes qui expriment bien souvent un dénuement ou des misères quelque peu exagérées [142]. Le texte met la description des mendiants au service de l'enseignement religieux, mais, jusque dans le ton d'évidente louange qui s'en dégage, on sent une certaine note de méfiance à l'égard des moyens employés pour éveiller la pitié. Il ne s'agit pas tellement de blâmer les cris et les invocations (encore que Gerson n'approuve que ceux qui attendent l'aumône dans l'humilité et le calme), car les cris sont aussi le fait des marchands et les lamentations des mendiants font partie du fond quotidien des « cris de Paris ». L'essentiel est plutôt ici le problème de la misère feinte et celui du faux mendiant.

Nous touchons là l'un des topiques de la littérature du Moyen Age finissant. Les mendiants n'apparaissent, dans les spectacles et les œuvres dramatiques de l'époque, que dans le registre de la satire et de la dérision, comme un élément de distraction et de détente qui interrompt le cours d'une action grave. C'est pourquoi on leur refuse toute espèce de sympathie ou de pitié [143]. Ceux-là même qui fondent leur vie sur l'appel à la compassion et à la charité du prochain sont régulièrement présentés comme des trompeurs habiles, vindicatifs, réciproquement méfiants, plongés dans la débauche et qui se moquent de leurs bienfaiteurs. Dans les *Miracles de Notre-Dame*, créés à Paris à la fin du XIVe siècle, les mendiants apparaissent plus d'une fois et, chaque fois, ils offrent une image dérisoire [144]. Le *Miracle de Pierre le changeur* nous montre, de même, trois gueux, réunis au petit matin sur une place. Ils se chauffent au soleil et parlent de leur « métier » particulier, du montant des aumônes, des donateurs apitoyés et des riches sans cœur. Ils se rendent ensuite à l'auberge en fredonnant « Au bois, au bois », puis repartent mendier. Ils discutent longuement sur le point de savoir s'il vaut mieux se séparer ou mendier ensemble et se décident pour cette dernière solution, ayant convenu de partager équitablement les gains [145].

Le thème littéraire particulièrement fréquent du mendiant aveugle et de son guide, montre toujours le premier victime de son infirmité et de la ruse mauvaise du second [146]. Cela ne change pas du tout l'attitude à son égard, il est montré sans la moindre sollicitude et sa cécité éveille plus le rire que la pitié [147]. Notons qu'il s'agit toujours de mendiants authentiques, que la nécessité contraint à quémander, car l'aveugle ne contrefait pas son infirmité [148], mais à force de souligner les éléments comiques de sa conduite, de faire allusion à la fortune qu'il a déjà réussi à amasser, de raconter l'histoire insidieuse de la petite amie qu'il entretient, la compassion disparaît. L'infirmité paraît risible, mais elle présente aussi une ambivalence morale. Mendier est, en effet, un moyen de vivre sans travailler et à l'idée même qu'ils pourraient, par miracle, voir ou marcher, l'aveugle et le paralytique sont terriblement effrayés. La perspective de devoir travailler de leurs mains leur fait éviter à tout prix les saintes reliques [149]. Même si, éventuellement, l'aveugle est prêt à accepter de recouvrer la vue, le paralytique, lui, ou le boiteux, cherchent aussitôt par quel artifice ils pourraient continuer à vivre de la même façon. Le répertoire des maux simulés est extrêmement étendu [150].

De là vient que les lamentations des truands soient reçues avec tellement de suspicion [151]. Elles aussi constituent un élément invariablement comique du théâtre médiéval. Considérons cet exemple, tiré des *Miracles de Sainte Geneviève* [152], qui datent du début du XVe siècle. Un groupe de mendiants s'avance en gémissant ; le premier est un lépreux qui se griffe et se lacère la peau, affecte des accès convulsifs et pousse des cris affreux sur le mal qui le ronge. Puis un paralytique qu'on pousse dans une brouette vient répandre sa plainte [153] :

Pour l'amour du doulz roy de gloire,
Donnez ou denier ou malette
Au povre enfant de la brouete.
Mielx ne le povez emploier

Car, par m'âme, il ne puet ploier
Membre nu qu'il ait, ne estendre.

Suit un « Ydropique » tourmenté de mille maux : la goutte, les hémorroïdes (le « mal Saint-Fiacre »), les démangeaisons, la fièvre, les hernies. Le bossu joint à des récriminations sur son infortune des imprécations sur la fourberie des médecins. Une fièvre maligne mine le dernier qui présente un visage déformé par un horrible mal de dents.

Une galerie analogue de miséreux et de calamiteux clamant leurs malheurs nous est offerte par le plus caustique des satiristes de la fin du XIVe - début XVe siècles, Eustache Deschamps [154]. Ce rimeur prolixe a consacré aux mendiants une demi-douzaine de ballades : ils y sont traités sans pitié, avec le mépris et la haine que l'auteur voue aux oisifs et aux escrocs [155].

Alignés devant une église, les voici qui disent de quelle maladie ils sont atteints. L'un se dit frappé du mal de Saint-Quentin, c'est-à-dire de l'hydropisie ; l'autre se fait donner la discipline « com hors du sens », d'autres encore se plaignent de la maladie de Saint-Leu (l'épilepsie), de Saint-Fiacre, de Saint-Maur (la goutte), de Saint-Matthieu (les blessures et les ulcères), de Saint-Aquaire (la folie et la mélancolie), de Saint-Flour (la surdité) et d'une trentaine d'autres maux et douleurs [156]. En réalité ce sont tous des escrocs à la charité [157] : « Mais ce sont tuit larron à Dieu. » C'est Dieu et le pauvre peuple qu'ils volent. Dès qu'ils seront chez eux, ils oublieront leurs béquilles et passeront la nuit à préparer des mixtures faites de sang, d'herbes, de sable et de suif, dont ils s'enduiront le corps afin d'éveiller la peur et la pitié des passants, renforçant l'impression produite en simulant la souffrance, en criant et geignant. Leurs maladies ne sont que faux semblants et tromperie [158] :

... ces faulx caymans, villains,
Truans coquins, qui par faintise
Feingnent maulx et en mainte guise
En ces moustiers...
...
Car les larrons, ribaulx sont sains
Qui par sang, herbes autre mise
Sur drapiaux, font sembler mehains

A pluseurs, et par leur emprinse
Est Dieu robé ; soubz leur chemise
Sont bien nourris et plains de cresse

Les églises en sont pleines, ils perturbent le service divin, des filles de joie camouflées en mendiantes déambulent dans les lieux saints, portant des enfants dans les bras. Ils s'adonnent à l'oisiveté, bien qu'aptes au travail, traînant dans les foires, surtout celle du Lendit, à Saint-Denis, où, non seulement ils quémandent, mais volent, attaquent les marchands de passage dans les forêts, se livrent à tous les désordres.

Deschamps, qui possède une expérience d'administrateur et de juriste, n'épargne pas les invectives à ces simulateurs, il leur souhaite la mort, exige qu'on les expulse des églises, qu'on les envoie à la corde, qu'on les accroche à la queue d'un cheval [159] :

D'orrible mort puisse chacun mourir
Par tout soient haiz et diffamez,
Chiens enragiez leur puissent sus courir,
Fuitis soient de l'église et chaciez.
Et au gibet penduz et trainez...

Et Deschamps de recommander aux fonctionnaires royaux [160] :

Advisez y, baillis et seneschaulx
Prenez, pandez, et ce sera bien fet.

Le mépris des fidèles doit aller de pair avec la répression. Mieux vaut donner à chacun de ces contrefaits deux bons coups de bâton et les faire décamper au plus vite en leur faisant oublier leurs prétendues afflictions [161]. C'est à coups de bâton aussi qu'il faut les chasser des porches des églises et monastères [162].

L'œuvre de Deschamps n'est pas exempte des accents de moquerie que nous trouvons dans le théâtre du temps [163], mais le mépris et l'appel à une sévère répression dominent ; tout cela dans une volonté de traiter les affaires de truands comme un problème de politique sociale [164]. Ses ballades constituent ainsi le pendant littéraire des mesures juridiques prises à l'encontre des mendiants [165].

Celles-ci multiplient les interdictions de faire la charité

aux individus sains de corps et aptes au travail. En 1351, l'ordonnance royale recommande aux prédicateurs : « que ilz dyent... en leurs sermons que ceulx qui voudront donner aulmosnes n'en donnent nulles a gens sains de corps et de membres, ne a gens qui puissent besongne faire dont ilz puissent gaigner leur vie, mais les donnent a gens contrefaiz, aveugles, impotens ou autres misérables personnes [166] ». Cette interdiction, répétée maintes fois sous différentes formes, est assortie, au milieu du XVe siècle, dans l'ordonnance de Charles VII, d'une description des pratiques frauduleuses des truands qui rappelle celles des textes littéraires. Tout en ordonnant de punir les « belistres et belistresses [167] », cet arrêt constate encore qu'ils simulent les infirmités corporelles, font usage, sans nécessité, de béquilles, contrefont diverses maladies, blessures, ulcères, fluxions et tumeurs ; qu'ils utilisent pour ces tours des chiffons dont ils bourrent leurs vêtements ; qu'ils se couvrent le corps d'un mélange de farine, de plâtre, de safran et de sang d'animaux ; se suspendent aux jambes et aux bras des chaînes de fer ; se bandent la tête ; portent des haillons sales et malodorants. Ils tombent au beau milieu de la rue, dans la foule, pendant une procession, feignant des saignements de nez ou de bouche alors qu'ils crachent simplement un mélange de couleurs habilement préparées [168]. Paris offre ainsi tout l'échantillonnage des simulateurs énumérés dans le célèbre *Liber vagatorum*, qui date de la fin du XVe siècle, ainsi que dans l'abondante littérature de ce genre produite dans les pays de culture germanique [169].

La peinture des truands que nous présentent les sources littéraires médiévales n'est donc pas stéréotypée, bien que des emprunts réciproques et certaines filiations thématiques soient facilement discernables. Les documents juridiques offrent un tableau analogue ou, tout au moins, de nombreux éléments semblables. Ni les uns, ni les autres ne peuvent cependant être considérés comme l'exact reflet du milieu des mendiants. De même qu'il serait fallacieux de prendre à la lettre les louanges théologiques de la charité et de les considérer comme une sorte de canon de l'attitude médiévale envers les mendiants, de même ce tableau des feintes des truands, dicté par la méfiance, l'hostilité, et les exigences d'une politique sociale, ne peut être tenu pour conforme à la réalité. Quelques figures de ce milieu, conservées dans les archives judiciaires, vont permettre de pénétrer le destin individuel et les conditions de vie du mendiant.

Pendant l'été 1390 la nouvelle se répand que les puits des environs de Chartres sont empoisonnés [170]. Le complot que l'on y voit est attribué aux Anglais et l'on murmure que... les dominicains trempent dans l'affaire. La nouvelle soulève une inquiétude assez grande pour que le roi désigne des commissaires spéciaux qui doivent enquêter et juger les coupables. Quatre empoisonneurs présumés sont alors amenés de la prison d'Orléans, puis suivent trois autres suspects (venus des prisons du Mans, de Château-du-Loir et de Tours). Tous comparaissent devant le Châtelet à l'automne 1390 [171]. Ils sont reconnus coupables de crime d'Etat [172] et exécutés. Il nous faut ici laisser de côté le problème de savoir si l'accusation était fondée. La répétition des tortures, la rétractation de quelques accusés, la rigueur extrême de l'instruction [173], tout cela fait douter de la valeur des aveux touchant l'affaire elle-même [174]. Il semble pourtant que, réserve faite de ces doutes, les données concernant les conditions de vie et la biographie des accusés puissent rester valables.

Tous les prétendus empoisonneurs sont des mendiants [175] (un seul, peut-être, était portefaix et ne pratiquait pas la mendicité). Ils ont été pris loin de Paris, dans la vallée de la Loire, mais Paris ne leur est pas inconnu.

Le principal inculpé surtout, Régnaut de Poilly (ou Pouilly) répondant au sobriquet de Grosse Couille, est un mendiant de Paris [176]. Originaire de Champagne, né à Troyes, âgé de cinquante ans, il est charretier de son état, mais vit en permanence de mendicité. Son point d'attache est dans les terres appartenant à l'abbaye de Saint-Germain-des-Prés. De ses aveux, faits à La Ferté-Bernard, à Orléans, puis à Paris, nous ne retiendrons que les étapes de son itinéraire. Nous apprenons ainsi que, le dimanche « après la beneisson », il mendiait à la foire aux environs de Saint-Denis (« ou champ du Lendit »), que le lendemain il mendiait, au matin, à l'entrée du monastère franciscain, à Saint-Marcel, et l'après-midi devant Notre-Dame, à Paris. Un autre jour de juin 1390, il s'est installé, en compagnie d'un aveugle, sur la route conduisant en ville, près de Villette-Saint-Ladre, vivant de la charité publique. Il a ensuite poursuivi jusqu'à Chartres, où il est demeuré quelques jours avant de se rendre à Saint-Arnoult-en-Yvelines où un grand pardon avait lieu. Il a retrouvé là beaucoup d'autres mendiants attirés par l'appât d'aumônes abondantes [177]. Ayant passé la matinée à mendier (c'est-à-dire la durée de la messe et des cérémonies expiatoires), il est parti à l'auberge avec six compagnons : « et y mengierent du pain et de la char que on leur avoit donné pour Dieu en ladite ville, et burent vin vermeil » [178] ; ce vin leur coûte chacun six deniers parisis. On le retrouve au Mans, pendant une semaine, toujours mendiant et dormant à l'hôpital de la ville. Arrivant à La Ferté-Bernard, il y est arrêté dans une auberge par les sergents de ville.

Les aveux des autres indiquent un mode de vie identique : même grande mobilité, même vie collective avec des compagnons de même état, mêmes rencontres de tavernes. Il est également caractéristique que l'âge des mendiants, tant celui des accusés que celui des comparses cités dans les aveux, oscille entre cinquante et soixante-dix ans, et que chacun puisse attester de la pratique d'un métier. Les personnes âgées, incapables d'exercer leur métier, semblent constituer une part importante des mendiants, ce qui, pourtant, ne les empêche pas de voyager loin et à pied.

Ils accomplissent rarement ces voyages seuls. C'est en groupe qu'ils vont le plus souvent vers les lieux dont ils attendent des aumônes généreuses : aux pardons, aux foires, aux enterrements. Il arrive que des familles entières s'adonnent à la mendicité. Les mendiants itinérants sont souvent mariés [179] et leurs enfants les aident [180]. La vue d'un enfant est, en effet, plus propre à éveiller la charité que la pitié pour la vieillesse ou l'affliction. Nous avons déjà aperçu des femmes tenant des enfants dans leurs bras dans l'une des ballades d'Eustache Deschamps. Un enfant participe aussi à une rixe de truands, à l'église des Saints-Innocents, en juin 1436, probablement dans un conflit de concurrence à propos des aumônes : l'enfant d'une mendiante est frappé par un « caymant », la mère réplique et blesse l'agresseur [181]. L'enfant paraît donc être un instrument important dans la pratique de la mendicité. En 1396, une femme demande aux autorités municipales de prendre son fils de onze ans en tutelle et de le mettre en apprentissage, car le père, ivrogne et mendiant, l'a enlevé de la maison pour l'emmener mendier [182].

Le problème de la participation d'enfants à la mendicité

nous amène a une affaire qui a profondément ému l'opinion publique de l'époque, si l'on en juge par la place que lui accordent les chroniqueurs. Fin 1448-début 1449, on arrête une bande de mendiants et de détrousseurs qui s'étaient spécialisés dans les rapts d'enfants et leur préparation au métier de mendiant [183]. La bande se rendait à l'endroit choisi, accompagnée de femmes, pour tromper la vigilance des sergents, passait quelques jours à l'hôtel, enlevait sa proie et prenait le large. On crevait ensuite les yeux de l'enfant, on lui coupait un pied ou une jambe et l'instrument propre à éveiller compassion, pitié et charité était prêt. A l'issue du procès deux hommes et une femme sont pendus à des gibets spécialement dressés pour eux.

Les rapports des chroniqueurs à ce sujet sont largement confirmés par les actes du Parlement, car les deux malfaiteurs sont réclamés par l'évêque de Paris [184]. C'est dans la discussion entre le procureur du roi et le représentant de l'évêque que des données nouvelles apparaissent. On y lit que c'est un certain Jehan Baril qui est accusé d'avoir crevé les yeux d'une victime, d'avoir participé à des attaques de brigands et commis cinq meurtres [185]. Il a été à la fois mendiant et brigand [186]. Il s'est aussi adonné à la boucherie et tout cela ne lui donne guère d'espoir de bénéficier du *privilegium fori*. Il est marié. Son aspect extérieur ne rappelle en rien le clergé : il porte les cheveux longs, rejetés en arrière, une barbe, et, sur la tête, un capuchon [187]. Il appartient à cette sorte de mendiants qui ont pour habitude de feindre quelque maladie ou infirmité, qui tombent à terre parmi la foule des églises ou sur la route [188]. Le réquisitoire du procureur offre, à ce sujet, un écho de l'ordonnance de Charles VII dont nous avons parlé.

Le second de ces bandits, Etienne Pierrier, a enlevé deux enfants, crevé les yeux de l'un et estropié le second en lui coupant les pieds [189]. Il affirme, à vrai dire, avoir reçu l'ordination des mains de l'évêque de Chartres, mais cela paraît peu plausible car, à l'époque, il était déjà marié, joueur de viole et mendiant [190]. Il a passé sa vie à mendier à travers tout le pays, bien qu'en parfaite santé et capable de vivre honnêtement du travail de ses mains [191]. Marié, il a toujours vécu avec une autre femme, également mariée, celle-là même qui finit avec lui à la potence [192].

Ces deux malfaiteurs doivent être rattachés à la catégorie des truands, laquelle est à l'origine de l'image de marque du mendiant au Moyen Age et a permis de le ranger parmi les « groupes dangereux ». De telles figures alimentent les féroces ballades d'Eustache Deschamps et semblent sortir tout droit du catalogue des mendiants-vagabonds du *Liber vagatorum*.

Remarquons bien, également, que l'affaire de 1449 concerne une bande nombreuse, pour laquelle la mendicité n'est qu'une forme d'action, ou dans laquelle les truands ne sont qu'une catégorie parmi d'autres. En dehors des principaux accusés, dont l'affaire est examinée par le Parlement, les autres sont incarcérés et jugés au Châtelet. L'exécution de leur verdict n'est différée qu'afin de pouvoir s'emparer d'autres gredins de la même « bande et ligue », lesquels commettent moult forfaits dans tout le pays [193]. Un tel récit montre, à l'évidence, que la mendicité couvre l'activité de vulgaires criminels et que cela se pratique sur une grande échelle.

La bande incriminée rappelle, sous bien des rapports, celle des coquillarts sur la trace desquels se lancent, quelques années plus tard, les autorités dijonnaises [194]. Les deux cas sont des exemples frappants de ces associations criminelles qui se développent dans toute la France, à la suite de la dispersion de nombreuses compagnies armées et du « chômage » des personnes que la guerre nourrissait ou qui en vivaient en parasites [195]. Il n'est même pas exclu qu'un lien direct soit à établir entre l'affaire de 1449 et celle des coquillarts. Tous les récits touchant les affaires de mendiants soulignent qu'ils cherchaient des acolytes dans l'ensemble du pays et que beaucoup de pèlerins ou prétendus tels se trouvaient dans leurs rangs. Or J. Garnier, qui a étudié le premier, et publié les actes du procès de la bande de Dijon, date leur apparition dans cette ville de 1453 [196]. N'est-il pas possible dès lors, que les aveux des détenus du Châtelet, en 1448 et 1449, aient conduit les enquêteurs sur les traces de cette bande qui avait fait de la coquille Saint-Jacques, symbole des pèlerins, son propre signe de ralliement [197] ? En tout état de cause, le lien entre les mendiants, vrais ou faux, et les milieux de la délinquance, ne fait aucun doute.

La vie errante favorise l'entrée des mendiants dans le milieu criminel. Les différences entre vagabonds s'estompent très vite et bientôt ne reste que le désir de gagner à tout prix de l'argent. Ils participent donc à des groupes de bandits, se livrent eux-mêmes au pillage, servant d'éclaireurs ou d'espions à la troupe. Les autorités soupçonnent formellement le monde des mendiants de disposer d'une organisation interne. L'opinion la plus couramment répandue est qu'à l'instar des brigands, ou avec leur connivence, ils sont structurés sur le modèle du gouvernement ou de la corporation. Une poésie de l'époque fait allusion au roi des pèlerins et elle assimile ces derniers aux mendiants et vagabonds [198] :

> *Mon pourpoint tout neuf coutonné,*
> *Qui ne m'a servi que neuf ans,*
> *J'ordonne et veulx qu'il soit donné*
> *Au roy des* Pellerins passans
> Lesquels on appelle truans
> ou coquins...

(souligné par moi B. G.)

Ce thème reparaît dans toute sa force, lors des arrestations de 1448. Les prisons s'emplissent de très nombreux « caymens » dont on essaie, à tout prix, de savoir s'il est vrai qu'ils se choisissent un roi et une reine [199], mais, en dehors des relations de chroniqueurs, nous ne possédons aucun document précis sur cette pratique. Un tel choix ne serait pas exceptionnel dans les mœurs médiévales. Pendant les carnavals ou les « fêtes des fous », lorsqu'il s'agissait d'organiser systématiquement la vie « à l'envers », il était fréquent que l'on choisît le roi parmi les personnes les plus dénuées d'importance et de richesse et qu'on lui rendît les honneurs dus à la majesté royale [200]. Dans ce milieu social, où toute la vie était en quelque sorte « inversée », la désignation d'un roi comme chef est parfaitement plausible [201]. Il n'est pas exclu non plus que des éléments des structures corporatives aient pu se retrouver ici.

La pratique professionnelle de la mendicité exige, en effet, certaines règles qui ne sont pas seulement sous le contrôle de l'Eglise ou des autorités laïques, mais doivent émaner du milieu même. Le nombre de places « privilégiées » pour mendier était réduit ; certes les questions de préséance, d'usage, ont leur importance, mais spontanément, le besoin d'une organisation de type corporatif s'impose dans l'attribution des places, la défense contre la concurrence et l'afflux d' « étrangers ».

Aux siècles suivants, les corporations de mendiants ne sont pas rares et sont même souvent officiellement reconnues [202] ; elles ne lient, toutefois, que des mendiants fixés à demeure [203]. Les éléments d'organisation que l'on décèle chez les truands et dans toutes les « cours des miracles » sont, par contre, assimilables à des associations criminelles.

Ce qui ne signifie pas que tous les truands soient forcément des tricheurs ou des criminels : intégrés à la vie de l'Eglise, ils acceptent le plus souvent, sans rechigner, les exigences de la loi et des bonnes mœurs, même si, évidemment, les documents les présentent rarement sous cet aspect. Ils ne tentent pas seulement d'obtenir une aumône en éveillant la pitié pour leurs misères, mais aussi en amusant les badauds, la foule des foires ou les cortèges nuptiaux. L'un des pendus de 1449 n'était-il pas joueur de viole ? Quelques instruments de musique sont aussi les attributs de la profession [204]. Jouer d'un instrument, amuser les gens d'histoires merveilleuses, exhiber un corps meurtri et des vêtements pitoyables, tout concourt également à obtenir une obole. C'est le tableau d'un groupe de miséreux de ce genre que nous offre l'une des lettres de rémission du roi. L'affaire se passe, il est vrai, en Bretagne, mais les mendiants sont parisiens d'origine ; Jaquemin Gobillet et Marion la Garnière courent le pays depuis deux ans sans être mariés et vivent d'aumônes [205]. Gobillet tire aussi quelques revenus de ses « beaux diz [206] ». Au retour du Mont-Saint-Michel, ils rencontrent un mendiant breton qu'ils accompagnent ensuite. Celui-ci est de grande taille, fort, il a le corps chargé de chaînes, de façon à laisser croire qu'il a quelque grand péché à expier [207]. Arrivés dans une auberge, ils décident de sceller un contrat pour presque un an : ils iront de concert, le Breton leur donnera ses aumônes, en échange de quoi Gobillet lui donnera cinq francs. Mais ils arrosent un peu trop cet accord et en sortant le Breton tente de violer Marion la Garnière. Il est alors tellement battu qu'il en meurt (la femme lui assène le bâton au bout duquel elle portait son baluchon [208]). Ces trois mendiants gagnaient leur obole en montrant un spectacle, ils constituaient donc une sorte de troupe d'artistes et il serait injuste de les affecter aux « classes dangereuses ». Sans leur sanglante querelle, les registres judiciaires en auraient perdu la mémoire.

Le monde de la misère médiévale est varié, mais sa

majorité est constituée par ceux à qui la maladie, l'infirmité physique ou la vieillesse donnent le privilège de vivre sans travailler. La mendicité, comme tout métier, exige de faire front à une concurrence et d'employer divers moyens pour résister au jeu du marché. Souligner et exagérer leur misère est la seule façon de gagner leur pain pour ceux des pauvres qui ne veulent pas attendre honteusement chez eux l'octroi de subsides et qui considèrent leur indigence comme une sorte de qualification professionnelle.

Ces milliers de misérables et de mendiants sont donc bien intégrés aux structures médiévales, ils constituent une partie de la société organisée. Leur mode de vie, par contre, la tentation de la mobilité et des voyages pour améliorer leur revenu, les contacts personnels, les poussent souvent dans la voie du crime.

Ilz sont puissans, larrons, atruandez
Oyseux, faillis, dont nul bien ne puet ystre

dit Deschamps, dans l'une de ses ballades, en parlant des foules de mendiants qui hantent les églises [209]. Il ne fait pas de doute que ces accents d'animosité, voire de haine, qui se font de plus en plus fréquents dans la littérature de la fin du Moyen Age, reflètent une attitude sociale profonde. Le « pauvre Villon » n'a que moqueries et railleries pour les misérables qui dorment sous les étals, tremblent de froid dans leurs habits étriqués ou leurs haillons [210]. Dans le *Roman du Comte d'Anjou,* le mendiant est, de même, en butte à la méfiance des gens : il pourrait travailler comme les autres, mais ne pense qu'à boire : que l'on rosse ou qu'on enferme cet oisif [211] ! L'oisiveté est déjà en soi un crime mais, bien plus, elle porte en elle, selon la sagesse populaire, le germe du crime [212]. Ce seul fait suffit souvent à la collectivité pour traiter les mendiants, dans leur ensemble, comme un ramassis de criminels, de tricheurs et de paresseux.

L'histoire iranienne contemporaine du *Mendiant infirme* [213] indique avec finesse toute la complexité et l'ambiguïté des rapports du héros avec sa communauté rurale d'origine. Le mendiant est nécessaire car on peut, grâce à lui, invoquer la grâce divine dans les moindres soucis quotidiens : en lui faisant l'aumône, Dieu absout les péchés. Dans les rapports d'homme à homme, au contraire, subsistent méfiance, mépris, effroi et répulsion[214]. Quand d'aventure une maison brûle, on l'accuse d'y avoir mis le feu et tout le village est contre lui, tout innocent qu'il soit, on le condamne donc à avoir la main coupée : « cela le guérira à jamais de la paresse[215] ».

L'affaire des empoisonneurs de 1390 offre une attitude analogue. Nous ignorons, comme nous l'avons dit, si l'accusation était fondée, si ces mendiants s'étaient réellement conduits avec une telle indifférence ou une telle haine à l'égard de leur prochain. Mais nous retiendrons comme significatif de l'attitude face aux mendiants — au même titre que les multiples institutions de charité et que tous les gestes charitables — le fait même qu'on les ait soupçonnés, qu'on les ait crus capables de pareils crimes contre « l'universel monde et humaines créatures[216] ».

1. *L'Hôtel-Dieu de Paris au Moyen Age : Histoire et documents,* par E. Coyecque, t. I, Paris, 1891, p. 292 (Documents, N. III).

2. Bibliothèque nationale, Ms. Fr. 8091, fol. 330-341 ; J. Du Breul, *Le Théâtre des antiquitez de Paris,* Paris, 1612, p. 995.

3. Cf. G. Uhlhorn, *Die christliche Liebestätigkeit im Mittelalter,* Stuttgart, 1884 ; L. Lallemand, *Histoire de la charité,* t. III : Le Moyen Age, Paris, 1906 ; B. Tierney, *Medieval Poor Law. A Sketch of Canonical Theory and Its Application in England,* Berkeley, 1959.

4. E. Levasseur, *La population française,* t. I, Paris, 1889, pp. 179 et suiv. ; J. Glénisson, J. Misraki, « Désertions rurales dans la France médiévale », in *Villages désertés et histoire économique,* Paris, 1965.

5. Jean Chartier, *Chronique de Charles VII roi de France,* éd. Vallet de Viriville, Paris, 1858, p. 245 : « Et s'enfuyoient les gens du plat pays à Paris, tant pour la famine que pour les oppressions que leur faisoient les Anglois, et aussi les garnisons des François » (1438). Le chroniqueur note que 50 000 personnes meurent alors de faim et à cause d'épidémies. Sur l'exagération de ce chiffre, cf. Coyecque, *op. cit.,* p. 118.

6. *Journal d'un bourgeois de Paris,* éd. A. Tuetey, Paris, 1881, p. 119 : « Toute char enchery tellement que pouvres gens n'en mengeoient point » (décembre 1418) ; *ibidem,* p. 123 : « en tout le karesme povres gens ne mengeoient que pain aussi noir et mal savouré c'om pouroit faire » (mars 1419) ; *ibidem,* p. 131 : « et se ne gaignoit on denier » (automne 1419) ; *ibidem,* p. 316 : « et le plus de pouvres gens ne mengeoient que pain de noix » (janvier 1420) ; *ibidem,* p. 412 : « en ce temps avoit si grant faulte de change à Paris que les pouvres gens n'avoient nulles aumosnes ou bien pou » (automne 1420) ; *ibidem,* p. 145 : « et si avoit tres grant pouvreté de fain la plus grant partie, especial-

ment le menu peuple » (décembre 1420) ; *ibidem*, p. 150 : « jour et nuyt crioient hommes, femmes, petiz enffans : « Helas ! je meur de froit », l'autre de fain. Et en bonne vérité il fist le plus long yver que homme eust veu, passé avoit XL ans » (mars 1421) ; *ibidem*, p. 263 : « car pouvres gens n'avoient ne vin ne pitance, se non ung pou de noiz et du pain et de l'eaue, car pois ne feves ne mangoient point, car ilz coustoient trop en achapt » (février 1431). Cf. *Journal parisien de Jean Maupoint* (1437-1469), éd. G. Fagniez, *Mém. de la Société de l'Histoire de Paris*, t. VI, 1878, pp. 23 : en 1407. « Fuit permaxima hyems ita quod a festo sancti Martini yemalis inclusive omnes riparie Parisius affluentes fuerant congelate, unde quamplures pauperes gelu et inopia perierunt. »

7. *Journal d'un bourgeois de Paris*, p. 245.

8. *Ibidem*, p. 262 : « On ne gaignoit rien car marchandise ne couroit point ; par ce mouroient les pouvres gens de fain et de pouvreté » (1431).

9. E. Coornaert, *Les corporations en France avant 1789*, Paris, 1941, pp. 272 et suiv.

10. J. Michelet, *Histoire de France*, t. XV, p. 21.

11. Jean Gerson, *Science de bien mourir* (Bibliothèque nationale, Ms. Fr. 1551), fol. 73 V : « Et seroit expedient en chanson hospital ou l'ostel dieu que, par ordonnance faicte, on ne receust aucun malade qui ne se confessast des le premier jour, ou au mains qu'il se representast au prestre a ce ordonnez comme il est loablement en l'Ostel Dieu de Paris » (traité rédigé avant 1403). Cf. M. Lieberman, *Chronologie gersonienne*, « Romania », t. LXXXIII, 1962, pp. 61 et suiv. Livre de vie active de l'Hôtel-Dieu de Paris (édité partiellement par M. Candille) ; « Comme à la Maison-Dieu aulcun malade n'est receu si ne se confesse à l'entrée » (cité d'après Coyecque, *op. cit.*, p. 69, n. 2).

12. Dans un glossaire de l'époque nous trouvons cette définition de l'hôpital : « hospitale est domus ubi peregrini vel miseri suscipiuntur in hospitium » ; Mone, *Uber Krankenpflege von 13. bis 16. Jahrhundert*, « Zeitschr. für die Geschichte des Oberrheins », II, p. 262.

13. Ionnis Lodovici Viris Valentini : *De subventione pauperum libri II*, Lugduni 1532, II, 2 (Il existe de nombreuses éditions de cette œuvre de J. L. Vives).

14. Bibliographie générale sur les hôpitaux français au Moyen Age chez J. Imbert, *Les hôpitaux en droit canonique*, Paris, 1947 (Coll. l'Eglise et l'Etat au Moyen Age, t. VIII), pp. 313 et suiv.

15. Aperçu sur les hôpitaux parisiens au XVIIe siècle chez D. L. Mackay, *Les hôpitaux et la charité à Paris au XIIIe siècle*, Paris, 1923.

16. Jacobi de Vitriaco, *Historia Occidentalis*, cap. XXIX, in L. Le Grand, *Statuts d'hôtels-Dieu et de léproseries*, Paris, 1901 (Coll. de textes pour servir à l'étude et à l'enseignement de l'histoire), p. 5.

17. Antoine Astesan dans son *Eloge descriptif de la ville de Paris...* en 1451 (*Paris et ses historiens*, p. 540, dépeint cet « hospicium sanctum pro suscipiendis / Pauperibus factum » comme l'Hôpital, alors qu'il y en avait beaucoup d'autres dans la capitale.

18. *Ibidem* : « Phisicus est etiam, nec non cirurgiens, ambo (Aegrotis illis medici succurere jussi/Annua pro tali capientes praemia facto : / Sic et qui potus et qui medicamenta condit. / Ceteraque aegrotis medicorum jussa ministrat. » Cf. Coyecque, *op. cit.*, pp. 97 et suiv.

19. Cf. Imbert, *op. cit.*, p. 128.

20. Du Breul, *Le Théâtre des antiquitez de Paris*, p. 435, date la création de cet asile du XIIIe siècle, mais Jaillot, *Recherches critiques historiques et topographiques sur la ville de Paris*, t. IV, p. 138, estime qu'il a été fondé dès le XIIe siècle.

21. Bulle de fondation du 20 février 1320, Bibliothèque nationale, Ms. Fr. 13628 et H. Bordier, *La confrérie et l'hôpital Saint-Jacques-aux-Pèlerins*, « Mém. de la Société de l'Histoire de Paris », t. I, 1875, pp. 186 et suiv.

22. Par exemple l'hôpital Sainte-Catherine, rue Saint-Denis, L. Brièle, *L'hôpital de Sainte-Catherine en la rue Saint-Denis (1184-1790)*, Paris, 1890 ; les fondations pour veuves, l'hôpital Sainte-Avoie et celui des Haudriettes (Mackay, *op. cit.*, pp. 72 et suiv.), celui de la rue des Poitevins (H. Sauval, *Histoire et recherches des antiquités de la ville de Paris*, Paris, 1724, t. II, p. 382), l'hôpital Sainte-Madeleine fondé en 1316 par Imbert des Lyons, bourgeois de Paris, afin que les femmes pauvres puissent avoir où dormir. (M. Vloberg, *De la cour des Miracles au gibet de Montfaucon*, Paris, 1928, p. 40), etc.

23. L'hôpital des Filles-Dieu est transféré en 1360 à celui de Sainte-Madeleine.

24. Sur l'asile du Saint-Esprit, voir note 1 et 2.

25. *Ordonnances des rois de France*, t. IX, p. 167: Pour les membres de la corporation des pourpointiers ; cf. G. Fagniez, *Etudes sur l'industrie et la classe industrielle à Paris aux XIIIe et XIVe siècles*, Paris, 1877, pp. 31 et suiv. Généralement sur des entreprises sociales de ce genre dans l'artisanat médiéval, cf. G. von Schanz, *Zur Geschichte der deutscher Gesellen-Verbände*, Leipzig, 1877, pp. 71 et suiv. Oraz A. Sapori, « I precedenti della previdenza sociale nel Medioevo », in *Studi di storia economica medievale*, Firenze, 1940, pp. 419 et suiv.

26. A Toulouse qui comptait 25 à 30 000 habitants, il y avait au milieu du XIIIe siècle, 15 hôpitaux, 7 léproseries et 6 reclusanies : J. H. Mundy, *Charity and social Work in Toulouse 1100-1250*, « Traditio », t. XXII, 1966, p. 274. Les destructions subies par les archives des hôpitaux de Paris ont jusqu'alors empêché une étude complète du réseau hospitalier parisien au Moyen Age. L. Le Grand, *Les Maisons-Dieu et léproseries du diocèse de Paris au milieu du XIVe siècle*, « Mém. de la Société de l'Histoire de Paris », t. XXIV-XXV, 1877-1878, constitue la base principale d'une telle étude.

27. L. Le Grand, *Les Quinze-Vingts depuis leur fondation jusqu'à leur translation au faubourg Saint-Antoine*, « Mém. de la Société de l'Histoire de Paris », t. XIII, 1886, i t. XIV, 1887 ; et le livre de vulgarisation de M. Barit, *Les Quinze-Vingts du XIIIe au XVIIIe siècle*, Paris (1956).

28. Rutebeuf, *Œuvres complètes, éd. A. Jubinal*, Paris, 1839, (Bibliothèque elzévirienne), p. 163.

29. Sur le renfermement des lépreux : M. Foucault, *Histoire de la folie à l'âge classique,* Paris, 1961, chap. I.

30. Voir avant tout à ce sujet E. Jeanselme, *Comment l'Europe au Moyen Age se protégea contre la lèpre,* Paris, 1931, ainsi qu'Imbert, *op. cit.,* pp. 150 et suiv.

31. Statut de 1349 dans Le Grand, *Statuts d'hôtels-Dieu...,* pp. 240 et suiv.

32. Le Grand, *Les Maisons-Dieu..., passim* ; Mackay, *op. cit.,* p. 75. En 1407 sont citées dans un testatement quatre léproseries « extra Parisius » : au-delà de la porte Saint-Denis, de la porte Saint-Honoré (« que dicitue le Roule »), à Saint-Germain-des-Prés et entre le Bourg-la-Reine et la porte Saint-Jacques. A Tuetey, « Testaments enregistrés au Parlement de Paris sous le règne de Charles VI », in *Mélanges historiques,* t. III, Coll. de documents inédits sur l'histoire de France, Paris, 1880, N. XXII, p. 454.

33. En 1390 un litige se produit au sujet de l'admission de la servante d'un boulanger, ce qui est l'occasion d'un commentaire sur le privilège des boulangers à la léproserie de Saint-Ladre. — Archives nationales, Y 2, *Livre rouge vieil du Châtelet,* fol. 99.

34. Ainsi que le montre le « scandale des lépreux » de 1321 : H. Chrétien, *Le prétendu complot des Juifs et des lépreux en 1321,* Châteauroux, 1887 ; Docteur Vincent, « Le complot de 1320 (v. s.) contre les lépreux et ses répercussions en Poitou », *Bulletin de la Société des Antiquaires de l'Ouest,* 3 série, t. VII, 1927, pp. 825 et suiv. ; G. Lavergne, *La persécution et la spoliation des lépreux à Périgueux en 1321,* Recueil des travaux offerts à M. Clovis Brunel, t. II, Paris, 1955.

35. Le Grand, *Les Maisons-Dieu...,* pp. 317 et suiv. (en 1351 dans les 59 asiles pour lépreux du diocèse de Paris, on compte à peine 35 malades).

36. N. Delamare, *Traité de la police,* Paris, 1722, t. I, pp. 604 et suiv., t. II, pp. 508 et suiv. (1389, 1394, 1402, 1403) ; *Ordonnances des rois de France,* t. V, p. 451 (1373).

37. *L'Ordonnance cabochienne,* éd. A. Coville, Paris, 1891 (Coll. de textes pour servir à l'étude et à l'enseignement de l'histoire), p. 180, art. 257 : « Plusieurs hommes et femmes meseaulx et inffectez de maladie de lèpre de jour en jour sont toujours alans et venans par lesdcites villes, quérans leurs vies et ausmosnes, buvans et mangans par les rues, carrefours et autres lieux publiques. » En cas de contravention à l'interdiction de pénétrer en ville, les lépreux encourent une peine d'un mois de prison au pain et à l'eau. Notons que l'exécution de cette peine est confiée aux bourreaux des villes.

38. Coyecque, *op. cit.,* t. I, p. 73.

39. Sur leurs dimensions : H. Bordier, L. Brièle, *Les archives hospitalières de Paris,* Paris, 1877, p. 151.

40. L'une des miniatures qui ornent le *Livre de vie active* montre l'un de ces lits en usage à Paris.

41. Si l'on suppose que chaque lit contenait deux malades cela donne 500 places environ et 750 si l'on en suppose 3 par lit.

42. Coyecque, *op. cit.,* p. 75, et Archives de l'Assistance publique, Hôtel-Dieu, liasse 280 (Inventaire Hôtel-Dieu 1400). En 1480, au témoignage de l'administration, l'Hôtel-Dieu se composait de 500 personnes, personnel compris.

43. Coyecque, *op. cit.*, p. 75.

44. *Le Journal d'un bourgeois de Paris,* p. 342, donne ce chiffre pour 1438. Sans accepter le compte fantastique de 30 000 décès par an à l'Hôtel-Dieu, il faut cependant dire que pendant la terrible épidémie de 1418, les registres de l'hôpital notent 5 311 morts. Coyecque, *op. cit.,* p. 118.

45. Ce calcul est fondé sur des prémisses assez fragiles qu'il faut présenter ici. Pour les années normales, c'est-à-dire sans épidémie, nous puisons nos renseignements sur la mortalité à l'Hôtel-Dieu dans les comptes de cet établissement. (Archives de l'Assistance publique, Hôtel-Dieu, reg. 8-14.) On y trouve l'indication des dépenses nécessaires aux funérailles des défunts de l'hôpital. Coyecque, *op. cit.,* p. 119, n° 3, établit ces chiffres comme suit : 1428 : 380 ; 1429 : 560 ; 1430 : 640 ; 1443 : 421 ; 1444 : 389 ; 1445 : 402 ; 1446 : 300 ; 1458 : 491 ; 1466 : 700. Cela donne un ou deux décès par jour, avec une recrudescence dans les mois de printemps et d'automne. Nous disposons encore d'un renseignement : pendant les quatorze années qui précèdent 1498, 17 000 malades auraient été guéris ici. Il est vrai que ce chiffre émane de l'avocat de l'hôpital lors d'un procès que mène le Parlement contre l'Hôtel-Dieu, accusé de malversations et menacé de réformes, il faut donc l'accepter avec réserves, même si l'avocat affirme qu'il peut donner la liste nominale des patients guéris. Coyecque, *op. cit.*, p. 320 (Documents, N XII) : « Depuis quatorze ans est sorty de lad. maison, par la bonne diligeance desd. religieux, XVII M povres gueriz, qu'on baillera par nom et surnom. » Si nous acceptons ce témoignage, nous obtenons le chiffre de 1 200 « povres malades » qui quittent l'hôpital au cours d'une année.

46. Sauval, *op. cit.,* t. II, p. 382.

47. Mackay, *op. cit.,* p. 73.

48. Pour comparer, disons qu'à Arras, au début du XIVe siècle, il y avait 8 hôpitaux, 4 léproseries et 11 asiles. Les léproseries offraient environ 100 places et les hôpitaux plus de 300. Les asiles spéciaux pour femmes avaient 300 places (calculs fondés sur : Abbé Proyart, *Notice historique sur les établissements de bienfaisance d'Arras,* ainsi que J. Lestocquoy, *Patriciens du Moyen Age : les dynasties bourgeoises d'Arras du XIe au XVe siècle.* Arras, 1945, « Mém. de la Commission Départementale des Monuments Historiques du Pas-de-Calais », t. V, p. 73).

49. Du Breul, *op. cit.,* p. 950.

50. Dans le statut de l'Hôtel-Dieu (Le Grand, *Statuts d'hôtels-Dieu...,* p. 46), l'hôpital est défini comme étant l'*infirmeria pauperum.* Cf. Coyecque, *op. cit.,* p. 59.

51. Archives de l'Assistance publique, Comptes de l'Hôtel-Dieu, (reg. 8-14), rubrique « chambre aux coultes ». J'ai ajouté aux « dépôts d'argent » les sommes léguées par des malades. J'exclus les années 1416-1418, années d'épidémies (sans doute ne vendait-on pas alors certains vêtements).

52. Notons qu'en 1430, bien que les sommes laissées par les défunts (*ibidem,* reg. 10, fol. 32-35 livres 8 s. 8 deniers en dépôt et 26 livres 6 s. légués par testament) soient très considérables, la valeur des habits est relativement faible.

53. Dans les comptes de 1416 on relève que, l'année précédente, on a trouvé 80 écus cousus dans la robe d'une malade décédée.

Il s'agit d'une somme très importante (équivalente à 72 livres parisis), *ibidem,* reg. 3, fol. 50 V.

54. Imbert, *op. cit.,* p. 128.

55. Coyecque, *op. cit.,* p. 59.

56. Dans le statut du XIIIe siècle, il est recommandé de donner les reliefs de la table du personnel « in usus pauperum sanorum manentium in domo vel exteriorum » (Le Grand, *Statuts d'Hôtel-Dieu...,* p. 51, art. 53.

57. *Chronique de Mathieu d'Escouchy,* éd. Beaucourt, t. II, p. 249, cité d'après Coyecque, *op. cit.,* p. 128.

58. Soulignons un passage très révélateur du statut de l'hôpital de Cambrai, de 1220, stipulant que n'y seront admis que les malades incapables de mendier en ville. Le Grand, *Statuts d'hôtels-Dieu...,* p. 56.

59. Bordier, Brièle, *op. cit.,* p. 43.

60. Dans l'ordonnance de 1351 r. (*Les métiers et les corporations de la ville de Paris,* éd. R. de Lespinasse, t. I, p. 3) art. 3 : « Item que l'on dye a ceulx qui gardent ou gouvernet les hospitaulx ou Maisons-Dieu que ilz ne hebergent telz truans ou telz personnes oyseux, se ilz ne sont malades ou pouvres passans, une nuyt seulement. »

61. Coyecque, *op. cit.,* p. 293 (Documents, N. III) : « Domus Dei recipiat infirmos et in hospitalibus aliis viri sani vagabundi pernoctent » (1363).

62. Archives de l'Assistance publique, Comptes de l'Hôtel-Dieu, reg. 10, fol. 149 (1393) : « Le XIX jour de janvier fu baille a quatre varles qui porterent hors de devant lesdit hostel un caymant appelle Jehan de la Cauchies qui nuysoit audit hostel dieu. »

63. E. Lesne, *Histoire de la propriété ecclésiastique en France,* t. VI, Lille, 1943, *passim ;* Imbert, *op. cit.,* pp. 58 et suiv.

64. Lallemand, *op. cit.,* t. III, p. 51 ; Mackay, *op. cit.,* p. 23 ; Imbert, *op. cit.,* pp. 60 et suiv.

65. Cf. *supra,* rozdz. III.

66. Par exemple en 1487 le notaire-procureur du Châtelet, Martin Guignon, donne une partie de ses biens à l'Hôtel-Dieu pour y améliorer les conditions de vie et assurer l'entretien d'une lampe dans la grande salle — *Inventaire sommaire des archives de l'Assistance publique à Paris,* t. I : Hôtel-Dieu, n. 966, p. 51.

67. A côté de la fondation de l'asile pour orphelins du Saint-Esprit-en-Grève, on peut encore noter celle, en 1421, de trois maisons pour enfants pauvres, de quarante lits chacune, ce qu'il faut rattacher à la famine du temps, *Journal d'un bourgeois de Paris,* p. 150.

68. Comptes du domaine de la ville de Paris, t. II, Paris, 1958, col. 83 : « à Jehanne la Bergière, poure femme qui quiert les malades et poures necessiteux, à laquelle Mesdits Seigneurs ont ordonné estre baillé pour distribuer là où elle verra estre à faire et le mieulx employé » (1458). Voir aussi *ibidem,* col. 177 ; et G. Panel, *Documents concernant les pauvres de Rouen,* Rouen, 1917, pp. 3 et suiv., mesures analogues à Rouen.

69. G. von Schanz, *Zur Gechchichte der deutschen Gesellen-Verbände,* Leipzig, 1877, pp. 69 et suiv. ; E. Levasseur, *Histoire des classes ouvrières,* Paris, 1900, t. I, pp. 603 et suiv. ; G. Le Bras,

Etudes de sociologie religieuse, Paris, 1956, t. II surtout pp. 420-421.

70. Imbert, *op. cit.*, p. 62.

71. Le Bras, *op. cit.*, p. 420.

72. G. Fagniez, *Documents relatifs à l'histoire de l'industrie et du commerce en France*, t. II, Paris, 1900, N. 31, pp. 74 et suiv. — Sur la confrérie de Saint-Paul, « au dit siege a quinze poures soffisaument pelèz qui sont les premiers assis et servis à un doys des plus riches hommes ».

73. Le banquet de la confrérie de Saint-Jacques était, au XIVe siècle de plus de 1 400 couverts. Les membres payaient 2 s. et les autres 4 s. Les spectateurs devaient payer 6 s. à l'entrée. — Bordier, Brièle, *op. cit.*, t. II, p. 82.

74. H. Bordier, *La confrérie des pèlerins de Saint-Jacques et ses archives*, « Mémoire de la Société de l'Histoire de Paris », t. II, 1875, p. 370. La confrérie de Saint-Eloi, celle des orfèvres, offrait un repas aux pauvres, à l'Hôtel-Dieu, le Jour de Pâques puis, vers le milieu du XIVe siècle également aux prisonniers de Paris. — Fagniez, *Etudes sur l'industrie...*, pp. 33, 39.

75. Archives de l'Assistance publique, Comptes de Saint-Jacques, rouleau 26 (1349-1350) — Sur la somme de 12 l. 12 s. 8 d. on déduit 12 l. « que les maçons baillierent à l'ospital en non demendent de la besongne ».

76. Fagniez, *Etudes sur l'industrie*, pp. 31 et suiv. ; Coyecque, *op. cit.*, t. I, p. 130.

77. Archives nationales, X^{1a} 1480, fol. 233 (1431). Cf. également, *Les métiers et les corporations... de Paris*, t. 1. p. 200.

78. A. L. Gabriel, *The practice of Charity at the University of Paris during the middle Ages : Ave Maria College*, « Traditio », t. V, 1947, pp. 335 et suiv., ainsi que le texte des statuts de A. L. Gabriel, *Student Life in Ave Maria College*, Notre Dame, 1955 (The University of Notre Dame Publications in Mediaeval Studies, XIV), Chartulary, N. XIII, pp. 319 et suiv., art. 27, 40, 41, 42, 43, 48, 67, 151.

79. Gabriel, *Student Life...*, p. 322, art. 4 : « sex pauperes pueros scolares Parisiis ».

80. *Ibidem*, p. 345, art. 76 : « pro decem pauperibus mulieribus antiquis honeste conuersacionis hospitandis perpetuo et pro Deo et in elemosinam ».

81. *Ibidem*, p. 347, art. 82 (De cameris menogeriorum).

82. L'organisation de cette fondation de Jean de Hubant, juriste et haut fonctionnaire royal, faisait que les étudiants devaient rester en contact permanent avec ces milieux de la misère urbaine. Voir à ce sujet les remarques de J. Le Goff dans son compte rendu de l'ouvrage de A. L. Gabrile, « Le Moyen Age », 1957.

83. Tierney, *Medieval Poor Law...*

84. Nous nous appuyons ici sur un ensemble de 48 testaments choisis sur 236 conservés. Ils sont tous enregistrés au Parlement entre 1392 et 1421 et publiés par Tuetey, *Testaments enregistrés au Parlement de Paris...*, pp. 241-704.

85. Nous lisons dans le testament de Nicolas de l'Espoisse, secrétaire du roi, (*ibidem*, N. XLV, p. 610), « Item, le dit testateur voult et ordonna, et par ces presentes veilt et ordonne que, en recompensacion et restitution des choses mal acquises, mal prises

et retenues par lui des biens d'autrui par convoitise, oubliance au autrement, et pour le salut de son ame, soit donné et distribué pour Dieu » (1419).

86. Un magnifique exemple d'utilisation des testaments est donné par l'étude de Mundy, *Charity and Social Work...*, pp. 203 et suiv. Sur les testaments, cf. R. Aubenas, *Cours d'histoire du droit privé*, t. III : *Testaments et successions*, Aix-en-Provence, 1954 ; L. de Charrin, *Les testaments dans la région de Montpellier au Moyen Age*, Ambilly, 1961 ; M. Gonon, *Testaments foréziens (1305-1316)*, Paris, 1951 ; *idem, Les institutions et la société en Forez d'après les testaments*, Paris, 1961 ; L. Boyer, *Introduction à l'étude des testaments foréziens*, Paris, 1964.

87. Le chancelier Arnaud de Corbie demande qu'on célèbre 12 messes par jour pendant un an pour le repos de son âme (Tuetey, *op. cit.*, N. IV), le notaire et secrétaire du roi Jean de Coiffy demande qu'on célèbre 1 000 messes (*ibidem*, N. XIII) et Marguerite de Bruyères, 2 000 messes à célébrer le plus vite possible après sa mort (*ibidem*, N. XLVI).

88. Dans notre groupe de 48 testaments, dans 6 cas les testateurs demandent que leur corps soit jeté « au cimetière de Saint-Innocent en la fosse aux povres » (*ibidem*, N. XV, XVII, XIX, XX, XXXIII, XXXVI), l'un d'eux est un marchand de peaux de la rue Saint-Denis, les autres sont des fonctionnaires de justice.

89. Dans un cas, le testateur lègue presque tous ses biens aux pauvres, *ibidem*, N. XV.

90. Un legs en faveur de l'Hôtel-Dieu se trouve dans tous les testaments parisiens et même souvent dans ceux d'habitants de provinces reculées, Coyecque, *op. cit.*, p. 133.

91. Tuetey, *op. cit.*, N. XIII, p. 370 : « Et du résidu de tous ses biens meubles et heritages, son testament accompli comme dit est le dit testateur voult et ordonna des maintenant Dieu estre son heritier » (1404). Il est souvent indiqué dans les testaments que ce qui restera après la réalisation des legs doit aller aux pauvres et que les exécuteurs décideront sous quelle forme.

92. Cf. Mundy, *op. cit.*, p. 209.

93. Tuetey, *op. cit.*, N. XIX, p. 429 (1406).

94. *Ibidem*, N. XXVIII, p. 483 (1409) : « legat à deux poures femmes qui demeurent devant l'ostel du dit maistre Phelippe ».

95. *Ibidem*, N. XXXI (1410) — sur les 400 francs destinés à l'Hôtel-Dieu, 100 doivent être distribués aux pauvres ; *ibidem*, N. VIII (1402) — volonté d'un testateur de donner une aumône de 4 deniers à tous les pauvres de l'Hôtel-Dieu.

96. Le Comte de Soissons lègue 800 écus en 1398 à l'Hôtel-Dieu, mais en réserve 1 000 « pro distribuendo Parisius pauperibus Dei » (*ibidem*, N. III, p. 281) même si ce legs concernait également les ordres mendiants et les questeurs de différentes institutions, une part étant cependant réservée aux mendiants.

97. *Ibidem*, N. V (1400).

98. *Ibidem*, N. XII, p. 355.

99. *Ibidem*, N. XXXIX, p. 570 : « six povres tiegnent les torches, et soient esleuz les plus diseteux charitables que l'en pourra trouver, qui auront chascun ung solers et chausses, ou pris de dix solz chausses et solers a chascun des six povres ».

100. *Ibidem*, N. XXII, p. 453 (1407) : « quod in die obitus

dentur et distribuantur pauperibus, pro elemosina, quinque franciscilicet, cuilibet pauperi unum denarium ». Il est cependant difficile d'établir le nombre exact des mendiants en toute certitude à partir de legs de ce type. Un bourgeois de Lübeck demande, en 1355, dans son testament, de distribuer des aumônes à plus de 19 000 mendiants (chiffre obtenu en divisant la somme prévue par la valeur d'une aumône demandée). Or la population d'alors, à Lübeck, ne dépassait pas 22 ou 24 000 habitants — cf. H. Reincke, *Bevolkerungsprobleme der Hansestädte,* « Hansische Geschichtsblätter », t. 70, 1951, p. 25, i. A. von Brandt, « Die gesellschaftliche Struktur der mittelalterlichen Lübeck », in *Untersuchungen zur gesellschaftlichen Struktur der mittelalterlichen Städte in Europa. Reichenau Vorträge 1963-1964,* Konstanz-Stuttgart, 1966, p. 237.

101. Tuetey, *op. cit.*, N. XXXVI, p. 550 (1412) : « le dit testateur voult et ordena que le jour de son obseque soient donnez, distribuez et aumosnez, pour l'amour de Dieu et le salut et remède de son âme, à chascun povre en sa main quatre deniers Parisis, et jusques à cinquante frans, se tant y venoit de povres ».

102. *Ibidem*, N. XXXIV (1411).

103. *Ibidem,* p. 529.

104. Chaque mendiant devra recevoir 1 minot et la totalité du grain à distribuer est de 2 muids de blé. Sachant qu'un muid = 12 setiers et qu'un setier = 4 minots, nous obtenons un nombre de mendiants légèrement inférieur à cent.

105. Dans les testaments de Montpellier on émet souvent la volonté que le corps soit porté « ad ecclesiasticam sepulturam » par 16 pauvres habillés aux frais du testateur. Cf. de Charrin, *op. cit.*, p. 137.

106. C'est dans ce but qu'il fait changer 20 francs (c'est-à-dire 16 livres) en menue monnaie à l'hôtel des monnaies. — Tuetey, *op. cit.*, p. 540.

107. *Ibidem*, p. 541.

108. Les mendiants qui demandent l'aumône en différents endroits et déambulent dans les rues nous échappent ici. C'est à eux que Denis de Mauroy demande de penser : « et que pareillement à chascun povre que l'en trouvera ou chemin et es dictes eglises, on donne un denier ».

109. *Ibidem*, p. 540.

110. *Ibidem*, p. 539.

111. *Registre criminel du Châtelet,* t. II, p. 529 (1392). — Une mendiante qui habite le port Notre-Dame a coutume de mendier devant la chapelle de Saint-Sébastien dans la cathédrale.

112. Dans l'un des Miracles, le mendiant Gille peut à peine, à sa place habituelle, « à la pointe de Saint-Eustace », obtenir plus d'un denier par jour — *Miracles de Notre-Dame par personnages,* éd. G. Paris et U. Robert, Paris, 1881-1893, t. VI, N. XXXVI.

113. Mais le testateur est encore conscient de l'insuffisance de ce don « se tant y a de povres », et il prévoit une distribution supplémentaire, le jour de la Saint-Laurent, dans treize églises — Tuetey, *op. cit.*, p. 541.

114. Bordier, *La confrérie des Pèlerins de Saint-Jacques...*, p. 370 (en 1324, environ 3 000 mendiants).

115. *Le roman du comte d'Anjou,* v. 5640 ; selon E. Faral, *Textes relatifs à la civilisation matérielle et morale des temps*

modernes, Paris, 1938, pp. 86 et suiv. Notons entre parenthèses que dans la foule de ceux qui attendent une aumône, la majorité sont des paysans des environs.

116. Tuetey, *op. cit.*, N. XLIV, p. 601 (1418) — cas d'une demande de distribution d'aumônes mais « sans faire assemblée générale de povres gens ».

117. Cf. Coyecque, *op. cit.*, p. 135.

118. Archives de l'Assistance publique, Comptes de l'Hôtel-Dieu, reg. 3, fol. 49 V. Je ne vérifie pas les calculs contenus dans ces comptes.

119. *Ibidem*, reg. 4, fol. 47, reg. 5, fol. 68, reg. 8, fol. 29, reg. 9, fol. 31, reg. 10, fol. 31.

120. W. K. Jordan, *Philanthropy in England 1480-1560,* London, 1959 *passim,* et *idem., The charities of London 1480-1660,* London, 1960, surtout pp. 22 et suiv., critique pertinente de cette thèse chez Mundy, *op. cit.*, p. 278, n. 238.

121. Cf. Le Grand, *Les Quinze-Vingts...*, p. 7.

122. Cf. Geremek, *La popolazione marginale tra il Medioevo e l'éra moderna,* « Studi storici », t. IX, 1968, n. 3-4, pp. 623 et suiv.

123. Joinville, *Histoire de Saint-Louis,* éd. N. de Wailly, Paris, 1868, p. 160 (c. LXXXVIII).

124. *Ibidem* : « une grande tombe de povres gens nous demandoient pour Dieu, et fesoient grand noise ».

125. *Ibidem* : « il vous demandent que vous lour donnez pour Dieu ; c'est à entendre que vous lour donnez dou vostre, et il vous dourront Dieu. Et Dieux le dist de sa bouche, que il ont pouoir de li doner à nous ; et dient li saint que li povre nous peuent accorder à li, en tel manière que, ainsi comme l'yaue estaint de feu, l'aumosne estaint le péchié. Si ne vous avieigne jamais, dist Jehans (l'Ermin) que vous chaciès les povres ainsi ; mais donnés lour, et Diex vous donra ».

126. Guillaume de Lorris et Jean de Meun, *Le Roman de la Rose,* mis en français moderne par A. Mary, Paris (1949), pp. 196 et suiv.

127. Tuetey, *op. cit.*, p. 532 : « povres gens sans fantise » ; *ibidem,* p. 536 : « treze povres creatures sans faintise ».

128. A. Vidier, *Les marguilliers laïcs,* Mémoire de la Société de l'Histoire de Paris, t. XL, 1913, 1913, p. 147.

129. Archives nationales, LL 295, fol. 219 (1401), LL 270, fol. 230 (1415) et (1428), LL 216, fol. 116, 185.

130. A. Samouillan, *Olivier Maillard, sa prédication et son temps,* Paris, 1891, pp. 213 et suiv.

131. Le grand débat sur la pauvreté et la mendicité qui s'est fait jour au sein de l'église au XIIIe siècle, a occasionné des distinctions entre les différents pauvres et un classement des mendiants. *Le Roman de la Rose* offre précisément une version littéraire des théories de Guillaume de Saint-Amour à ce sujet. Cf. M. Perrod, *Etude sur la vie et les œuvres de Guillaume de Saint-Amour,* Paris, 1902. De même chez saint Bonaventure on trouvera une peinture du monde des mendiants, cf. J. Legowicz, *Essai sur la philosophie sociale du Docteur Séraphique,* Fribourg, 1937 ; P. S. Classen, *Der Hl. Bonaventura und das Mendikantentum,* Werl, 1940, Franziskanische Forschungen, H. 7 ; T. Manteuffel, *Narodziny herezji.*

Wyznawcy dobrowolnego ubostwa w sredniowieczu, Warszawa, 1963, chap. IV.

132. Il faut rappeler ici les données approximatives contenues dans les testaments quant au nombre des mendiants. Nous les avons commentées en parlant des formes et du caractère de la bienfaisance.

133. Guillebert de Metz, *Description de Paris sous Charles VI*, in Leroux de Lincy et L. A. Tisserand, *Paris et ses historiens aux XIVe et XVe siècles*, Paris, 1867, p. 232 : « Len souloit estimer à Paris... plus de quatre vingt mil mendians. »

134. B. Geremek, *Paryz najwiekszym miastem sredniowiecznej Europy ?* Przeglad Historyczny, t. LVIII, 1967, pp. 179 et suiv.

135. L. Chevalier, *Classes laborieuses et classes dangereuses à Paris dans la première moitié du XIXe siècle*, Paris, 1958.

136. *Journal d'un bourgeois de Paris*, p. 162. — En 1421 dans les rues de Paris, on voyait plus de mendiants que d'autres personnes.

137. H. Pirenne, *Histoire économique de l'Occident*, p. 487. A Troyes en 1482, sur près de 18 000 habitants il y aurait eu 3 000 mendiants. — Chr. Paultre, *De la répression de la mendicité et du vagabondage en France sous l'ancien régime*, Paris, 1906, p. 3. A Reims, au même moment, la population est de 10 000 habitants, mais ce chiffre ne tient pas compte des mendiants « qui estoient plus de deux mil et qui journellement croissoient » — P. Desportes, *La population de Reims au XVe siècle d'après un dénombrement de 1422*, Le Moyen Age, t. LXXII, 1966, p. 467, note 23.

138. Bibliothèque nationale, Ms. Fr. 190.

139. *Ibidem*, fol. 4 V : « les mendians et poures qui se pourchacent de huys en huys, d'eglise en eglise, de rue en rue, pour les biens temporels et pour avoir secours en leurs necessitez corporels ».

140. *Ibidem*, fol. 6: « Et endurent chault et froit vent et pluye, que a peines deviendroient ilz malades se ilz estoient bien sains par endurer labeur et la necessité que ilz ont soustenus en alant ou en seant souvent du matin jusques à la nuit par terre nue, en froit, en fain, en soilf. »

141. *Ibidem*, fol. 17.

142. *Ibidem*, fol. 17 V : « aucunefois font tant qu'ilz semblent plus poures qu'ilz ne sont ».

143. E. von Kraemer, *Le type du faux mendiant dans les littératures romanes depuis le moyen âge jusqu'au XVIIe siècle*, Helsingfors, 1944, Societas Scientiarum Fennica. Commentationes Humanarum Litterarum, XIII, 6.

144. *Miracles de Nostre Dame...*, t. VI, pp. 171 et suiv., pp. 227 et suiv., t. VII, pp. 195 et suiv. ; von Kraemer, *op. cit.*, pp. 31 et suiv.

145. *Miracles de Nostre Dame...*, t. VI, pp. 227 et suiv.

146. G. Cohen, *La scène de l'aveugle et de son valet dans le théâtre français du Moyen Age*, Romania, t. XLI, 1912, pp. 346 et suiv. ; von Kraemer, *op. cit.*, pp. 41 et suiv.

147. Cf. fabliau *De trois aveugles de Compiegne, Recueil général et complet des fabliaux*, éd. A. de Montaiglon et G. Raynaud, t. I, Paris, 1872, N. IV, pp. 70 et suiv.

148. G. Cohen, *op. cit.*, p. 368.

149. G. Cohen, *Le thème de l'aveugle et du paralytique dans la*

littérature française. Mélanges offerts à M. Emile Picot, t. II, Paris, 1913, pp. 393 et suiv.

150. A. de la Vigne, *Moralité de l'Aveugle et du Boiteux*, Paris, 1831, p. XI.

151. Von Kraemer, *op. cit.*, index alphabétique sub Maux simulés.

152. A. Jubinal, *Mystères inédits du XVe siècle*, t. I, Paris, 1837, pp. 281 et suiv. (XIIIe miracle).

153. *Ibidem*, V. 2617-2622.

154. Eutache Deschamps, *Œuvres complètes*, éd. Queux de Saint-Hilaire et G. Raynaud, Paris, 1878-1903.

155. *Ibidem*, t. VII, N. 1299, pp. 52 et suiv., t. VII, N. 1300, pp. 54 et suiv.

156. *Ibidem*, t. VII, N. 1299, p. 52 : « de XXX maladies/Sont entachiez ».

157. *Ibidem*, t. VII, N. 1300, p. 54.

158. *Ibidem*, t. VI, N. 1259, p. 279 (*De cahymans et de coquins*).

159. *Ibidem*, t. VI, N. 1229, p. 230 (*Ribaulx, paillars, truandes et coquins*).

160. *Ibidem*, t. VII, N. 1299, p. 52.

161. *Ibidem*, t. VII, N. 1299, p. 53.

162. *Ibidem*, t. VI, N. 1229, p. 231.

163. *Ibidem*, t. VI, N. 1230, pp. 232 et suiv. — où l'on se moque des jérémiades du mendiant et l'on se débarrasse de ses prières en lui répondant : « Atten encor jusqu'à demain ». Le rondeau est à rattacher certainement à la ballade des « Cahymans et coquins » (*ibidem*, t. VIII, N. 1440, p. 107 et la note du tome XI, p. 257) qui constitue une sorte d'envoi à Louis d'Orléans : « Des cahimans... » En dehors du but didactique, une œuvre de ce genre pouvait, par le comique de situation, jouer un rôle distrayant.

164. Même quand Deschamps se laisse aller à l'éloge de la pauvreté et à la pitié pour les malheureux (*ibidem*, t. II, pp. 268 et suiv. : « Double lay de la fragilité humaine », il dit encore que « Mieulx lui vault mort que mendiance / Car de truander est honteus ».

165. Cf. *supra* et B. Geremek, *La lutte contre le vagabondage à Paris aux XIVe et XVe siècles*, Mélanges Barbagallo, Napoli, 1970.

166. *Les métiers et les corporations... de Paris*, t. I, p. 3.

167. Ce terme désigne les faux mendiants et son étymologie est incertaine. L. Sainéan, *Les sources indigènes de l'étymologie française*, t. I, Paris, 1925, p. 340, le fait dériver de « bêler », mais O. Bloch, W. von Wartburg, *Dictionnaire étymologique de la langue française*, Paris, 1950, le tirent de l'allemand « Bettler ».

168. Geremek, *La lutte...*, appendice, N. XI.

169. *Liber Vagatorum der Betler Orden*, Augsburg, s. d., Bibliothèque nationale, Rés. R. 409 ; réédition : *Liber Vagatorum. Le livre des gueux*, éd. P. Ristelhuber, Strasbourg, 1862, et F. Kluge, *Rotwelsch. Quellen und Wortschatz der Gaunersprache und der verwandten Geheimsprachen*, Strassburg, 1901, N. XVII-XIX, pp. 35-80.

170. *Chronique du Religieux de Saint-Denis*, éd. Bellaguet, Paris, 1839-1855, t. I, pp. 682 et suiv.

171. *Registre criminel du Châtelet*, t. I, pp. 419-480 ; t. II, pp. 1-6. Le procès dura encore longtemps et sans doute des

recherches dans les archives de province apporteraient-elles de nouveaux renseignements. En mars 1391 la reine de Sicile défère au Parlement le cas de ses sujets détenus en France pour avoir empoisonné des puits et qui attendent depuis longtemps leur procès. — Archives nationales, X[2a] 11, fol. 118 V-119.

172. *Registre criminel du Châtelet,* t. II, p. 6 : « le cas qui est très mauvais et regardé crime de leze-magesté, le bien et utilité de la chose publique, et encores l'universel monde et humaines créatures ».

173. Dans un autre procès on évoque la peur de l'accusé d'être torturé car « il avoit veu un que l'en disoit estre empoisonneur, qui avoit esté sy fort gehiné en ladite gehine qu'il en estoit mort », *ibidem,* t. I, p. 546.

174. A propos des puits empoisonnés à Dijon en 1400 — E. Petit, *Ducs de Bourgogne de la maison de Valois,* t. I, Paris, 1909, p. 419.

175. Sur les mendiants empoisonneurs de puits en 1462 en Bourgogne : Champion, *Notes pour servir...,* p. 371.

176. *Registre criminel du Châtelet,* t. I, pp. 421 et suiv.

177. *Ibidem,* p. 427 : « et y trouva plusieurs compaignons querant leurs vies ».

178. *Ibidem* : en sortant de la taverne tous sont saouls et une bagarre éclate.

179. L. Douët d'Arcq, *Choix de pièces inédites,* t. II, N. CXXXI, pp. 245 et suiv. : « un caymant avecques une jeune femme muette, laquelle ledit caymant, dit estre sa femme espousée » (1400) ; cf. M. Juillard, *La vie populaire à la fin du Moyen Age en Auvergne, Velay et Bourbonnais,* Auvergne, 28e année, N. 136, 1951, p. 10. Cas de deux « coquins » et de leurs femmes qui voyagent en demandant la charité.

180. Archives nationales, JJ 154, N. 218 (1399) — Cas de Jehan Lenfant mendiant « accompaignie de sa femme, d'aucunes ses enfans et d'autres poures mendians de Soyssons ».

181. *Journal d'un bourgeois de Paris,* p. 235 : « Item en celui temps, en la fin de juing ung caymant ferit l'enffant d'une caymande dedens l'eglise des Innocens, celle leva sa quenouille et le cuida frapper sur la teste. Si reculla, elle l'assena ung bien pou ou visaige, si lui fist une tres petite esgratigneure, dont ung bien pou de sang yssit, mais pour certain ilz en furent XXII jours en prinson. »

182. Archives nationales, Y 5220 (Reg. d'audiences civiles du Châtelet) fol. 123 : « Jehan Begnin, qui estoit homme yvrogne caymant et de tres petite et mauvais gouvernement avait osté de avec elle et l'avoit emmené avecques luy caymander et demander pour dieu par le pays. »

183. *Journal d'un bourgeois de Paris,* p. 389 : « Item en ce temps furent prins caymens, larrons et meurtriers, lesqulx par jehaine ou autrement confesserent avoir emblé enfens, à l'un avoir crevé les yeulx, à autres avoir coppé les jambes, aux autres les piez et autres maulx assez et trop. »

184. Archives nationales, X[2a] 25, fol. 34 V-36 V (9-11 mars 1449). Sur le déroulement d'un litige entre l'évêque de Paris et les autorités laïques, voir Bibliothèque nationale, coll. Dupuy 250, fol. 12 V et 13 (8 février, 3, 4 et 31 mars 1449). Ce document porte, à la date

du 12 avril 1449, un verdict de pendaison à l'encontre de trois hommes et deux femmes « tous caymans et caymandes lesquelz sont coupables d'avoir creve les yeulx, les jambes au dessus des piedz et tous les bras a plusieurs petitz enfans males et femeaux », *ibidem*, fol. 13.

185. Archives nationales, X^{2a} 25, fol. 34 V : « ledit Jehan Baril confesse avoir prins et emblé ung petit enfant a ung lieu nommé Ferrieres et lui a tirait les deux yeulx et si a esté guetteur de chemins et consentant de cinq meurtres ».

186. *Ibidem*, fol. 36 : « Dit que Baril n'a pas esté seulement mendient mais a esté espieur et agresseur de chemins... Aussi Baril a esté bouchier et escorcheur de bestes et apres s'est voulu mesler de marchandise. »

187. *Ibidem* : « Si a Baril grans cheveux par derriere et grant barbe et a ung chaperon a gros borrelet et une jaquete sans colet. »

188. *Ibidem* : « et requiert que la court mecte provision a l'encontre de tielz gens qui pululent et font maulx infiniz et en y a plusieurs comme Baril qui faignent avoir maladie caduque et se laissent cheoir es assemblees par les eglises et par les chemins sans avoir aucun mal ».

189. *Ibidem*, fol. 35 : « et ledit Estienne Tierrier a emblé deux petitz enfans l'un a Saint Lorens de la Plaine en Enjou nommé Jehan Hemont auquel il a enscisé et coupé les jambes au pres des piez et l'autre a la Chappelle Blanche pres de Loches nommé Jehan Gisart auquel il a crevé les yeulx et arracha la char des jambes dudit Jehan Hemont qui est grant tirannye et tout afin de amasser argent et eulx enrechir ». Le second de ces enfants devait être sous la tutelle du tribunal pendant le procès car le 8 mai 1449 la chambre décide qu'il « sera baillé a son pere pour en faire son plaisir » — Bibliothèque nationale, coll. Dupuy 250, fol. 13 V. Chartier, *Chronique de Charles VII...*, t. II, p. 67, note que l'enfant avait deux ans.

190. Archives nationales, X^{2a} 25, fol. 35 : « et il estoit marié, vieleur et coquin » ; *ibidem*, fol. 36 : « lui estant marié et caimant alant truandant par le pais et jouant de la vielle ».

191. *Ibidem*, fol. 35 V : « Dit que Estienne Tierrier a toute sa vie et par sa confession este par le pais mendiant et est fort compaignon et eust bien peu autrement gaigner sa vie s'il eust voulu. »

192. Chartier, *Chronique de Charles VII...*, pp. 67 et suiv. — Cette exécution publique fut un événement dans la vie de la cité non seulement par l'envergure des criminels, mais, comme le chroniqueur le souligne, parce que, pour la première fois en France, une femme allait être pendue.

193. *Ibidem*, p. 68 : « Et en avoit esté pendus, et plusieurs autres, tous coquins qui encore estoient ou Chastellet de Paris, qu'on gardoit pour certaines causes, et par especial jusques à ce qu'on eust pu prendre certains autres coquins qui estoient de leur bande et ligue, qui hantoient les pardons en plusieurs et divers lieux de ce royaume, comme à la dédicace de sainct Denys, à la sainct Mor, à la sainct Fiacre, à la sainct Mathurin, et ailleurs. Et autre fois se tenoient sur les grands chemin ès bois, où ils faisoient de grans maulx et murdres aux gens passant, soubs ombre de demander l'aumosne pour l'honneur de Dieu. » Dans une autre version le

début est un peu différent (éd. D. Godefroy) : « Il y en avoit déjà eu divers de pendus, et il en restoit encore plusieurs autres qui depuis furent pendus ; tous coquins » ; cela montre encore mieux l'étendue de l'affaire, le grand nombre d'emprisonnements, de condamnations, mais la disparition des registres du Châtelet nous prive de renseignements à ce sujet.

194. Cf. *supra*, chap. IV.

195. Une supplique des Etats du Languedoc de 1456 confirme l'existence de ces bandes. — Isambert, *Recueil des anciennes lois*, t. IX, p. 302.

196. J. Garnier, *Les compagnons de la Coquille. Chronique dijonnaise du XVe siècle*, Dijon, 1842.

197. Champion, *Notes pour servir...*, p. 184, constate que les coquillarts ne mendient pas, ne simulent pas l'épilepsie, ne volent par les enfants, ni ne les estropient. Il en conclut qu'il faut les assimiler aux survivants des bandes d'Ecorcheurs et non aux troupes de mendiants du genre de celle de Bâle, si célèbre. Mais l'enquête sur les coquillarts n'a porté que sur le groupe qui sévissait à Dijon, le principal composé d'individus jeunes qui pillaient, trompaient et volaient. On sait très peu de choses des autres. Remarquons que Villon, dans les ballades en argot de voleurs, qualifie souvent ses compagnons de « gueux » (Sainéan, *op. cit.*, pp. 128, 134, 135, 137) ce qui a, sans aucun doute, le sens de mendiant et de vagabond. Cf. M. Ley-Deutsch, *Le gueux chez Victor Hugo*, Paris, 1936, pp. 7 et suiv., ainsi que le qualificatif proche de « belistres », Sainéan, *op. cit.*, p. 134.

198. A. de Montaiglon, *Recueil des poésies françaises des XIVe et XVe siècles*, t. III, Paris, 1875, p. 80.

199. *Journal d'un bourgeois de Paris*, p. 389 : « Item, aucuns desdiz caymens qui estoient de la compaignie d'iceulx devantdiz furent mis en prinson, car on disoit qu'ilz avoient fait ung roy et une royne par leur derision. »

200. Le prince Louis de Bourbon avait coutume, le jour de l'épiphanie, de donner un festin au cours duquel on choisissait un roi qui était un enfant de 8 ans, « le plus povre que l'en trovast en toute la ville ». On l'habillait richement et on lui rendait les honneurs royaux. Après la fête on faisait de nombreux cadeaux à l'enfant et les sommes ramassées au cours d'une quête spéciale servaient à payer ses études à venir. — *La Chronique du bon duc Loys de Bourbon*, éd. A. M. Chazaud, Paris, 1876, p. 17 (la description porte sur l'année 1368).

201. Sainéan a émis l'hypothèse que le mot « caymants » appliqué aux mendiants est issu de « caym », qui désignait le roi des mendiants, cf. *Les sources indigènes de l'étymologie française*, t. I, p. 339.

202. Cf. E. Rodocanachi, *Les corporations ouvrières à Rome*, t. I, p. XXV.

203. Les aveugles auraient possédé une organisation propre à en croire Jaillot, *Recherches critiques...*, t. V, p. 30 ; cette congrégation est évoquée aussi par le Marquis de la Valette, *Les établissements généraux de bienfaisance...*, Paris, 1866, p. 4. Mais en dehors des données de l'asile des Quinze-Vingts nous ne possédons aucun renseignement sur cette organisation.

204. Cf. Cl. Ménard, *Histoire de Bertrand Duguesclin escrite*

l'an 1387, Paris, 1618, p. 229 : « Cyfoines sont instruments de musique portez au col... à l'usage des aveugles et des mendians, et on les appelloit instrumens truans » ; Deschamps ; *Œuvres complètes,* t. IV, p. 127.

205. Boccace dans le *Decameron,* II, 8, parle même de l'habit particulier des mendiants de Paris.

206. Douët d'Arcq, *Choix de pièces...,* t. II, N. CXXIV, p. 233 (1382) : « Lesquelz ont esté ensemble sanz mariage, alanz par le pays, l'espace de deux ans ou environ, pourchassans leur vie des ausmones des bonnes (gens) et de ce que ledit feu Jaquemin povoit gaigner à dire beaux diz. »

207. *Ibidem,* p. 233 : « Lequel estoit fort homme et de grant corpulance, et portoit une bande de fer autour du corps à sa char nue, et disoit qu'il estoit penancier. »

208. Ils sont incarcérés et condamnés à mort. Gobillet est pendu, mais Marion la Garnière profite de l'ajournement de la peine (elle est enceinte) pour amasser les aumônes en prison. Cela lui permet de solliciter la grâce du roi.

209. Deschamps, *Œuvres complètes,* t. VI, N. 1229, p. 231.

210. F. Villon, *Le Lais,* v. 235-240 ; *Œuvres,* p. 8.

211. *Le Roman du comte d'Anjou,* v. 5549 et suiv.

212. « La mendicité est école de toute méchanceté », dira au XVIIe siècle Ambroise Paré, *Œuvres,* Paris, 1641, p. 668.

213. F. M. Esfandiary, *The beggar.* L'attitude envers les mendiants dans le monde islamique est analogue à celle du monde chrétien.

214. L'un des villageois dit « je ne fais jamais confiance à ces mendiants.. tous des paresseux, des filous, Impossible de les croire. Ils restent à ne rien faire à longueur de journée et ils n'ont en tête que des choses suspectes, de mauvaises idées et des tours pour attraper les gens... Ils ne veulent pas travailler et ne pensent qu'à eux », *ibidem,* pp. 124 et suiv.

215. *Ibidem,* p. 229. Eustache Deschamps exprime la même méfiance envers tous les infirmes : *Œuvres complètes,* t. IX. p. 81 :

> *S'il est bossu ou s'il est borgne*
> *Boiteus, contrefait ou calorgne*
> *Et toy ou nul autre l'encontre*
> *L'en juge que c'est un droit moustre*
> *Et de veoir male adventure.*
> *Et si tesmoigna l'Escripture*
> *Que homs de membre contrefais*
> *Est en sa pensée meffais*
> *Plains de pechiez et plain de vices.*

216. *Registre criminel du Châtelet,* t. II, p. 6.

CHAPITRE VII

LE MONDE DE LA PROSTITUTION

Quand Dieu créa le monde, racontent les jongleurs [1], il prit bien soin d'assurer un moyen d'existence aux trois ordres : les nobles reçurent la terre en partage, le clergé bénéficia de la charité et de la dîme, tandis que les paysans se voyaient réserver le travail de la glèbe. Mais avant de quitter ce monde, Dieu fut assailli par une foule de prostituées et de toutes sortes de jongleurs ou vagabonds réclamant, eux aussi, un moyen de subsistance [2]. Le Tout-Puissant confia alors les filles de joie à la sollicitude du clergé et les jongleurs à celle de l'ordre équestre. Les nobles oublient souvent leurs obligations, mais le clergé veille jalousement aux siennes et n'épargne rien à ses protégées [3]. Les prostituées semblent effectivement occuper une situation privilégiée parmi les marginaux, mais, en dépit de cette historiette moqueuse, elles suscitent l'intérêt de tous les ordres.

En abordant cette question, qui intéresse plutôt d'ordinaire les historiens des mœurs, ou tout simplement les amateurs de sensations, nous voudrions préciser que nous nous limiterons à ses aspects sociaux. Nous considérerons donc cette catégorie comme les autres groupes professionnels, en essayant, ici comme ailleurs, de retrouver à travers les destins individuels, la pulsation d'une collectivité.

La prostitution est l'objet d'une réprobation unanime. L'Eglise la blâme hautement, les prédicateurs font de la lutte contre ce fléau un de leurs thèmes favoris [4] et, même dans la poésie des poètes « libertins » du XVe siècle, les prostituées sont le plus souvent moquées ou méprisées [5]. Il ne faudrait pourtant pas prendre tout cela trop à la lettre. Les prostituées avaient leur place dans la société médiévale.

1. La législation et l'attitude de la société envers la prostitution

Il est aisé de remarquer dans la législation médiévale, dans la politique des autorités municipales comme dans celle du royaume [6], une ambiguïté fondamentale à l'égard de ce problème. Deux tendances semblent coexister. On note, d'une part, une lutte décidée [7] et, de l'autre, une tolérance qui s'efforce de définir un cadre et de parvenir à la mise à l'écart la plus poussée possible.

C'est Louis IX qui imagine de mener une lutte sans merci contre la prostitution. Par une ordonnance de décembre 1254, il ordonne d'expulser les femmes de mauvaise vie de toutes les villes et villages, de confisquer leurs biens et jusqu'à leurs vêtements [8]. Quand le très pieux monarque s'embarque pour sa seconde croisade, il adresse, de son camp d'Aigues-Mortes, une lettre aux régents du royaume où il rappelle cette ordonnance et recommande de veiller à sa stricte application, afin d'extraire ce mal jusqu'aux racines [9]. Les tentatives faites pour promouvoir cette politique sont aussi peu connues que ses résultats. On avait fondé à Paris, dès 1226, le couvent des Filles-Dieu où les prostituées repenties devaient trouver asile. Louis IX accorde à cet établissement une pension annuelle de quatre mille livres, somme considérable pour l'époque [10]. Il est bien évident que toutes les femmes incriminées ne peuvent y trouver place. Que deviennent donc les autres ? L'histoire contemporaine fournit des exemples nombreux et extrêmes de lutte contre la prostitution, mais tous montrent que l'efficacité n'est possible qu'avec l'extermination physique. La législation de Louis IX chasse les filles des agglomérations, c'est donc sur les grand-routes qu'on les retrouve. Les lois de Saint Louis restent, par la force des choses, inefficaces.

Entre l'ordonnance de 1254 et la lettre aux régents s'insère une mesure royale de caractère moins radical : l'ordonnance de 1256. On y répète, bien entendu, l'ordre d'expulser les « foles de leur corps » et autres « fillettes communes », mais une clause spéciale ajoute qu'il convient tout particulièrement de s'en débarrasser dans les rues de bon aloi, celles du centre de la ville, de les éloigner le plus possible des églises, des couvents, cimetières et, si faire se peut, de les repousser hors les murs. Ce complément est un aveu d'impuissance. Il reconnaît implicitement l'impossibilité des expulsions préconisées. La tendance qui s'amorce ici à fixer des lieux de prostitution, tendance qui, d'ailleurs, ne fait que s'adapter à l'existence de fait des quartiers de « mauvaise renommée », équivaut à la désignation de « ghettos de la débauche ». Ceux-ci se trouvent également dans d'autres villes, parfois sous forme de maisons closes contrôlées par les autorités municipales ou mêmes louées par elles [11]. Mais on est frappé, à Paris, par l'étendue considérable de ces quartiers. Sans doute la taille et le caractère de la ville l'exigeaient-ils. Nous avons déjà parlé plus en détail de la localisation de ces endroits en traitant de la topographie sociale.

Les archives judiciaires des localités de la région parisienne qui relevaient de couvents fournissent des témoignages intéressants quant à la réalisation des procédures d'expulsion. Les registres criminels de l'abbaye Sainte-Geneviève, en particulier, ainsi que ceux de Saint-Germain-des-Prés, contiennent des arrêtés de la fin du XIIIe siècle et du début du XIVe siècle qui menacent de marquer au fer rouge et d'exposer au pilori celles qui ne se soumettront pas à la décision de bannissement [12]. De telles mesures sont effectivement appliquées en cas de récidive. On peut toutefois supposer qu'en l'occurrence, les autorités ecclésiastiques étaient obligées de faire montre d'une rigueur toute particulière, puisque ces affaires concernaient leurs propres terres, mais que les autorités civiles n'étaient pas tenues à la même sévérité.

Dans les arrêtés municipaux des XIVe et XVe siècles, nous ne trouvons plus trace de cette tendance à liquider la prostitution. Ils fixent seulement les limites admissibles, à l'intérieur desquelles elle doit se cantonner. On dresse la liste des rues où l'exercice du métier est toléré, les heures où l'on peut s'y livrer, les normes de cohabitation avec la population de la ville, l'habit de ces dames ou la conduite qu'elles doivent tenir. Les interdictions de pratiquer dans les rues « convenables » se répètent, on proscrit le travail ailleurs que dans des maisons closes bien précises, on essaie de réduire ou de limiter l'agressivité ou les provocations des « femmes de vie [13] ». Il est pourtant bien évident que ces brimades ne font que confirmer, en quelque sorte, la place tenue par le phénomène dans la vie parisienne et lui confèrent une espèce de légalité. Quand, en 1381 une ordonnance royale se réfère à celle de Saint-Louis pour chasser les filles de joie et confisquer leurs biens [14], elle n'envisage que les filles établies dans les rues bien famées, à l'exclusion de celles qui exercent dans les limites territoriales qui leur sont imparties. Au temps où Ambroise de Loré est prévôt, les filles bénéficient même d'un appui officiel. Grâce à la protection de ce notable, leur nombre augmente considérablement, et quoi qu'elles fassent, et si entreprenantes soient-elles, tout, nous dit un observateur contemporain, leur est impunément permis [15]. La prostitution a donc droit de cité. Sa présence dans le Paris du Moyen Age est parfaitement légalisée. Elle est un métier parmi les autres.

2. Les prostituées : catégories et mode de vie

De toute évidence cette collectivité était extrêmement disparate et diversifiée. En forçant un peu les mots, nous pourrions dire aussi qu'elle était particulièrement stratifiée.

La masse essentielle est constituée de régulières, de professionnelles. Le vocabulaire ancien leur attribue des qualificatifs méprisants, mais souvent aussi des noms d'où émane une certaine sympathie. Le terme le plus communément répandu dans la langue des documents officiels est « filles de vie [16] », ou « filles de joie [17] », mais l'on rencontre aussi les diminutifs « fillettes de vie [18] », ou « fillettes de vie dissolue [19] ». Au lieu de « filles » on trouve aussi « femmes » : « femmes de vie » ou « femmes de joie [20] ». Dans la même acception, nous avons encore « filles » ou « femmes de vie commune [21] ». Le terme de « ribaude » est franchement péjoratif. L'ordonnance de Louis IX offre les variantes « *meretrices* [22] » dans le texte latin, ainsi que « ribaudes communes » et « foles femmes » dans le texte français postérieur [23]. L'appellation péjorative de « putain » apparaît plus rarement dans les textes juridiques et les actes officiels [24], mais assez fréquemment dans les textes littéraires. L'on peut enfin rencontrer le terme de « femmes joyeuses [25] » ou encore celui de « femmes amoureuses [26] ».

Ces divers vocables ne concernent toutefois pas des

catégories isolées ou différentes, ils sont utilisés comme synonymes. Selon les chancelleries, certains d'entre eux se figent par l'usage et prennent, sous la plume des greffiers, valeur de désignation générique : c'est toute la profession qui est englobée en un seul épithète. On peut penser que dans l'emploi des noms de « filles-fillettes », d'une part, et « femmes », de l'autre, n'intervenait qu'une simple question d'âge.

Parmi les professionnelles, une partie seulement demeure en permanence dans les rues qu'on leur assigne, c'est-à-dire dans les maisons closes. Ces prostituées « publiques[27] » exercent leur profession de manière régulière et sous contrôle officiel. Hugues Aubriot, l'un des prévôts de Paris, qui a pris des mesures énergiques pour fixer les lieux de débauche et établir leur contrôle[28], inspecte personnellement les lupanars[29]. Les rues ainsi attribuées aux filles leur servent de place de réunion pendant le jour. Elles comprennent, le plus souvent, des maisonnettes que jouxte un jardinet, parfois de pauvres baraques, ou des cabanes louées par les intéressées.

Dans la rue de Glatigny, en 1437, quand le roi fait don de celle-ci à la famille Jouvenel des Ursins, face à la maison de Jean Jouvenel, le chancelier défunt, se trouvent ainsi de petites maisons où les filles ont pignon sur rue[30]. Des maisons du même genre se rencontrent entre Notre-Dame et la Seine, en différents endroits[31]. L'Hôtel-Dieu est propriétaire de deux maisons sur la rive gauche de la Seine, rue de Mâcon, où l'on ne trouve que « petites maisons, chambrettes, habitacles, bordeaulx » ; et dans les comptes de l'hôpital, pour 1505, figurent en qualité de locataires, Jeanne de Caumont et Marguerite Vopinne, « filles amoureuses », ainsi que Jeanne la Vilaine, « femme amoureuse[32] ». En dehors des maisons closes et autres « clapiers et bordels[33] », les jardins des environs, au grand scandale des habitants[34], servent également à l'exercice du métier. Les édits municipaux enjoignent aux prostituées de quitter leurs lupanars et autres lieux, à la tombée de la nuit, au moment du couvre-feu, c'est-à-dire, l'hiver, à six heures du soir et l'été, à sept[35].

Nous avons déjà remarqué que les endroits réservés à la prostitution ne sont pas toujours éloignés des demeures bourgeoises ou des résidences nobles, des places publiques ou des églises. Dans un procès de 1386, concernant Baillehoe, l'avocat qui plaide les intérêts des lupanars avance, comme argument, que la situation de certains bordels, le long des grands axes de circulation, des voies publiques ou à proximité de l'église Saint-Merri facilite leur fréquentation par les personnes les plus timides [36].

L'obligation de quitter les maisons closes au crépuscule est assortie de l'interdiction de pratiquer le métier à domicile, mais ces deux prescriptions sont constamment enfreintes. Sans doute ce moine de Saint-Germain-des-Prés a-t-il de bien bonnes raisons pour errer du côté de l'abreuvoir de Mâcon, sur la rive gauche, entre sept et huit heures, et sans doute n'est-ce pas par hasard que nous le voyons déguisé en laïc, armé d'une épée courte et d'un stylet [37] : les affaires de prostitution à domicile éveillent des disputes continuelles. C'est que, selon les ordonnances de Saint-Louis, la dénonciation de deux voisines ou voisins suffit pour entraîner l'expulsion des femmes suspectes [38]. Mais vérifier l'application de cette interdiction s'avère impossible.

Les hôtes des prostituées, à leur domicile privé, ne peuvent être que des habitués. En général, la clientèle, et pas seulement les « timides », se rend dans les rues spécialisées [39]. Elle y est aussitôt l'objet d'interpellations et les offres, conformément au principe médiéval de l'exposition des marchandises à la vue de tous, sont sans équivoque. Villon rappelle qu'il a vu souvent

... fillettes monstrans tetins
Pour avoir plus largement d'ostes... [40]

Si donc l'isolement en maisons closes présente un aspect dégradant, il souligne, d'autre part, le caractère professionnel de cette activité et finalement facilite sa pratique.

Le fait que des « respectueuses » habitent dans des rues « correctes » occasionne d'évidentes complications et entrave leur contrôle. Les plus riches d'entre elles sont en mesure d'acheter leur propre maison, ou de la louer à bail [41]. Même si elles considèrent cette maison comme leur domicile particulier, il est toujours facile de leur prouver qu'elles s'y livrent à la débauche. Il n'est pas rare qu'elles s'enhardissent jusqu'à ouvrir chez elles des tavernes, ou que, sous couvert d'ouvrir une boutique quelconque, voire un atelier artisanal, elles se mettent à recevoir, de jour comme de nuit, et sans la moindre gêne, des clients qui sont souvent des étrangers, tandis qu'elles induisent en fornication artisans ou laboureurs.

Existe-t-il une différence de condition ou une hiérarchie entre les pensionnaires qui tiennent « leurs bouticles au péchié [42] » dans les quartiers réservés et celles qui abritent leur industrie sous l'enseigne d'une échope, d'une auberge ou d'un atelier ? Il n'est certes pas indifférent de noter qu'à Rome, à l'époque de la Renaissance, on distingue deux catégories de filles de joie. A côté des vraies courtisanes (*cortigiana, meretrix honesta*) existent des courtisanes « *di lume* », « *di candela* », ainsi nommées à cause des produits vendus par les marchands, dans l'arrière-boutique desquels elles exercent leur art [43]. A Paris, il s'agit cependant de personnes qui possèdent (ou qui louent) elles-mêmes une maison ou un magasin ; cela suppose un niveau d'aisance supérieur et permet, en même temps, d'échapper à l'opprobre qui couvre les viles « bordelières » de Glatigny ou de Baillehoe. Cela explique également que, de plus en plus fréquemment, on applique les règles traditionnelles touchant la séparation des quartiers, en empêchant les femmes de mauvaise vie de s'installer dans les rues huppées, en les contraignant à se fixer à proximité des maisons closes, dans les faubourgs, ou encore hors les murs [44].

Ces prostituées « sédentarisées » mises à part, qui constituent une sorte d'aristocratie du milieu, Paris ne manque pas d'autres femmes « di minor sorte » qui, peut-être, sont les plus nombreuses. Le terrain de leurs exploits sont les environs immédiats de la ville [45], ses remparts et fossés [46], ses prés et ses jardins [47] ou ceux du voisinage. Les interdits de la réglementation urbaine ne jouent plus ici. Les ruelles de la ville, comme celle du Caignard [48], près du Petit Pont, ou la rue du Sablon, près de l'Hôtel-Dieu [49], plus semblables, l'une et l'autre, à des ruisseaux qu'aux rues d'une ville, donnent un abri provisoire aux femmes dépravées et à leurs compagnons. Les rives de la Seine, les ports, en particulier le Port-au-Foin, les arches des ponts [50] fournissent le refuge d'une nuit, où les rigueurs du vent et de la pluie seront moins sensibles.

L'auberge, elle, offre le lieu des rencontres diurnes, elle est une sorte de bourse, plus même, elle définit la façon de vivre, elle constitue le cadre quotidien où s'écoule le temps de l'amour vénal. Se rencontrer et boire en bonne compagnie, tel est le rythme naturel de la vie de ce milieu [51]. On trouve à l'auberge toutes les commodités [52] :

Avez vous faim ? Vous y mangerez ;
Avez vous soif ? Vous y burez ;
A-t-on froit ? On s'i chauffera ;
Ou chault ? On s'i rafreschira.

Le monde de la prostitution n'utilise d'ailleurs pas seulement ces pôles de la vie urbaine. Les bains publics lui sont également chers. Les statuts de ces établissements répètent souvent, avec obstination, que l'accès doit en être interdit à toute espèce de « bordiauz », au même titre qu'aux lépreux. Déjà, le *Livre des métiers,* au milieu du XIIIe siècle [53], précise bien la chose, l'ordonnance d'Hugues Aubriot, de 1371, la répète [54] et elle reparaît, sous une autre forme, dans le statut de 1399 [55]. Ces répétitions même permettent de douter de leur efficacité et les descriptions littéraires, ainsi que l'iconographie, nous ont bien laissé l'image de bains où l'on se livre à la débauche [56].

Admettons encore que les gargotes et les bains soient, par la nature des choses, des lieux moralement suspects, mais les prostituées poussent leur racolage jusque dans les églises et sur leur parvis. On n'en retiendra peut-être pas pour preuve les vitupérations des prédicateurs, où l'on trouve surtout des effets rhétoriques, mais le registre des captifs de Notre-Dame est formel. Les affaires de « filles de vie » arrêtées sur le territoire même de la cathédrale par les sergents du Chapitre, se répètent maintes fois. Ils en surprennent sous le porche, en compagnie de quelques suspects, et jusque dans l'église, où elles tiennent de mystérieux conciliabules avec trois compagnons [57].

Si nous quittons le domaine de la « prostitution fermée », des lupanars et des rues réservées, la classification professionnelle devient moins précise. Ces « femmes amoureuses... tenant chambres et porches particulières », auxquelles le Parlement de Paris fait allusion dans son édit de 1420 [58], sont bien loin d'être toujours des professionnelles. La prostitution n'est souvent pour elles qu'une occupation secondaire ou supplémentaire. Cela concerne, en particulier, le milieu des ouvrières de quelques métiers parisiens comme les fileuses, qui sont très souvent accusées de débauche [59]. Chaque femme célibataire, chaque fille qui vit éloignée de ses parents et hors du cadre familial semble, si elle appartient aux milieux populaires et plébéiens, suspecte de dévergondage [60]. Cette suspicion de principe à l'égard de personnes détachées du cadre familial est particulièrement révélatrice. Mais la réalité confirme cette prévention générale. Dans tout le milieu des fileuses, des femmes du textile [61] ainsi que des domestiques [62], la prostitution trouve de nombreuses adeptes. Une anecdote du temps raconte ainsi l'histoire d'un bourgeois de Paris qui néglige sa femme et se lie avec une fileuse. L'histoire est très édifiante : la femme du bourgeois, émue par la misère de la chambrette de sa rivale, lui octroie des subsides généreux et réussit à obtenir le retour à elle de son mari [63]. Ce qu'il advient de la fileuse, l'histoire ne le dit pas.

L'une des constantes de la jurisprudence médiévale, concernant notre problème, réside dans l'obligation de porter un habit particulier : le Moyen Age ne fait, en cela, que continuer l'Antiquité. Cette tendance est également conforme à celle qui fait de l'habit médiéval le signe d'une appartenance ou d'un statut social donnés. Elle a surtout, en l'occurrence, pour but, de séparer les femmes de mauvaise vie des femmes honnêtes [64]. Un vêtement différent devait marquer les prostituées d'un signe visible d'infamie ; ainsi, dans beaucoup de villes, sont-elles obligées de porter un insigne bien en évidence [65], mais elles ne semblent pas avoir été tenues à rien de ce genre à Paris [66]. Leur habit, par contre, est sévèrement réglementé.

Il leur est défendu de porter sur la robe le moindre ornement [67]. Un arrêté du prévôt interdit aux « femmes dissolues » de parer leur robe ou bonnet de la moindre broderie, perle, bouton doré ou argenté, de border leur manteau de petit-gris ou d'écureuil [68]. Celles qui enfreindraient ces dispositions seraient arrêtées et leur robe confisquée. Le sergent qui réussira à amener au Châtelet une telle prise sera récompensé de cinq sous.

Des règles si sévères suscitent sans arrêt des conflits. Les sergents, étant matériellement intéressés au dépistage des excès vestimentaires illégaux, sont enclins à interpréter les interdits de façon abusive et à élargir les catégories de femmes qu'ils visent [69]. Pendant longtemps aussi, les prévôts eux-mêmes tireront bénéfice de cette pratique. Ce n'est qu'une ordonnance royale, prise au temps de l'occupation anglaise, et réorganisant le Châtelet, qui leur enlèvera le pouvoir de confisquer tout vêtement trop voyant porté par une prostituée [70]. Dès ce moment, ces effets viennent augmenter les revenus de la ville. Les comptes des domaines urbains attestent ainsi de sommes tout à fait considérables ; on est frappé par la grande valeur de certaines robes ou ornements qui viennent enrichir le trésor de la ville [71].

La volonté de limiter les tenues d'un luxe trop tapageur semble avoir été suivie d'effets, encore qu'empêcher une gourgandine de s'affubler de vêtements voyants, de porter des bijoux et de se couvrir de fourrures ne soit pas chose très concevable. La formulation même des interdictions successives augmente, chaque fois, la liste des objets superflus [72] : la réglementation ne fait donc que suivre un état de fait. En 1420, le Parlement examine un appel contre le verdict du prévôt, dans une affaire de femme battue par deux autres. L'appel est rejeté et les plaignantes se voient infliger l'énorme amende de 60 livres parisis. Le procès-verbal de séance indique, en outre, que la chambre a interdit aux prostituées de porter le moindre col ou jabot, toute fourrure ou bonnet trop coquet [73]. On est amené par là à supposer que les femmes jugées appartiennent au milieu qui nous intéresse et que la seule vue de leurs atours a fait pencher la cour pour cette forte amende, tout en les rappelant à la décence exigée par la loi.

En avril 1427, est condamnée, d'une façon qui devait rester exemplaire, Jeannette la Petite, « fille amoureuse ». Emprisonnée au Châtelet pour sa tenue impudique, le prévôt décide de lui infliger une peine peu banale : « Jehanne la petite fille amoureuse emprisonnée au Chastelet de Paris pour cause de l'habit dissolu qu'elle portoit tant en robes et ceintures en venant contre les ordonnances... en preferant mesericorde au rigueur de la justice sera menee au parquet du dict chastellet et audict lieu devant le peuple luy sera par un coustelier son collet rebrasse fourre coupe et mis en l'estat que contiennent lesd. ordonnances et aussy luy seront ses manches fourres de gris... et ledict gris confisque et avec la queue de sa houppelande roignée et arondie et quant a la ceinture d'argent pour ce qu'elle est excessive tant en tissu qu'en ferrure la cour ordonne que comme confisque elle sera baille a l'Hostel Dieu de Paris [74]. »

Les éléments du vêtement dénoncés dans cette affaire et soumis à « exécution publique » donnent une idée du luxe et de la richesse ostentatoire des filles de joie, ou tout au moins de certaines d'entre elles. Un témoignage encore plus frappant, à ce propos, est fourni par une ordonnance municipale antérieure de quelques années [75].

A la description des falbalas que les filles osent porter en dépit de la loi, au registre des robes ornées de fourrure, des capes élégantes, des bijoux d'argent, viennent s'ajouter les colifichets les plus recherchés, les cornettes, les bonnets d'écarlate, les ceintures dorées que l'on laisse retomber en arrière, les mantes non seulement fourrées, mais longues comme des traînes. Le livre aussi est un objet de luxe. Qu'importe que l'on ne sache pas lire ? On le porte avec soi, ou on le fait porter par un domestique, s'il est trop grand (sans doute s'agit-il ici des « livres d'heures » que les courtisanes emportent en se rendant à l'église [76]).

Il est bien certain que tous ces attributs sont ceux de la catégorie la plus riche des prostituées. Il n'est pas nécessaire de retracer les conditions dans lesquelles la ségrégation catégorielle et l'enrichissement individuel se produisaient : il suffira de se reporter à l'analyse sociologique de ce phénomène de nos jours. Cette image évocatrice de la femme richement parée, qui affiche sur une robe tous les signes de sa réussite, qui se couvre d'argent, de boutons ou de colliers de perles, qui porte haut la belle reliure d'un livre d'apparat — tout cela donne la mesure d'un rêve. L'image indique aussi les limites de la promotion, de la conquête du respect humain, d'une place honorable dans la société normale [77]. Ces femmes doivent se contenter d'adopter les signes extérieurs de l'appartenance à la bourgeoisie. Privées de considération et de dignité, elles ont, au moins, les attributs matériels de la situation [78], ce qui manque parfois aux bourgeoises honnêtes et respectées. Ce besoin de compensations est psychologiquement compréhensible ; peut-être aussi est-ce une sorte de défi jeté à la société qui les a tolérées, mais qui les a méprisées et frappées du sceau de l'infamie [79].

Les actes judiciaires permettent parfois d'appréhender quelques figures de ribaudes de manière plus concrète. Retenons-en deux, qui semblent retracer de façon très exacte la vie et les occupations quotidiennes des « filles de joie ».

Marion du Pont [80], prostituée de Glatigny, a été accusée par un marchand de Chambéry qui a constaté la disparition de quinze écus, tandis qu'il séjournait chez elle [81]. Elle a nié le vol, mais le marchand l'a fait enfermer, après l'avoir surprise sur le Grand Pont, tandis qu'elle essayait de changer deux de ses écus. Pendant son audition Marion se dit née à Corbie et déclare qu'elle a quitté cette ville depuis trois ans. Elle a, depuis, été servante, et s'est prostituée à Clermont, Beauvais, et Senlis [82]. A Beauvais, après une période de travail comme domestique, elle est entrée dans la maison close du lieu, puis s'est rendue à Paris, à Glatigny, où elle demeure depuis cinq mois. Elle avoue maintenant son vol et en donne les circonstances [83]. En deux jours à peine, elle a réussi à dépenser une bonne partie de l'argent : elle s'est acheté, pour cinq écus, quatre aunes et demie de drap bleu-ciel (dont on lui fait deux robes) ainsi qu'une capeline de drap vert. Elle a dépensé trois écus et en a remis cinq en dépôt à une amie. Elle n'avait sur elle que les deux écus restant. Malgré ces aveux, on soumet la jeune fille à la torture et elle reconnaît encore quelques vols : quatre alors qu'elle était servante, et deux dans la maison de tolérance de Beauvais. Ces preuves sont considérées comme suffisantes pour un verdict de mort.

A peu près vers la même époque, on se penche, au Châtelet, sur l'affaire d'une autre prostituée, Marion de la Court, que les registres qualifient de « lingerie, fille de vie... elle est femme joyeuse de vie et laquel de son corps fait a son pouvoir le plaisir de compagnons [84] ». Elle est accusée d'un vol de vaisselle de prix dans une taverne, mais la liste de ses méfaits s'allonge après qu'un jeune garçon de dix ans, qui logeait et servait chez elle depuis deux ans, eut témoigné contre elle [85]. Le garçon affirme que Marion a souvent rapporté chez elle divers objets qu'elle revendait ensuite. Il a aussi été témoin de la façon dont elle dépouillait ses hôtes. L'accusée s'efforce en vain de prouver qu'elle ne faisait que revendre et racheter de la vaisselle courante, qu'elle est une honnête fille. Quand le prévôt décide de la soumettre à la torture, elle fait appel au Parlement. Cela retarde l'affaire d'un mois, mais le Parlement rejette l'appel, la jeune femme doit donc être torturée. Elle essaie encore d'éviter ce supplice en se disant enceinte, mais les sages-femmes démentent cet artifice, elle passe alors à la question. La série des vols qu'elle avoue est extrêmement longue et elle la complète encore, le jour de son exécution, au bord de la fosse où l'on s'apprête à l'enterrer vive [86]. Elle avoue, au total, une trentaine de vols. Les victimes sont ses compagnons et clients de passage, mais aussi les gargotiers chez lesquels elle loge, voire les bourgeois chez qui elle parvient à s'introduire. Peu avant son arrestation, elle a logé dans un couvent de prémontrés où l'un des moines l'avait fait admettre [87]. A peine seule pour quelques instants, elle s'empare d'ustensiles de cuivre et d'une pièce de lard. Chez le duc de Bourbon, où elle pénètre grâce à un domestique ou un courtisan, elle dérobe une chaîne d'argent. Un prêtre, qui l'accueille pour deux nuits, voit disparaître un chandelier de bronze. Pour nombre de ses larcins, elle utilise les services du garçon dont nous avons parlé et que les actes présentent tantôt comme son serviteur [88], tantôt comme son fils, tantôt comme son pupille [89]. Tandis qu'elle marchande, le jeune Richart fait main basse sur ce qu'il trouve dans la boutique [90]. Dans une maison dont elle avait loué une chambre, elle envoie le gamin dans celle du propriétaire où toutes sortes d'objets sont raflés. Elle envoie fréquemment le drôle voler des poules, des canards, du poisson aux halles ou aux portes de Paris, lui apprenant à profiter de l'affluence, de la distraction des passants, ou des paysans venus vendre leurs produits.

Autant Marion du Pont se livrait à la prostitution de manière régulière, dans ce « val d'amour » que constituait la rue Glatigny, dans la Cité, exemple typique de la professionnelle attachée à une maison donnée, autant Marion de la Court échappe à cette définition. Prostituée, elle l'est, mais différemment. Elle exerce en plusieurs endroits, elle visite ses clients à domicile, elle va du monastère au jardin privé [91], elle suit le client à l'hôtel [92]. Elle semble aussi pratiquer la débauche de la même manière que bon nombre de « chambrelans » ou de « ravaudeurs » pratiquent un métier hors des cadres corporatifs [93]. N'est-il pas caractéristique qu'elle soit qualifiée, dans le document, de « lingiere » ? Peut-être la prostitution n'est-elle pour elle qu'une occupation complémentaire. Nous ne connaissons son histoire qu'indirectement, à travers les circonstances des vols qu'elle commet ; mais la longue suite des noms d'hôtels où elle a séjourné, des tavernes où elle semble s'être tout spécialement plu est très révélatrice. La majorité des vols qu'elle réussit, seule ou par l'intermédiaire de son jeune émule, est sans lien avec la prostitution [94]. Voler est son troisième métier.

3. Les souteneurs et les entremetteuses

Marion de la Court ne dépense pas l'argent qu'elle gagne de ses vols, en fourrures, en ornements ou en livres de luxe [95]. Le petit Richart dit, dans sa déposition, qu'elle vendait tout ce qu'elle avait car, toujours, elle manquait de moyens de subsistance [96]. Marion elle-même donne ses motifs : elle était contrainte à voler par les exigences et les menaces permanentes de son ami. Celui-ci n'apparaît que deux fois dans ses aveux. Elle raconte comment elle a commis avec lui plusieurs vols, dans une taverne des environs de Rouen [97], puis dit, en évoquant un autre larcin, qu'elle lui a acheté une paire de chausses rouges dans une boutique du Petit Pont, en engageant de la vaisselle d'étain volée [98]. Le ressort de tous ces méfaits, c'est lui. Ce personnage la bat quand elle ne lui apporte pas d'argent ; il lui réserve, par contre, le meilleur accueil lorsqu'elle lui offre une jolie somme [99]. Le compagnon que nous trouvons aux côtés de Marion, tant à Rouen qu'à Paris, l'ami qui semble vivre à ses dépens et exiger qu'elle vole et se débauche, c'est l'éminence grise de la prostitution, c'est le souteneur.

Ces « houliers [100] » sont les compagnons inséparables des prostituées. Quand le curé de Saint-Merri se plaint du voisinage de maisons de tolérance, il argue du fait que les filles soient accompagnées de « houliers » ou « ribauds » : si l'un d'eux commet un meurtre, il lui sera facile de se cacher dans l'église et d'y bénéficier du droit d'asile. Dans le fabliau sur Boivin de Provins [101] qui trompe habilement l'avide Mabile, le premier personnage sur lequel tombe le héros est « li houlier de la meson » ; celui-ci court avertir Mabile qu'un client à la bourse bien garnie l'attend. Une dispute éclate entre deux pensionnaires [102] et un « houlier » intervient pour chacune d'elles. Cette fonction de « gros bras » auprès de chaque fille est, du reste, l'essentiel des attributions de ces individus et les actes judiciaires parlent souvent des sanglantes bagarres entre protecteurs, dans les conflits professionnels [103].

Le souteneur joue un rôle central dans la prostitution. Il est souvent l'organisateur, celui qui amène les clients. Il est l'entrepreneur, le marchand d'amour au rabais [104]. Il recrute lui-même ses prostituées, il les recherche dans les campagnes, dans les bourgades, les trompe par des promesses, leur fait miroiter la vie en ville, puis les place en maison et en tire profit [105]. Il organise la tutelle et le contrôle de ses protégées tout en éveillant leur peur [106]. Il arrive aussi qu'il soit le compagnon de vie d'une fille et que ce lien revête la forme d'une union légale.

Marion la Liourde [107], prostituée de la Cité, nous fait des révélations sur son ami, accusé de vol. Elle raconte qu'elle a passé la nuit avec lui, il y a trois ans, et qu'ils ont décidé de se fiancer [108]. Depuis lors, il vivent en ménage et se font passer pour mariés, tout en courant le pays, elle se livrant à la débauche et lui travaillant comme pâtissier. Il profite, naturellement, des revenus de sa concubine, mais le nombre des larcins qu'il a commis montre que le vol est son métier. Cette situation, où le compagnon d'une prostituée exerce sa propre activité, n'a rien d'exceptionnel [110].

L'origine de telles unions est le plus souvent sentimentale. Les études sociologiques et criminologiques actuelles soulignent, de même, que l'amour est toujours la raison donnée pour les expliquer [111]. L'un des membres de la bande de Le Brun, Raoulin du Pré, se voit reprocher de vivre en concubinage avec une fille de Glatigny [112]. Il le nie et affirme qu'elle n'est que son amie, mais Jeannette de Valenciennes, amenée au Châtelet, dépose en sens contraire. Elle rapporte qu'il est venu la voir, trois mois plut tôt, tandis qu'elle était assise avec des compagnes devant chez elle, à Glatigny, et lui a proposé une liaison [113]. Après un certain temps, elle déclare à son amant que ses compagnes lui reprochent d'entretenir un souteneur. Ils se font alors réciproquement une promesse de mariage [114] et se présentent souvent, par la suite, comme mariés. Quand Raoulin du Pré quitte Paris et se rend à Soissons, afin de s'y embaucher pour les vendanges, son amie part en pèlerinage à Notre-Dame-de-Liesse ; en revenant, elle s'arrête chez lui et il la présente partout comme sa femme.

Il est probable que la liaison amoureuse avec un tel ami signifie plus, pour une prostituée, que l'amour dans le mariage tel qu'on le concevait alors, car les questions de prestige et de propriété jouent, dans ce dernier, le rôle principal. Pour s'assurer la constance de leur amant, les filles n'hésitent pas à user de « philtres d'amour », d'incantations diverses, de sorts et même à faire appel au diable [115].

Nous rencontrons souvent des prostituées mariées [116]. Une ordonnance de 1427 affirme même qu'elles prennent toutes un mari parmi les jeunes gens de basse extraction afin de pouvoir se faire passer pour des femmes honorables [117]. Elles trouvent aussi dans ce procédé le moyen de s'attribuer les signes extérieurs de l'honorabilité, de porter les vêtements et les ornements défendus aux filles de joie. Il ne s'agit pas là de vanité féminine, d'un vain goût pour les atours, ou, tout au moins, pas seulement de cela. Elles considèrent l'habit comme un attribut social, la réalisation d'un rêve de vie normale, d'une famille, d'un amour vrai. Quoi qu'il en soit, le lien « par amours », comme le mariage en général, était un contrat où la femme devait être une source de profits pour son partenaire.

Dans le *Roman de la Rose,* cette somme littéraire « où l'Art d'Amors est toute enclose », nous trouvons l'histoire d'une prostituée repentie qui tire de son expérience passée les règles de la vie féminine. Cette histoire de la Vieille [118] présente une situation qui semble typique et que confirment abondamment les documents judiciaires. La littérature vulgaire en fait d'ailleurs un poncif.

La Vieille considère la générosité comme incompatible avec la condition féminine. Elle a, elle-même, gâché sa vie par sa prodigalité. Sans souci du lendemain, elle remettait à son « ribaud » tout ce qu'elle gagnait, et son succès, quand elle était jeune, n'était pas mince. Il la méprisait, la mettait plus bas que terre, la qualifiait de traînée, mais elle l'aimait. Il ne lui épargnait aucune avanie, la battait tellement que son corps en était bleu [119], mais elle ne l'en aimait que plus. L'argent qu'elle lui rapportait lui permettait de vivre sur un grand pied, de tout dépenser en jeux de hasard et dans les tavernes. Jamais il n'apprit aucun métier, car il ne voyait pas la nécessité de chercher d'autre argent que celui de sa protégée, mais, quand passa le temps des profits faciles, tous deux tombèrent dans la misère, il la quitta alors et vit maintenant de mendicité.

La belle armurière de maître François exprime la même situation dans ses regrets [120] :

A maint homme l'ay reffusé,
Qui n'estoit a moy grant sagesse,
Pour l'amour d'ung garson rusé,
Auquel je 'n feiz grande largesse.

A qui que je feisse finesse,
Par m'ame, je l'amoye bien !
Or ne me faisoit que rudesse,
Et ne m'amoit que pour le mien.
Si ne me scent tout detrayner,
Fouler aux piez, que ne l'aymasse,
Et m'eust il fait les rains trayner
S'il m'eust dit que je le baisasse
Que tous mes maulx je n'oubliasse.

Même si la *Ballade de la Grosse Margot* [121] doit être considérée comme une plaisanterie basée sur le nom d'une vieille auberge connue [122], il faut reconnaître la fidélité du portrait du souteneur qu'elle contient : Margot ayant des hôtes, son ami s'éclipse en faisant mine de chercher de l'eau, du fromage, du pain et des fruits, afin de ne pas gêner les clients. Il court, en réalité, chercher du vin et si Margot est sans argent, il la menace de vendre ses robes, la bat jusqu'à ce que le vin et la fatigue viennent à bout de la querelle.

C'est sans doute le même rôle que joue Colin de Thou, séminariste, que l'on accuse, en 1461, devant l'official de Paris, d'avoir une liaison avec Marion la Dentue, appelée aussi l'Idole [123]. Il le nie, affirmant qu'ils étaient prêts à se fiancer et même à se marier. Quand il va chez Marion, affirme-t-il, il paie comme les autres. Mais la vérité semble du côté de l'accusation, selon laquelle la maison n'est qu'un bouge où de nombreuses filles sont regroupées. Colin semble n'être pas un hôte payant, mais bel et bien celui qui va chercher le fromage, les fruits, et le vin quand il le faut et qui tire sa subsistance de la débauche de Marion [124].

Vente, gresle, gelle, j'ay mon pain cuit.

La vie repue et les commodités font oublier le déshonneur et considérer le proxénétisme comme un métier ordinaire. « Nous méprisons la renommée comme elle nous méprise. » Faisant fi de la société honnête, ce couple inséparable de la prostitution, le souteneur et sa protégée, vit à ses dépens [125] :

Je suis paillart, la paillarde me suit.

L'exemple de la Vieille du *Roman de la Rose* et les incitations de la belle armurière de Villon nous conduisent à une troisième figure de ce monde, celle de l'entremetteuse, de l'intermédiaire, de la maquerelle [126].

Ce sont celles que l'opinion publique accuse d'être porteuses de la contagion morale, du scandale, de la corruption des mœurs. Si la législation à l'égard des filles de joie fait preuve d'une certaine tolérance, celle qui concerne les entremetteuses (comme celle qui touche les souteneurs) est particulièrement rigoureuse. Un décret qui date du début de 1416 [127] les menace du pilori, du fer rouge et du bannissement ; et ces dispositions juridiques sont suivies de mesures réelles de rétorsion [128].

La sévérité des poursuites contre le maquerellage, comme la vigueur de sa condamnation morale ne sont pas tant un effet du rôle joué par les entremetteuses auprès des prostituées que de l'action de captation qu'elles étaient susceptibles d'exercer sur les épouses et les filles de familles convenables. Une femme, emprisonnée pour avoir volé du vin, raconte, dans son recours en grâce [129], qu'elle a quitté, il y a bien longtemps, son mari pour certain « questeur » itinérant [130] et qu'elle a agi à l'instigation d'une entremetteuse [131]. Ce peut être, en l'occurence, une affirmation de pure forme, destinée à atténuer la responsabilité de l'épouse infidèle, mais, même dans ce cas, nous avons là l'illustration du rôle attribué à ce genre de femmes par l'opinion. La littérature traditionnelle fournit de nombreux exemples d'amants qui recourent aux services d'une entremetteuse pour tromper la vigilance de parents ou la jalousie d'un mari [132]. Les femmes âgées qui se livrent au petit commerce ou à quelque artisanat, trouvent facilement accès aux maisons et découvrent sans peine les moyens et les formes qui permettront de réunir des amants. Quelquefois ce rôle revient à des domestiques ou des dames de compagnie [133] ; il est alors bien difficile de parler de maquerellage professionnel, bien que la loi traite la chose sur le même plan.

Il arrive d'ailleurs que le maquerellage occasionnel, privé, ou familial, prenne un caractère régulier. En février 1406, la chambre criminelle du Parlement délibère de l'affaire de Jehanne de Feuilloy, dame de Voulcis [134]. Après la mort de son mari, elle a dû se lancer dans de très nombreux procès qui se déroulent à Paris, c'est pourquoi elle vient s'y installer et y loue une maison. Sa fille l'accompagne. Brantôme dans sa *Vie des dames galantes* affirme que cette méthode est infaillible pour gagner un procès au Parlement. Et la voici qui, selon l'accusation, devient maquerelle de sa propre fille et vit de cette activité. L'accusation doit être fondée puisque cette dame de haut lignage se voit intimer l'ordre de quitter Paris et sa région.

Les entremetteuses sont, avant tout, les organisatrices de la débauche. Elles le sont souvent sous le couvert de métiers honnêtes qui autorisent à avoir des élèves, ou des ouvrières [135]. Katherine, femme d'Henriet du Roquier, est originaire d'Aragon, elle s'est mariée voici quatre ans à Avignon, de là elle a suivi son mari à Compiègne, puis à Paris, rue des Estuves où celui-ci a trouvé un emploi de cuisinier chez le comte de Boulogne. Elle est brodeuse de son état et prend en apprentissage la sœur de son mari, qui a dix-huit ans. Elle est accusée d'avoir induit la fille en dépravation avec un puissant seigneur et se voit condamnée comme « maquerelle publique et commune [136] ». Jeannette la Coutelière est frappée du même reproche en ce qui concerne la fille de son voisin du Petit-Pont, celle-ci lui avait été confiée par ses parents pour lui apprendre à lire [137]. Les actes abondent en exemples semblables d'abus d'élèves ou de domestiques par leur maître [138]. Le rôle d'entremetteuse est ici rempli par celles qui jouent les bons offices dans l'obtention d'une place, par ces « recommanderesses » qui s'occupent du recrutement de nombreux domestiques [139]. Marion du Pont, dont nous avons déjà vu les aventures et les vols, a été en contact, à Beauvais, avec une maquerelle qui lui reprenait les objets dérobés chez ses maîtres [140].

La maquerelle peut, enfin, être une femme qui entretient chez elle des « fillettes », ou qui donne asile à des prostituées. Jeanne de Baugie, dont le mari sert chez le duc de Bourgogne et qui habite rue Saint-Denis, dans la maison dite à l'Ecu de Bourbon, profite du caractère très commerçant et passant de sa rue pour y tenir un cabaret. Elle est accusée d'avoir participé à l'enlèvement d'une jeune fille qu'elle a attirée chez elle, sous couleur de se faire aider aux travaux du jardin. Elle reconnaît, à la prison de Fort l'Evêque, qu'elle tenait chez elle une maison de rendez-vous et se comportait en entremetteuse. Il est vrai qu'elle fait cet aveu sous la torture, mais quand elle implore la grâce du roi, elle ne revient pas sur ses déclarations, on peut donc leur accorder foi [141].

Après un exemple concernant la rue Saint-Denis voyons-en un autre, rue Saint-Martin [142]. Agnès Piedeleu, qui tient une gargote dans cette rue [143], est accusée de maquerellage ; elle recevait chez elle, de jour comme de nuit, des hommes et des femmes de mauvaise conduite et comme l'enquête confirme la réalité de la dénonciation des voisins, le prévôt Hugues Aubriot la fait expulser de son domicile [144]. Nombreuses sont les maisons, tant les hôtels que les tavernes, dont parlent les actes judiciaires. Le vin et l'amour vénal vont souvent de pair. On trouve aussi beaucoup de maisons privées [145]. Mais il est clair que bien peu de ces lieux éveillaient l'hostilité de leurs voisins ou les soupçons des autorités municipales, ils ne peuvent donc avoir laissé de trace officielle.

La vindicte publique à l'égard des entremetteuses s'explique aussi, à côté de la peur de la corruption qu'elles répandent, par certains réflexes liés à leur âge. La laideur de leur participation à la prostitution n'est plus atténuée par la beauté, le charme, et les privilèges de la jeunesse. Une vieille femme, pauvre et esseulée, peut appeler la pitié et la compassion, mais elle éveille souvent aussi l'inquiétude, la peur et l'on redoute ses sortilèges.

Margot de la Barre, dite du Coingnet, se retrouve au Châtelet pour avoir tenté de jeter des sorts et d'empoisonner l'ex-fiancé de sa protégée [146]. De ses aveux il ressort qu'elle est originaire de Beaune, d'où elle est partie depuis quarante-quatre ans en compagnie de son amant et bientôt souteneur. Celui-ci l'a conduite par monts et par vaux et elle s'est prostituée tant aux champs qu'à la ville. Cela a été l'occupation de toute sa vie [147]. Elle avoue aussi avoir une fille. L'acte d'accusation est fondé sur le fait qu'elle a essayé d'empoisonner ou d'ensorceler Agnesot et Hainsselin Planiète à l'instigation de l'ancienne promise du second, Marion la Droiturière, dite l'Estallée. Trois fois torturée, elle n'a rien voulu dire. Ce n'est qu'à la quatrième séance qu'elle avoue des pratiques de connivence avec le diable. En ce qui nous concerne, nous pouvons faire abstraction de la question de savoir si l'accusation de sorcellerie est vraie ou fausse. Seule nous intéresse la position sociale de Margot de la Barre. Cette vieille femme est la confidente de Marion l'Estallée et l'accompagne souvent [148]. Marion vient la voir avec son amant [149], mais aussi avec d'autres compagnons de débauche [150]. Marion la Droiturière, dite l'Estallée se dit, il est vrai, honnête femme. Elle fréquente la Cour, dit-elle. Elle semble, en effet, appartenir à la catégorie des courtisanes dont la clientèle se recrute dans l'ordre équestre. Quand elle confie à sa vieille conseillère qu'elle est folle de son Hainsselin, celle-ci lui répond qu'il n'est pas bon qu'une femme galante aime un galant [151]. La maison de Margot semble bien, en tout cas, avoir servi de lieu de rendez-vous.

La vieille prostituée est, en outre, guérisseuse. Si nous laissons, en effet, de côté ses démêlés avec le diable et les sorts qu'elle pouvait jeter, nous devons bien noter, comme Margot l'affirme elle-même, que la vieille sait guérir les maladies à l'aide de différentes herbes et incantations pieuses ; qu'elle parvient également à conjurer les sorts (les juges en tirent la conclusion que, si elle sait détourner les sorts, elle sait aussi en jeter). On trouve chez elle des herbes suspectes. C'est que les anciennes, les plus expérimentées, savent aider les plus jeunes dans les diverses situations difficiles où peut se trouver une prostituée sur le plan de la santé. La fonction de guérisseuse se trouve donc, tout naturellement, associée à celle de maquerelle.

Les maquerelles sont, le plus souvent, nous l'avons vu, d'anciennes prostituées. Le maquerellage est le prolongement naturel de la prostitution. Le prédicateur Jean Menot, s'adressant à un auditoire de prostituées, le dit bien : elles sont inscrites dans le grand livre des damnées car, de quinze à quarante ans, elles font commerce de leurs charmes, puis, au-delà, vendent ceux des autres [152]. Bien entendu, chaque prostituée n'avait pas une destinée si linéaire [153], quelques-unes réalisaient, sans doute, leur rêve de mariage, mais encore devaient-elles soigneusement effacer l'opprobre de leur ancien métier [154]. Malgré une limitation temporaire dans l'exercice de celui-ci, les possibilités de « re-socialisation » de ces femmes n'étaient pas grandes.

4. Le monde des prostituées et les marginaux

Avant de clore ce chapitre de la prostitution parisienne, nous devons nous interroger sur la place de ce phénomène dans les structures de la vie sociale. Il serait, semble-t-il, difficile de considérer l'ensemble de ce monde comme rejeté en bloc vers la périphérie sociale.

Si l'on ne tient pas compte du bref épisode « abolitionniste » de Louis IX, on peut dire que la législation française médiévale traite la prostitution comme un mal nécessaire. Tirer profit de la débauche est unanimement blâmé, tant au plan moral qu'au plan juridique ; ce profit est considéré comme indigne, on le réprouve au même titre que l'usure. Les entremetteuses comme les souteneurs sont hors la loi, mais cela ne les empêche pas, on l'a vu, de trouver la voie de l'intégration sociale et même une situation tout à fait convenable et digne dans la ville.

Dès la fin du XIIe siècle les problèmes moraux suscités par l'existence de la prostitution prennent un relief particulier. Tandis que s'édifie la cathédrale de Paris, les filles de joie émettent le vœu d'offrir, comme le font les autres métiers, un vitrail à Notre-Dame. La proposition est rejetée par l'évêque, mais donne lieu à des gloses qui jettent un jour intéressant sur l'attitude des instances idéologiques à l'égard de ce problème. Thomas de Cobham, savant théologien et chanoine de Paris, estime alors que : « les prostituées doivent être comptées parmi les mercenaires. Elles louent, en effet, leur corps et fournissent un travail... Si elles se repentent, elles peuvent garder les bénéfices de la prostitution pour en faire des aumônes. Mais si elles se prostituent par plaisir et louent leur corps pour qu'il connaisse la jouissance, alors elles ne fournissent pas un travail, et le bénéfice est aussi honteux que l'acte [155] ». Ainsi, de la position de saint Augustin traitant de la question comme d'un mal nécessaire qui préserve de maux plus graves, nous passons à celle qui l'envisage en termes de travail et de salaire, de marché et de métier. Le théologien parisien pousse d'ailleurs ses considérations jusqu'à l'éthique professionnelle, et considère comme argent mal gagné celui qu'une fille doit à un maquillage outrancier, qui lui donne un charme frelaté.

Sans entrer dans le mécanisme du changement d'attitude sociale dont témoigne cet exemple, il faut pourtant bien marquer que la prostitution est ici un métier comme un autre. Il est aisé de retrouver dans l'organisation de ce monde des traits qui relèvent de celle des métiers médiévaux. Ainsi cette activité, qui nous semble indissolublement liée à la nuit, est, au contraire, soumise à interdiction après la tombée du jour comme tous les autres métiers [156]. La nuit médiévale doit signifier le ralentissement du pouls de la vie, ses ténèbres mal dominées par le faible éclairage de l'époque, cachent le danger d'abus, d'infractions aux normes en vigueur, de rupture de l'harmonie, et cela touche les prostituées et leurs compagnons, dans une plus grande mesure, et avec des raisons plus valables, que les autres catégories. Le principe de l'organisation reste l'émiettement, mais les maisons et les rues qui regroupent les « femmes de vie » sont un phénomène analogue au regroupement de certaines professions dans des rues données. Certains éléments de concentration, moins visibles, d'ailleurs, à Paris que dans d'autres villes, trouvent leur équivalent dans l'organisation médiévale de la production textile. Les mêmes catégories peuvent aussi s'appliquer aux entremetteuses et souteneurs qui font fonction, sinon de petits commerçants en marchandise humaine, tout au moins d'organisateurs de l'offre et de la demande.

Evoquons enfin la question souvent débattue, mais presque toujours d'une façon confuse, de l'organisation corporative des prostituées. Les historiens des mœurs ont affirmé son existence dans de nombreuses villes de façon peut-être un peu hâtive, mais le sujet semblait indigne d'une analyse vraiment sérieuse. Henri Sauval note qu'à son époque les filles de joie prétendaient s'arroger le droit de fêter solennellement sainte Marie-Madeleine, disant qu'elles avaient eu jadis leur propre corporation [157]. Par la suite, on a pris l'habitude de répéter qu'il existait à Paris, au XVe siècle, une corporation de prostituées, disposant de statuts propres, à l'instar des autres métiers et même de juges attitrés, ce à quoi n'avaient droit qu'un tout petit nombre de professions [158]. Ces assertions manquent de preuves documentaires. L'ensemble des sources qui permettent d'appréhender ce milieu est muet sur cette question. Par contre, une organisation du type des confréries religieuses semble plus vraisemblable. Vivre dans le péché ne signifiait pas, en effet, négliger les pratiques religieuses : cela pouvait au contraire les renforcer, dans le but de racheter ses fautes. De là vient que nous rencontrions tellement de prostituées aux pèlerinages : il ne faudrait pas imaginer qu'elles y fussent attirées par l'aspect folklorique, que ce fût pour elles le prétexte d'une folle équipée, ou une occasion supplémentaire de se vendre aux pèlerins, même si de tels cas se présentaient [159]. Accomplir un pèlerinage relève avant tout de motifs religieux ; c'est souvent sur le conseil du confesseur qu'on s'y rend, en guise d'expiation. Les cérémonies et processions de la Sainte-Marie-Madeleine pouvaient avoir ce même caractère expiatoire, mais elles revêtent, de toute évidence, une symbolique sociale et extra-religieuse. La confrérie qui participe à de telles processions affirme, par son attachement à une sainte, sa place dans la société et sa dignité propre.

Malgré les ambiguïtés de l'attitude médiévale face à la prostitution, malgré les éléments d'intégration à la ville que nous avons pu relever, malgré enfin la tolérance dont fait preuve le droit en ce domaine, tout ce monde tend indubitablement à la marginalité. Dans nos promenades par les « rues de la honte » du Paris médiéval, parmi toutes ces « boutiques de péché » nous nous sommes constamment heurtés à des personnes que leur mode d'existence, sinon leur code moral, plaçait en dehors des cadres de la société.

1. *Recueil général et complet des fabliaux des XIIe et XIVe siècles*, éd. A. Montaiglon et G. Raynaud, Paris, 1872-1890, t. III, N. LXXVI, p. 175, *Des putains et lecheors.*

2. *Ibidem* : « Quant il s'en partoit, veü a/ Une torbe de tricheors,/ Si con putains et lecheor. »

3. *Ibidem* : « Mès putains ont peliçons chauz/ Dobles mantiaus, dobles sorcoz. »

4. A. Samouillan, *Etude sur la chaire et la société françaises au XVe siècle. Olivier Maillard, sa prédication et son temps*, Paris, 1891, pp. 215-322.

5. Ch. V. Langlois, *La société du Moyen Age d'après les fabliaux*, Revue Bleue, t. XLVIII, 1891, p. 295.

6. Cf. N. Delamare, *Traité de Police*, Paris, 1721, t. I, pp. 521 et suiv. ; A. J. B. Parent-Duchâtelet, *De la prostitution dans la ville de Paris*, Paris, 1357, t. II, pp. 268 et suiv.

7. Sur les initiatives de l'Eglise à ce sujet, cf. M. Scaduto, *Carita*, (in) : *Enciclopedia cattolica*, t. III, Roma 1949, coll. 825.

8. *Ordonnance des rois de France*, t. I, p. 65, art. 34 : « Expellantur autem publice meretrices, tam de campis, quam de villis, et factis monitionibus, seu profectionibus bona earum per locorum judices capiantur, vel eorum auctoritate à quolibet occupentur, etiam usque ad tunicam vel ad pellicum. »

9. *Ibidem*, p. 104 (1269), art. 5 : « Caetarum notaria et manifesta prostibula, quae fidelem populum sua foeditate maculant et

pluers protrahunt in perditionis interitum, penitus exterminari praecipimus tam in villis quam extra. »

10. Joinville attribue la création de cet asile pour prostituées à Saint Louis. Joinville, *Vie de Saint Louis*, éd. N. de Wailly, Paris, 1868, p. 258 : « Et fist mettre grant multitude de femmes en l'ostel, qui par povreté s'estoient mises en pechié de luxure. »

11. A Châlons : « Lieu dit le Bordel, où les filles de vie ont acoustumé de seoir et reposer pour faire leurs voulentez », L. Douët d'Arcq, *Choix de pièces inédites relatives au règne de Charles VI*, Paris, 1863-1864, t. II, n° CXXIX, p. 24 (1400). A Toulouse : « Hospitium vulgariter vocatum Bordelum, sive hospitium commune », *Ordonnances des rois de France*, t. XIII, pp. 75 (1425). Sur les prostituées à Avignon : *Coutumes et règlements de la république d'Avignon*, éd. R. de Maulde, Nouvelle Revue Historique, t. I, 1877, p. 566, art. LXXVII, p. 590, art. CXVI, et aussi M. Juillard, *La vie populaire à la fin du Moyen Age en Auvergne, Velay et Bourbonnais*, Auvergne, 28e année, N. 136, 1951, p. 30, ainsi que G. Cartoux, *Conditions des courtisanes à Avignon du XIIe au XIVe siècle*, Lyon, 1925. A Dijon les « fillettes communes » sont transférées de la Portelle du Bourg dans une rue spéciale puis, par la suite, dans deux maisons spécialement construites hors de la ville et louées par celle-ci qui en tire d'appréciables bénéfices. Archives communales de Dijon, I 142, sur les impôts payés par les prostituées, K 83, sur les maisons closes ; cf. également E. Petit, *Ducs de Bourgogne de la maison de Valois*, t. I, Paris, 1909, p. 413 ; on a la description de l'une des maisons closes de Dijon au milieu du XVe siècle dans les actes du procès des coquillarts, L. Sainéan, *Les sources de l'argot ancien*, Paris, 1912, t. I, pp. 98 et suiv., 393 et suiv.

12. Registre criminel de Sainte-Geneviève, (in :) L. Tanon, *Histoire des justices des anciennes églises et communautés monastiques de Paris*, Paris, 1883, pp. 347 et suiv., année 1282 : « En ce meisme an, Hauys de Dammartin, Marote de Chartres, Catelot du Port Saint Landry, Biertris de Prouvins et Agnes d'Abbeville, toutes fames de chans, furent conjurées, sus poine d'estre brullées, de la terre » ; année 1283 : « Furent banies de la terre, sus la besche, pour ce qu'elles estoient foles de leurs cors » ; année 1300 : « Fu banie de la terre ma dame Saint Genvièvе, Perrenele la lavendiere dite la demoisele, pour cas de bordelerie et de la makelerie... Fu banie de la terre devant ditte, Jehanette d'Arraz, dite la piquarde, pour ce que elle estoit folle de son cors, et que elle avoit esté prise en defoulant les blés au chans. » *Registre criminel de Saint-Germain-des-Prés, ibidem*, pp. 432 et suiv., année 1280 : « Fu ladite Colette brulée au pilori de Saint-Germain, et puis banie » ; année 1310 : « Furent prises trois femmes oudit pré (aux clers), qui, pour leur mauvaise vie, avoient esté plusieurs fois conjoiées de la terre de Saint-Germain. Et furent à Saint-Germain, et brulées audit pillory. »

13. On peut citer ici les mesures de 1360 et de 1367 (Delamare, *op. cit.*, t. I, p. 522), 1369 (Bibliothèque nationale, Ms. Fr. 8059), 1371 (Bibliothèque de la préfecture de police, 33, *Livre blanc du Châtelet*, fol. 43), 1374, 1395 (Delamare, *op. cit.*, p. 523), 1416 (Bibliothèque de la préfecture de police, 33, *Livre*

vert vieil premier du Châtelet, fol. 99 et suiv.), 1419 (Bibliothèque nationale, Ms. Fr. 8059), 1420 (Bibliothèque de la préfecture de police, 33, *Livre noir vieil du Châtelet*, fol. 17 et suiv.), mais la liste des mesures de ce genre est plus longue encore.

14. *Ordonnances des rois de France*, t. VI, p. 611, Bibliothèque nationale, Ms. Fr. 8065, fol. 69, inscrit par erreur à la date du 3 août 1381.

15. *Journal d'un bourgeois de Paris*, éd. A. Tuetey, Paris, 1881, p. 383 : « Ambroys Loré... supportoit partout les femmes folieuses, dont trop avoit à Paris par sa lascheté, et acquist une tres mauvese renomée de tout le peuple. Car a paine povoit on avoir droit des folles femmes de Paris, tant les supportoit, et leurs macquerelles. »

16. Archives nationales, Z^2 3118, fol. 13, 18, 29, 31, 69, 82 V, 94 V, 150 V (1404-1406).

17. *Ordonnances des rois de France*, t. VII, p. 327 ; Bibliothèque nationale, Ms. Fr. 8059 (1419).

18. Archives nationales, Z^2 3267, fol. 3 (1458).

19. Archives nationales, Z^2 3118, fol. 127 (1406).

20. Archives nationales, Z^2 3756, sub 25 juillet 1417.

21. Cf. dans une ordonnance pour Toulouse de 1425 « mulieres publicae sive las fillas communes », *Ordonnances des rois de France*, t. XIII, p. 75.

22. *Ordonnances des rois de France*, t. I, p. 65 (1254) ; on a aussi prostibula, *ibidem*, p. 104 (1269).

23. *Ibidem*, p. 77 (1256) ; et dans la phrase suivante : « Folles femmes communes. » Le terme « fole femme » se rencontre aussi dans le registre criminel de Saint-Germain-des-Prés en 1317 et de Sainte-Geneviève en 1300, v. *supra*, note 12.

24. Mais dans le registre criminel de Saint-Germain-des-Prés on a : « En celli an (1280) fist li prevost mestre, ou pilori à Saint-Germain, une putain qui... » (phrase incomplète). Tanon, *op. cit.*, p. 427.

25. Archives nationales, JJ 179, N. 345 (1449).

26. Bibliothèque de la préfecture de police, 33, *Livre noir vieil du Châtelet*, fol. 53 (1427).

27. *Ibidem*, fol. 53 : « Les femmes amoureuses vivantes en vilité et désordonnéées en amour, tant publicques comme autres. » Dans une ordonnance antérieure de quelques années, elles sont encore qualifiées autrement : « Plusieurs femmes amoureuses et les aucunes d'icelles bordelieres », *ibidem*, fol. 17, et Bibliothèque nationale, Ms. Fr. 18087, fol. 94 V, et Ms. Fr. 8083, fol. 95.

28. Leroux de Lincy, *Hugues Aubriot, prévôt de Paris*, Bibliothèque de l'Ecole des chartes, V[e] série, t. III, 1862.

29. Me Jacquet du Bourg, avocat des lupanars de Baillehoe, en parle, en janvier 1387, quand il argue du fait que cet endroit a été reconnu par Aubriot lui-même comme appartenant aux filles. Les actes de ce procès existent en de nombreuses copies : Bibliothèque nationale, Ms. Fr. 8064, fol. 209, Bibliothèque de la préfecture de Paris, coll. Lamoignon, 43, t. III, fol. 31, M. Félibien, *Histoire de la ville de Paris*, t. IV, Paris, 1725, N. 538, les a aussi publiés.

30. P. Champion, *François Villon. Sa vie et son temps*, t. I, Paris, 1913, p. 92 : « Plusieurs maisonnettes ou se souloient tenir et demourer les fillettes de joye. »

31. *Ibidem*, p. 226.

32. E. Coyecque, *L'Hôtel-Dieu de Paris. Histoire et documents*, t. I, Paris, 1891, pp. 267 et suiv., Inventaire sommaire, t. I, n° 4273-4278.

33. *Ordonnances des rois de France*, t. XIII, p. 46, et A. Longnon, *Paris pendant la domination anglaise (1420-1436)*, Paris, 1878, N. LXXIX, p. 154 (1425) : « Auquel lieu de Baillehoe sieent, sont et se tiennent continuelement femmes de vie dissolue et communes, que ont dit bordelieres, lesquelles y tiennent clappier et bordel publique. »

34. Archives nationales, X[1a] 1471, fol. 346 V (1380).

35. Archives nationale, Ms. Fr. 8078, fol. 77 ; Delamare, *op. cit.*, t. I, p. 523, ordonnances de 1374 et 1395.

36. Félibien, *op. cit.*, N. 538 : « Oseroient mieux les gens honteux que en plusieurs autres bordiaux », il rappelle ensuite que Glatigny est également situé à proximité d'une église.

37. F. Lehoux, *Le Bourg Saint-Germain-des-Prés*, Paris, 1951, p. 374 (1398).

38. Elles risquaient alors la prison, le bannissement et la confiscation de leurs biens. Delamare, *op. cit.*, p. 522, ordonnance de 1367.

39. *Recueil général... des fabliaux*, t. V, N. CXV, pp. 52 et suiv. : « Et vint en la rue aus putains / Tout droit devant l'ostel Mabile / Qui plus savoit barat et guile / Que fame nule qui i fust. »

40. F. Villon, *Le Testament*, v. 1976-1977, éd. A. Longnon-L. Foulet, Paris, 1932, *Les classiques français du Moyen Age*, p. 76.

41. Le « Cri sur le fait des femmes amoureuses » du 14 septembre 1420, (Bibliothèque de la préfecture de Paris, 33, *Livre noir vieil du Châtelet*, fol. 17 et suiv., Bibliothèque nationale, Ms. Fr. 18087, fol. 94 et suiv.) décrit cette situation : « Et peut estre que les aucunes ont acquis et achepté icelles maisons, et aucunes autres les ont prises à loüage, esquelz lieux elles ont fait et font taverne publicque, autres bordelieres tiennent fillettes et les aucunes font et tiennent eschoppes de aucunes telles quelles denrées et mestiers dont elles se entremettent par fiction et aultrement et soubz umbre et couleur de ce à toutes heures tant de jour que de nuict recoipvent publicquement et receptent en leurs dictes maisons et chambres gens tant forains et estrangers que autres les plusieurs d'iceulx de vie dissolue et de male versation et petit gouvernement et aussi autres plusieurs tant laboureurs que gens de mestier delaissent leurs mestiers labours et marchandises et suivent lesd. femmes pour faire et commetre leur delict et pechié de la char. »

42. *Ibidem* : « Item l'en commande et enioinct à toutes femmes publicques bordelieres et de vie dissolue... qu'elles facent leur demeure ez bourdeaux et aux lieux et places publicques a eux ordonnez d'ancienneté pour tenir leurs bouticles au pechié. »

43. E. Rodocanachi, *Courtisanes et bouffons, Etudes des mœurs romaines au XVIe siècle*, Paris, 1894 ; cf. R. Casagrande di Villaviera, *Le cortigiane veneziane nel cinquecento*, Milano, 1968, p. 22.

44. Archives nationales, Y 6[1], *Livre vert neuf du Châtelet*, fol. 8 et fol. 27 V, Y 6[4], *Livre rouge neuf*, fol. 162 V, *Ordonnances royaulx sur le fait et juridiction de la prevosté des mar-*

chands et eschevinage de la ville de Paris, Paris, 1595, pp. 238 et suiv. (1480 et 1481), ainsi que Y 6^4, fol. 127 (1524).

45. A propos de l'une de ces « filles des champs » : *Registre criminel du Châtelet de Paris,* éd. H. Duplès-Agier, 1861, Paris, Société des Bibliophiles français, t. I, pp. 143 et suiv. (1389) : « Fille seant hors de la ville de Verberie, aus champs... a grant chemin de Compiegne au devant d'une croix. »

46. L'unes des prostituées habite ainsi : « Sur les loges et vielz maisons qui sont sur les fossez de la ville de Paris », *ibidem,* t. III, p. 252.

47. Archives nationales, Z^2 3267, fol. 3 (1458). Perrin Bestart, « varlet boucher », reconnait qu'il a enjambé le mur d'un jardin « pour querir une fillette de vie. »

48. H. Sauval, *Histoire et recherches des antiquités de la ville de Paris,* t. I, Paris, 1724, p. 174.

49. Coyecque, *op. cit.,* p. 164.

50. Sauval, *op. cit.,* pp. 174 et suiv. ; E. Pasquier, *Recherches de la France,* Paris, 1660, p. 718.

51. *Registre criminel du Châtelet,* t. II, p. 423 (1391) : « Elle beut en l'ostel d'icellui chappelier avec plusieurs compaignons et fillettes de son estat » (cette taverne est située au bord de la Seine, près du Louvre) ; *ibidem,* p. 426 : « Il vit icelle Marion boire en son hostel avec plusieurs compaignons et fillettes de vie » ; *Registre criminel de la justice de Saint-Martin-des-Champs,* éd. L. Tanon, Paris, 1877, pp. 101 et suiv. (1337). Plainte contre un vol commis par une femme à la taverne.

52. A. de Montaiglon, *Anciennes poésies françaises,* t. XI, p. 48.

53. *Livre des métiers,* éd. R. de Lespinasse et F. Bonnardot, Paris, 1879, titre LXXIII, art. 3.

54. *Les métiers et les corporations de la ville de Paris,* éd. R. de Lespinasse, Paris, 1886-1887, t. III, p. 644.

55. *Ibidem,* p. 648 : « Item, que aucun estuveur ou estuveresse en la ville de Paris, soit de estuves à hommes, soit de estuves à femmes ne laissera ou soufferra bordeler ne tenir bordeau èdites estuves, soit de maistre, dame, chamberière, varlet ne autres quelconques estrangiers ou privez. »

56. *Le Parnasse satyrique du quinzième siècle,* éd. M. Schwob, Paris, 1905, p. 164 ; Champion, *op. cit.,* p. 296.

57. Archives nationales, Z^2 3118, fol. 94 V (1405) : « Jehanete de leons fille de vie admenee prisonniere de nostre commandement pour ce que le jour d'ui au matin par Jehan patenostre sergent de l'église fut trouvee dedens le cloistre de l'eglise avecque certains compaignons qui lui vouloient faire les nopces aud. cloistre » ; *ibidem,* fol. 13 (1404) : « Ilz les ont trouve parlant a une fille de vie en l'eglise notre dame de paris. » Cf. aussi notations des 9 et 11 juillet 1404 ainsi que du 4 mai 1405. Sur le rôle des marguilliers dans l'élimination des prostituées des églises, voir A. Vidier, *Les marguilliers laïcs,* Mémoire de la Société de l'Histoire de Paris, t. XL, 1913, p. 147.

58. Bibliothèque de la Chambre des Députés, coll. Le Nain, Tournelle criminelle, sub 26 juin 1420.

59. *Ibidem,* sub 26 mars 1426. Cf. le statut des toilières pari-

siennes. *Les métiers et corporations... de Paris,* t. III, p. 69 (1485). Sur leurs mœurs, cf. Champion, *op. cit.,* t. I, pp. 276 et suiv.

60. Archives nationales, X^{1a} 4790, fol. 104 (1415), publié par G. Fagniez, *Documents relatifs à l'histoire de l'industrie et du commerce en France,* Paris, 1898-1900, t. II, N. 109, p. 204.

61. Archives nationales, X^{2a} 44, fol. 92 V (1480). Cas d'un sergent du Châtelet, naguère dizainier, qui « se gouvernoit tres mal car il s'estoit accointé d'une jeune lingiere ». *Registre criminel du Châtelet,* t. II, p. 422 (1391) : « Marion de la Court, lingiere, fille de vie. »

62. *Registre criminel du Châtelet,* t. I, p. 195 (1390). « Chamberiere et femme de pechié. » Cf. Champion, *op. cit.,* t. I, pp. 100 et suiv.

63. *Le Ménagier de Paris. Traité de morale et d'économie domestique,* éd. J. Pichon, t. I, Paris, 1846, pp. 237 et suiv. (autre version chez Marguerite de Navarre, *Heptaméron,* nouvelle 38).

64. Toute différence avec le vêtement habituel, donc également les différences régionales, faisaient à priori penser que l'on avait affaire à une femme de mauvaise vie. Cela ressort par exemple du document des Archives nationales, JJ 164, N. 349 (1410), où dans une affaire de détournement et de viol à Beaumont, les gens « cuidoient parce qu'elle avoit habit et vestement differant des autres filles et femmes du pais que ce feust une fille de vie ».

65. A Avignon elles étaient contraintes de porter un insigne blanc large de quatre doigt au bras (Cartroux, *Conditions des courtisanes à Avignon...,* p. 24), de même à Dijon (Petit, *Ducs de Bourgogne...,* t. I, p. 413), par contre à Toulouse elles devaient porter un bonnet et des rubans blancs. Ce n'est qu'en 1389 que Charles VI, à l'occasion de son joyeux avènement, abolira cette obligation et ordonnera qu'elles portent simplement un brassard d'une autre couleur que leur robe (*Ordonnances des rois de France,* t. VII, p. 327\

66. H. Sauval, *Chronique scandaleuse de Paris,* Paris, 1909, p. 61, raconte que la reine Marguerite de Provence donna un jour le baiser de paix à une prostituée qui se trouvait près d'elle à l'église et qui ne se distinguait en rien des autres femmes. C'est alors que l'on aurait ordonné aux filles de joie de porter un habit spécial. Si l'anecdote est conforme à la vérité, sa conséquence, en tout cas, fut vite oubliée.

67. Cf. les mesures vénitiennes touchant l'habit. Casagrande di Villaviera, *op. cit.,* p. 85.

68. Bibliothèque de la préfecture de police, 33, *Livre blanc du Châtelet,* fol. 43 V (1371). Delamare, op. cit., t. I, p. 522, cite une mesure analogue de 1360.

69. En 1463, une « ouvrière de tissus » se plaint au Parlement que des sergents de ville lui aient confisqué des chapelets et deux pièces d'étoffe « pour ce qu'ils maintenoient que l'estat qu'elle portoit ne luy appartenoit veu qu'elle se gouvernoit mal de son corps ». La Chambre lui fait rendre les objets confisqués (Bibliothèque de la Chambre des Députés, coll. Le Nain, Tournelle criminelle, sub 26 mars 1462).

70. *Ordonnances des rois de France,* t. XIII, p. 88 (1425).

71. *Comptes du domaine de la ville de Paris,* éd. A. Vidier, L. Le Grand, P. Dupieux, t. I (1424-1457), Paris, 1948, *passim* ;

Sauval a également publié des extraits dans *Histoire et recherches...*, t. III, pp. 344, 356, 370 ; Delamare, *op. cit.*, t. I, p. 254.

72. Bibliothèque de la préfecture de police, 33, *Livre vert vieil premier du Châtelet,* fol. 99 V (1416), et *Livre noir vieil du Châtelet,* fol. 18 (1420), fol. 53 (1427). En 1446 est proclamée une décision analogue concernant les « ribaudes » : « Fut crié parmy Paris que les ribauldes ne porteroient plus de sainctures d'argent ne colletz renversez, ne pennes de gris en leurs robbes ne de menu vair, et qu'ilz allassent demourer es bordeaux ordonnez », *Journal d'un bourgeois de Paris,* p. 382.

73. Bibliothèque nationale, coll. Dupuy 250, sub 26 juin 1420 : « Veu le proces faict par le prevost de Paris ou son lieutenant... dict a este mal appelle par lesd. prisonniers et bien juge par le prevost de Paris et amendront d'une amende de 60 lb. par. et oultre la cour ordonne et deffend que toutes femmes amoureuses tant publiques que autre tenant chambres et porches particulieres vivans en cette vilite et ordure ne portent robes et colets renversiz et aussi ne portent fourreures de gris. »

74. *Ibidem,* sub 13 avril 1426, cette sentence demande ensuite au prévôt de proclamer une nouvelle fois en ville l'interdiction faite aux filles de joie de porter des toilettes voyantes et aussi « que aucunes femmes sont mariees et se marient a petits compaignons de petit estat pour avoir couleur, etc. » ; cf. *infra,* note 117.

75. Bibliothèque de la préfecture de police, *Livre vert vieil premier du Châtelet,* fol. 201 (1420), et *Livre noir vieil du Châtelet,* fol. 41 (1422) : « houpelandes a queue, trainans par terre a grains, collés et manches renversees et fourrures de fin gris et autres riches fourrures, ceinctures les aucunes d'argent blanc, et les aucunes des autres dorees et pendant par derriere, et atours, sur lesquels elles mettent chaperons d'escarlatte ».

76. *Ibidem* : « et avecques ce portent et font porter grans livres ausquels ils ne savent lire ne ne connaissent mot ne lettres tellement que a peine connoist on les bonnes preudes femmes et bourgeoises notables de la ville de Paris a qui ce appartient de porter ».

77. Sur des rêves du même type, cf. O. Lewis, *La Vida. A Puerto Rican family in the culture of poverty,* New York, 1966 (aveux de Felicyty).

78. Voici le contenu de la cassette d'une fille : « die pieces d'or monnoyé, c'est assavoir sept escuz, ung noble, un fran à pié et ung moutonnet avec certaines saintures, anneaulx et autres menues choses », Longnon, *Paris pendant la domination anglaise,* N. C., pp. 205-1426.

79. Rappelons que juridiquement le viol d'une prostituée n'était pas un crime. J. Damhoudère, *Practica rerum criminalium,* Lugduni, 1558, et la traduction française, *La practicque et enchiridion des causes criminelles,* Bruxelles, 1571, exprime cela en ces termes : « Mais pour ravir ou efforcher femmes legières qui se sont exposées au commun ou au bourdeau, n'est aulcune punition car il faut qu'elles soient a tous habandonnez, sans nulluy contredire ou escondir estanz en estat » — cité d'après J. le Foyer, *Exposé du droit pénal normand au XIII*e *siècle,* Paris, 1931, p. 96. Les actes judiciaires abondent en exemples d'us et d'abus de ce principe, surtout à l'égard des concubines de prêtres.

80. *Registre criminel du Châtelet*, t. II, p. 386 (1391).

81. *Ibidem*, p. 387 : « dimenche derrenierement passé, environ heure de vespres, il ala en Glatigny en la chambre d'icelle fille ».

82. *Ibidem*, p. 388, p. 392.

83. *Ibidem* : « cogneut et confessa qu'il est verité que durant le temps que icellui marchant estoit sur elle et s'esbatoit audit dimenche... elle, a sa main senestre, print en la tasse d'icellui marchant, qu'il avoit sainte et mise de costé sur lui, et laquelle tasse elle trouva ouverte, et en une des bourses d'icelle tasse, un petit drapelet blant noué, lequel elle muça ou fuerre du lit ».

84. *Ibidem*, p. 422.

85. *Ibidem*, p. 423 : « Richart de Saint-Denis aagié de dix ans ou environ et demourant en l'ostel d'icelle Marion... puis deux ans ença qu'il s'est commencié à cognoistre, il a esté en la ville de Paris en plusieurs lieux avec ladite Marion qui le menoit comme son varlet. »

86. *Ibidem*, p. 437 : « elle estant auprès de la fosse ordennée à le enterrer et sur le point que l'en lui vouloit mettre » ; évidemment cette longue énumération de péchés avait pour but de retarder le moment de l'éxécution.

87. *Ibidem*, p. 433 : « elle avoit esté menée oultre les pons en l'ostel de Premonstré et illec fait à lui et à plusieurs autres religieux dudit hostel leur plaisir et voulenté de son corps ».

88. *Ibidem*, p. 435 : « Richart, son varlet. »

89. *Ibidem*, p. 437 : « Richart son filz ou nourry dessus nommé. »

90. *Ibidem*, p. 440 : « durant ce que elle marchandoit ycelles chausses, ledit Richart print une paire de chausses de drap noir à usage de femme(lesquels elle a appliquié à son proufit ».

91. *Ibidem*, p. 438 : « un nommé maistre Hugues de Colombe demourant derriere Saint Andrieu des Ars ot eu affaire et compaignie charnele à lui en un sien jardin ».

92. *Ibidem*, p. 439 : « un compaignon ot compaignie charnele à elle en l'ostel de l'Angle devant Saint Germain l'Aucerrois ».

93. B. Geremek, *Najemna sila robocza w rzemiosle Paryza XIII-XV w. Studium o sredniowiecznym rynku sily roboczej*, Warszawa, 1962, p. 84.

94. A côté des exemples cités de prostituées volant leurs clients, voir aussi *Registre criminel de la justice de Saint-Martin-des-Champs*, p. 208 (1346) ; Archives nationales, JJ 154, N. 601 (1399), Z^2 3118, fol. 151 (1406).

95. Elle ne vole du drap que pour « avoir le chaperon de brunette que elle a affublé », *Registre criminel du Châtelet*, t. II, p. 434, une autre fois elle vole « une chemise à usage de femme », *ibidem*, p. 438, etc.

96. *Ibidem*, p. 425 : « que les vendoit pour sa povreté, et que à très grant peine povoit elle avoir de quoy se gouverner ».

97. *Ibidem*, p. 435.

98. *Ibidem*, p. 440.

99. *Ibidem*, p. 435 : « que icelles (sc. larrecins) elle a faittes pour le gouvernement de sondit ami qui ne la laissoit vivre ne durer et la batoit toutes et quantes fois qu'il venoit devers elle et ne lui bailloit point d'argent, et que quant elle lui bailloit de l'argent, il lui faisoit très bonne chiere ».

100. Nous rencontrons des gens de cette catégorie dans tous les groupes marginaux. Ce sont souvent des professionnels du crime. Les pensionnaires d'une maison close de Dijon purent ainsi témoigner abondamment contre la bande des coquillarts. — Sainéan, *Les sources de l'argot ancien,* t. I, p. 100. L'une d'elle avait été longtemps entretenue à Paris par l'un des membres de la bande, Denisot Le Clerc qui sera condamné à mort en 1456 comme faux monnayeur. — Archives nationales, X[2a] 28, fol. 91. — Dans le statut des tisserands de Paris, de la fin du XIIIe siècle, il est recommandé de veiller à ce qu'aucun voleur ni meurtrier ne soit reçu « ne houlier qui tiegne sa meschine au chans ne a l'ostel ».

101. *Recueil général... des fabliaux,* t. V, N. CXV, pp. 52 et suiv.

102. Sur les empoignades entre « filles de vie » — Archives nationales, Z[2] 3118, fol. 18 (1404).

103. Douët d'Arcq, *Choix de pièces,* t. II, N. CXXV, p. 236 (1382) — cas de bagarre dans une maison close de Rouen.

104. *Registre criminel du Châtelet,* t. I, p. 143 (1389) : « jà piecà et par plusieurs fois, il avoit fréquenté, suy et mené par le pais ladite Museau de Brebis et autres filles de pechié ».

105. Bibliothèque nationale, Ms. Fr. 8064, fol. 211. Bibliothèque de la préfecture de police, 43, coll. Lamoignon, t. III, fol. 31 et suiv. Félibien, *op. cit.*, N. 538 : « des macriaulx qui alloient par le pays querir fillettes et leur faisoient convenances et puiz les mettoient en bourdel et en prenoient l'argent ».

106. Archives nationales, JJ 171, N. 466 (1421) — lettre de rémission pour certain marchand allemand de Besançon qui retrouve à Paris « une fillette de vie appelle Collette », une ancienne amie de Rouen, mais celle-ci refuse de le recevoir car elle a peur de son souteneur.

107. *Registre criminel du Châtelet,* t. II, p. 381 (1391) : « fille de vie, demourant devant Saint-Denis de la Chartre ».

108. *Ibidem* : « fiancerent de leurs mains et par parolles li uns à l'autre eulx entre espouser ».

109. *Ibidem,* p. 383 : « s'est... vesqu et gouverné de la gaigne d'icelle Marion ».

110. Archives nationales, JJ 176, N. 756 (1450) — l'amant d'une fille de la rue du Franc Meurier est paveur, il est tué dans une bagarre avec un client de sa protégée. *Registre criminel du Châtelet,* t. I, p. 165 (1399) — Perrin du Quesnoy, qui « a apprins chausses à faire », est inculpé comme « houllier publique, qui tient une fille de Glatigny, nommé Lucette ».

111. Cf. par exemple Revue abolitionniste, N. 217 bis, 1966/1967, p. 24.

112. Le reproche de vivre en concubinage n'est fait ici que pour prouver que l'accusé n'a pas le droit de se réclamer du privilegium fori — cf. chap. V.

113. *Registre criminel du Châtelet,* t. I, p. 151 : « lequel la requist, celle fois et autres plusieurs paravant ce, que elle voulsist estre s'amie par amours ; et lors li promist que il li feroit et tendroit bonne compagnie tant comme elle vouldroit ».

114. *Ibidem* : « Lequel prisonnier lors print elle qui parle par la main destre, et luy promist, par la foy et serement de son corps, estre son mary, et qu'il ne auroit ne ne prendroit autre femme à

mariage et espouse et semblable promesse fist, elle qui parle, oudit prisonnier. »

115. Cf. procès de Margot de la Barre et de Marion la Droiturière — *Registre criminel du Châtelet*, t. I, pp. 327-361, surtout p. 336 : « ainsi comme elle qui parle et Marion La Daymne, dite de Flandres, fille de pechié, buvoient et parloient de leurs amis... et comment ilz amoyent li une l'autre leursdiz amis, icelle de Flandres dist à elle qui parle et enseigna que, pour estre plus enamourée de son dit ami etc. », ou encore *ibidem*, p. 538 : « XXIII ans sont passez ou plus, elle qui parle, qui pour lors seoit aus champs soubz Montmartre, avec une autre fille de pechié comme elle qui parle, et estans oudit lieu ensemble, commencerent à parler des amis que elles avoient lors ; laquelle fille qui estoit du pais de Flandres... le aprint à faire icelles invocacions du deable etc. »

116. *Registre criminel du Châtelet*, t. I, p. 169 : « Henriet, qui est Lorrain, demourant au coing du Bour l'Abé, et une femme nommée Margarite, qui est des filletes de la rue Percée » ; *ibidem*, t. II, p. 252 — une prostituée est mariée depuis dix ans, son mari « maine brouetes parmi la ville de Paris », et elle « va et vient par chascun jour seoir aus champs comme fille de vie, pour avoir sa substentacion ».

117. Bibliothèque de la préfecture de police, 33, *Livre noir vieil du Châtelet*, fol. 53 : « Et qui pis est chascune d'icelles femmes sont mariées ou se marient à aucuns compaignons de petit estat pourl avoir couleur et auctorité de porter les estats dessusd. nonobstant qu'elle vivent dissoluement et oud. peschie e tordure, qui est au grant prejudice de justice et des dites ordonnances. »

118. Guillaume de Lorris et Jean de Meun, *Le Roman de la Rose*, mis en français moderne par A. Mary, Paris, 1949, pp. 247-248 ; tout en utilisant cette version non rimée et modernisée, nous l'avons confrontée avec l'édition princeps d'E. Langlois, t. I-V, Paris, 1914-1925.

119. Cf. *Registre criminel du Châtelet*, t. I, p. 109 (1389) — cas d'un houlier qui tue sa protégée.

120. F. Villon, *Le Testament*, v. 469-481, éd. Longnon-Foulet, p. 27.

121. *Ibidem*, p. 63.

122. Comme le pensait A. Longnon, *Etude biographique sur Villon*, Paris, 1877, pp. 48 et suiv. ; Champion par contre, *François Villon...*, pp. 106 et suiv., penche pour une interprétation à la lettre de cette ballade, et note que le nom de Margot était en effet très répandu parmi les prostituées et que Villon était effectivement souteneur.

123. M. Schwob, *François Villon. Rédaction et notes*, Paris, 1912, p. 150, c'est justement cette Marion l'Ydolle qui doit ouvrir une école du métier. — Villon, *Œuvres*, p. 64.

124. Cf. aussi la lettre de rémission de 1452 (Archives nationales, JJ 184, N. 200) concernant Jeanneton de la place Maubert dont l'hôte le plus assidu entre en conflit avec le souteneur. — Champion, *op. cit.*, p. 123.

125. Villon, *Œuvres*, p. 64.

126. Le terme de « maquerelle » est attesté dès le XIIIe siècle, O. Bloch. W. von Wartburg, *Dictionnaire étymologique de la langue*

française, Paris, 1950, p. 370. Il serait issu du hollandais « makelaer » qui désigne au premier chef le courtier commercial.

127. Bibliothèque de la préfecture de police, 33, *Livre vert vieil* premier du Châtelet, fol. 99 V (1416) : « Item que nul ne nulle ne se mette ou entremette doresnavant à bailler, livrer ou administrer femmes pour faire pesché de leurs corps, sur peine d'estre tournées et brulées au pilory et boutées hors de la ville. »

128. Sauval, *Histoire et recherches...,* t. III, p. 261 (1416) : « la justice qui fut faite des Maquerelles qui furent menées par les carrefours de Paris, tournées, brulées, oreilles couppées au Pilori ». Noter les oreilles coupées qui viennent s'ajouter aux mesures prévues par l'ordonnance. Cf. également Archives nationales, X^{2a} 10, fol. 143 (1382) : Gilete la Maresse emprisonnée comme « maquerelle », et fol. 144 : Perrette de Villebrun accusée du même délit.

129. Archives nationales, JJ 106, N. 377 (1374).

130. Vrai ou faux, on ne sait : « maistre Symon qui se disoit prescheur ou questeur par le pais », *ibidem.*

131. *Ibidem* : « est esté seduitte par mauvaises femmes aussi comme maquerelles de lesser la compaignie de son mary ». Puis le quêteur dépense les 40 francs qu'elle avait emportés. Le tour de la malle aux vêtements vient et il abandonne la femme sans argent à Orléans.

132. *Recueil général... des fabliaux,* t. V, N. 110, pp. 1 et suiv. — cas d'Auberée « la vielle maquerelle ».

133. Archives nationales, X^{2a} 14, fol. 123 V (1403) — « Marguerite de Bauhuon nagaires demourante en l'ostel de feu mes. Jehan de Poupaincourt, jadis premier presid. de ceans » est accusée d'être la maquerelle de la nièce du seigneur de Popincourt, Jeannette de Hainaut, enlevée par un écuyer de l'évêque de Tournai. Dans le testament de Jean de Popincourt, enregistré le 15 mai 1403 on trouve un legs de 200 écus à ladite Jeannette « pour entrer en religion ». (A. Tuetey, *Testaments enregistrés au Parlement de Paris sous le règne de Charles VI,* in *Mélanges historiques,* t. III, coll. de documents inédits sur l'histoire de France, Paris, 1880, N. X, p. 341.) Le seigneur de Popincourt meurt le 21 mai et le procès de cette « maquerelle » a lieu au Parlement le 21 juin. L'enlèvement se produit juste après la mort de l'oncle afin d'éviter que la belle n'entre au couvent. Marguerite de Bauhuon est condamnée à quitter Paris sous huitaine.

134. Archives nationales, X^{2a} 14, fol. 305 V.

135. Cf. l'ordonnance déjà citée de 1420 — *supra,* note 41.

136. *Registre criminel du Châtelet,* t. I, p. 41 — elle est punie du pilori et marquée au fer.

137. Archives nationales, X^{2a} 17, fol. 210 V (1416) : « Et pour ce qu'elle scet lire la mere de la fillette l'envoya avecques elle pour aprendre ses heures. » L'accusée se défend en disant que cette demoiselle « se gouvernoit très mal, se enyuioit souvent et estoit de dissolue vie et tellement que en petit chastellet dont son pere (sc. Jehan Le Bar) estoit garde, fut despucellee d'un quelle nomme et puis a este a un et a aultre et a este trouvee en plain bordel ».

138. Archives nationales, X^{1a} 4789, fol. 432 (1413), publié par Fagniez : *Documents...,* t. II, N. 106, p. 201 ; Tanon, *Histoire des justices...,* pp. 471 et suiv. (1333). Archives nationales, JJ 196,

N. 304 (1470) — cas de l'employeuse d'une jeune couturière qui est maquerelle.

139. Guillebert de Metz, *Description de Paris sous Charles VI*, in Leroux de Lincy et L. Tisserand, *Paris et ses historiens*, Paris, 1867, p. 219.

140. *Registre criminel du Châtelet*, t. II, p. 391 (1391).

141. Archives nationales, JJ 154, N. 579 (1400). Elle avoue aussi que, par l'intermédiaire d'un de ses domestiques, elle a volé une pièce de fourrure à un marchand qui s'était arrêté chez elle pour boire du vin en revenant de la foire du Lendit.

142. Archives nationales, X^{2a} 8, fol. 390 (1376) — voir Leroux de Lincy, *Hugues Aubriot, prévôt de Paris*, pp. 203 et suiv.

143. *Ibidem* : « ipsam fuisse et esse ganagogam publicam, gallice maquerelle publique, vitam inhonestam et diffamatam in predicto hospicio ad signum Estrussie tenentem, et in eo homines et mulieres malefamosos ac vitam inhonestam ducentes, nocte ac die cubantes receptantem ».

144. Elle fait alors appel au Parlement et pour se venger du prévôt qu'elle déteste, elle essaie, au moyen de faux documents, de le faire inculper, priver de son poste et exécuter. L'affaire pourtant est éventée et la coupable est condamnée au pilori et au bannissement comme faussaire.

145. Archives nationales, Z^2 3118, fol. 127 (1406) : « Jehanne Maugiere dem. en la rue de Versailles admenee prisonniere a la clameur et complainte de plusieurs personnes ses voisins demour. en la dicte rue disant que en son hostel repairent et frequentent... plusieurs fillettes de dissolue vie et maintien, et plusieurs compaignons ». Z^2 3264, fol. 24 (1408) — Jean Merigot et sa femme « ont este trouvez estre gens mal renommez qui logent et soubztraient hommes et femmes menant vie dissolue » (F. Lehoux, *Le Bourg Saint-Germain-des-Prés*, Paris, 1951, pp. 261 et suiv.). JJ 163, N. 83 (1408) : « Jehanne Derneval que on dit femme d'assez petit gouvernement et renommee, tant au regart de son corps, comme pour fillettes qu'elle a à coustume de tenir » publié par Douët d'Arcq, *Choix de pièces...*, t. II, N. CXLVII, pp. 270 et suiv.

146. *Registre criminel du Châtelet*, t. I, p. 327 (1390) ; *supra*, p.229.

147. *Ibidem*, p. 328 : « confessa estre née de la ville de Beaune en Gastinoiz, et que d'icelle ville elle se parti en sa junesce, passez sont XLIIII ans, avec un compaignon qui le mena tout le temps de son aage ; elle a fait de son corps sa voulenté, et icellui a abandonné à tous bons compaignons qui d'elle ont voulu faire leurs plaisirs et voulentez, tant ès bonnes villes du royaume, où elle est allée, puis en une ville, puis en l'autre, que aus champs, où elle a esté assise lonc temps avec les autres filles de vie et pechié ».

148. *Ibidem*, p. 337 : « Marion l'Estalée avoit acoustumé d'aler et venir en la compaignie de Margot de La Barre dite du Coignet » ; *ibidem*, p. 357 : « icelle Marion la vint veoir en son hostel, ainsi comme elle avoit acoustumé de faire ».

149. *Ibidem*, p. 329.

150. *Ibidem*, p. 353 : « la dessus dite Marion, qui avoit, paravant ce, acoustumé d'aler en son hostel soy esbatre avec les compaignons ».

151. *Ibidem*, p. 337 : « laquelle li respondi que c'estoit mauvaise fiance que d'amour de ribaut et de ribaude ».

152. Samouillan, *op. cit.*, p. 322 : « Tota vita tua male usa es corpore tuo a XV anno usque ad XL et, postea quam non potuisti amplius facere sicut consueveras, studuisti ponere alias in loco tuo et fuisti infortunata puella et post diablesse maquerelle. »

153. Parent-Duchâtelet, *op. cit.*, pp. 575 et suiv., indique que l'évolution normale des prostituées les conduit soit au mariage, soit au maquerellage, au vol, au recel ou à la mendicité.

154. *Registre criminel du Châtelet,* t. II, p. 321. — Le fait qu'un homme « bien né » épouse une ancienne « fille de vie », semble si étonnant qu'on soupçonne l'intervention de philtres ou d'incantations dans cette décision.

155. J. le Goff, *Métiers licites et métiers illicites dans l'Occident médiéval*, p. 52.

156. Cf. J. le Goff, *La civilisation de l'Occident médiéval,* Paris, 1964, p. 225. A. Voisin, *Notes sur la vie urbaine au XVe siècle. Dijon la nuit,* Annales de Bourgogne, IX, 1937, pp. 265 et suiv.

157. Sauval, *Histoire et recherches...,* t. II, p. 617 : « Les femmes de mauvaise vie prétendent que le jour de la Madeleine a été feté à la poursuite de leurs devancieres, du tems qu'elles composoient un corps, et avoient leurs rues et leurs coutumes, et même avant que saint Louis les eût obligées à porter certains habits pour les distinguer des honnêtes femmes. »

158. Dernièrement : J. Hillairet, *Evocation du vieux Paris,* Paris, 1952, p. 206, et *Dictionnaire historique des rues de Paris,* t. I, Paris, s. d., p. 242.

159. *Registre criminel du Châtelet,* t. I, pp. 151 et suiv. (1389) ; Archives nationales, JJ 126, N. 189 (1385), JJ 138, N. 274 (1390).

CHAPITRE VIII

MONDE DU TRAVAIL ET MONDE DU CRIME

L'étude du processus de déclassement ou de déracinement social, celle des voies qui y mènent, exigent un rappel des conditions particulières de l'époque. Les changements qui se produisent à la fin du Moyen Age dans les structures économiques et sociales, dont l'extension et la force sont si grandes qu'on a pu parler de « crise du féodalisme [1] », déterminent une accélération et un renforcement de la mobilité sociale. Les échanges entre la campagne et la ville augmentent, dans un sens unique il est vrai, de la campagne vers la ville, et compensent le déficit démographique des villes, mais ce flux est affecté d'un mouvement de balancier. Les nouveaux immigrants ne s'installent que pour un temps en ville, les travaux des champs les rappellent bientôt hors de l'enceinte urbaine et ces migrations, dans de nombreux cas, font partie des conditions de vie d'une quantité de personnes qui ne trouvent plus place dans les structures rurales.

La guerre de Cent Ans aggrave la crise sociale. Il est, du reste, difficile de l'envisager séparément des changements socio-économiques de la fin du Moyen Age, car cette période d'un siècle d'opérations militaires à court ou à long terme, d'expéditions, de pillages, constitue l'un des aspects de la crise de la classe féodale en France. Il ne s'agit certes pas d'une guerre permanente : à des moments de conflits armés succèdent de longues périodes de paix relative, mais, à tout moment — et cela est plus vrai pour le XVe siècle que pour le précédent — existe la possibilité de vivre de la guerre ou du pillage. La guerre, en effet, agit de deux façons sur la formation d'une population marginale : d'une part, elle détruit par le fer et le feu la propriété des gens, surtout des campagnes, les plonge dans la misère et les prive des moyens d'existence qui avaient été les leurs ; d'autre part, elle crée des possibilités, le plus souvent passagères et brèves, de promotion sociale, ou tout au moins de vie aventureuse et facile, dont le mirage attire beaucoup de jeunes artisans, paysans ou clercs. La guerre ruine et détruit, renforce le processus de paupérisation, mais elle nourrit sans exiger de travail, créant ainsi les possibilités ou les stimulants du déclassement.

En rappelant ces aspects fondamentaux de la situation historique, nous ne voudrions pas tant brosser le fond sur lequel se déroule le drame social qui nous intéresse, que souligner que le Moyen Age tardif se caractérise par une dynamique très accélérée des changements dans la répartition sociale. Nous n'avons pas affaire ici à une situation de caractère exceptionnel, qui nous obligerait à chercher la genèse des groupes marginaux dans le domaine conjoncturel, dans les phénomènes particuliers et significatifs de la période. Aux XIVe et XVe siècles s'accomplit en France, comme dans la majorité des autres pays du continent européen, une mutation dans les tendances à long terme du développement économique. A cette mutation s'associe un processus d'affaiblissement de certains liens sociaux et de renforcement de certains autres : notre attention se porte ici sur les problèmes de structures.

Nous avons souvent rencontré, au cours de nos réflexions précédentes, le problème des connexions entre monde du travail et monde du crime : *Classes laborieuses et classes dangereuses*, tel est le titre d'un livre sur Paris au XIXe siècle [2]. Mais cette distinction même est, en fait, le problème à étudier : les frontières de ces classes sont estompées, fluctuantes, et leurs attaches très fortes. Nous voudrions justement ici nous occuper de ces attaches entre le monde du travail et le monde marginal.

1. Criminalité et monde du travail

Nos documents ne manquent pas de données quant à l'appartenance, voire à l'origine sociale, des réprouvés, mendiants, criminels. Mais il convient de noter que la profession déclarée au cours d'une instruction n'a souvent pour but que de cacher la pratique professionnelle du crime : un voleur de métier avouait être artisan, mais il ne donnait que le métier de son père ou tout autre.

Que ce soit dans la procédure judiciaire ou dans les recours en grâce adressés à la chancellerie royale, l'indication de la condition — état, groupe ou métier — constitue un élément indispensable de l'établissement de l'identité, en vue du verdict. Toutefois, comme nous l'avons indiqué ailleurs, notre matériau ne se prête pas facilement à l'observation quantitative qui permettrait d'établir la participation de catégories sociales distinctes parmi les criminels qui défilent devant les tribunaux de Paris. Il faut, ici encore, tenter de définir un certain ordre de grandeur, des rapports quantitatifs mutuels entre les membres qui composent cette masse sociale.

Une telle possibilité nous est offerte par le registre criminel du Châtelet de Paris pour les années 1389-1392 [3]. Il est vrai qu'en nous limitant à un seul document nous restreignons l'aire de l'observation et le sens de ses résultats, nous y gagnons cependant des rapports et des proportions plus homogènes, plus vraisemblables, que si nous essayions de traiter comme un ensemble statistique la masse des informations fortuites et disparates fournie par notre quête dans les archives judiciaires. L'appartenance sociale des prévenus du Châtelet dans les années 1389-1392 se présente ainsi :

Activités	*Total des prévenus*		*Prévenus de vol*	
	nombre	*%*	*nombre*	*%*
artisanat	50	39,4	42	49,4
agriculture	22	17,3	19	22,4
domestiques	27	21,3	13	15,3
commerce	6	4,7	4	4,7
autres	13	10,2	5	5,9
inconnus	9	7,1	2	2,3
totaux	127	100	85	100

A la lumière de ce tableau, le gros des prévenus comparaissant devant le tribunal du prévôt de Paris se répartit en trois catégories : artisans, paysans et domestiques salariés. Ces trois catégories représentent plus des trois quarts de l'ensemble des condamnés, et si l'on se limite à ceux qui sont jugés pour vol — le crime par excellence — il apparaît que presque tous sont issus de ces milieux [4].

Le groupe que, sur notre tableau, nous désignons sous la rubrique « agriculture » est très loin d'être homogène. Ce sont des gens qui se définissent — ou sont définis par le greffier — comme des « laboureurs », « laboureurs de bras » ou autres « vignerons ». Nous leur adjoignons les charretiers, venus du dehors et qui, du reste, figurent dans le document comme valets de ferme, bien qu'ils possèdent leur propre attelage. Peut-être les charrois sont-ils pour eux une forme de travail supplémentaire, une utilisation des vastes possibilités de travail, et de gain, qu'offre l'approvisionnement de la métropole parisienne en nourriture. Dans la majorité des cas, nous avons ici affaire à des hommes de peine qui trouvent de l'embauche aux champs et dans les vignes. Le caractère changeant de leurs occupations est révélateur. Prenons un exemple parmi de nombreux autres : Perrin Marosier, originaire de Bretagne, avoue qu'il est fils de paysan et a lui-même cultivé la terre et les vignes [5]. En 1386. il s'est engagé comme domestique chez un orfèvre parisien et a participé à ses côtés à l'expédition royale en Flandre (dans le cadre des préparatifs de Charles VI en vue d'attaquer l'Angleterre). Il aurait ensuite travaillé dans les vignes, puis comme charretier, dans Paris et les environs. Torturé, il avoue qu'il a déserté pendant l'expédition, volant le cheval et la « cote de fer » que lui avait donnés son maître. Il avoue encore avoir déjà travaillé comme domestique, dix ans plus tôt, s'être livré à des rapines et avoir été complice des vols de Le Brun [6]. Si l'on examine les circonstances des vols qu'il commet, on peut affirmer qu'il est tantôt valet, tantôt aide-maçon, tantôt domestique, et que le vol ne constitue souvent pour lui qu'un moyen subsidiaire de gagner son pain ; par contre, à certains moments de sa vie, il devient l'occupation primordiale. Peut-être la participation à l'aventure militaire a-t-elle été le facteur décisif de l'entrée de ce Breton dans la voie du crime [7]. Il est incontestable que l'influence de la guerre qui brise les liens sociaux joue dans l'étiologie de la criminalité de la fin du Moyen Age un rôle de premier plan. Un événement encore a pu jouer, dans la biographie de Perrin Marosier, un rôle important. Trois ou quatre ans auparavant, il a été accusé, avec un autre « vigneron », du viol de certaine « fillette, demourant à Saint-Marcel », près de Paris, et condamné pour cela « par leurs coutumaces et deffaux » au bannissement. Lors de l'exécution de la sentence, il jure que cette accusation était sans fondement. Notons enfin que les crimes avoués par Marosier datent aussi d'avant sa participation à l'expédition militaire. Il semble qu'en entrant en service, en quittant le toit familial, déjà, naissent la possibilité et la tentation de la vie asociale, de la rupture des normes reconnues par la société.

La guerre familiarise avec la violence, habitue à vivre de pillage ou de vol, pousse les représentants de diverses classes sociales au crime. Nous avons déjà évoqué ailleurs ce jeune noble qui, après la bataille d'Azincourt, se rend à Paris et, ayant épuisé ses réserves, vit de vol à la tire et subtilise les besaces [8]. Nous rencontrons aussi, dans le registre criminel du Châtelet, deux nobles accusés de vol. L'un d'eux « homme noble et de noble lignée » a d'abord servi huit ans dans une bande armée, puis a commis quelques vols nouveaux, en 1389 [9]. Le second, qui se faisait d'abord passer pour un clerc avouait ici qu'il était né en Limousin et là qu'il était originaire de Provence ; se disant ensuite bourrelier, et reconnu coupable de nombreux vols, il est condamné à la pendaison : il avoue alors, au pied de la potence, son origine noble et son véritable nom [10]. Si toutefois, dans les pillages à main armée et les bandes militaires dévastant la France, nombreux étaient les chevaliers déclassés et les fils de famille noble, ils constituent l'exception parmi les criminels de droit commun.

Il est particulièrement remarquable que la présence de paysans proprement dits dans le monde du crime soit également exceptionnelle. Naturellement, le point d'observation n'est pas ici sans importance. La venue en ville de paysans est liée à leur déclassement antérieur, leur renoncement à une exploitation personnelle ou leur dépossession de la terre, il n'est donc pas étonnant qu'ils apparaissent en ville, en tant qu'ouvriers agricoles, ou qu'hommes de peine sans qualification. C'est dans d'autres sources qu'il faudrait chercher les lieux d'une criminalité secondaire et occasionnelle de la paysannerie. Il n'en demeure pas moins que Paris exerce une énorme force d'attraction sur la population rurale, qu'il est le lieu de rencontre des villageois des environs, qu'il est, enfin, le lieu par excellence où se nouent les contacts criminels, et où sont perpétrés les crimes. Il est donc permis de traiter cette absence (ou cette faible présence) des paysans dans notre documentation comme un fait caractéristique. Nous ne rencontrons pas, dans les registres des juridictions seigneuriales, de criminels notoires ou professionnels en qui nous puissions identifier des paysans [11].

Si nous passons maintenant au groupe défini ci-dessus comme celui des artisans, il faut, ici aussi, mettre en question le bien-fondé de cette appellation. Dans le protocole des aveux du Châtelet apparaît très souvent l'affirmation que le prévenu exerce un métier quelconque. Parmi ceux qui sont jugés pour vol, la moitié affirme posséder une qualification artisanale ou exercer un métier. Il y a un cas où nous avons effectivement affaire à un artisan : un charpentier de trente-quatre ans de la région de Paris (né à Maintenon et travaillant constamment dans les environs) est accusé d'avoir volé un de ses clients. Il est, en toute certitude, maître de ce métier [12]. On peut reconnaître le même statut à un autre charpentier, habitant d'Auxerre, qui s'occupe aussi de commerce et répond d'un crime commis lors d'un bref séjour à Paris [13] ; ainsi qu'à un troisième, jugé pour un vol effectué dans les environs de Soissons, que les juges définissent comme un « homme honneste non souffreteux ou indigent d'argent [14] ». Dans ces trois cas, nous avons affaire à des vols occasionnels et non à une infraction notoire, ni surtout à l'acte d'un professionnel [15]. Par contre, la majorité de ceux qui se donnent pour des artisans sont des aides, des salariés de l'artisanat. Les plus nombreux, parmi eux, sont les représentants des métiers du cuir, des étoffes, de la construction, nombreux sont aussi les tailleurs. Bien qu'ils ne se définissent pas comme salariés, nous apprenons au fil des aveux qu'ils ont travaillé chez des tiers et loué leurs bras.

Dans l'artisanat de la fin du Moyen Age, la catégorie des salariés prend un caractère permanent et bien particulier [16]. L'accès à la maîtrise se rétrécit, puis se ferme peu à peu, devenant un droit héréditaire ou encore une prérogative limitée aux fils de bourgeois. Le nombre des salariés, de ceux qui ne subsistent qu'en louant leur travail, augmente, et cette croissance est plus rapide que celle des emplois dans l'artisanat.

Les artisans ont bien plus intérêt à employer des apprentis : ceux-ci apprennent en quelques mois les rudiments du métier et ne travaillent que moyennant leur seul entretien (si l'on excepte quelques rares cas) alors qu'il faut payer le salaire des aides. De là vient que, dans la période qui nous occupe ici, l'offre des salariés excède toujours la demande [17]. Ils tendent, devant cette situation, à acquérir le monopole de la qualification professionnelle. Il est aisé d'apercevoir dans la constitution de leurs liens de solidarité, le souci de susciter certains mécanismes de défense face à la situation du marché. Les sociétés de salariés ont également pour but de défendre les gens du crû contre la concurrence des « étrangers », c'est-à-dire contre des intrus venus de l'extérieur ou ne pouvant justifier de l'accomplissement du temps d'apprentissage requis dans un métier donné.

Les salariés de l'artisanat que nous rencontrons dans le milieu du crime sont justement ces « étrangers ». Nous verrons plus loin leur origine géographique, nous n'envisageons ici que leur statut social. Il est possible que ce soient des travailleurs ayant une qualification artisanale, mais ils ne possèdent pas de droits, n'appartenant pas aux organisations corporatives.

Il est significatif que nous rencontrions ici l'exercice de différents métiers [18] qui, bien souvent, n'ont rien de commun. Nous ne serons certes pas surpris qu'une lingère soit en même temps définie comme une prostituée : « Marion de la Court, lingère, fille de joie [19] » ou un tanneur appelé cordonnier [20] ; on peut, en effet, parler ici de métiers proches ou, en tout cas, ne s'excluant pas mutuellement. Mais il est des associations de métiers qui, au premier abord, étonnent. Voici, en effet, que le tanneur-cordonnier a aussi été aide-maçon, portefaix, porteur de messages [21] et qu'un tailleur est en même temps utilisé aux vidanges [22], qu'un boulanger est aussi portefaix [23], qu'un cordonnier est pâtissier et porte la hotte [24], etc. Sans reconnaître de qualification professionnelle aux individus qui se disent « pionniers », « ouvriers de basses œuvres », c'est-à-dire qui travaillent surtout à la vidange des ordures de la ville [25], il faut pourtant les considérer comme des travailleurs de force, prêts à accomplir n'importe quelle besogne [26].

Ce sont ces ouvriers, non ou peu qualifiés, qui jouent un rôle important sur le marché de la main-d'œuvre artisanale du Moyen Age [27]. Cela concerne, au premier chef, les travaux urbains, où la force physique joue le rôle principal. Voilà qui explique que les paveurs parisiens établissent un contrôle sévère afin d'empêcher les « étrangers » de travailler ; les nouveaux venus n'ont pas le droit d'exercer cette profession [28]. Les jardiniers aussi semblent se plaindre de ce que — en dépit des privilèges et des interdits corporatifs — des personnes ne possédant pas la qualification requise, ni les droits des artisans, exercent leur métier [29].

La profession de portefaix paraît revêtir un caractère analogue. Dans l'organisation de la vie commerciale et portuaire de Paris, les déchargeurs constituent une corporation privilégiée [30], aux structures rigides, qui prévoient strictement l'alternance du travail (le run) et un nombre limité de membres autorisés à exercer cette activité [31]. Le métier n'exige pas une qualification élevée, le règlement de la corporation stipule qu'on respectera rigoureusement l'apprentissage obligatoire, le passage des épreuves et l'acquittement des taxes d'entrée. La corporation est néanmoins constamment aux prises avec la concurrence de personnes étrangères [32]. Il arrivait d'ailleurs que les autorités ou les employeurs fissent appel à ce volant concurrentiel comme à un moyen de pression sur la corporation, quand celle-ci émettait des vœux exagérés [33]. Lorsqu'en 1467, les porteurs des halles de Paris réclament le renouvellement des statuts de leur confrérie (à l'église Saint-Eustache, sous les auspices de la Vierge et de Saint Louis), parmi les arguments propres à souligner leur importance, ils signalent que « plusieurs gens vagabons, estrangiers et incongneuz, de leur auctorité, par force et violence, se mettent avec lesdits porteurs et perturbent et emperchent en leurs droiz, coustumes et communes observances [34] ». Assurer à la corporation le monopole de l'exécution des travaux était cependant impossible ; ce qui explique que ce métier de porteur ait été l'un de ceux qui procuraient aux nouveaux venus en ville la possibilité de gagner leur vie. Aux portes, aux halles ou dans les ports de Paris, leur seul bien était leurs mains.

Ces considérations suggèrent que diverses catégories de salariés glissent du milieu de l'artisanat vers celui des irréguliers ou des hors-la-loi. L'on pourrait aussi retourner le raisonnement et dire que les marginaux trouvent une embauche temporaire dans différents artisanats urbains, en particulier là où l'on n'exige que de piètres qualifications ou seulement un savoir-faire banal.

Dans le cas des serviteurs, domestiques, valets de tous ordres, aucune barrière de qualification ne joue plus. Seuls d'ordinaire sont pris en considération, lors de l'entrée en service, la santé, la force physique, parfois aussi l'apparence, les attestations ou les garanties d'honnêteté. D'où la grande importance, lors du choix des servantes, des « recommanderesses » qui prenaient en tutelle les jeunes filles venues de la campagne et les plaçaient dans différentes maisons de Paris, endossant ainsi une certaine responsabilité quant à la probité des personnes proposées. Dans la catégorie qui figure sur notre tableau sous le nom de domestiques, deux servantes seulement sont accusées de vol. La « désocialisation » des femmes de ce milieu conduisait, comme nous l'avons dit ailleurs [35], avant tout, à la prostitution.

Les règles de conduite bourgeoise de la fin du XIVe siècle font une place bien déterminée aux principes à observer lors du choix d'un serviteur : comment vérifier l'honnêteté des candidats à un emploi, comment surveiller le travail et le zèle des domestiques [36]. Le *Régime pour tous les serviteurs* [37] offre un exposé rimé de la morale à l'usage des domestiques [38] :

Se te veulz bon serviteur estre
Craindre dois et aymer ton maistre
Soyes humble, net et traictable
Mangier dois sans seoir à table.

Le domestique doit se garder d'être gourmand, de boire, de se battre et d'avoir de mauvaises fréquentations, il doit éviter les maisons closes, les auberges, les jeux de dés. S'il travaille bien, s'il acquiert un savoir-faire, le bon serviteur deviendra maître à son tour et sera entouré de domestiques [39].

Mais une telle perspective de promotion était, en réalité, peu accessible. Certes le domestique devenait plus honnête parce que l'emploi était à long terme et assurait un moyen d'existence, mais l'on rencontre souvent des laquais aux jeux de dés et à l'auberge, dans les bagarres de rues, ou devant le château royal, où ils attendent leur maître [40]. Ils sont en contact permanent, et de connivence, avec les irréguliers parmi lesquels ils trouvent leur place quand la continuité de leur travail est rompue, quand le nouvel employeur devient importun. Sur le chemin du crime nous croisons ceux d'entre eux que la fortune a obligés à changer souvent de résidence ou d'emploi. Le service dans une maison bourgeoise ou noble, va de pair avec des opérations de brigandage, lorsque l'occasion s'en présente [41]. Le nombre et la variété des occupations à différents moments sont, ici encore, frappants.

Il est d'ailleurs difficile de parler du nombre des emplois tellement les changements d'employeurs et de types de travail sont fréquents et rapides. Il est caractéristique que le greffier définisse souvent les représentants de cette catégorie comme des personnes sans métier ou « sans état ». Jehannin le Voirrier, âgé de vingt-deux ans, surpris alors qu'il coupait une bourse dans la salle du Parlement, avoue « que oncques il ne aprint mestier ne marchandise, mais toujours esté varlet servant et homme vacabond [42] ». Il a travaillé comme garçon dans un monastère, comme serviteur dans un hôtel, comme « varlet et familier » chez un bourgeois de Paris, comme aide chez certain orfèvre où il agitait le soufflet... Oudin de Sery, un homme qui n'est plus de première jeunesse, puisque, vingt ans auparavant, il travaillait déjà comme domestique, tout en interrompant régulièrement cette occupation par des activités de vol, est présenté comme « un homme vacabond et de nul métier [43] ». Le service domestique, tout comme celui des cantiniers aux armées, n'est pas considéré comme un métier, ni une situation sociale stabilisée.

L'homogénéité de la situation socio-économique de l'énorme majorité des criminels que nous donne le registre pénal de Paris de la fin du XIVe siècle est tout à fait frappante (et cela reste vrai si l'on examine tous les accusés qui figurent dans ce document). Huit sur dix de ceux que l'on accuse de vol sont issus du monde socialement instable des salariés et des domestiques. Le tableau ci-après reflète cette situation.

Appartenance sociale des prévenus du Châtelet entre 1389 et 1392 :

I	artisans et commerçants		10,6 %
II	nobles		2,3 %
III	inconnus, autres		4,6 %
		A	40 %
	domestiques	B	30,6 %
		C	11,8 %

Nous avons distingué ici trois catégories parmi les domestiques. Dans la première (A) nous comprenons les salariés dont les aveux attestent la qualification artisanale, dans la seconde (B) ceux qui n'ont que des qualifications de type agricole, la troisième (C) englobe ceux qui n'ont pas de qualification et, par conséquent, avant tout, les gens de maison.

Le milieu des domestiques se distingue par un taux relativement élevé de criminalité. Le fait que la majorité des tire-laine, des brigands ou des coupables de vol — ne serait-ce qu'occasionnel — soient précisément issus de ce milieu ne circonscrit pas de façon définitive l'aire de recrutement des irréguliers ni, *a fortiori*, les structures sociales de la criminalité. Nous avons déjà signalé que la domesticité se présentait comme un corps spécial, très hétérogène et mal défini. L'appartenance à ce milieu est déjà le résultat d'un processus de déclassement, d'un manque de stabilité dans l'organisation sociale, d'un relâchement des liens naturels de la société. On peut dire — non sans une certaine exagération — que, dans la société du Moyen Age, le monde stabilisé est celui des maîtres, de ceux qui en ont un, ou qui bénéficient des libertés et privilèges corporatifs. Les salariés et domestiques se rangent parmi ceux qui ont un maître (dans plusieurs branches artisanales ils bénéficient, encore que de façon limitée, des franchises corporatives) mais les catégories que nous trouvons dans les actes judiciaires se caractérisent par le mouvement, la brièveté du lien de dépendance à l'égard d'un maître, l'instabilité des occupations, des lieux de travail et les fréquents changements d'employeurs. Ce dernier groupe comprend des artisans paupérisés et des paysans ; on y voit des jeunes gens qui attendent et cherchent la bonne fortune avec la possibilité d'atteindre à l'indépendance économique, il en est dont la condition permanente est de louer leurs forces. L'incertitude de leur sort, l'absence de travail et de moyen de subsistance les obligent à voler, tout en gardant en quelque sorte leurs attaches sociales locales : ils trouvent simplement dans l'infraction le moyen de changer leur situation.

2. Le rôle des migrations

L'immigration est, dans l'histoire des sociétés urbaines du Moyen Age, un phénomène constant. Elle se produit surtout pendant la période de formation des centres urbains [44], mais, même plus tard, elle ne cesse de compenser l'insuffisance démographique de la population des villes [45]. Si, toutefois, durant la période initiale, l'afflux est massif et les structures de la ville ouvertes aux immigrants, cette clémence se restreint progressivement jusqu'à ne plus admettre que les riches, les nouveaux arrivants matériellement nantis. La confiance se fonde sur la stabilité, sur l'insertion dans les liens de voisinage et dans la famille ; les voyageurs, les « étrangers » inspirent le soupçon et la méfiance.

Or, dans les micromigrations qui fournissent aux grands centres urbains des arrivants de la campagne, ou plus particulièrement des petites bourgades, nous rencontrons, surtout des individus, plus rarement des familles. Ce fait est très important pour comprendre l'animosité à l'égard des « étrangers ». Si l'homme seul est généralement, au Moyen Age, l'objet du soupçon et de la méfiance [46], c'est justement parce qu'il se met en dehors de cette cellule de base de la société qu'est la famille. Dans la procédure pénale, la question de l'état-civil est constamment prise en considération et le fait, souvent répété dans les lettres de rémission, que le condamné a femme et enfants, ne tend pas tellement à souligner ses charges de famille qu'à attester son honorabilité, son insertion sociale. Pour les arrivants que l'on souhaite, la ville du Moyen Age crée certains mécanismes d'aculturation ou de socialisation, comme cela se produit de nos jours dans les petits centres en cours d'urbanisation [47]. L'arrivant aisé assurait la stabilisation de sa position sociale en achetant un terrain ou une maison en ville, d'autres voyaient s'ouvrir largement devant eux la voie des corporations : ils pouvaient soit apprendre, soit acheter un métier. Le danger, pour la société urbaine, venait de ceux qui ne s'engageaient pas dans ces voies, qui ne voulaient pas s'y engager ou ne le pouvaient pas, car, étant donné l'importance de l'afflux, ces filières se rétrécissaient passablement.

Nous avons déjà, à plusieurs reprises, indiqué les traits de Paris, grande métropole en train d'élaborer ses fonctions de capitale. L'afflux d'arrivants du dehors était à la base du développement parisien, mais, en même temps, la ville était sans cesse traversée par le flot des voyageurs qui se rendaient à la Cour royale, par des clercs qu'attirait la renommée des écoles de Paris, etc. La mobilité géographique de la population était donc plus intense à Paris que dans les autres villes du Moyen Age.

Les données qui permettraient d'établir plus précisément la composition de la population parisienne sous l'angle de l'origine géographique nous manquent. Les matériaux onomastiques contenus dans les registres de la taille de la fin du XIIIe et du début XIVe siècle sont évidemment peu utiles pour résoudre ce problème. Le surnom voisine ici avec le nom de famille et ce n'est qu'incidemment que se forment les sobriquets liés à l'origine géographique, au métier exercé ou à un détail anecdotique de la biographie. Quelques données quantitatives fournies par ces matériaux semblent pourtant permettre une certaine approche de la réalité historique. Les recherches de Karl Michaëlsonn sur l'onomastique parisienne du Moyen Age montrent qu'à la fin du XIIIe siècle 30 à 40 % des noms de famille trahissent une origine géographique étrangère [48]. Nous ne disposons pas de dénombrement plus précis quant à la fréquence de pays ou de localités donnés, mais l'on est frappé par le grand nombre de Bretons [49], d'Anglais et de Normands. Ceux qui viennent de Bretagne, que nous avons rencontrés souvent parmi la clientèle des tribunaux, fournissent non seulement des hommes pour les compagnies armées et les bandes militaires, mais aussi des spécialistes des travaux agricoles, des fortifications, des canalisations [50] ou autres. Les bourgades de la région de Paris fournissent également un fort contingent d'immigrants [51].

Les données onomastiques permettent de penser que l'immigration renforçait constamment les rangs de la bourgeoisie parisienne. Le pôle d'attraction que constitue une grande ville comme Paris attire aussi les éléments misérables et instables qui cherchent de meilleures conditions de vie. Le fait que les salaires soient meilleurs à Paris, qu'il soit plus facile qu'ailleurs d'y trouver du travail, est souvent donné, dans les sources, comme explication de l'arrivée dans la métropole [52]. Un maçon condamné au bannissement hors les murs, pour faux témoignage au tribunal, demande sa rémission au roi et affirme même que « ne sauroit vivre d'autre mestier que de maçonnerie, lequel mestrier vault pou ou néant aillieurs que à Paris [53] ». Les difficultés du temps de guerre portaient aussi à chercher travail et asile à Paris, mais en même temps poussaient hors de la ville. Dans une lettre de rémission que la chancellerie d'Henri VI accorde à certain « laboureur », en 1427, nous lisons que celui-ci est né dans l'un des bourgs de Paris, qu'il s'est ensuite installé avec ses parents à Etampes, s'y est marié, est revenu avec sa femme à Paris, sans pouvoir y trouver de travail [54], qu'ils sont alors partis vers d'autres contrées, vers les terres du dauphin Charles, sont revenus, enfin, à Paris. La difficulté de vivre à Paris pendant les guerres entraînait aussi des départs de la population. Le *Journal d'un bourgeois de Paris* note bien des moments où le manque de travail et de moyens pousse des habitants à quitter la ville et à tenter fortune ailleurs [55].

Nous retrouvons encore le témoignage de cette importante activité migratoire dans les documents judiciaires. Le nouveau venu, l'immigrant, sont les figures qui y apparaissent le plus souvent. Et le registre du Châtelet procure, lui aussi, le reflet de cette situation.

Sur la totalité des cent vingt-sept accusés du registre [56], quatre à peine sont, sans doute possible, parisiens de naissance [57], tous les autres sont d'origine extérieure. Dans le groupe que nous avons défini comme celui des criminels politiques, deux personnes seulement donnent Paris comme lieu de naissance et dans deux autres cas l'on peut induire qu'il s'agit de Parisiens. Voici comment, dans ce groupe de criminels de droit commun, se présentent les distances des lieux d'origine (de naissance) à partir de Paris :

de l'aire de Paris	5,4 %
jusqu'à 75 km	8,1 %

de 75 à 150 km	40,5 %
plus de 150 km	45,9 % [58]

Il ne faut pas penser que ce large rayon d'extension des villes d'origine, chez les accusés du Châtelet, soit quelque chose de propre au seul milieu délinquant. Bücher affirme qu'à Francfort, au Moyen Age, les compagnons inscrits dans le livre de l'une des confréries de cette ville provenaient, pour la plupart, d'un rayon de plus de 150 km [59]. La mobilité est d'ailleurs le fait des larges masses du salariat tant urbain que rural, étant donné les conditions du marché de l'emploi au Moyen Age. Et dans la mesure où c'est dans ce milieu que se recrutaient les délinquants de Paris ou comparaissant devant son tribunal, le tableau de la grande dispersion de leurs villes d'origine, tel que nous le présente le registre criminel, s'explique facilement. Dès lors, la participation de quelques Parisiens d'origine est quand même un fait important, pour comprendre la genèse sociale de la criminalité.

Les milieux de l'artisanat constituent ensuite un élément important de ce groupe instable. Cela est à relier au vaste problème des migrations d'artisans [60] au Moyen Age.

Les échanges de spécialistes rompent l'organisation locale de l'économie médiévale. Cette mobilité concerne, au premier chef, les artistes. Elle est fonction de la réputation, de l'habileté des ateliers, de celle des individus, mais aussi du caractère limité de la demande en œuvre d'art : le marché local était étroit et peu élastique. Ce n'est pas le produit du travail de l'artiste qui voyage au loin, mais l'artiste lui-même. Il en va de même dans la majorité des métiers employant des artisans qualifiés. Pour construire la cathédrale d'Upsala, on engage, en 1287, un tailleur de pierre parisien comme chef des travaux. En partant pour la Suède, l'artisan français emmène avec lui toute une équipe de spécialistes [61]. Dans la construction, ces déplacements ne touchent pas seulement les ouvriers qualifiés, dont le métier est étroitement lié au voyage, mais aussi des personnes d'une qualification toute rudimentaire. Les artisans du textile, les spécialistes des mines ou de la métallurgie voyagent de même, par monts et par vaux.

L'aire étendue des migrations d'artisans dans l'Europe [62] du Moyen Age indique le haut degré de mobilité de ce milieu. Le maçon itinérant, le serrurier, le forgeron ou le charpentier entrent dans la composition de cette popula-

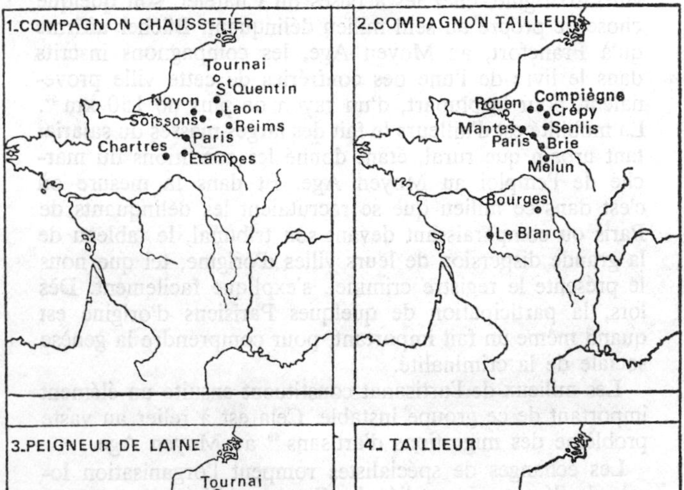

Les migrations d'artisans

tion semi-nomade qui hante les routes médiévales. Une partie d'entre eux se fixe définitivement, s'attache à un grand chantier, ouvre un atelier, fonde une famille ; beaucoup ne se fixent que pour un laps de temps plus ou moins long, pour continuer ensuite leur voyage. A l'époque moderne les nouvelles branches de production (l'imprimerie ou la miroiterie) et les nouvelles formes d'organisation de la production, rendront cette mobilité plus grande encore.

Il est évident que celle-ci touche avant tout les jeunes. Libres d'entraves familiales, ils peuvent se déplacer plus facilement à la recherche de meilleures conditions de travail, ou simplement d'embauche, dans le métier appris. Les migrations s'étendent largement aux artisans possédant une qualification complète et la plénitude de leurs droits car, dans la plupart des métiers, l'équipement technique est tellement rudimentaire qu'il se réduit à quelques outils, faciles à transporter dans un ballot de voyage. Par contre, pour les salariés de l'artisanat médiéval, les migrations sont tout simplement un élément constitutif de leurs conditions de vie.

Ces déplacements n'étaient pas des voyages d'apprentis sur le modèle de ceux que nous connaissons dans les siècles suivants, liés à une organisation corporative au cérémonial ésotérique raffiné, avec réseau de maîtres et itinéraire bien précis. Ces voyages de l'époque moderne, exigence de la corporation, ne sont qu'une partie du processus d'acquisition de la qualification professionnelle [63]. Aux XIVe et XVe siècles, au contraire nous avons affaire à un courant encore non institutionnalisé, spontané, découlant naturellement de la situation du marché de la main-d'œuvre et de la conviction que « courir le monde » ne constitue pas seulement une leçon de vie et de travail, mais aussi une recherche des faveurs de Dame Fortune. Aller de ville en ville est, certes, une façon traditionnelle d'acquérir les connaissances du métier, même si les statuts n'en font pas la condition indispensable pour obtenir le droit d'exercice de ce métier [64]. Mais, de plus en plus souvent, dans les statuts des artisans du XVe siècle, apparaît le cas d'un apprenti « passant son chemin » et désirant trouver un emploi temporaire [65]. Les actes judiciaires mettent bien en évidence l'importance des déplacements : celle-ci ressort particulièrement des vicissitudes que connaissent les salariés [66].

Le registre criminel du Châtelet offre de nombreuses biographies de compagnons originaires de villes et villages du domaine d'oil et qui, avant d'arriver à Paris, ont travaillé dans un grand nombre d'autres endroits. Un compagnon tanneur, qui a appris son métier à Orléans et y a travaillé assez longtemps, passe ensuite à Coulommiers où il se marie, puis se dirige vers Paris. Il affirme, dans ses aveux, qu'il a coutume de parcourir le pays et de servir les tanneurs ou les cordonniers, qu'il est aussi aide-maçon [67]. Un *pionnier* qui est également compagnon tailleur se retrouve successivement à Paris, Troyes, Provins, Tours, et Amiens [68]. Un aide-tanneur qui cite Paris et Amiens comme lieux de travail fixe, trouve aussi à s'employer temporairement dans les environs de Soissons pour les vendanges [69]. Un compagnon *faiseur de chausses,* né à Tournai, donne parmi les villes où il est passé : Laon, Soissons, Noyon, Reims, Paris, Chartres [70]. Un compagon forgeron, né au Mans, atteste qu'après avoir quitté sa ville natale, il est arrivé depuis trois ans à Saint-Denis et Paris où il a exercé son métier. Au fil de ses aveux, il cite cependant encore beaucoup d'autres localités qu'il a traversées ou dans lesquelles il a séjourné : à part Bapaume et Arras, toutes ces villes se trouvent dans les environs de Paris (Saint-Germain-en-Laye, Bourg-la-Reine, Louveciennes, Aubervilliers, Puteaux, Saint-Cloud, Vitry, Montereau, Argenteuil [71]). Un compagnon tailleur, qui a fait son rudiment à Rouen, trois ans avant, s'est « mis en chemin » ; s'est arrêté à Mantes, et, selon sa déposition, a travaillé à Bourges et au Blanc, passant ainsi la Loire ; revenu en Ile-de-France il s'est embauché à Paris, Melun, Brie-Comte-Robert, Compiègne, Senlis, Crépy-en-Valois et un certain temps à Montdidier [72].

Un exemple, enfin, présente un Parisien qui, pendant ses pérégrinations s'est fixé définitivement : un cordonnier de Guérard (près de Coulommiers), arrêté en 1390 pour assassinat, avoue qu'il est né à Paris, y a travaillé comme cordonnier, et s'est mis en route il y a douze ans. Il a travaillé à Soissons, Laon, Noyon, Rouen, Meaux et dans les environs, mais depuis deux ans il s'est marié et établi à Guérard [73]. Nous avons donc là le cas du départ d'un artisan parisien, mais il apparaît qu'il n'est parti qu'après son crime et pour éviter le châtiment.

Ces quelques exemples illustrent la mobilité des artisans, mais n'indiquent pas la moindre formation d'itinéraires permanents pour les compagnons. Le plus souvent, les villes citées s'échelonnent selon l'itinéraire qui mène du lieu de naissance à Paris. La force d'attraction d'une pareille métropole paraît évidente [74]. Abstraction faite de ce trajet vers Paris, le rayon des autres déplacements est faible, il ne dépasse pas 80 à 90 km, limité, du reste, aux villes des environs les plus proches de Paris. En tout cas, ne serait-ce que dans le dernier cas cité, le voyage semble prédominer sur la vie sédentaire. Depuis trois ans qu'il a quitté sa ville natale, tel compagnon normand se retrouve dans des résidences éloignées les unes des autres par des centaines de kilomètres : les points extrêmes de cet itinéraire sont séparés par plus de 450 km [75].

Les documents français du xve siècle présentent déjà le voyage comme une coutume des jeunes artisans, ou simplement une habitude de la jeunesse. Ainsi Guillemin le Clerc qui se dit *chaussetier* et sollicite du roi une lettre de rémission dit que « lui estant en l'aage de XII ans, il se feust parti de la ville de Paris et alé avec autres enfans et compaignons pour veoir pays [76] ». Il a séjourné à Sully-sur-Loire, Orléans, Avignon, Genève et actuellement (douze ans plus tard) vient de passer du domaine du dauphin, c'est-à-dire de Charles VII, à Paris, qui est aux mains des Anglais.

Un autre, tailleur parisien, qui a vingt-huit ans et emploie un compagnon, raconte, en 1464, le détail de sa biographie avant son installation à Paris [77]. Originaire de Bourgogne, il a appris son métier à Corbin, près de Besançon : « il se parti de lad. ville de Corbin pour aller veoir le pays ainsy que font voulentiers jeunes enffens. » Durant huit mois, il a travaillé à Langres, chez un tailleur « pour gaigner une pièce d'argent pour passer pays ». Il a ensuite travaillé à Bar-sur-Aube, avant d'arriver à Paris : « Il s'en vint sans arrester en ville fors et en passant jusques en ceste ville de Paris. » Ayant ainsi parcouru environ quatre cents kilomètres, il s'est fixé comme tailleur, vraisemblablement comme l'un de ces *chambrelans* si nombreux dans la profession [78], peut-être aussi en qualité de maître indépendant (il a, depuis peu, loué une chambre dans la maison d'un marchand de Paris).

Le compagnon itinérant rencontre des délinquants au cours de ses pérégrinations. Il les rencontre sur les routes, les accompagne souvent à pied, les côtoie à l'auberge, à la taverne ou même à l'hôpital, asile des pauvres, où il cherche un abri pour la nuit, avec les mendiants et les vagabonds [79]. Il serait pourtant hâtif de considérer le fait de voyager comme un facteur de déclassement. Il fait au contraire partie, dans l'éthique artisanale de la fin du Moyen Age, d'une certaine « socialisation ».

A l'origine des voyages nous trouvons le besoin de perfectionner la formation technique et celui de découvrir le monde. Ces motifs sont, en fait, complémentaires. On retrouve le même désir d'améliorer un art et de voir du pays dans des domaines aussi éloignés que l'art militaire et le travail intellectuel. Pour les chevaliers, pour les étudiants, pour les clercs, comme pour les compagnons, la découverte du monde, des cours féodales, des tournois ou des écoles et universités renommées, constitue un élément indissociable de l'initiation professionnelle et sociale. Après ces « années de pèlerinage » devait avoir lieu, du moins théoriquement, la stabilisation dans différents moules, correspondant aux conditions sociales et de caractère généralement local. Les voyages de compagnons constituaient donc une préparation originale à la stabilisation.

Mais le mode de vie itinérant des salariés de l'artisanat, même s'il n'avait qu'un caractère temporaire, était considéré avec méfiance par l'opinion, d'où l'épithète de « vagabond » accolé si souvent aux noms de ces personnes dans les actes judiciaires. Il est vrai, comme nous avons pu nous en convaincre, que cette défiance était assez fondée. Les voyages n'englobaient pas du tout l'ensemble des artisans, mais justement ceux qui rencontraient des difficultés dans l'exercice indépendant de leur besogne et ne trouvaient pas leur place dans l'organisation sociale. Le voyage pouvait être le moyen de conquérir cette place, mais aussi conduire en marge de la société et sur la voie du crime.

3. Commerçants et délinquants

Dans l'affaire de Jehan Le Brun et de ses compères [80], était également impliqué un couple de fripiers : Ameline et Jehan de Warlus [81]. Jehan Le Brun et Raoulet de Laon (La Greue) indiquent dans leurs aveux qu'ils leur vendaient le fruit de leurs larcins et y étaient encouragés [82] : « iceux mariez leur disoyent : Alez hardiement et me appoetez tout ce que vous gaignerez, et tantoust tout sera ars, et n'en sera jà plus parlé. » C'est à la suite de cet aveu et des réclamations d'un des acquéreurs d'effets volés que les Warlus furent emprisonnés et comparurent devant le tribunal.

Ce couple provient des provinces du nord : Jehan de

Warlus est né à Cambrai et Ameline dans les environs de Valenciennes. Ils se sont mariés à Saint-Quentin quatre ans avant le procès [83] et, depuis, se livrent ensemble au petit commerce, rachetant des vêtements usagés. Ce négoce est surtout l'affaire de la femme qui reste à la maison, non de l'homme : « lequel va par la ville gaigner et ouvrer pour avoir et soustenir leurs vies [84] » (nous ignorons s'il s'occupait également du commerce ou avait un travail manuel). Elle rachète aussi les objets volés par des complices ; elle ne reconnaît toutefois qu'après deux séances de tortures que ces objets provenaient de vols et qu'elle incitait à ces forfaits. Les transactions s'accomplissaient en secret et grâce à des signes convenus : quand un voleur avait quelque chose à vendre il passait devant la marchande et portait le doigt à son nez, elle le suivait alors, et achetait les objets volés dans quelque endroit écarté [85]. Tous deux sont condamnés au pilori aux Halles de Paris et au bannissement définitif de la ville et de ses environs. En cas de contravention à l'édit de bannissement, ils risquaient la mort (lui serait pendu et elle, enterrée vivante, lui comme voleur, et elle comme complice).

Ce couple de fripiers illustre les liens qui existaient entre le monde du crime et celui du commerce.

Les fripiers parisiens ont, dès la moitié du XIIIe siècle, leur organisation corporative et le *Livre des métiers* contient leur statut [86]. En achetant chez le *chamberier* du roi les droits d'exercice de ce commerce, un serment était de rigueur. Il interdisait d'acheter à des voleurs et à des lépreux, de conclure des marchés dans les tavernes ou les lupanars avec des inconnus, d'acquérir des objets liturgiques ainsi que toute chose portant des traces de sang [87]. Le non-respect de ces clauses entraînait la privation des droits et la nécessité de les solliciter à nouveau. La formulation même de ce statut indique une possibilité de fait d'acquérir des effets volés, puisque le risque encouru n'est que pécuniaire et ne consiste qu'à payer une nouvelle « patente ».

Les fripiers se divisent en quelques catégories [88]. Le groupe supérieur est constitué par ceux qui tiennent boutique à demeure [89], et se différencient des fripiers forains. Déjà, dans le premier statut du temps d'Etienne Boileau (moitié du XIIIe siècle), on trouve trace de conflits entre ces groupes. Il est précisé que les vendeurs qui vont de maison en maison et parcourent les rues en criant « la cote de la chape » bénéficient, il est vrai, de quelques prérogatives. Mais ce sont personnes suspectes qui exercent leur métier à la tombée de la nuit et en toute occasion (et non pas seulement aux jours fixes de marché), qui achètent leur marchandise dans les auberges et maisons de tolérance [90]. Ils avaient même créé un marché spécial, où, le soir, se réunissaient des éléments louches et où s'échangeaient des objets de provenance douteuse [91] ; les autorités avaient liquidé ce marché [92].

Le négoce des fripes se concentre dans la zone commerçante de la rive droite, le long du mur du cimetière des Saints-Innocents (depuis l'hôpital Sainte-Catherine jusqu'au portail de l'église des Saints-Enfants et, au-delà, jusqu'au puits de la rue de la Charronnerie). Les tentatives des autorités de la ville pour stabiliser ce petit commerce ou, comme l'avait essayé Hugues Aubriot [93], pour le transférer aux Halles [94], s'étaient révélées peu efficaces et les forains colportant leur marchandise sur des tablettes sont un élément permanent des rues de Paris, surtout du quartier du marché. Le cimetière des Saints-Innocents et ses environs immédiats sont l'emplacement traditionnel de la friperie [95]. Philippe Auguste, déjà, avait permis, en 1189, pour la friperie et la draperie, l'exposition des marchandises le long du mur du cimetière, malgré l'ouverture de la halle des Champeaux [96]. Diverses « povres et pitoiables personnes [97] » exercent ici leur commerce, tandis que le cimetière est parcouru par des « banquiers » ambulants, les *billonneurs,* qui portent eux aussi leur banque au cou et qui se retrouvent dans la rue au Feurre, toute proche [98]. La tradition a fixé les endroits du mur du cimetière où se vendent la ferraille [99], les habits, la toile, les chaussures. Le cimetière est constamment hanté par les vendeurs ambulants, on y marchande jusque sur les tombes. C'est en vain qu'un official de Paris dénonce, en 1402, le fait que le cimetière devienne le repaire d'éléments criminels et essaie d'obtenir leur expulsion de l'enceinte [100].

Les différences de situation matérielle entre les commerçants disposant de leur propre boutique et les forains-colporteurs, entraînent divers conflits. Les premiers sont aisés, ils peuvent prétendre à la possession d'un étal aux Halles et les seconds ne sont pas en mesure de résister à leur concurrence. En 1381, les colporteurs adressent une supplique au roi afin qu'il leur soit permis d'exercer leur activité à la place traditionnelle, près du cimetière des

Saints-Innocents. Un accord conclu entre les deux parties, fin 1381, et confirmé un an plus tard par un acte de la chancellerie royale [101], délimite les prérogatives de chacun. Les colporteurs indiquent dans leur supplique que l'exposition de leur marchandise dans les rues assure un contrôle public et permet de déceler les objets provenant de vols ; les environs du cimetière et quelques places marquées dans les rues doivent donc être leur terrain d'action ; quant aux « grans fripiers », ils commerceront aux Halles. Mais les colporteurs désirent, eux aussi, avoir le droit d'exercer les jours de marché, en étalant leur marchandise par terre, auprès de leurs confrères boutiquiers. Hugues Aubriot avait originellement permis à seize d'entre eux de tenir commerce aux Halles les vendredis et samedis, mais les boutiquiers finissent par obtenir l'interdiction de cette pratique en invoquant l'exiguïté des locaux. Les forains portent l'affaire devant le tribunal royal, en 1388, mais y perdent définitivement leur cause : ils pourront vendre leurs marchandises aux Halles à la condition de les porter sur le dos ou sur des tablettes suspendues au cou [102].

Pendant le procès, les boutiquiers traitent leurs confrères ambulants avec mépris « car iceux colporteus estoient gens vagabonds non ayans fermes demeures, ne denrées que gens d'honneur deussent acheter, mais alloyent le lieu en autre chacun jour ». Ils indiquent aussi qu'ils sont au moins deux cents à Paris, alors qu'à peine trente-cinq participent au procès [103].

Ce monde du petit commerce constitue une possibilité naturelle d'écoulement pour les voleurs. A qui vendre un objet volé mieux qu'à un marchand ambulant qui, aujourd'hui ici, demain là, porte tout son bien sur le dos ? Le voleur, s'il n'a pas prévu de s'enfuir avec son butin, doit avoir l'assurance de pouvoir l'écouler. Aussi les organisateurs de vols — à l'instar du *Verlagsystem* dans l'artisanat — sont-ils souvent des acquéreurs de biens volés. Les fileuses de soie volent ainsi sur la commande et à l'instigation d'une organisatrice [104]. Dans l'un des vols dont nous avons déjà parlé, un jeune orfèvre est d'abord acquéreur d'argent volé, puis organisateur des vols suivants [105]. D'autres commerçants peuvent participer à l'écoulement des objets volés [106] et souvent divers artisans (ou leurs épouses) en tirent également profit [107]. L'interdiction, sans cesse répétée, d'acheter des objets volés est, bien évidemment, parfaitement inefficace [108]. Les aveux des voleurs surpris confirment tous la revente du butin auprès d'un quelconque fripier [109]. Toutefois, non seulement les colporteurs se portent acquéreurs, mais aussi les boutiquiers. On trouve également des Juifs parmi ceux qui achètent des objets dérobés [110] et ce, jusqu'en 1394, date de leur expulsion ; car les Juifs pratiquent le commerce de la friperie en liaison avec l'usure. Ils prêtent à gages et en cas d'insolvabilité du débiteur vendent le gage. Les fonctionnaires du duc de Bourbon, à qui il appartient, en tant que *chamberier de France* de vendre la patente de fripier, tentent même d'obliger les Juifs à acheter ce droit [111].

Les marchands ambulants partagent la vie des vagabonds et sont bien souvent traités comme tels [112]. Une décision des autorités municipales de 1403 [113] définit une de leurs catégories en ces termes : « aucuns compaignons vacabons, appellez foucandeurs, lesquels sont trompeurs et cabuseurs ». Ces « foucandeurs » vendent diverses épices, menus objets de toilette, couteaux, et portent préjudice au commerce des « merciers » tant ceux qui ont boutique sur rue que ceux qui colportent leur marchandise sur des tablettes. Les « foucandeurs » ne vendent qu'en cachette, dissimulent leurs marchandises sous leurs habits ou dans leur manche et ces produits, si l'on en croit le document cité, sont d'origine suspecte ou frelatés. Il est caractéristique que dans l'ancien jargon des voleurs, le mot « foucanderie » désigne une chose volée [114]. On peut rappeler que les « foucandeurs » pratiquent leur commerce de manière illégale et que, privés des privilèges des commerçants de détail, ils sont obligés de se cacher avec leur marchandise : ils n'hésitent donc pas à revendre des objets volés.

L'écoulement du butin est également pratiqué par les voleurs eux-mêmes ou encore par d'anciens voleurs. En 1460, certaine dame, du nom de Perrette Mauger, est condamnée à mort. Elle comparaît devant le tribunal du prévôt pour vol et assistance à voleurs. Elle s'occupait précisément de la revente d'objets volés par d'autres et partageait ensuite avec ceux-ci l'argent gagné [115]. On peut admettre que ce rôle de complice des voleurs était souvent joué par des femmes.

Les connexions entre le monde du petit commerce et celui du crime sont diverses. Elles ne se limitent pas seulement à l'écoulement des objets dérobés auquel prennent part différentes catégories de commerçants. Un « prolétariat du commerce » bien particulier, composé de forains, colporteurs, fripiers, partage la façon de vivre des plus basses couches de la société urbaine. De même que dans l'artisanat, nous retrouvons ici la mobilité géographique en tant qu'indice de marginalité. Bien entendu les voyages, les pérégrinations, constituent un aspect normal de la profession du commerçant. Mais ce « prolétariat du commerce », souvent privé de résidence fixe, ne vend et n'achète que passagèrement, à côté d'autres activités. Il vit au jour le jour, juste au bord de la misère, même si, peut-être, il rêve encore d'amélioration matérielle.

Les marchands ambulants se rencontrent toujours en voyage, sur les routes, dans les tavernes. De même que les salariés, ils sont en contact permanent avec des délinquants notoires et professionnels, que ce soit dans la poussière des chemins ou la foule des quartiers commerçants. Plus d'une fois ils deviennent eux-mêmes criminels. Les bandes, les associations criminelles, ne manquent pas de colporteurs [116]. Leur présence dans les groupes qui se livrent au vol et aux rapines est le résultat d'un côtoiement constant, il assure aussi un écoulement rapide du butin [117]. Villon aussi se qualifie de « povre mercerot [118] » durant ses voyages. Tandis qu'il essaie différents métiers, le poète banni de Paris, le sac sur le dos ou la tablette au cou tente lui aussi de gagner sa vie.

1. Examen de la discussion sur la « crise du féodalisme » et bibliographie du problème : F. Graus, *Das Spätmittelalter als Krisenzeit. Ein Literaturbericht als Zwischenbilanz,* « Mediaevalia Bohemica », Supplementum 1, 1969.

2. L. Chevalier, *Classes laborieuses et classes dangereuses à Paris dans la première moitié du XIXe siècle,* Paris, 1958 ; cf. les remarques critiques de F. Braudel dans : *Annales E.S.C.,* 1960, n° 3, pp. 493 et suiv.

3. *Registre criminel du Châtelet de Paris,* éd. M. Duplès-Agier, Paris, 1861-1864.

4. Si l'on ne compte pas les cas où le métier de l'accusé ne nous est pas connu, la rubrique « autres » comprend 2 écuyers, 2 prostituées et 1 ménestrel.

5. *Registre criminel du Châtelet,* t. II, p. 31.

6. Sur celui-ci, cf. *supra,* chap. IV.

7. *Registre criminel du Châtelet,* t. II, p. 43.

8. L. Douët d'Arcq, *Choix de pièces inédites relatives au règne de Charles VI,* Paris, 1863-1864, t. II, N. XXXIV, pp. 76 et suiv. (1417), et *supra,* chap. IV.

9. *Registre criminel du Châtelet,* t. I, pp. 1 et suiv. (1389).

10. *Ibidem*, t. I, pp. 244 et suiv. (1390).

11. L. Tanon, *Histoire des justices des anciennes églises et communautés monastiques de Paris,* Paris, 1883, *passim.*

12. *Registre criminel du Châtelet,* t. II, p. 404.

13. *Ibidem*, t. I, pp. 125 et suiv. (Girart Fourre).

14. *Ibidem*, t. II, pp. 27 et suiv. (Perrin Aloyet).

15. Mais des artisans déclarés se rencontrent dans les groupes criminels. Bibliothèque de la Chambre des Députés, coll. Le Nain, Tournelle criminelle sub. 4 août 1473 : « Jean Cousin dict Aurillet... est mal renommé suivant ribleurs et autres mauvais garçons ; ... luy enjoint ladicte Cour de faire son mestier de boulanger et vivre d'iceluy. »

16. J'ai traité la question des apprentis dans mon livre : *Najemna sila robocza w rzemiosle Paryza XIII-XIV s Studium o sredniowiecznym rynku sily roboczej,* Warszawa, 1962 (trad. française, Paris, 1968, ainsi que dans l'article : *I salari e il salariato nelle città del basso Medio Evo,* « Rivista Storica Italiana », t. LXXVIII, fac. II, 1966, pp. 368 et suiv. où l'on trouvera aussi la bibliographie du sujet.

17. Cf. Geremek, *Najemna sila robocza...*, pp. 164 et suiv.

18. Cf. sur la pratique de plusieurs métiers à la fois, G. Fagniez, *Etudes sur l'industrie et la classe industrielle à Paris aux XIII*^e^ *et XIV*^e^ *siècles,* Paris, 1877, pp. 116 et suiv. ; E. Martin Saint Léon, *Histoire des corporations des métiers,* Paris, 1909[2] p. 115 ; K. Michaëlsson, *Etudes sur les noms de personnes français d'après les rôles de la taille parisiens,* « Uppsal Universitets Arskrift », 1927, n° 1, pp. 126, 148 et suiv.

19. *Registre criminel du Châtelet,* t. II, p. 422.

20. *Ibidem*, t. I, p. 50 (Jehannin de Soulz le Mur dit Rousseau).

21. *Ibidem.*

22. *Ibidem,* p. 87 (Jehannin de Saint-Omer dit Cousin).

23. *Ibidem,* p. 367 (Jehannin Machin) après avoir perdu, il est vrai, une partie du bras lors d'une campagne militaire, d'où son surnom : « au court bras ».

24. *Ibidem,* p. 398 (Jehannin Menel).

25. Sur le mépris qui entoure ce métier, v. Archives nationales, Z^2 3258, fol. 196 (1467) où il est désigné ironiquement comme : « varlet au maistre fy fy ».

26. Voici un exemple : Guillemin le Varlet, emprisonné pour vol, est originaire de Normandie et a quitté son pays trois semaines plus tôt « pour venir en France ». « A Paris, trouva en la place de Greuve, Gilot Boudin après ce qui luy eut demandé s'il voulait servir il se loua du jour jusques à la Saint Jehan prouchainement venant et de ladite Saint Jehan jusques a ung an le pris de neuf ecuz d'or. » N'ayant, à ce qu'il dit, reçu aucun salaire, il a volé son maître, est rentré à Paris où « il alloit besongner a journez avecques des compaignons pionniers ». Archives nationales, Z^2 3258, fol. 201.

27. Cf. Geremek, *Najemna sila robocza...*, pp. 92 et suiv.

28. N. Delamare, *Traité de la Police* (contin. Lecler-Dubrillet), t. IV, Paris, 1738, p. 181 (1393).

29. *Les métiers et les corporations de la ville de Paris,* éd. R. de Lespinasse, t. I, Paris, 1886, p. 704 (1474).

30. G. Huisman, *La juridiction de la municipalité parisienne de*

Saint-Louis à Charles VII, Paris, 1912 (Bibliothèque d'Histoire de Paris), *passim* ; J. Lavaud, *Le port de Grève et le commerce de la Seine jusqu'à la fin du XVe siècle*, « Positions des Thèses de l'Ecole des chartes », 1920, pp. 45 et suiv.

31. Cf. surtout les statuts de 1416 r. *Ordonnances royaux sur le faict et juridiction de la prevosté des marchants...*, Paris, 1595, pp. 35 et suiv., 60 et suiv., 69 et suiv., 80 et suiv.

32. Huisman, *op. cit.*, p. 221 (appendice n° 30) — emprisonnement de trois « varlez deschargeurs » pour exercice illégal du métier de porteur (1400).

33. Exemple du début du XVIe siècle : Archives nationales, Y6 [4], *Livre rouge neuf du Châtelet*, fol. 61 ; cf. aussi G. Aclocque, *Les corporations, l'industrie et le commerce de Chartres du XIe siècle à la Révolution*, Paris, 1917, p. 199.

34. *Les métiers et les corporations... de Paris*, t. I, p. 254.

35. Cf. *supra*, chap VII.

36. *Le Ménagier de Paris. Traité de morale et d'économie domestique*, éd. J. Pichon, Paris, 1846 (Société des Bibliophiles François), p. 57.

37. Bibliothèque nationale, Ms. Fr. 1181, fol. 7-10 V.

38. *Ibidem*, fol. 7 V.

39. *Ibidem*, fol. 10 V.

40. Bibliothèque de la Chambre des Députés, coll. Le Nain, Tournelle Criminelle, sub. 14 mars 1462 (1463) : « Ce jour la Cour a ordonné et ordonne deffenses estre faictes aux pages et serviteurs... qu'ils ne s'entrebattent de cousteaux, dagues ne autres bastons et ne jouent es dez et ne tiennent dessoubz la porte du Palais », *ibidem*, sub. 20 juin 1474, 20 février 1474, 5 mars 1475, 14 juillet 1484. Sur la vie tapageuse des domestiques, v. A. Longnon, *Paris pendant la domination anglaise, 1420-1436*, Paris, 1878, N. CLXVI, pp. 343 et suiv. (1432).

41. Dans le *Régime pour tous serviteurs* évoqué ci-dessus, il est rappelé aux domestiques que s'il leur arrive d'accompagner une expédition militaire, ils doivent s'abstenir de rapine, pillage, violence et que, même si l'envie leur en vient, ils ont à se rappeler la justice de Dieu et l'heure de la mort. Bibliothèque nationale, Ms. Fr. 1181, fol. 9 V).

42. *Registre criminel du Châtelet*, t. I, p. 185.

43. *Ibidem*, p. 279.

44. K. Bücher, *Die Entstehung der Volkswirtschaft*, dernière édition, Tübingen, 1922. Dans l'un des chapitres, l'auteur examine le problème des migrations intérieures et prouve, entre autres, que sauf dans la première phase de l'histoire des villes, la peur devant ces migrations domine dans les sociétés urbaines.

45. F. Braudel, *Civilisation matérielle et capitalisme (XVe-XVIIe siècles)*, t. I, Paris, 1967 (Destins du Monde), p. 375.

46. J. le Goff, *La civilisation de l'occident médiéval*, Paris, 1964, pp. 347 et suiv.

47. F. Braudel, *L'histoire opérationnelle*, « Historyka », t. II, 1969 (en polonais).

48. Michaëlsson, *op. cit.*, 1re partie, p. 51.

49. *Ibidem*, p. 46.

50. De même à Toulouse, Ph. Wolff, *Commerces et marchands de Toulouse (vers 1350-vers 1450)*, Paris, 1954, p. 82. A Toulouse

comme à Paris, existent des rues portant le nom de Bretons et regroupant les originaires de cette région. En 1399 Charles VI confirme le statut de la confrérie bretonne qui s'occupe à Paris de la confection de bourses. — Archives nationales, JJ 154, N. 167, fol. 99 V : « humble supplication de plusieurs bonnes gens faiseurs de bourses nez de la nation du pais de Bretaigne et d'ailleurs demourant en nostre ville de Paris ».

51. Michaëlsson, *op. cit.*, p. 48.

52. *Registre criminel du Châtelet,* t. I, p. 51 : « et est venus à Paris pour gaigner, pour ce que l'en y gaigne plus que l'en ne fait audit lieu de Coulomyers » ; *ibidem*, p. 93 : « s'en estoit venus à Paris pour gaigner et ouvrer de pionnerie, pour ce que l'en ouvroit point au pays dudit lieu de Jargueau » ; *ibidem*, p. 239 : « il s'estoit parti dudit pays pour venir gaigner et ouvrer à Paris ou environ, où il eust peu trover à gaigner ».

53. Archives nationales, JJ 171, N. 305 (1421) r.

54. Longnon, *Paris pendant la domination anglaise,* N. CXIX, p. 247.

55. *Journal d'un bourgeois de Paris,* éd. A. Tuetey, pp. 254, 264, 341 et Archives nationales, Z[1a] 12, fol. 20.

56. Dans 11 cas l'indication d'origine fait défaut.

57. *Registre criminel du Châtelet,* t. I, pp. 173 et suiv., t. II, pp. 411 et suiv.

58. Le registre offre 74 cas permettant d'établir ce tableau. Pour localiser les endroits cités, nous avons utilisé le *Dictionnaire géographique, historique et politique des Gaules et de la France,* par l'Abbé Expilly, Paris-Amsterdam, 1762-1770 ; pour simplifier nous notons les distances d'après le tracé des routes de l'époque.

59. K. Bücher, *Bevölkerung von Frankfurt a.M. im 14. und 15. Jahrhundert,* Jena, 1885, s. 655 ; Pour les mêmes rayons d'éloignement ces groupes représentent respectivement 21,1 %, 19,8 %, 56,7 %.

60. Je présente plus largement l'un des aspects de ces migrations dans un article : *Migracje czeladnikow w poznym sredniowieczu,* Studia Historiae Oeconomicae, t. IV, 1970 ; où je donne la bibliographie du sujet.

61. V. Mortet, P. Deschamps, *Recueil de textes relatifs à l'histoire de l'architecture et à la condition des architectes en France au Moyen Age,* t. II, Paris, 1929, pp. 305 et suiv. et L. Delisle dans *Bull. de la Société de l'Histoire de Paris,* 1878, p. 172.

62. R. Sprandel, *Die Ausbreitung des deutschen Handwerks im mittelalterlichen Frankreich,* « Vierteljahrschrift für Sozial-und Wirtschaftsgeschichte », B. 51, 1964, pp. 84 et suiv.

63. V. en particulier : E. Martin Saint-Léon, *Le compagnonnage,* Paris, 1901 ; H. Hauser, *Les compagnonnages d'arts et métiers à Dijon aux XVIIe et XVIIIe siècles,* Dijon-Paris, 1907 (Revue bourguignonne publiée par l'Université de Dijon, t. XVII, N. 4) ; E. Coornaert, *Les compagnonnages en France du Moyen Age à nos jours,* Paris, 1966.

64. Dans le nouveau statut des cordonniers de Troyes de 1420 cet usage de voyager « pour apprendre, congnoistre, veoir et savoir les uns des autres » est mentionné, *Ordonnances des rois de France,* t. XI, p. 61.

65. *Les métiers et les corporations de Paris*, t. II, p. 682 (1467) p. 620 (1502).

66. D'intéressants documents de ce type ont été présentés pour Dijon par P. Labal, *Notes sur les compagnons migrateurs et les sociétés de compagnons à Dijon à la fin du XVe siècle et au début du XVIe siècle*, « Annales de Bourgogne », t. XX, 1950, pp. 186 et suiv.

67. *Registre criminel du Châtelet*, t. I, pp. 50 et suiv.

68. *Ibidem*, pp. 88 et suiv.

69. *Ibidem*, pp. 150 et suiv.

70. *Ibidem*, p. 165.

71. *Ibidem*, p. 36.

72. *Ibidem*, p. 132.

73. *Ibidem*, pp. 268 et suiv .(Perrin Michiel dit Pontigniau.)

74. Prenons au hasard l'une des notations les plus fréquentes : un garçon bourrelier né à Douai, travaille d'abord à Tournai, émigre à Paris, puis fait venir sa fiancée, qui est bonnetière, de Tournai à Paris. Archives nationales, Z^{2}, 3259, sous le 23 juin 1469.

75. Jehannin de la Montaigne (*Registre criminel du Châtelet*, t. II, pp. 100 et suiv.) avoue un itinéraire encore plus long. Il a travaillé dans différentes provinces : en Berry, en Bourgogne, en Champagne, à Liège, en Gâtinais, en Brie et jusqu'en Allemagne (c'est ainsi qu'il qualifie son séjour à Longwy). Il est maçon et probablement maître maçon car il utilise un aide. Il a commencé son apprentissage treize ans avant.

76. Longnon, *Paris pendant la domination anglaise*, N. LXXXIII, p. 153 (1425 r.).

77. Archives nationales, Z^{2}, 3258, fol. 91.

78. Geremek, *Najemna sila robocza...*, p. 84.

79. J. Imbert, *Les hôpitaux en droit canonique*, Paris, 1947, p. 119, note qu'à côté des « pauvres passans », des apprentis effectuant leur « tour de France » y étaient également admis.

80. V. *supra*, chap. IV.

81. *Registre criminel du Châtelet*, t. I, pp. 157 et suiv. (1389).

82. *Ibidem*, s. 158.

83. Le caractère de leur union n'est d'ailleurs pas clair. Ils déclarent dans leurs aveux « qu'ilz se acointerent li uns de l'autre... fiancerent l'un l'autre, et depuis tousjours ont continuelment esté ensemble » (*ibidem*, p. 159), plus tard Ameline qualifie son compagnon d' « amy et mary » (p. 161).

84. *Ibidem*, p. 160.

85. *Ibidem*, pp. 158 et 163.

86. *Le livre des métiers*, éd. R. de Lespinasse et Fr. Bonnardot, Paris, 1879, titre LXXVI.

87. *Ibidem*, art. 4.

88. *Etudes sur l'industrie...*, pp. 248 et suiv. Cf. sur les diverses catégories de boutiquiers. H. Sieveking, *Die mittelalterliche Stadt*, « Vierteljahrschrift für Sozial-und Wirtschaftsgeschichte », II, 1904, pp. 201 et suiv. ; H. Eckert, *Die Krämer in süddeutschen Städten bis zum Ausgang des Mittelalters*, Berlin, 1910, pp. 7 et suiv. ; E. Koehler, *Einzelhandel im Mittelalter, Beiträge zur betriebs-und sozialwirtschaftlichen Struktur der mittelalterlichen Krämerei*,

Stuttgart, 1938 (Beih. zur VSWG) p. 179 ; R. Marquant, *La vie économique de Lille sous Philippe le Bon,* Paris, 1940, p. 195 ; J. Schneider, *La ville de Metz aux XIII*e *et XIV*e *siècles,* Nancy, 1950, p. 25.

89. Archives nationales, X2a 17, fol. 261 (1417 r.) : « Il est bon marchant frepier et riches homs... » dans cette discussion entre deux fripiers, l'un semble aussi pratiquer le prêt à gages, l'autre est en même temps tailleur. Sur la pratique simultanée du commerce des fripes et du métier de tailleur, Bibliothèque de la préfecture de police, 33, *Livre noir vieil du Châtelet,* fol. 103 (1427), où il est interdit de refaire des habits à partir de vieilles étoffes.

90. *Le livre des métiers,* titre LXXVI, art. 21.

91. *Ibidem,* art. 31.

92. *Ordonnances des rois de France,* t. VI, p. 676 (1382), Fagniez, *op. cit.,* p. 249 : donne la place aux chats (ou aux chaps) au croisement des rues des Déchargeurs, de la Lingerie, de la Charronerie et de la Ferronerie comme le lieu d'élection des fripiers ambulants. L. Biollay, *Les anciennes halles de Paris,* « Mémoire de la Société de l'Histoire de Paris », t. III, p. 323.

93. Bibliothèque nationale, Ms. Fr. 21557, fol. 55 et Bibliothèque de la préfecture de police, 43, coll. Lamoignon, t. II, fol. 460, ordonnance du 26 septembre 1371 ; cf. aussi *Ordonnances des rois de France,* t. VI, s. 676 (1382).

94. De telles tentatives furent souvent renouvelées, entre autres en 1430, mais le Parlement ne les appuyait pas. Archives nationales, X1a 1481, fol. 32 ; « Ce jour sur la clameur ou plainte que ont faict a la court pluseurs pouvres femmes vendans denrées de freperies en la ville de Paris de ce que les gens du roy au Chastellet les empesches ou veullent empescher qu'elles ne vendent ou achetent chascun lundi devant Sainct Martin des Champs, devant Saint Denis de la Chartre et parmy la ville de Paris chauscun jour et les veullent contraindre a aler es hales de Paris. »

95. A. Jourdan, *Les Quartiers des Halles à Paris,* « Positions des thèses de l'Ecole des chartes », Paris, 1933.

96. *Les métiers et les corporations... de Paris,* t. IV, p. 65 (cité dans un document de 1304).

97. *Ibidem,* p. 64 (1304).

98. Bibliothèque de la préfecture de police, coll. Lamoignon, III, fol. 23 et suiv. (1386). L'interdiction de pratiquer ce métier de façon itinérante semble avoir été peu efficace. Une mesure prise par les autorités municipales interdit aux marchands de détail ambulants de changer de l'argent aussi bien aux approches des Saints Innocents que dans les rues de la ville. Cela s'applique aussi aux objets en argent et en métal précieux. Bibliothèque de la préfecture de police, 33, Livre vert ancien du Châtelet, fol. 117 V. Le document n'est pas daté, peut-être est-ce l'ordonnance du 3 mai 1368 dont parle Ch. Desmaze, *Le Châtelet de Paris*, Paris, 1860).

99. Archives de l'Assistance publique, Hôtel-Dieu, Liasse 280 (inventaire 1397) « ubi vendietur vetera feramenta ».

100. Archives nationales, Y2, *Livre rouge vieil du Châtelet,* fol. 217 : « Gravi querimonia nonnulli asserentes se librarios nec non quam plures mercerii, ferrones et alii diversarum rerum mercatores in cimiterio ejusd. parochialis ecclesie supra lamina

seu timbas deffunctorum libros, merces, ferraturas, et aliarum diversarum rerum species cotidie vendicioni exponere ac vendere et mercari non formidant qui etiam a nonnullis iniquitatis filiis furibus videlicet et latronibus in villa Paris discurrentibus res furtivas emere consueverunt. »

101. *Ordonnances des rois de France,* t. VI, pp. 676 et suiv.

102. Archives nationales, Y 2, *Livre rouge vieil du Châtelet,* Delamare, *Traité de police,* t. IV, p. 681.

103. Les colporteurs affirment qu'ils sont les porte-parole d'environ soixante « pouvres personnes, loyaux ouvriers et marchands » qui se livrent à cette activité. Notons qu'en comparant les noms énumérés dans l'ordonnance de 1382 et dans celle de 1389, nous n'en trouvons qu'un seul qui figure dans les deux listes. Les conflits entre boutiquiers et colporteurs sont incessants aux XVe et et XVIe siècles, voir *Les métiers et les corporations... de Paris,* t. III, p. 428 (1441 r.), Archives nationales Y 5, *Livre jaune petit du Châtelet,* fol. 137 ; Y 6[4], *Livre rouge neuf du Châtelet,* fol. 146 V (1525), Bibliothèque nationale, Ms. Fr. 8014 (coll. Dupré), fol. 593 (1525).

104. *Registre criminel de la justice de Saint-Martin-des-Champs,* éd. L. Tanon, Paris, 1877, pp. 178 et suiv. (1340).

105. Archives nationales, JJ 170, N. VII (1417), Douët d'Arcq, *Choix de pieces inédites...,* t. II, N. CV.

106. Archives nationales X[2a], fol. 219 et suiv. (1443), deux lingères ayant une boutique au Palais achètent du linge volé.

107. Archives nationales, X[2a] 10, fol. 37 (1377). La complice de vols qui rachète les butins est la femme d'un papetier qui habite près du cimetière des Innocents.

108. A côté de celles que nous avons citées, on a encore : Bibliothèque de la préfecture de police, 33, *Livre blanc du Châtelet,* fol. 43 (1371), Archives nationales, Y 2. *Livre rouge vieil du Châtelet,* fol. 133 (1396).

109. *Registre criminel du Châtelet,* t. I, pp. 18, 41, 48, 70, 92, 105, 120, 121, 132, 138, 222, 325 ; t. II, pp. 12, 345, 372, 500.

110. *Ibidem,* t. I, p. 377 ; t. II, p. 173.

111. Archives nationales, X[1a] 1471, fol. 179 V et suiv. (1379). Devant le Parlement ils arguaient qu'ils n'en voulaient pas à ceux qui vendaient une marchandise exposée, mais à ceux « qui achètent pour revandre et plus communement que ne font les crestians ».

112. Parmi les « vagabonds » embarqués de force sur les galères de Jacques Cœur on trouve aussi des commerçants, cf. Bibliothèque nationale, Ms. Fr. 16541, p. 441. Aveux d'un fripier de 1452.

113. Archives nationales, Y 2. *Livre rouge vieil du Châtelet,* fol. 202 V ; B. Geremek, *La lutte contre le vagabondage à Paris aux XIVe et XVe siècles.* « Mélanges Barbagallo », Napoli, 1970, appendice, n. VIII.

114. L. Sainéan, *Les sources de l'argot ancien,* Paris, 1912, t. I, p. 13 et t. II, p. 35.

115. *Chronique scandaleuse,* éd. B. de Mandroit, Paris, 1894, t. I, p. 4.

116. P. Boissonade, « Essai sur l'organisation du travail en Poitou », Paris, 1899-1900 (*Bulletin de la Société des Antiquaires de l'Ouest,* t. XXI-XXII), t. I, pp. 290 et suiv.

117. Archives nationales, JJ 143, N. 297 (1392). Cas d'un « freppier à Paris » membre d'une bande de vagabonds et de tricheurs.

118. *Le Testament*, XVIV, 417 (*Œuvres*, p. 25).

CHAPITRE IX

LES LIMITES DU MONDE MARGINAL

1. L'OPINION GÉNÉRALE : DES INUTILES AU MONDE

L'arsenal des malédictions et des injures que l'on pouvait entendre sur la scène française du XVe siècle n'était pas mince. La langue populaire prenait ici sa revanche sur la langue conventionnelle. Parmi ces injures, la première place revient à celles qui désignent diverses catégories de marginaux. On rencontre le plus couramment : « paillard », « coquin » (ou quoquin), « ruffian », « bélistre » (ou bellistre), « larron », « truand », « ribauld », « maquereau ». Envers les femmes on use de « ribaulde », « truande », « paillarde », « putain ». On a aussi la désignation générique de « coquinaille » [1].

Ces insultes reposent sur l'archétype de la laideur physique ou morale, sur le préjugé du repoussant ou du méprisable. Le voleur, le vagabond, le mendiant, la prostituée ou le souteneur sont autant d'objets de ce mépris. Dans l'opinion commune tous ces gens se ressemblent et s'assemblent, leurs activités sont donc liées entre elles. Quand Rutebeuf s'exclame [2] : « Ribaut, or estes vous a point » il a en tête une collectivité, celle de ces misérables qui hantent la place de Grève ou les installations portuaires de la Seine, guettant l'occasion d'un gain ou l'obole d'un passant. Mais la même dénomination de « ribaut » désigne également le débauché, le malfaiteur, le vagabond, le porteur ou le sergent [3]. L'étymologie du mot « coquin » nous reporte à « cogue-coquille » [4] et l'on sait que celle-ci était le signe que portaient les pèlerins, vrais ou faux, dont nous avons vu qu'ils fournissaient un bon contingent de malfaiteurs. Peut-être aussi l'origine du mot est-elle « coq », qui fournit beaucoup de péjoratifs [5]. Quoi qu'il en soit, tout le bas Moyen Age utilise le mot à l'égard des mendiants, des vagabonds, des oisifs et, qu'il soit lié aux errants, pèlerins ou aux simulateurs, à l'exagération, à la fourberie que l'opinion attribue aux faux mendiants, une chose est sûre : le terme englobe un large milieu qu'il définit péjorativement.

Une sotie de la fin du XVe siècle nous présente justement trois héros qui sont des « coquins ». Leurs noms sont évocateurs : Maulevault, Pou d'Acquest et Pain Perdu [6]. Leur terrain d'opération, ou leur lieu de séjour, sont surtout la place de Grève, les alentours du cimetière des Saints-Innocents et le Petit-Pont [7]. Ils se sont trouvés par hasard [8] et, après un bref échange de paroles, sont arrivés à la conclusion qu'ils étaient « gentilz compaignons et habilles » (v. 35). En s'enquérant des nouvelles de Paris, ils glissent vite dans une sorte de concours d'inventions et de mensonges, font assaut d'anecdotes les plus invraisemblables et les plus fantastiques, renchérissent de vantardises incroyables sur leurs prétendus exploits chevaleresques. Ils décident enfin d'aller chercher du vin au château et, à sa porte, se demandent même s'il ne vaudrait pas mieux le piller. Mais ils comprennent vite que les sergents pourraient les appréhender et les enfermer au Châtelet. La dispute qui s'élève entre eux leur permet de se décrire réciproquement : leur corps est couvert d'ulcères, leurs vêtements sont crasseux et malodorants, grouillants de vermine... Tels sont, selon les écoliers parisiens (car c'est de ce milieu que, selon Gustave Cohen, proviennent les auteurs de farces [9]), les misérables des bas-fonds de la ville : portés sur la bouteille, vantards, menteurs, ne faisant pas fi du vol, malgré leur crainte d'être punis, sales et en haillons, affreux à voir.

Mais leur sort, selon les exigences du genre, doit éveiller le rire et la moquerie. Nous avons dit, en décrivant la condition sociale des mendiants, en évoquant les changements d'attitude à leur égard, que, dans la littérature de la fin du Moyen Age, la misère n'appelait plus la pitié, mais le rire et le mépris. Cela ne reflète pas seulement une mode littéraire, mais des attitudes vécues. Pendant l'été 1425, au château d'Armagnac se déroule un spectacle particulièrement édifiant [10]. Quatre aveugles armés de bâtons sont en lice dans la cour contre... un porc. Sa viande sera la récompense de celui qui réussira à le tuer. La veille de ce tournoi, l'équipe d'aveugles, précédée d'un musicien et d'une banderole où est peint un cochon, se promène à travers Paris. Le tournoi est évidemment très amusant pour les spectateurs puisque les combattants s'assènent mutuellement des coups...

Les miséreux sont également des clients assidus des tribunaux. Voici deux « maraux » dans les fers, qui sont les héros d'une farce où la Justice les tient captifs [11]. Ils se présentent eux-mêmes en oisifs et chantent en introduction :

Nous somme maraux, meschans, malostrus,
Tant las de bien faire que n'en pouvons plus [12]...

Leurs noms aussi sont révélateurs. L'un s'appelle Coquillon, ce qui rappelle à nouveau l'emblème des pèlerins et des bandits, le second se nomme Soudouvrer, ce qui peut se comprendre par fatigué, saoul d'ouvrer. Dans leur vantardise, il y a de tout : la certitude d'être de bons chanteurs, des souvenirs de faits d'armes sur les champs de bataille, des récits sur leurs dons extraordinaires et le savoir-faire qui aurait dû leur permettre, depuis longtemps, d'être riches. Mais voici qu'ils sont tombés aux mains de dame Justice, qu'ils ont les fers aux pieds et doivent travailler aux fortifications [13]. Ce sont les sergents qui les ont capturés au cours d'une rafle [14] « entre le Pont-au-Foin et Grève », dans ces installations portuaires où les pauvres hères de Paris trouvent refuge. La Justice ne les quitte pas des yeux et, comme ils disent :

marche si près des tallons
que tout partout où nous allons,
Elle nous suyt [15].

Les vagabonds, les mendiants, les criminels du théâtre médiéval sont justement ces « ribaulx, paillars, truandes et coquins » contre lesquels Eustache Deschamps déversait sa haine venimeuse à l'aube du XVe siècle [16]. Il leur souhaitait, on l'a vu, une mort affreuse, d'être déchirés par des chiens enragés, livrés au bourreau, pendus au gibet, exposés au pilori, coiffés du bonnet des faussaires car ils ne font que simuler toutes leurs maladies et invoquer un saint différent pour chacune d'elles [17]. Il appelle sur eux la haine et la répulsion de tous, ce qui n'est pas débordement émotionnel ou abus de langage du rimeur ou du juriste, mais expression d'un sentiment profond dans le public. La haine et l'opprobre pèsent lourdement sur les vagabonds et les mendiants.

Il est caractéristique que la législation contre le vagabondage, dont nous nous sommes occupés ailleurs [18] traite globalement de catégories de marginaux très différentes. Le répertoire de ces catégories est pourtant riche.

L'ordonnance de 1351 parlait, en termes généraux, de tous les oisifs, hommes et femmes, qui, au lieu de travailler, traînaient partout, mendiaient, passaient leur temps dans les maisons closes et les tavernes [19]. L'ordonnance de 1354 traite de façon aussi confuse l'objet qu'elle vise, c'est-à-dire les gens qui refusent de travailler [20]. Deux mois après, en janvier 1355, le roi, en nommant un commissaire spécial pour lutter contre les vagabonds, fonde cette décision sur le grand nombre de criminels qui sévissent dans le royaume [21]. Ce document cite les proscrits [22], les faux-monnayeurs, les spéculateurs qui trafiquent sur la monnaie [23] et tous les malfaiteurs, assassins, voleurs, voleuses, brigands, tueurs à gages, tricheurs [24]... Cet assortiment de crimes et de qualificatifs peut s'allonger ou subir quelques petites modifications dans les actes royaux ou municipaux ultérieurs, mais, dans l'ensemble, il se répète d'un texte à l'autre. On notera la simultanéité permanente du traitement, d'une part, des « oyseux » c'est-à-dire des vagabonds, et de l'autre des malfaiteurs et meurtriers. Dans la pratique quotidienne les uns et les autres sont associés, l'opinion ne les différencie pas : « plusieurs personnes de petit estat, gens oyseux et autres de petit et mauvais gouvernement soient coutumiers d'aller rever de nuit parmy la ville de Paris et de commettre plusieurs deliz et malefices [25]. »

Parmi ces « oyseux » se trouvent des mendiants ou plutôt de faux-mendiants, qui ne peuvent attester d'une incapacité de travail et que l'on réprouve à l'égal des autres criminels [26]. Sont également considérés et poursuivis comme vagabonds, les hommes armés qui ne peuvent prouver leur appartenance à un corps régulier [27]. Non seulement le cas des vagabonds et des mendiants est réglé conjointement, dans un seul et même acte, mais aussi celui des prostituées [28]. Ce traitement commun, dans la législation du bas Moyen Age, de tous les « pipeurs », ruffians et coquins [29], semble exprimer la formation dans l'opinion d'une conscience homogène, tandis qu'on y établit un lien entre les différentes catégories vivant en marge de la société.

Nous avons déjà observé que ces catégories sont également réunies dans le mépris et la peur de la société « normale ». Cette attitude se retrouve dans les attendus des sentences conservées dans le registre du Châtelet, ainsi que dans les motifs d'envoi à la torture.

On envoie un accusé à la torture pour connaître exactement ses fautes [30], pour éclaircir les contradictions contenues dans sa déposition. Mais son « état » même pousse à le torturer [31]. Sa mauvaise réputation, les renseignements qu'on possède sur lui, les présomptions qui pèsent sur sa personne, la pratique du vagabondage [32], autant de raisons de lui extirper la vérité en le torturant. Raoulin du Pré est envoyé à la question parce qu'il est « houllier » et mal jugé, ce à quoi s'ajoute l'argument que l'un de ses frères, peut-être deux, ont été condamnés à mort [33]. Cela suffit pour être rangé dans la catégorie des suspects : la torture a alors pour but de faire apparaître tous les forfaits accomplis, et pas seulement celui pour lequel l'accusé comparaît.

Même réflexe dans les sentences de mort. L'appartenance à un milieu suspect, celui des vagabonds, par exemple, y est considérée comme une charge irréfutable. Marguerite de Bruges est accusée d'avoir envoyé des sbires assassiner un homme qu'elle détestait. Elle est condamnée comme meurtrière, ayant avoué après trois séances de tortures. Mais son verdict tire argument du fait qu'elle a toujours joui d'une triste réputation et qu'elle a séjourné un certain temps dans une maison close de Glatigny [34]. L'argument de « l'état et de la personne » des accusés est constamment repris dans les sentences de mort [35]. Dans l'une d'elles, Colin Lenfant, un vagabond qui est aide-maçon, mais que l'on a convaincu de vol, est condamné comme « inutile au monde [36] ». Cette entorse à la monotonie des textes juridiques est révélatrice dans son laconisme poignant.

2. Le mode de vie : les facteurs d'agglutination

L'insécurité des conditions de vie, la tendance au nomadisme, ne caractérisent pas seulement le milieu des salariés [37]. Ce sont, en fait, les suites inévitables de la méfiance dont sont l'objet tous les marginaux, le signe de leur situation « asociale ». Les déplacements fréquents rendent plus difficiles les poursuites éventuelles, ils facilitent donc la délinquance. Nous avons eu souvent l'occasion de suivre des voleurs dans leurs rapides sauts d'un endroit à l'autre. Il s'agit la plupart du temps d'individus qui opèrent dans de petites localités ou dans les faubourgs de Paris. Ils craignent la police locale, car le souci de la sécurité et le respect de la propriété sont beaucoup plus prononcés ici que dans un grand ensemble comme Paris. Les mendiants, eux aussi, voyagent. Bien entendu la majorité d'entre eux ne quittent pas la ville et même se fixent en un point donné ; les appels au voyage n'en sont pas moins forts. Toutes les occasions d'aumône y poussent : pardons, fêtes, foires, et puis, le principe même de ne recevoir les pauvres à l'hôpital et à l'asile que pour une durée d'une à trois nuits encourage les départs [38]. C'est en bougeant qu'on est sûr d'être assisté. Le monde de la prostitution est lui aussi, pour une bonne part, saisi par le mouvement. Là encore, l'attrait des emplacements change et le groupe stable des pensionnaires de « mauvais lieux » ne constitue qu'une faible partie des professionnelles. Les autres, imitant la Tamar de la Bible, prennent la route, font le pied de grue aux portes de Paris, arpentent les marchés, se mêlent aux fêtes estudiantines et rien ne les gêne dans leurs déplacements. Les clercs cheminent également, et c'est encore pour eux la marque d'une déchéance passagère ou permanente. Les déambulations constantes des jongleurs et artistes, enfin, leur valent la défiance, sinon le mépris.

Les actes judiciaires définissent régulièrement l'état des prévenus par l'expression « demeurant partout ». Cette absence de résidence fixe s'accompagne de celle de revenu constant. Que l'on jette un regard au registre des arrestations opérées par les sergents du Chapitre de Notre-Dame dans le territoire de leur juridiction, on constate que des dizaines d'hommes et de femmes relèvent de ce « demeurant partout[39] ». Ce sont eux que l'on voit impliqués dans les bagarres de rue, les affaires de résistance à l'autorité, les attroupements et les disputes. Les métiers qu'ils déclarent sont divers, mais presque toujours ce sont des garçons artisans, des domestiques, des prostituées, des « varlets », « gaingnedeniers », « filles de vie ».

L'instabilité du logement reflète, avant tout, l'instabilité familiale. Or ce lien est, dans la société médiévale, comme dans toute communauté traditionnelle, le chaînon le plus solide. Il exerce des fonctions de contrôle quant à la conformité de la conduite de ses membres avec les normes en usage dans un cercle social donné. Les marginaux, qui sont composés d'éléments toujours mouvants, d'immigrants, d' « étrangers » doivent justement leur instabilité au fait de n'être pas insérés dans une famille. L'aide ou le compagnon, liés par un contrat, voire même l'écolier logé au collège universitaire, trouvent un succédané du lien familial dans la tutelle du maître ou du précepteur, mais quand cela manque, ils restent brusquement, après avoir quitté le toit paternel, en dehors du champ d'action des modèles de conduite et échappent à tout contrôle. La marginalité engendre, certes, des liens familiaux non formalisés : l'union d'une prostituée et de son amant « par amour », d'un mendiant et d'une mendiante, d'un aveugle et de celle qui le guide. Mais le lien d'un « paillard » avec sa « paillarde » ne recueille aucune sanction sociale, même s'il est tout à fait légalisé : le viol de la femme d'un mendiant n'est-il pas traité de la même façon que si elle était sa concubine ou même une prostituée[40] ? Les unions légales sont d'ailleurs bien rares dans ce milieu[41]. Disons donc que l'absence de liens familiaux est un élément fondamental de la désintégration sociale dont sont victimes plusieurs catégories marginales. Quant aux unions « libres », elles concourent bien plutôt à renforcer la marginalité, car rares sont les endroits où l'on tolère des concubins, les tenanciers d'hôtels sont eux-mêmes réticents[42]. Cela contraignait par conséquent les couples illégaux à se trouver des hâvres bien spécifiques qui ne pouvaient être que des hôtels borgnes.

Pas de domicile fixe, pas d'intégration familiale, des migrations sans arrêt, soit, mais le seul fait de rester en dehors des liens de stabilisation locale éveille les soupçons. Tout passant inconnu est susceptible de commettre un forfait et d'échapper à la loi. Voilà qui explique que vagabondage et marginalité soient quasiment placés, par la société médiévale, sous un signe d'égalité. La vie nomade est l'un des facteurs qui, sur le plan quotidien rapproche le mieux les catégories dont nous nous occupons [43]. C'est dans le voyage que communiquent des groupes et des états différents. L'étape, le relai routier, le grand chemin [44] procurent une compagnie où il fait bon se côtoyer pendant les longues pérégrinations pédestres des pauvres [45]. Le compagnon en quête de travail croise sur son chemin le jongleur, le mendiant, la fille de joie et le tire-laine.

Pour ces gens sans feu ni lieu, l'auberge offre une maison. Non pas un logement [46], mais un endroit où l'on passe le temps, un cercle de famille particulier. Une micro-société qui peut être faite d'ivrognes, ou qui peut regrouper ceux qui fuient leur propre maison, mais qui est surtout pour les sans-logis, l'occasion de retrouvailles en fin de journée. Nous sommes là au nœud de leur vie. C'est là que s'écoule le résultat de leurs quêtes ou le butin de leurs rapines, là que se rejoignent compagnons et malfaiteurs, clercs et prostituées, là que se nouent les relations criminelles [47], et se trament les projets d'action commune. Le nombre des tavernes parisiennes est énorme. Les registres universitaires donnent le nom d'au moins soixante d'entre elles, sur la rive gauche [48] et ceux de la ville en donnent près de deux cents [49]. Guillebert de Metz, qui est enclin à l'exagération, évalue même le total à quatre mille [50]. Il va sans dire que la plupart étaient des endroits tout à fait respectables, qui remplissaient simplement leur fonction d'accueil. Quelques-unes étaient attachées à des métiers précis, des confréries ou des écoliers de différentes nations ou collèges [51]. Mais certaines acquéraient une mauvaise réputation, devenaient le lieu de rendez-vous de marginaux ou, en tout cas, d'individus pauvres. Le glissement sur cette pente était fonction de la situation topographique, parfois d'une certaine tradition. Il n'est pas fortuit que les mêmes noms d'auberges se répètent avec insistance dans les vers de Villon et dans les dépositions judiciaires [52].

Les échevins tentent d'introduire un strict contrôle des tavernes. Ils interdisent donc formellement d'y accepter toute personne de mauvaise conduite, ni « houlier ne houlière [53] », ni « gens diffamez [54] ». Tous ces édits sont de peu d'effet et toutes les gargotes restent le siège et le lieu d'élection de la gueuserie. On se plaint d'elles comme d'un creuset diabolique et cela devient un leitmotiv littéraire [55]. Voyons cette description, tirée de la parodie satirique intitulée *Le roman de Renart le contrefait* où la taverne apparaît dans toute sa truculence :

Car c'est hostel de gloutonnerie,
Plain de trestoute, ribaudie
Recept de larrons et houlliers,
De bougres, de faulx monnoiers.
Quant tous malvais voeullent trichier
Es tavernes se vont muchier ;
...
Ce est l'hostel a ces putains,
A gens qui ont malvaisez mains ;
Ce est l'hostel aux traijteurs
Et à trestous ces malfaiteurs ;
Puis se vont bouter en taverne
Et la le deable les gouverne [56].

Le vagabond de l'une des farces du XVe siècle se voit menant une vie insouciante et riche, il s'imagine à l'auberge, jouant jour et nuit aux cartes, aux quilles, aux dés [57]. Le jeu est, en effet, inséparable de la vie des cabarets [58] et ce n'est pas pour rien que l'interdiction, visant l'accueil de « gens diffamez », s'en prenait d'abord aux joueurs.

La rigueur de toutes les interdictions, de toutes les mesures contre les dés et autres jeux de hasard [59] qui émanent tant de l'Eglise que des pouvoirs publics, ne faiblit pas pendant tout le Moyen Age [60], elle n'en exprime pas moins l'impuissance devant l'ampleur du phénomène, devant l'importance des jeux dans la vie [61]. Ces jeux[62] ne sont-ils pas, dans l'existence des couches populaires médiévales, surtout dans les villes, la forme essentielle du repos[63] ? Jouer signifie être gai, s'amuser. « Qui n'a joué à la paulme ou aux dez » n'est pas digne d'entrer dans un groupe [64].

Les ordonnances visant ces jeux [65] se référaient à des considérations de morale publique et aux commandements de l'Eglise, mais bientôt apparaissent les motifs sociaux : jouer, c'est se détourner du travail et s'engager sur la voie de la délinquance. L'ordonnance prévôtale de 1397 constate le fait : des artisans et gens du peuple s'adonnent aux jeux de taverne, au lieu de besogner, et beaucoup, après avoir dépensé le contenu de leur bourse, ou bu tout leur avoir, se mettent à voler, tuer, commettent tous les crimes. Le document s'appuie sur les aveux de délinquants qui ont reconnu que le jeu les avait conduits sur la mauvaise voie [66].

Les dépositions faites au Châtelet quelques années plus tôt, font du jeu de dés un élément réellement constitutif de la vie des criminels. Voici deux vagabonds accusés d'en vivre. Perrin du Quesnoy [67] qui est, selon l'accusation, un voleur, un meurtrier et un souteneur, n'utilise que des dés pipés et triche dans d'autres jeux. Cela lui a valu déjà d'être emprisonné [68]. Jehan Binet, voleur notoire, est également considéré comme un « hazardeur », ce qui lui a coûté un séjour au Châtelet, quelques années auparavant [69]. Il faut reconnaître que si les inculpations pour jeux de dés sont fréquentes dans les registres judiciaires, la faute est néanmoins considérée comme vénielle et punie seulement d'une amende. Le livre des arrestations du Chapitre de Notre-Dame contient beaucoup de ces affaires, car les sergents mettaient ici plus d'application dans la poursuite de ce délit que ceux des autres juridictions. Mais faut-il s'en étonner, si l'on sait qu'ils surprennent des joueurs jusque dans l'église, dans ses tours et dans ses environs immédiats ? Les coupables s'attroupent quelquefois jusqu'à quinze [70]. Ils affectionnent particulièrement le petit jardin de Saint-Jacques d'où un sergent spécialement appointé les chasse [71] avant qu'on y construise une barrière spéciale qui les empêchera d'y entrer [72].

On incarcère au Châtelet, en 1399, un artisan de trente ans, foulon et tondeur de draps, qui se livre aux jeux de hasard depuis sept ans. Le document énumère toutes les piperies qui lui sont coutumières. On trouve sur lui quatre dés dont deux pipés et prêts à servir. Il a gagné, en une seule partie, vingt-deux blancs doubles, vingt aunes de drap, une épée courte et un stylet, ce qui indique la diversité sociale de ses adversaires de jeu. La constance de ses participations à de tels jeux, sa volonté délibérée de tricher, permettent de penser que l'artisan en question, qui allègue la « mauvaise compagnie, la jeunesse et tentation de l'ennemy » se comporte, en fait, en joueur « professionnel » et non en amateur [73].

Les joueurs de dés qui apparaissent dans nos actes judiciaires, ceux, donc, qui ont eu un conflit avec la justice, sont principalement des salariés de toutes sortes, des domestiques, des artisans, des vagabonds « demeurant partout ». Bien que les représentants des classes supérieures n'hésitassent pas à jouer, ils étaient rarement poursuivis pour cette raison [74]. Pour les premiers, au contraire, s'adonner au jeu n'est pas seulement une infraction en soi, mais une présomption d'appartenance au monde de la délinquance [75].

Quant à Jehan Binet, le vagabond joueur dont nous avons parlé, on peut dire qu'il appartient à un groupe qui ne vit que du jeu [76]. Ces professionnels sont accusés par la rumeur publique d'utiliser des instruments truqués et d'abuser leur monde. Pour que le jeu devienne lucratif, il faut gagner sans cesse et cela exige des tromperies : voleur, tricheur et joueur deviennent ainsi synonymes [77].

Le Parlement examine, en 1400, la cause d'un prisonnier de Beaune qui fait appel contre le maire de cette ville [78]. Estienne Rivier, c'est son nom [79], « est hazardeur, joueur de faux dez, pipeur et larron et fut trouvé pieca saisi à Paris d'une sainture d'argent [80] ». Il a déjà connu la prison à Paris, mais a faussé compagnie aux sergents pour aller se cacher à Beaune. Il mène une vie fastueuse, est richement vêtu [81], joue sans arrêt aux dés « et scet trop bien quand le de doit venir pour lui [82] ». Quelques années auparavant, il a beaucoup hanté les voleurs, surtout Jehan de Saint-Cloud, qui fut jugé et pendu à Paris [83]. Ils arrêtaient les pèlerins sur leur route, afin de jouer avec eux aux dés et, au moyen d'artifices, de les plumer complètement [84]. On trouve, en outre, chez lui un livre d'incantations magiques [85]. Il nie avoir participé à des bagarres et des vols, mais reconnaît qu'il se livre au jeu. Il prétend qu'il prépare des gâteaux, qu'il est marchand d'oublies et que ce métier prédispose au jeu de dés [86] — mais de dés pipés, à Dieu ne plaise, jamais il n'utilise. Quant au fameux livre de sorcellerie, la chose est simple : il ne sait pas lire.

Un prétendu marchand d'oublies qui possède un cheval, s'habille d'écarlate, de damas et de soie, qui a chez lui un livre de sortilèges, voilà qui donne l'image que l'opinion courante se fait des vagabonds, voleurs et tricheurs qui tirent profit du jeu. Un tel professionnel ne se donne pour artisan qu'afin de mieux cacher ses feintes et gagner la confiance de partenaires crédules [87]. Utiliser des dés pipés n'est d'ailleurs pas le fait des seuls tricheurs invétérés [88], cet artifice n'est que l'une des cordes à l'arc des voleurs, c'est un savoir-faire typique de tout délinquant.

L'un des dénonciateurs des coquillarts, Dimenche Le Loup, alias Bar-sur-Aube, qui sauve sa peau en révélant certains de leurs secrets, avoue, quant à lui, qu'il était, dans ce groupe, spécialiste des jeux [89]. Le Procureur de Dijon note également, dans son procès-verbal des activités de la bande, que parmi les crimes qui leur sont reprochés, figure l'emploi de dés falsifiés et la connaissance de divers tours applicables à d'autres jeux, grâce auxquels ils peuvent abuser n'importe qui [90]. De tels succès attirent l'attention d'un barbier qui décide d'entrer en relation avec un coquillart et de s'initier à leurs secrets, après quoi il rapporte tous ces renseignements aux forces de l'ordre dijonnaises. Il apprend, entre autres, que les jeux font l'objet, dans la langue secrète de la troupe, d'un vocabulaire spécial. Ainsi, celui qui amène les joueurs naïfs est-il un « beffleur [91] », celui qui dépouille les pauvres victimes un « desbochilleur [92] ». Chaque dé porte un nom spécial : « Madame », « la vallée », « le gourt », « le muiche », « le bouton », « le riche [93] ». Tout tricheur est qualifié de « pipeur [94] », mais c'est là une désignation qu'emploient aussi les tribunaux [95]. Nous retiendrons en tout cas l'emploi de cette langue pour initiés, très typique des groupes parfaitement homogènes, qui soude entre eux leurs membres dans leurs entreprises de tromperie [96].

La littérature du bas Moyen Age fait de ces personnages un type fréquent. On remarquera que le jeu et les tours de « spécialistes » sont au premier rang des activités du monde des bandits que présente Cervantès dans ses *Novelas ejemplares* [97]. Tromper au jeu, savoir toujours gagner, est le propre des habitués des « Cours des miracles », une part de leur vie, et une de leurs sources de revenu.

Non pas seulement gagner sa vie, mais aussi dépenser le produit de ce qu'on a volé [98], passer son temps [99], et les études sociologiques actuelles sur les délinquants et les souteneurs indiquent qu'ils consacrent aux jeux une énorme part de leur temps. Les jeux constituent ainsi une manière de vivre pour ces groupes marginaux peu intégrés aux structures de la vie sociale et familiale, car un temps libre plus long que pour le commun des mortels caractérise leur existence.

Lorsque nous commentions la participation des clercs et étudiants au monde délinquant, nous avons noté qu'ils étaient jeunes. A vrai dire, il semble que ce trait soit inhérent à la majorité des marginaux. Les documents judiciaires ne donnent rien de très précis sur l'âge des criminels et la dénomination habituelle de « jeune homme » ne permet pas de se faire une idée juste des âges [100]. En se référant aux biographies des condamnés on peut cependant conjecturer qu'ils étaient jeunes dans la majorité des cas. Le registre criminel du Châtelet ne donne *expressis verbis* qu'une quinzaine d'âges de condamnés : presque tous sont compris entre vingt-deux et vingt-huit ans [101]. Les lettres de rémission royales, quand elles donnent l'âge de leur destinataire, s'adressent, elles aussi, dans l'écrasante majorité des cas, à des gens jeunes [102]. Certes les adultes et personnes âgées ne manquent pas, les mendiants et les entremetteuses sont même, pour la plupart, d'un grand âge [103], mais la jeunesse semble caractériser le monde marginal.

Il nous faut donc retenir ce caractère comme l'un des éléments qui déterminent ici la manière de vivre, tant pour son attitude naturelle de révolte, de résistance, que pour son inadaptation aux structures sociales existantes. L'adaptation aux conditions existantes, voire l'aculturation, se produit surtout dans le creuset familial, ce qui fait qu'on observe si souvent des cas de désocialisation de jeunes qui ont quitté la maison natale pour aller étudier ou apprendre un métier. Le seuil de la stabilisation est le mariage, la création d'une famille, mais avant cela demeure une vacuité qui laisse jouer la destinée. En attendant la propriété rêvée, la situation sociale, le mariage avantageux ou la prébende lucrative, il faut que jeunesse se passe [104].

Le droit de se distraire est un privilège de la jeunesse. Toutes les villes et villages de France au Moyen Age voient éclore des groupements de jeunes gens qui désirent s'amuser [105]. Ce sont de jeunes célibataires [106] qui se rencontrent les dimanches et fêtes pour passer le temps ensemble. Ces groupes sont d'ailleurs non formalisés, constitués temporairement et parfois éphémères. Dans les villes l'occasion de tels groupements juvéniles était fournie par les fêtes auxquelles la tradition locale accordait le plus d'importance et d'éclat. On connaît la fameuse « *festa stultorum* » de la nuit des Saints-Innocents où le débridement de la fête se déchaînait, donnant à ces jeunes, l'espace d'une nuit, tout pouvoir sur la ville [107]. Mais de même que ces fêtes et manifestations carnavalesques, les rencontres et les distractions plus prosaïques des jeunes garçons-artisans [108] ou des étudiants, conduisaient à la violence, à des infractions et à des troubles. La délinquance, dans ces conditions, n'est qu'une démonstration de têtes brûlées.

On sait, toutefois, que le comportement de la jeunesse, son agressivité, découlent de la situation sociale générale, des possibilités d'absorption plus ou moins réduites des structures existantes, tant aux champs qu'à la ville.

Georges Duby pense que la jeunesse qui s'adonne à la violence constitue, dans la société noble, un élément d'agression et de désordre. Il définit cette jeunesse aristocratique comme un groupe en perpétuelle effervescence, coupé, par de nombreux facteurs, du monde stabilisé, de celui des pères, des chefs de famille, et le range dans une sorte de marge mouvante [109]. Le phénomène semble analogue pour les jeunes des autres classes. Le comportement de la jeunesse est donc encore l'un de ces éléments qui nous permettent de cerner l'image générique des marginaux. Les adultes et les gens mariés eux-mêmes (car le célibat est le principal trait distinctif des jeunes) parlent des tentations de la jeunesse.

3. La foule dans les mouvements sociaux

Les bas-fonds de la ville médiévale n'émergent souvent au niveau de l'Histoire que lorsqu'ils se manifestent activement sur la scène politique, quand ils jouent un rôle quelconque dans l'histoire de la ville, ou sont les artisans d'événements perpétués par les chroniques. Ainsi le soulèvement des « *ciompi* » a-t-il entraîné des études sur le « préprolétariat » florentin. Il existe aussi une relation inverse, celle qui, par exemple, voit, comme moteur caché des mouvements sociaux européens des XIVe et XVe siècles, les basses classes, et qui traite les soulèvements urbains comme des mouvements de la plèbe, comme le heurt des « pauvres » contre les « riches ».

Beaumanoir parlait pourtant déjà, en évoquant ces conflits entre pauvres et riches, des divisions parmi les riches eux-mêmes, de leur lutte pour le pouvoir et les privilèges [110]. Des études plus récentes indiquent, avec toujours plus de force, le rôle énorme joué, dans les soulèvements et l'agitation urbaine, par les tentatives de conquête du pouvoir et le caractère même des structures municipales. Le ressort de ces mouvements était dans les groupes de la bourgeoisie dont la position économique ne trouvait pas de prolongement dans la promotion politique, ni dans les privilèges, ou même dont les intérêts étaient menacés de façon ou d'autre [111]. C'est seulement quand la protestation ou le programme bourgeois résonnent dans la rue, quand ils deviennent une force matérielle, qu'apparaissent les réactions collectives où le désir de justice du peuple se libère. Les motifs de rancœur sont multiples, mais, dans certaines situations, la haine populaire se tourne contre un bouc émissaire : le mauvais administrateur, l'étranger ou le releveur d'impôts. C'est donc en dehors des raisons directes ou des programmes que ces conflits prennent un caractère populaire.

Il serait fallacieux de chercher l'origine de la cohésion des marginaux dans leur participation aux mouvements sociaux. Tout programme de réformes structurelles leur était étranger et indifférent, les affaires de la Communauté urbaine ne les concernaient pas, la pression fiscale ou l'injusitce de certains pouvoirs ou de certains responsables ne pouvaient les toucher qu'indirectement. Une dénonciation anarchique de l'autorité et du monde organisé pouvait, certes, trouver un écho favorable dans ce milieu porté par des courants hérétiques radicaux à la pratique mystique et aux modifications ou encore au débridement, aux distractions effrénées, à la vie dans l'instant présent. Mais une rébellion liée à une réforme monétaire, une mauvaise conduite financière ou de nouvelles impositions, ne pouvait éclater en liaison directe avec un objectif, sans entraîner l'agitation et le tumulte.

L'histoire socio-politique de Paris aux XIVe-XV siècles abonde en événements dramatiques. Les soulèvements populaires laissent leur marque sur presque chaque génération. A l'aube du XIVe siècle, en 1306, la protestation des marchands et artisans contre le « renforcement » de l'argent se transforme bientôt en insurrection [112]. L'étendue et la durée du mouvement sont faibles. Au milieu du siècle celui d'Etienne Marcel [113] fait appel aux non-nobles pour lutter contre la noblesse qui veut miner la ville et la campagne [114]. Il avance, en fait, un vaste programme de réformes de structures visant à renforcer l'influence des bourgeois sur la monarchie. Le déroulement des opérations entraîne les masses et les sanglants désordres de février 1358, bien que servant les buts politiques d'Etienne Marcel, sont bien un mouvement populaire. Paris est secoué, un quart de siècle plus tard, au début du règne de Charles VI, par la sédition des « maillotins [115] ». Celle-là, qui n'en est qu'une parmi toutes celles qui ébranlent les villes françaises de l'époque, est, par un remarquable concours de circonstances, presque concomitante du soulèvement des « *ciompi* » de Florence, de la rébellion anglaise de 1381 et de la révolte des villes flamandes [116]. Sa raison directe est un accroissement des impôts, alors que Charles V avait, quelques heures avant sa mort, promulgué une ordonnance abolissant les fouages. Une fois encore, les buts et les intentions politiques de différents groupes de pression de la capitale, les intérêts de différentes fractions de la bourgeoisie, vont à la rencontre des réactions de masse, spontanées ou habilement inspirées. La sanglante et totale répression qui s'ensuit, l'abolition des privilèges municipaux, la suppression des chaînes marquant les limites des rues (ce qui a une signification politique, mais marque également la fin de l'organisation d'une défense bourgeoise autonome) tout cela doit écraser pour toujours l'esprit séditieux de Paris. La seconde décennie du XVe siècle, période de crise pour le pouvoir monarchique, n'en constitue pas moins une longue suite d'émeutes, de conflits armés, issus des Etats-Généraux [117]. Ceux-ci sont appuyés non seulement par la bourgeoisie, dont les représentants coopèrent au programme de réforme, mais aussi par la rue. La foule fournit aux réformateurs un élément de pression opportun, elle influe sur les décisions de la Cour aux moments cruciaux. Le conflit entre Bourguignons et Armagnacs [118] entraîne, à son tour, le peuple de Paris dans les chicanes politiques de la Cour et des princes. Le sort de la ville et de ses habitants dépend, en effet, de la marche du conflit. La cité passant de mains en mains, d'une fraction à l'autre, le poids de la guerre et le relâchement général conduisent à une tension accrue dans la société, à un sentiment exacerbé de frustration et d'injustice. Le *Journal d'un bourgeois de Paris* de ces années est plein de notations à propos des réactions des masses, devant les vicissitudes du conflit entre princes, et face aux événements politiques [119]. La rue parisienne est pro-bourguignonne, elle voit dans les Armagnacs la source de tous les malheurs. En mai 1413, une émeute populaire accompagne les tractations liées à l'ordonnance et veut forcer, par la violence, la candidature du Bourguignon Jean-sans-peur. Peu de temps après, la foule pille les maisons des chefs cabochiens en fuite — les sympathies se sont alors tournées vers le parti des Orléans et des Armagnacs. Ce qui n'empêche pas que les sanglants massacres d'Armagnacs de l'été 1418 soient le fait de la populace parisienne. Mais ce sont les derniers spasmes révolutionnaires de la capitale et, jusqu'à la fin de la guerre de Cent Ans, d'abord sous domination anglaise, puis libérée par les troupes de Charles VII, elle ne connaîtra plus de « journées révolutionnaires ».

La question qui se pose à nous est de savoir si des groupes marginaux participaient à ces mouvements. Y répondre est d'autant moins facile que distinguer les composantes de telles foules et démonter les mécanismes complexes qui les meuvent, pose des problèmes délicats. La chose se complique encore du fait de l'imprécision et de l'instabilité du monde dont nous nous occupons. Nous avons constaté souvent que la frange marginale de la société s'alimente d'un apport constant des classes inférieures. L'infraction elle-même, ou bien sa répression judiciaire et policière, sont le signal du déclassement, mais participer à une émeute peut avoir le même effet.

A croire sans réserve les relations des chroniqueurs, il semblerait que tous les mouvements qui ont ébranlé la vie sociale et politique de Paris ont été l'œuvre de plébéiens du plus bas étage, de journaliers et de criminels. Thomas Basin qui parle des événements de 1418 soixante ans plus tard, les traite comme un soulèvement de la plèbe. « *Plebeyorum turba, furens et insaniens vulgus, sicariorum turba* » définissent sous sa plume les acteurs de ce mouvement [120]. Il s'agit d'un poncif de toute description d'émeute par les chroniqueurs. Ne le considérons cependant pas trop comme un tour de langage ou une clause de style. Les chroniqueurs, tout comme les témoins *de visu*, rendent ainsi compte du fait que les événements révolutionnaires sont une affaire de foule, laquelle est assimilée aux bas-fonds, qualifiés pour la circonstance de lie du peuple ou de populace. Cette représentation des mouvements sociaux se maintiendra à l'époque moderne et ce n'est pas autrement qu'Hyppolite Taine parlera de la Révolution Française [121]. L'historien contemporain, rencontrant la foule comme auteur des événements, a, d'ordinaire, tendance à chercher aussitôt son caractère plébéien ou à y voir l'action du *lumpen-prolétariat*, sans tenir compte de la possibilité, pour des personnes parfaitement intégrées, de céder aux émotions collectives ou à la « psychologie de la foule ».

La foule est, en effet, non pas une catégorie sociale, mais un groupe précaire, animé d'émotions fugitives et composé d'éléments disparates [122]. Parmi les maillotins qui se sont signalés par des actes de violence, attestés dans les registres royaux de lettres de rémission, nous rencontrons surtout des artisans : des cordonniers, des tondeurs de drap, des forgerons, des aubergistes, des tailleurs [123]. On peut donc constater ici la présence d'éléments bourgeois stabilisés [124]. Il est sûr que des garçons artisans s'y trouvaient aussi. Quelques-uns de ceux qui reçoivent une lettre de rémission sont apprentis [125], mais naturellement peu d'entre eux devaient pouvoir se permettre de payer les sommes nécessaires à son obtention. Buonaccorso Pitti, un observateur italien du mouvement, y distingue deux partis : le bourgeois et le populaire [126]. Selon la terminologie italienne, il appelle le premier : « *popolo grasso* » et le second : « *popolo minuto* » et c'est ce dernier qu'il qualifie de « maillotins » en précisant que ce vocable est l'équivalent du « *ciompi* » florentin [127]. Parmi les participants au premier moment de la révolte, laquelle part des Halles, il y a, évidemment, avant tout, des artisans, de petits boutiquiers, des salariés [128]. Ce n'est qu'ultérieurement que l'insurrection s'organise. Il est révélateur que, dans les réunions et les sociétés de conspirateurs qui se tiennent plus tard, on stipule bien que ne seront admis que les bons bourgeois, gens mariés et possédant du bien, et l'on ne tarit pas de reproches à l'égard des maillotins [129]. Les malfaiteurs et les criminels ne devaient pas manquer parmi les rebelles de la place de Grève ou des Halles. Ils étaient portés par la fièvre révolutionnaire, mais en profitaient surtout pour piller [130]. Une fois Paris maté, la répression se fixera aussi pour but d'assurer la sécurité contre le vol. Une garde armée pendra sans jugement tout voleur ou pillard surpris en flagrant délit [131].

Pour un membre des classes possédantes, toute révolte est forcément plébéienne. Christine de Pisan s'indigne que des insensés qui savent à peine leur « *Notre Père* » et ne connaissent que le chemin de la taverne prétendent diriger les affaires politiques [132]. Cette apparition de nouveaux groupes dans l'arène politique étonne et révolte.

Les prétentions de la rue à régenter les affaires sont l'une des causes de la longue peur qui couve chez les possédants après les insurrections. Ce phénomène est bien sensible dans le mouvement des cabochiens, de 1413. Le rôle politique croissant des bouchers parisiens, l'une des plus riches et célèbres corporations de la capitale [133], est déjà considéré en soi comme un acte révolutionnaire. Cette « dictature des abattoirs [134] » est liée à un certain programme politique, la sédition populaire n'est ici qu'un phénomène annexe. Cinq ans plus tard, par contre, en 1418, nous nous trouvons devant un mouvement de type particulier dans lequel, véritablement, la foule et peut-être justement cette « foule criminelle » dont parle G. Le Bon, joue un rôle essentiel, voire exclusif. Attardons-nous donc un peu sur ces événements [135].

Les fauteurs de troubles qui se signalent en mai 1418, alors qu'on appelle des détachements bourguignons à Paris, sont, selon le chroniqueur, des gens de la plèbe et des milieux artisanaux [136]. Ce sont eux qu'on voit déambuler, le 14 mai, brandissant les objets les plus hétéroclites : épées rouillées, morceaux de ferraille ou bâtons [137]. Ils organisent des assemblées où ils traînent de force les représentants de la municipalité. Nuit et jour « *viles et abiectissimi homines* [138] » emplissent les rues, appellent aux armes tandis que des malfaiteurs jouent les meneurs [139]. La haine des Armagnacs atteint bientôt son paroxysme, le massacre de leurs partisans, ou des présumés tels, se poursuit de mai à juin et les troupes bourguignonnes entrent en ville, saluées par le cri de « tuez tout tuez tout [140] » tandis que ce qui appartient à leurs adversaires est pillé.

Tout l'été, la tension persiste dans Paris, aggravée par la cherté croissante de la vie et les nouvelles ou rumeurs de plus en plus invraisemblables qui circulent. Dans la nuit du 20 au 21 août, une nouvelle émeute éclate [141] et la foule, impatientée par les atermoiements de la justice qui tarde à punir les Armagnacs, démolit la prison et massacre les prisonniers. Capeluche, le bourreau de Paris, est à la tête des insurgés.

Voilà bien une étrange carrière de chef populaire. Il pourrait sembler que le virtuose de la hache et de la corde soit détesté par l'opinion [142], mais il faut penser que le caractère spectaculaire des exécutions médiévales [143] lui donne une certaine célébrité [144]. En raison de ses fonctions, le bourreau fait peur dans les plus basses couches de la population, celles qui fournissent sa plus grosse clientèle, et pourtant, dans la hiérarchie du prestige, il leur est très proche. Dans beaucoup de villes, le bourreau est chargé de surveiller les prostituées ce dont il tire des bénéfices non négligeables. A Amiens, il habite la même rue qu'elles, il veille à disposer les lépreux en bon ordre le long des rues, le jour de la Toussaint [145], etc. Cette profession est exercée par des « étrangers », des gens du dehors, souvent même toute une famille y participe [146]. Capeluche a d'abord été l'assistant d'un autre bourreau de Paris, Me Guieffroy (ou Geffroy) puis, fin 1411, a pris sa place [147]. Les comptes de l'Hôtel-Dieu mentionnent qu'en 1418 on lui a payé vingt-cinq sous pour avoir amené un porc qui divaguait dans les rues [148]. C'est cet homme qui prend la tête des foules, suivant un exemple donné quelques années plus tôt par Simon Caboche, le boucher « escorcheur de vaches [149] ». Un bourreau après un chevillard, ne voyons pas là l'effet d'un hasard, chacune de ces professions porte en elle sa charge de puissance et d'effroi.

Le chroniqueur nous montre Capeluche à cheval, à la tête d'une foule à pied, donnant des ordres, rendant la justice [150]. Le duc de Bourgogne lui ordonne, sans résultat, d'épargner la vie des prisonniers. Le bourreau se permet des privautés avec le duc, il l'appelle son « beau-frère » et celui-ci, le voyant à cheval, pensant, sans doute, avoir affaire à un chevalier, lui serre la main. Peut-on pourtant dire que Capeluche a été le chef des insurgés de Paris ? Nous ignorons s'il a joué un rôle quelconque dans les événements de mai-juin 1418. La seule allusion à son action pendant ces journées concerne l'exécution de ses « basses » œuvres : alors que les corps de Bourguignons tués sont enterrés chrétiennement, les cadavres d'Armagnacs sont transportés en charrette et jetés dans les champs des environs [151]. En décrivant les événements du 21 août, Monstrelet représente Capeluche à la tête de l'une des grandes bandes qui se sont formées dans la capitale et le désigne, cette fois, comme l'un des principaux meneurs de la populace [152].

Même s'il est difficile de voir en Capeluche un chef véritable, ne serait-ce qu'à cause de la spontanéité et de l'inorganisation du mouvement, il faut admettre qu'il en a été la figure la plus haute en couleur et la plus populaire. La terrible figure du bourreau, rebutante par nature, mais aussi imposante, car la force et la violence sont en bonne place dans la hiérarchie du prestige du Moyen Age, cette figure donc, exerce une fascination sur des milliers de Parisiens, sur ces « misérables manants » de toute la ville [153].

Dans les environs de Paris, l'exemple des bandes de Capeluche est largement suivi. Le chroniqueur de Saint-Denis décrit l'assaut de la prison de cette bourgade et l'égorgement des détenus reconnus pour Armagnacs. La terreur se prolonge, d'ailleurs, ici, du fait de la canaille parisienne qui s'est fait expulser de la capitale [154].

L'étendue et l'essence de la révolte inquiètent autant le duc de Bourgogne que la bourgeoisie riche. Le spectre d'une guerre des pauvres contre les riches dont parlait Christine de Pisan [155] quelques années auparavant, hante toujours la conscience des bourgeois. Un conseil, tenu chez le duc de Bourgogne, définit les lignes de la politique « contre-révolutionnaire », s'il est permis d'user d'un tel anachronisme, qui devra ramener l'ordre [156]. Les désordres y sont définis comme l'œuvre de personnes de bas étage qui ne songent qu'à piller la maison des bons bourgeois [157]. L'ordonnance royale rendue un mois plus tôt, demandait déjà d'arrêter la chasse aux Armagnacs, d'abolir la justice expéditive, de faire cesser toute agitation. Les dizainiers, quarteniers, etc., étaient chargés de faire régner le calme [158]. Les autorités recourent, en outre, à une diversion : la populace de Paris est invitée à participer au siège de Montlhéry qui est aux mains des Armagnacs. Sept mille Parisiens sortent ainsi des remparts et se dirigent vers cette localité [159] ce qui laisse les mains libres à la répression intérieure : certains meneurs sont décapités, et leurs corps accrochés à des gibets, d'autres sont noyés dans la Seine. Ce sort est aussi celui de Capeluche. Le 23 août, il est capturé sur ordre du duc de Bourgogne, dans la taverne de la Rappée [160], dans le quartier des Halles. Condamné à mort, il est exécuté publiquement le 26, sur la place voisine des Halles [161]. Ceux de Montlhéry essaient en vain de revenir au secours de leurs camarades et chefs : il est trop tard et les portes de Paris se ferment à leur approche.

Des mouvements populaires qui secouent la vie sociale de Paris aux XIVe et XVe siècles, nous retiendrons donc la spontanéité, les émotions collectives qui poussent à l'action.

Ces spasmes libèrent des instincts asociaux ou antisociaux, mais est-il possible de voir, à leur origine, des groupes ou des éléments asociaux ? Nous avons souligné toutes les raisons de répondre négativement à cette question. Les foules révolutionnaires ne sont pas composées, dans leur ensemble, d'éléments délinquants, ni asociaux. Ce qui ne signifie pas que les marginaux soient absents des événements. Dans les mouvements insurrectionnels de 1418, ces milieux sont, semble-t-il, particulièrement actifs. Ce ne sont pas seulement des éléments définitivement marginalisés, mais aussi des représentants des catégories dont ceux-ci proviennent : bas-fonds urbains, pauvres hères, salariés ou aides de l'artisanat. Ces groupes renforcent l'anarchie des décisions, ils canalisent la force et la violence de la masse vers l'agression des riches, des propriétaires, des gens en place. Nous ne décelons pourtant, dans l'action insurrectionnelle, dans les formes d'organisation, dans les programmes, dans la conduite générale de ces foules, aucune manifestation d'unité qui soit autre chose qu'une vague cohésion circonstancielle.

1. Cet éventail d'injures a été choisi dans les farces parisiennes de la fin du XVe siècle. G. Cohen, *Recueil des farces françaises inédites du XVe siècle,* Cambridge (Mass.) 1949, The mediaeval Academy of America, publ. N. 47, *passim* ; il suffit par exemple de relire la *Farce du Savetier qui ne respont que Chansons,* N. XXXVII, pp. 286 et suiv., et la *Farce nouvelle de la Trippière à trois personnages,* N. LII, pp. 421 et suiv., pour y retrouver presque toutes celles que nous citons. On trouvera l'étymologie de ces termes chez L. Sainéan, *Les sources de l'argot ancien,* Paris, 1912, t. II, sub verbis, et chez E. von Kraemer, *Le type du faux mendiant dans les littératures romanes depuis le Moyen Age jusqu'au XVIIe siècle,* Helsingfors, 1944, Societas Scientiarum Fennica, Commentationes Humanarum Litterarum, XIII, 6, pp. 7, 8, 11, 20, 24, 34.

2. Rutebeuf, « Le dit des ribauds de Grève », in *Œuvres complètes,* publiées par Ed. Faral et J. Bastin, Paris, 1959, t. I, p. 531.

3. Godefroy, *Dictionnaire de l'ancienne langue française,* t. VII, p. 183.

4. Voir von Kraemer, *op. cit.,* p. 24, n° 2.

5. Voir O. Bloch-W. von Wartburg, *Dictionnaire étymologique de la langue française,* Paris, 1950, p. 151.

6. Cohen, *op. cit.,* N. LIII, pp. 433 et suiv., dans *Recueil Trepperel,* éd. E. Droz, Paris, 1935, l'une des « sotties » est intitulée « farce de troys coquins ».

7. Cohen, *op. cit.*, pp. 433 et suiv. Maulevault, qui fait des rêves de richesse et d'amour, dit de son quartier :

Et seroit Grève relevée
Saint Innocents et Petit Pont (v. 9-10).

Ailleurs Pou d'Acquest lance au clerc qui lui défend l'entrée du château que s'il le rencontre en Grève il le fera rosser.

8. Remarquons l'apostrophe que lance Pain Perdu aux deux autres en s'approchant : « Dieu gart les compaignons, Dieu gart » (V. 22), après quoi il leur demande où ils vont, d'où ils viennent et comment ils s'appellent.

9. *Ibidem*, N. XVIII : « Farce d'écoliers de l'Université de Paris, contemporains et émules, au talent près, de François Villon. »

10. *Journal d'un bourgeois de Paris*, éd. Tuetey, Paris, 1881, p. 204 : « Item, le darrenier dimanche du moys d'aoust, fut fait ung esbatement en l'ostel nommé d'Arminac en la rue Sainct Honoré, que on mist IIII aveugles tous en armez en ung (parc), chascun ung baston en sa main, et en ce lieu avoit ung fort pourcel, lequel ilz devoient avoir s'ilz le pouvoient tuer. »

11. Cohen, *op. cit.*, N. XLII, pp. 327 et suiv.

12. *Ibidem*, p. 327, v. 1-2.

13. Nous retrouvons ici l'écho des travaux forcés où l'on enrôle les vagabonds de Paris ; cf. *supra*, chap. I, et aussi les *Registres des délibérations du Bureau de la Ville de Paris*, éd. F. Bonnardot, t. I, Paris, 1883, Histoire générale de Paris, N. CCCXLI (1516).

14. Cohen, *op. cit.*, p. 330, v. 202.

15. *Ibidem*, p. 327, v. 37-39.

16. Cf. *supra*, chap. VI.

17. Eustache Deschamps, *Œuvres complètes*, t. VI, n° 1229, pp. 230-231.

18. Voir *supra*, chap. I, et B. Geremek, *La lutte contre le vagabondage à Paris aux XIVe et XVe siècles*, Mélanges Barbagallo, Napoli, 1970.

19. *Ordonnances des rois de France*, t. II, pp. 350 et suiv. ; *Les métiers et les corporations de la ville de Paris*, éd. R. de Lespinasse, Paris, 1886-1897, t. I, N. II, pp. 2 et suiv.

20. *Ordonnances des rois de France*, t. II, p. 564.

21. *Ibidem*, t. IV, pp. 158 et suiv.

22. *Ibidem* : « Baniz et bannies de nostredit royaume, pour meurtres, larrecins et autres malefaçons. »

23. *Ibidem* : « Rongneurs de monnoie, faiseurs, alloeurs et marchanz du fausse monnoie, et vont et sont alez ou temps passé hors de nostredit royaume porter billon, acheter monnoie contrefaites aus nostres. »

24. *Ibidem* : « Meurtriers, larrons, larronesses, espieurs de chemins, efforceurs de fames, bateurs de genz pour argent, admneurs, trompeurs, faux-semoneurs et autres malfaiteurs. »

25. Archives nationales, Y 2, *Livre rouge vieil du Châtelet*, fol. 124 V ; Geremek, *La lutte contre le vagabondage...*, annexe VI.

26. Archives nationales, Y 2, *Livre rouge vieil du Châtelet*, fol. 165.

27. Cf. Bibliothèque de l'Ecole des chartes, t. LXXXIX, 1928, p. 55.

28. Bibliothèque de la préfecture de police, 33, *Livre noir vieil du Châtelet*, fol. 42 (1422).

29. Archives nationales, Y 6^{2}, *Livre bleu du Châtelet,* fol. 78 (1496).

30. *Registre criminel du Châtelet de Paris,* éd. Duplès-Agier, Paris, 1861-1864, t. I, p. 99 : « Pour savoir plus à plain de verité d'iceulx cas et autres crymes. »

31. *Ibidem,* p. 144 : « Et aussi l'estat et maintieng de sa personne » ; *ibidem,* p. 196 : « Veu l'estat de sa personne, qui est femme de péchié et petite renomée » ; *ibidem,* pp. 227, 241.

32. *Ibidem,* p. 150 : « Homme vacabond, alant par le pays frequentant foires et marchez, suyant les ribaux et ribaudes, menant femme de pechié et petite renomée » ; *ibidem,* pp. 227, 241.

33. *Ibidem,* p. 152 : « Considéré sa confession, ce qu'il est houllier et homme mal renommé, et que... a esté dit et tesmoigné que on ou deux des freres dudit prisonnier ont esté executez à mort pour leurs desmerites. »

34. *Ibidem,* p. 268 : « Ce aussi que elle avoit esté tout le temps de sa vie femme de petite renommée et d'avoir esté en plain bordeau comme femme publique. »

35. *Ibidem,* p. 322 : « Veu l'estat et personne d'icellui. »

36. *Ibidem,* t. II, p. 353 : « Estoit digne de mourir comme inutile au monde, c'est assavoir d'estre pendu comme larron. » A propos d'autres on dit « homme vacabond qui riens ne fait » (*ibidem,* t. I, p. 164), « homme vilotier et vacabont » (*ibidem,* p. 232), « incorrigible et homme oiseux » (*ibidem,* t. II, p. 421).

37. Cf. *supra,* chap. VIII.

38. J. Imbert, *Les hôpitaux en droit canonique,* Paris, 1947, p. 119 ; cf. également H. Jennepin, *Histoire de Maubeuge,* Maubeuge, 1909, t. II, p. 125.

39. Archives nationales, Z^{2} 3118, fol. 1 V, 4, 5, 11, 18, 31, 61, 67 V, 75 V, 80, 81 V, 91 V, 93, 94, 116, 130 V etc. (1404-1405).

40. Voir *supra,* chap. V.

41. Nous avons déjà rencontré une prostituée mariée, celle dont le mari « maine les brouetes parmi la ville de Paris ». Elle est mariée depuis dix ans et elle a dû continuer son métier car il gagne peu. Elle est en prison pour vol. *Registre criminel du Châtelet,* t. II, p. 252. Les études sur la famille médiévale prennent actuellement de plus en plus d'importance, mais l'état des sources les limite aux classes supérieures de la société féodale. Les premiers résultats des recherches à ce sujet de G. Duby ont été exposés au congrès des historiens de Moscou, en 1970.

42. Cf. *Registre criminel du Châtelet,* t. I, p. 152 : « Et dist, avec ce, que s'il n'eussent dist l'un de l'autre qu'ils estoient espousez en plusieurs desdites villes où ils ont esté, que les hostes sur qui il se herbergoyent ne les eussent pas souffers couchiez en leurs maisons comme ilz faisoyent. »

43. Cf. J. J. Jusserand, *La vie nomade et les routes d'Angleterre au XIVe siècle,* Paris, 1884, pp. 39 et suiv., pp. 105 et suiv.

44. Archives nationales, JJ 138, N. 13 (1390). Aventure d'un « jeune varlet de l'aage de XX ans », qui rencontre, chemin faisant, deux inconnus qu'il accompagne puis détrousse à l'auberge. JJ 171. N. 297 (1421). Récit concernant un menuisier qui va chercher du bois.

45. *Registre criminel du Châtelet,* t. I, p. 172.

46. Cf. *supra,* chap. III, sur les hôtels parisiens.

47. Sur les hotels et auberges dans les aveux de prisonniers du Châtelet ; *Registre criminel du Châtelet,* t. I, pp. 4, 34, 61, 69, 71, 81, 83, 99, 104, 127, 138, 159, 174, 181, 218, 376, 499 ; t. II, pp. 256, 418, 422, 425, 433, 459, 497, 499.

48. E. Chatelain, « Notes sur quelques tavernes fréquentées par l'université de Paris aux XIVe et XVe siècles », *Bulletin de la Société de l'Histoire de Paris,* 25e année, 1898.

49. P. Champion, « Liste des tavernes de Paris, d'après les documents du XVe siècle », *Bulletin de la Société de l'Histoire de Paris,* 39e année, 1912.

50. Leroux de Lincy et L. M. Tisserand, *Paris et ses historiens aux XIVe et XVe siècles,* Paris, 1867, Histoire générale de Paris, p. 232 : « L'en souloit estimer à Paris plus de quatre-mil tavernes. » *Auctarium Chartularii Universitatis Parisiensis,* éd. H. Denifle et

51. Voir aussi le rôle des tavernes dans la vie estudiantine : E. Chatelain, t. I, Paris, 1937, pp. LVI et suiv., où l'on donne une liste d'environ 40 tavernes fréquentées par la nation anglaise dans les années 1333-1406.

52. Cf. P. Champion, *François Villon. Sa vie et son temps,* Paris, 1913, *passim.*

53. L. Tanon, *Histoire des justices des anciennes églises et communautés monastiques de Paris,* Paris, 1883 : « Que il ne recetassent à bouire, ne à mengier, ne à gesir, ne par nuit, ne par jour, houlier ne houlière, ne home ne fame soupeconneus de mauvestié. » *Registre criminel de Sainte-Geneviève,* 1291.

54. Archives nationales, Y 2, *Livre rouge vieil du Châtelet,* fol. 135 V, sans date, enregistré parmi des actes du XIVe et début XVe siècle : « Item iceulx taverniers et hostelliers ne pourront recevoir ne recepter nuls jouers de dez ne autre gens diffamez. »

55. Cf. *Ménagier de Paris. Traité de morale et d'économie domestique,* éd. J. Pichon, t. I, Paris, 1846, p. 48, à propos des « merveilles » que le diable accomplit dans les auberges.

56. *Le Roman de Renart le Contrefait,* éd. G. Raynaud et H. Lemaitre, t. II, Paris, 1914, pp. 46 et suiv., v. 26935 et suiv. Cf. Francisque-Michel et Ed. Fournier, *La Grande Bohème,* Paris, 1850, p. 227.

57. Cohen, *op. cit.,* N. XLII, p. 328 : « A hanter des gens esbatans / Aux jeux de cartes, aux quilles, / Aux jeux de dez, aux belles filles. »

58. En 1414, un aubergiste parisien est emprisonné sous l'inculpation suivante : dans son « hostel et taverne on avoit souffert jouer aux dez » ; il se défend en disant qu'il ne pouvait quand même pas défendre de jouer à ses hôtes et clients. La chambre civile du Châtelet le relaxe. Archives nationales, Y 5228, fol. 25.

59. Louis IX englobe le jeu d'échecs dans cette interdiction, *Ordonnances des rois de France,* t. I, p. 65 (1254).

60. Cf. *Menagier de Paris...,* t. I, p. 46.

61. Sur le jeu de dés dans son aspect sacré ; J. Huizinga, *Homo ludens* et R. Caillois, *Les jeux et les hommes,* Paris, 1958. Pour les études sociologiques sur le jeu de hasard, cf. A. Podgórecki, *Patologia zycia spolecznego,* Warszawa, 1969, pp. 166 et suiv.

62. *Ordonnances des rois de France,* t. V, p. 172 (1369) : « tous geux de dez, de tables, de palme, de quilles, de palet, de soules, de billes ».

63. Sur les jeux du Moyen Age : S. Luce, « Les jeux populaires dans l'ancienne France », in *La France pendant la guerre de Cent Ans,* t. I, Paris, 1890 ; J. Bouissounouse, *Jeux et travaux d'après un livre d'heures du XVe siècle,* Paris, 1925 ; R. Vaultier, *Le folklore pendant la guerre de Cent Ans d'après les lettres de rémission du Trésor des Chartes,* Paris, 1965, chap. VI.

64. *Le Parnasse satyrique du quinzième siècle,* éd. M. Schwob, Paris, 1905, N. LXX, p. 139.

65. Cf. P. Champion, *Notes pour servir à l'histoire des classes dangereuses...,* in L. Sainéan, *Les sources de l'argot ancien,* Paris, 1912, p. 382.

66. N. Delamare, *Traité de la police,* t. I, Paris, 1722, p. 488 : « Plusieurs gens de métiers et autres du petit peuple quittent leur ouvrage et leur famille pendant les jours ouvrables pour aller jouer à la paume, à la boule, aux dez, aux cartes, aux quilles et à d'autres divers jeux en divers cabaretz ; que plusieurs d'entre eux après avoir perdu tout leur bien s'adonnent à voler, à tuer, et à mener une très mauvaise vie, ainsi qu'il a été reconnu par la confession de quelques uns de ce caractère. »

67. Cf. *supra,* chap. IV.

68. *Registre criminel du Châtelet,* t. I, p. 164 : « joueur de faux dez, et cabuseur d'un jeu que l'en appelle la chevillette et à croix et à pile, homme vacabond, qui riens ne fait ».

69. *Ibidem,* t. II, p. 148 : « très fort larron, hazardeur et asséeur de faulx dez ».

70. Archives nationales, Z^2 3118, fol. 16, 59, 67 V, 94 V ; cf. Sauval, *Histoire et recherches des antiquités de la ville de Paris,* Paris, 1724, t. III, pp. 344, 352, 354, 359, etc. (exemples de peines pour jeux de hasard tirés des comptes de la municipalité).

71. H. L. Bordier-L. Brièle, *Les archives hospitalières de Paris,* Paris, 1877, t. II, pp. 109 et suiv. (1404, 1405, 1407).

72. *Ibidem,* p. 153 : « pour oster l'empeschement de pluseurs joueurs de dés, de quartez, de tasseaux et de meriaulx, de paulme et autres mauves geux » (1403).

73. Archives nationales, JJ 154, N. 168 — le fait que nous tirions cette information d'une lettre de rémission l'authentifie.

74. Le fils d'Imbert de Boisy, président du Parlement de Paris, était un joueur incorrigible car son père stipule dans son testament (1408) que s'il joue de nouveau pour de l'argent, des vêtements ou son cheval, il doit être privé de sa part d'héritage (A. Tuetey, *Testaments enregistrés au Parlement de Paris...,* N. XXVI, p. 473).

75. Bibliothèque de la préfecture de police, 33, *Livre vert ancien du Châtelet,* fol. 115 : « emprisonne... pour ce qu'il est homme oyseux et vacabond, de mauvaise vie et renommé trompeur et joueur de faulx dez ». Les joueurs et tricheurs professionnels se déguisent souvent en artisans ou en paysans pour inspirer confiance et engager au jeu. A propos d'un groupe de ce genre — Archives nationales, X^{1a} 1474, fol. 98 V.

76. *Registre criminel du Châtelet,* t. II, p. 148 : « compaignons frequentans et gaignans leurs vies au jeu de dez, au tasseau, à croix et à pile et au jeu de la chevillette ».

77. Archives nationales, Z^2 3265, fol. 66 V (1410) — 8 valets « demourans partout » sont arretés « pour souppecon d'estre lar-

rons, pipeurs et joueurs de faux jeux », cité d'après F. Lehoux, *Le Bourg Saint-Germain-des-Prés,* Paris, 1951, p. 261.

78. Archives nationales, X^{2a} 12, fol. 432.

79. La graphie du nom est sujette à caution : Rivier, Ruver ou encore Riviere (Jeh. de Saint-Cloud accuse Riviere qui assure qu'il s'agit de quelqu'un d'autre).

80. *Ibidem,* fol. 432.

81. *Ibidem* : « et meme grant estat vestu d'escarlate et de camocas », au cours du procès on rappelle que les fonctionnaires du duc de Bourgogne lui ont pris un cheval et autres valeurs.

82. *Ibidem.*

83. Il s'agit sans doute d'un compagnon de Le Brun, pendu en 1389, comme on l'a vu. *Registre criminel du Châtelet,* t. I, pp. 54 et suiv., cf. *supra,* chap. IV.

84. Archives nationales, X^{2a} 12, fol. 432 : « Dit que on treuve par proces qu'il fu compaignon de Jehan de Saint Clod qui fu execute a Paris par le prevost et qu'ilz avoient frequente ensamble en Bourgogne et ailleurs avec pluseurs larrons et sur les chemins arrestoient le pelerins pour jouer aux dez et par leur tromperie et mauvais jeu leur ostoient leur argent et leur despoilloient. »

85. *Ibidem* : « et a este trouve en sa maison un livre de sorcerie ». Dans la suite du procès, ce livre est présenté comme un « livre de sortilege ».

86. On relèvera une curieuse coutume des patissiers, entérinée dans leur statut, tant au XIVe qu'au XVIe siècle : il leur est interdit de jouer aux dés pour de l'argent ; mais quand ils vendent leurs « oublies » dans leur panier, ils peuvent jouer à condition que la mise soit constituée par ces « oublies » (*Les métiers et les corporations... de Paris,* t. I, p. 372, statut de 1397, p. 398, statut de 1566). Au XVIIIe siècle encore se produisent des plaintes contre le fait que, mine de vendre des oublies dans les maisons bourgeoises, divers filous s'y introduisent et se jouent des naïfs en utilisant des dés pipés (Bibliothèque de la préfecture de police, coll. Lamoignon, t. XXI, fol. 302).

87. Un groupe de joueurs de ce genre figure dans la lettre de rémission reçue par un officier de justice de Senlis qui a fait emprisonner quatre personnes de Paris et des environs. Une enquête préliminaire et les informations du bailli de Saint-Denis montrent que ces personnes qui disaient « contre verité estre de plusieurs estas » (à savoir : un boucher de Bièvre, un fripier de Paris, un tuilier de Saint-Denis et un marchand de vin d'Argenteuil) étaient en réalité « joueurs de dez, alans et frequentans de pays, et comme cabuseurs se mettoient en divers estas et ne vivoient que de tromperie ». Et comme à ce moment « plusieurs avoient esté desrobez et tuez sur les chemins environ la ville de Senliz et estoit grant doubte de larrons et de murtriers », on décide de soumettre ces gens à la torture. L'un d'eux en sortira infirme pour la vie. — Archives nationales, JJ 143, N. 297 (1392).

88. Cf. Bibliothèque nationale, coll. Dupuy, 250, fol. 8 (1446) — un « fripier » a gagné « par tromperie » une somme de 24 s p ; Archives nationales, Z^2 3118, fol. 67 V (1405) — un « aide à maçon » est accusé d'utiliser de faux dés ; Archives nationales, X^{1a} 1472, fol. 251 — Jeh. Le Long « est ayde de maçons et est homme vagabondes... demeure partout », il est accusé d'avoir pipé

des dés, mais affirme que ce sont ses compagnons de métier qui ont jeté ce soupçon sur lui pour se venger de ce qu'il n'avait pas voulu leur payer « la porcion ». Il persiste à dire que ses dés ne sont pas falsifiés.

89. Sainéan, *Les sources de l'argot ancien*, t. I, p. 108 : « Interrogué de quelle science il qui parle sert et qu'il scet en la science de lad. coquille, dit qu'il jouhe aulcunes fois aux dez, a saint marry, a la taquinade, a la queuhe de chien, et telles menues choses en quoy il est assez expert. »

90. *Ibidem*, p. 88 : « les aultres jouent de faulx dez d'dvantaige et chargiez, et y gaignent tout l'argent de ceulx a qui ilz jouent ; les aultres sçaivent subtilitez telles au jeu de quartes et de marettes, que l'en ne pourroit guaigner contre eulx ».

91. *Ibidem*, p. 95 : « Ung beffleur c'est ung larron qui attrait les simples (compaignons) a jouer. »

92. *Ibidem*, p. 96 : « Ung desbochilleur c'est celluy qui gaigne aux dez, aux quarte ou aux marelles, tout ce que a. I. simple homme, sans luy rien laissier. »

93. *Ibidem*, p. 97.

94. *Ibidem*, p. 96 : « Ung pipeur c'est... I. joueur de dez et d'aultres jeux ou il a advantaige (et deception). »

95. Archives nationales, X^{2a} 12, fol. 211 (1394) : « souspeconnez d'estre de la pipee et de tromper et frauder les bonnes gens par le pays » ; *ibidem*, fol. 399 (1398) : « est de la pipee ». Dans la *Passion de Valenciennes* (1490) sont énumérés d'une traite « Fin fars, larrons, murdiers, pipeurs/Belistres morveux, guisandeurs ». Romania, t. XLVIII, 1922.

96. Vaultier, *op. cit.*, p. 196, selon Archives nationales, JJ 173, fol. 216 V (1426).

97. Voir surtout « Rinconete i Cortadillo ».

98. Sainéan, *op. cit.*, p. 88 : « continuelement se tienent le plus commun, et par especial de nuyt au bordeaul la ou ilz mainnent orde, ville et dissolue vie de ruffiens et houliers, perdent aulcune fois et despendent tout leur argent : et tant font qu'ilz ne ont denier ne maille. » Dans l'histoire de la vieille du *Roman de la Rose*, son « ribaud » d'amant vit sur un grand pied et dépense tout ce qu'elle gagne, en jeux de dés à la taverne, *Le Roman de la Rose*, éd. A. Mary, p. 248.

99. Trois vagabonds qui passent leur temps aux dés dans le quartier des halles ne sont même pas accusés d'utiliser des dés pipés, mais justement d'être « oysifz, vacabons qui a riens ne s'applicquent et ne bougent chacun jour d'entre deux halles a jouer aux dez coustumierement », Archives nationales, X^{2a} 51, sub. 19 septembre 1487 — cité par A. Jourdan, *La ville étudiée dans ses quartiers : Autour des Halles de Paris au moyen âge*, Annales d'Histoire Economique et Sociale, t. VII, 1935, p. 299.

100. Archives nationales, JJ 171, N. 13 (1420) — Cette lettre de rémission concerne certain « jeune homme de XL ans ». Dans un manuel de morale chrétienne à usage populaire, *Le ABC des simples gens*, la vie humaine est divisée en sept périodes où la jeunesse figure entre 25 et 35 ans : « Les sept aagez de l'ommez dont le premier est nomme enfance qui dure depuis que la creature est cree jusques a sept ans, le second a nom puerice qui dure jusques a XV ans, le tiers a nom adolescence qui dure jusques a XXV ans,

le quart a nom jeunesse qui dure jusques XXXV ans, le quint a nom virilite qui dure jusques L ans, la sexte a nom senectute qui dure jusques a LXX ans et le VII a nom decrepite qui dure jusques a la mort. » Bibliothèque nationale, Ms. Fr. 981, fol. 38.

101. Deux cas extrêmes se situent hors de ce cadre : 18 et 34 ans. On peut toutefois penser que l'âge n'était indiqué que si l'accusé était jeune, car cela pouvait influer sur la nature de la peine. Les procès d'adultes ne manquent pas dans le *Registre criminel du Châtelet* et ces individus rendent compte de crimes commis pendant 15 ou 20 ans.

102. Voici par exemple un tableau pour 1419 (selon le calendrier de la chancellerie c'est-à-dire jusqu'à Pâques 1420) établi selon Archives nationales, JJ 171 : sur 168 documents nous avons 119 lettres de rémission dont 45 donnent l'âge des accusés. Ces âges se répartissent comme suit :

moins de 18 ans	1	(2,2 %)
18-25 ans	19	(42,2 %)
26-30 ans	15	(33,3 %)
plus de 30 ans	10	(22,2 %)

Ainsi 75 % sont des gens de moins de trente ans. Dans le *Registre criminel du Châtelet* sur une quinzaine d'allusions à l'âge des accusés, ce pourcentage était de 91 %.

103. Dans le *Registre criminel du Châtelet,* nous avons des renseignements sur l'âge d'un groupe de mendiants jugés par le tribunal du prévôt : l'un a 70 ans, deux ont 60 ans, un autre 50 ans, un dernier a seulement 28 ans.

104. Cohen, *op. cit.*, N. XLII, p. 330.

105. Ces sociétés sont mieux connues pour une époque plus tardive — cf. R. Mandrou, *Introduction à la France moderne. Essai de psychologie historique,* Paris, 1961, Evolution de l'humanité, pp. 184 et suiv.

106. Archives nationales, Z^2 3267, fol. 130 (1462) — « jeunes compagnons à marier de la ville de Saint-Germain » sont allés, de nuit, à la fête. L'un d'eux est arrêté par un sergent qui considère qu'il ne devrait pas s'y trouver puisqu'il est marié et qu'il doit retourner chez sa femme. Mais nous avons aussi des fêtes où l'on trouve face à face « jeunes gens mariés » et « varlez non mariez » — voir Vaultier, *op. cit.*, p. 194.

107. Arrêt du Parlement de Paris relatif à *la fête des Innocents danz la ville de Tournay,* Bibliothèque de l'Ecole des chartes, 1re série, t. III, pp. 568 et suiv. — Au cours d'un procès qu'entame le chapitre de Tournai au Parlement on rappelle que le vieil usage d'une fête de 7 jours n'existe pas qu'en Picardie, mais aussi à Paris ; F. Bourquelot, *L'office de la fête des fous,* Sens, 1856 ; H. Villetard, *Remarques sur la fête des fous,* Paris, 1911 ; M. Vloberg, *Les Noëls de France,* Grenoble, 1934, p. 53 ; M. Ley-Deutsch, *Le gueux chez Victor Hugo,* Paris, 1936, pp. 104 et suiv.

108. Archives nationales, Z^2 3258, fol. 30 V (1462) — cas d'une bagarre entre un flûtiste et des compagnons mégissiers qui comparaissent devant le tribunal du prieur de Saint-Eloi ; *ibidem*, fol. 45 V (1463) — des garçons menuisiers de la rue Saint-Antoine vont se baigner ensemble, une dispute éclate, etc. Lehoux, *op. cit.*, p. 260 — cite l'exemple d'une rencontre puis d'une bagarre entre une quinzaine d'aides-maçons et aides-charpentiers.

109. G. Duby, *Au XIIe siècle : les « Jeunes » dans la société aristocratique,* Annales E.S.C., 19e année, N. 5, pp. 835 et suiv., l'auteur, conformément à l'esprit du temps, définit la « jeunesse » comme le temps qui s'écoule entre l'adoubement et le mariage.

110. Ph. de Beaumanoir, *Coutumes du Beauvaisis,* éd. Salmon, Paris, 1899-1900, N. 1520 : « Nous avons veu moult de debas es bonnes villes des uns contre les autres, si comme des povres contre les riches ou des riches meisme les uns contre les autres » ; cf. E. Chenon, *Histoire générale du droit français,* Paris, 1926, t. I, p. 855.

111. Cf. G. Des Marez, *Les luttes sociales en Flandre au Moyen Age,* Revue de l'Université de Bruxelles, 5e année, 1899-1900 ; M. Bloch, *La France sous les derniers Capétiens (1223-1328),* Paris, 1958, p. 78 ; A. von Brandt, *Die Lübecker Knochenhaueraufstände von 1380/84 und ihre Voraussetzungen,* Zeitschrift des Vereins für Lubeckische Geschichte, t. 39, 1959 ; E. Maschke, *Continuité sociale et histoire urbaine médiévale,* Annales E.S.C., 1960, p. 944 ; *Städtische Volksbewegungen im 14. Jahrhundert,* Redaktionsleitung E. Engelmann, Berlin, 1960.

112. G. Fagniez, *Etudes sur l'industrie et les classes industrielles à Paris aux XIIIe et XIVe siècles,* Paris, 1877, p. 51.

113. F. Perrens, *Etienne Marcel et le gouvernement de la bourgeoisie au XIVe siècle,* Paris, 1860, et les remarques de S. Luce, Bibliothèque de l'Ecole des chartes, 5e série, t. I, 1860, pp. 241 et suiv. ; G. Lefèvre, *Etienne Marcel et le Paris des marchands au XIVe siècle,* Paris, 1927 ; J. d'Avout, *Le meurtre d'Etienne Marcel,* Paris, 1960 (Trente journées qui ont fait la France, t. VIII) ; E. Engelmann, *Bürgerliche Revolution, revolutionäre Volksbewegungen oder Emeute ? Die Pariser Ereignisse der Jahre 1356 bis 1358,* in *Städtische Volksbewegungen...,* pp. 85 et suiv. ; R. Cazelles, *Les mouvements révolutionnaires du milieu du XIVe siècle et le cycle de l'action politique,* Revue historique, t. 228, 1962, pp. 279 et suiv.

114. R. Delachenal, *Histoire de Charles V,* t. II, Paris, 1909, p. 417 (Pièces justificatives, n° XXVI) — lettre d'Etienne Marcel aux échevins d'Ypres de 1358 : « par maniere universale de nobles universaument contre non nobles ».

115. Nous ne disposons, quant aux soulèvements urbains des années 80 du XIVe siècle en France, que du vieil ouvrage de Mirot, *Les insurrections urbaines au début du règne de Charles VI (1380-1383). Leurs causes, leurs conséquences,* Paris, 1906. Il s'intéresse principalement aux problèmes d'impôts et de finances royales, mais contient en notes une importante documentation originale sur le déroulement et les participants des insurrections. Ces notes sont la partie la plus intéressante et sont relativement indépendantes du texte.

116. Déjà les chroniqueurs de l'époque avaient remarqué la concomitance de ces mouvements populaires et la considéraient comme le résultat d'une conspiration internationale de « tous les commons peuples par tout le monde » (Jean d'Outre-Mer — cité d'après E. Coornaert, *Les corporations en France avant 1789,* Paris, 1941, p. 103.). Cf. *Chroniques de Jean Froissart,* t. X, éd. G. Raynaud, p. 155 (1382).

116. Sur le mouvement des cabochiens : A Coville, *Les cabo-*

chiens et l'ordonnance de 1413, Paris, 1888 ; *L'ordonnance cabochienne (26-27 mai 1413),* éd. A. Coville, Paris, 1891 ; E. Perroy, *La guerre de Cent Ans,* Paris, 1945, pp. 201 et suiv. Une spécialiste soviétique s'est également occupée de ce mouvement : M. M. Siebiencova, *Kaboseny i ordonans 1413 q.,* Ucenyje zapiski MGPI, t. 37, 1946, vyp. 3 ; eadem, *Vosstanije kabosenov,* Trudy MGIAI, vyp. 12, 1958.

118. L'histoire de cette querelle est retracée par J. d'Avout, *La querelle des Armagnacs et des Bourguignons,* Paris, 1943.

119. *Journal d'un bourgeois de Paris (1405-1449),* éd. A. Tuetey, Paris, 1881, *passim.*

120. Th. Basin, *Histoire de Charles VII* (I, 12), éd. Ch. Samaran, Paris, 1933, Les classiques de l'histoire de France au Moyen Age, t. I, pp. 54 et suiv.

121. Cf. G. Rudé, *The Crowd in the French Revolution,* London, 1967, pp. 2 et suiv.

122. Pour le problème des foules l'ouvrage classique de G. Le Bon, *La psychologie des foules,* Paris, 1900, conserve sa valeur. Ce problème a fait l'objet de la IVe Semaine Internationale de synthèse : la Foule (Paris, 1936) où la partie historique a été présentées entre autres par P. Alphandery, *Foules historiques, foules religieuses* (*ibidem,* pp. 53-76). La rénovation et l'approche moderne du problème est due à G. Rudé. A part le travail cité ci-dessus sur la foule dans la Révolution française, il est l'auteur d'un livre sur la foule londonienne au XVIIIe siècle — *Wilkes and Liberty. A social study of 1763 to 1774,* Oxford, 1962, et d'une étude comparative de synthèse — *The crowd in History. A study of popular disturbances in France and in England 1770-1848,* New York, 1964.

123. Cf .détails dans Mirot, *op. cit.,* p. 114, n° 1, p. 186, n. 1.

124. Même constatation chez Rudé, *The crowd in history,* pp. 198 et suiv., en ce qui concerne les foules révolutionnaires du XVIIIe siècle.

125. Dont un « povre varlet brodeur » présenté comme étant « de petit sens, memoire et gouvernement et aussi estable en son bon sens » — Archives nationales, JJ 148, N. 70, fol. 42 (sa rémission lui sera octroyée plus de 10 ans après les événements, en 1395).

126. *Cronica di Buonaccorsi Pitti,* ed. Manni, Firenze, 1720, p. 31.

127. *Ibidem* : « detto minuto popolo, che si chiamarono i Maglietti, ch'erano gientile tali quali furono i Ciompi che corsono Firenze ».

128. Mirot, *op. cit.,* p. 114.

129. *Ibidem,* p. 170, n° 1, et Ch. Douët d'Arcq, *Choix de pièces inédites relatives au règne de Charles VI,* t. I, Paris, 1860, n. XXVI, pp. 49 et suiv.

130. Archives nationales, JJ 135, N. 291 : « en ceste assemblee sont plusieurs houliers et mauvais garnements ». Eustache Deschamps dit du soulèvement qu'il « leva grant vent de pillars et coquins », *Ballade inédite d'Eustache Deschamps sur la sédition des Maillotins,* Bibliothèque de l'Ecole des chartes, IIe série, t. I, 1844, pp. 367 et suiv.

131. Ainsi que le rapporte en janvier 1383 la *Chronique du bon duc Loys de Bourbon,* éd. A. M. Chazaud, Paris, 1876, p. 177.

Nous ignorons pourtant si ces vols sont une résurgence des événements précédents ou s'ils étaient une réaction aux répressions qui s'abattaient sur la population de Paris.

132. Christine de Pisan, *Livre de paix*, Bibliothèque nationale, Ms. Fr. 1182, fol. 83 : « ung tel fol, qui a peine sara sa pater nostre ne soy mesme gouverner, fors par ses tavernes, voudra autruy ».

133. Sur cette corporation : R. Héron de Villefosse, « Etudes historique sur la communauté de la Grande Boucherie de Paris au Moyen Age, *Bulletin de la Société de l'Histoire de Paris*, t. LV, 1928 (et Positions des thèses de l'Ecole des chartes, Paris 1926) ; J. A. Durbec, « La Grande Boucherie de Paris », *Bulletin philologique et historique du Comité des travaux historiques et scientifiques*, 1955-1956, pp. 65 et suiv. ; et Ph. Wolff, « Les bouchers de Toulouse du XIIe au XVe siècle », *Annales du Midi*, t. LXV, 1953, pp. 375 et suiv.

134. Tel est le titre d'un chapitre consacré aux événements de 1413 dans le livre de J. d'Avout, *La querelle des Armagnacs et des Bourguignons*.

135. Liste des documents originaux à ce sujet chez J. Vieillard, *Les journées parisiennes de mai-juin 1418 d'après des documents des archives de la couronne d'Aragon*, Annuaire-Bulletin de la Société de l'Histoire de France, année 1940, Paris, 1941, pp. 125 et suiv.

136. *Chronique du Religieux de Saint-Denis*, éd. L. Bellaguet, t. VI, Paris, 1852, p. 228 : « populares et qui mechanicis artibus insudabant » ; *ibidem*, p. 250 : « multi abjectissimi viri vilibus mechanicis artibus assueti » ; *ibidem*, p. 262 : « ex communi Parisiensi populo... et vilibus mechanicis artibus ». Basin qui a utilisé la Chronique du Religieux de Saint-Denis et quelques autres relations, signale la présence de garçons artisans. *Histoire de Charles VII*, p. 58 : « ex plebe vilissima atque opificum mercennariis aggregate ».

137. *Chronique du Religieux de Saint-Denis*, t. VI, p. 232.

138. *Ibidem*, p. 244.

139. *Ibidem*, p. 244 : « In congragacione confusa major pars hominum turbati capiti assistebat. »

140. *Journal d'un bourgeois de Paris*, p. 90. Selon cette relation plus de 2 000 personnes furent tuées en mai-juin 1418. Un observateur étranger de ces événements, Aznar Pardo de la Casta, qui les a décrits dans une lettre au roi d'Aragon Alphonse V, note que « los vilans de Paris ab be IIII[M] » se sont précipités sur les prisons et y ont massacré, ainsi que dans les rues, quatre mille personnes. — Vieillard, *op. cit.*, p. 143.

141. *Journal d'un bourgeois de Paris* p. 106, donne la date du 21 août comme celle du soulèvement. Dans le *Liber procuratorum nationis anglicanae* (*Auctarium chartularii Universitatis Parisiensis*, éd. H. Denifle et E. Chatelain, t. II, Paris, 1937, col. 252), il est dit que « 20[a] Augusti ipso die beati Bernardi de nocte circa horam decimam incepit commocio popularium ville Paryensis, et duravit per totam illam noctem et diem sequentem ».

142. Une explosion de haine caractéristique est bien rendue par une lettre de rémission de 1448 : à Tours, pendant l'exécution d'un faux monnayeur, la foule se jette sur le bourreau et le tue. — Archives nationales, JJ 219, N. 9, 11 et 14. Champion, *Notes...*, pp. 375 et suiv.

143. J. Huizinga, *Herbst des Mittelalters,* Stuttgart, traduit en français sous le titre *Déclin du Moyen Age,* Paris, 1948.

144. Maître Henri, bourreau de Paris à partir de 1460, apparaît dans la littérature du temps comme une figure très connue. Cohen, *op. cit.*, n. XVII, p. 329 (v. 136-141) — L'un des héros des farces sur les vagabonds, Soudouvrer, parle de Maître Henri, comme d'un « bon père ». Il y a là, certes, de la moquerie, mais ce ton de familiarité entre le bourreau et sa clientèle potentielle est révélateur. Sur Maître Henri, cf. Champion, *François Villon...,* t. I, p. 339.

145. A. Dubois, *Justice et bourreaux à Amiens dans les XVe et XVIe siècles,* Amiens, 1860, p. 10.

146. Ainsi la famille d'Henri Cousin, dit « maître Henri » que son fils Petit Jehan assiste à Paris et dont le second fils est bourreau à Arras (« maître Antitus »). Champion, *François Villon...,* p. 339.

147. *Journal d'un bourgeois de Paris,* p. 18.

148. Archives de l'Assistance publique, Comptes de l'Hôtel-Dieu, registre V, fol. 269 ; E. Coyecque, *L'Hôtel-Dieu de Paris au Moyen Age,* t. I, Paris, 1891, p. 129 ; selon les prescriptions de la municipalité les porcs errant dans les rues devaient être confisqués pour l'Hôtel-Dieu et c'est au bourreau que revenait cette tâche.

149. C'est ainsi que Monstrelet, *op. cit.*, t. II, p. 344, appelle Caboche.

150. *Chroniques du Religieux de Saint-Denis,* t. VI, p. 264 : « Plectendorum judicialiter civitatis publicis exequutor, Capeluche noncupatus, solus equester, confusam multitudinem pedestrem conducendam susceperat. »

151. *La chronique d'Enquerran de Monstrelet,* p. 266 : « En oultre les dessusdiz mors du costé dudit connestable furent par le bourrel de Paris sur une charète menez hors de la ville et enfouiz aux champs. »

152. *Ibidem,* p. 290 : « Après par grandes compagnies s'en alèrent de rue en rue parmy Paris... Desquelles communes estoit ung des principaulx capitaines Capeluche, bourreau de Paris. » Dans la chronique de Jean Raoulet, il est donné comme le chef du quartier des halles : « fut capitaine pour aucuns jours ou cartier des Halles et fut en si grant autorité avec un autre satellite nommé Caboche, qu'il appeloit le duc de Bourgogne... son beau-frère » (*Chronique de Jean Chartier,* éd. Vallet de Virivelle, Paris, 1858, t. III, p. 163).

153. *Chronique du Religieux de Saint-Denis,* t. VI, p. 266 : « (Capeluche) Abjectissimi viri ac viliores civitatis sic sibi in cuntis obediebant, quod brevissimo spacio ad scelera perpetranda divina et humana animadversione certe digna, usque ad tria vel quatuor milia congregasset. »

154. *Ibidem,* pp. 353 et suiv. ; Fourquin, *op. cit.*, p. 307.

155. Christine de Pisan, *Livre de la paix,* Bibliothèque nationale, Ms. Fr. 1182, fol. 84.

156. Elle est décrite par Monstrelet, *op. cit.*, p. 290.

157. *Ibidem* : « ceulx qui faisoient lesdictes esmeutes estoient gens de petit estat contendans à piller les riches et notables bourgeois de la ville ».

158. Bibliothèque de la préfecture de police, 33, *Livre vert vieil premier du Châtelet,* fol. 167 (24 VII 1418).

159. *La chronique d'Enquerran de Monstrelet,* pp. 290 et suiv. :

« pour eschever lesdictes emeutes furent envoiez sept mille combatans desdictes communes de Paris » ; *Journal de Clément de Fauquemberque,* éd. A. Tuetey, Paris, 1903, t. I (1417-1420), pp. 155 et suiv.

160. Sur cette taverne, cf. A. Jourdan, *L'immunité de la Rappée au quartier des Halles (1137-1674),* Bulletin Philosophique et Historique, 1935, pp. 7 et suiv.

161. *Journal de Clément de Fauquembergue,* p. 155. Jean de Jouvenel des Ursins, *Histoire de Charles VI,* éd. Godefroy, Paris, 1653, p. 353 : « Et cependant fu pris ledit Capeluche, bourreau, qui beuvoit en la Rapée, es halles, et incontinent on luy couppa la teste. »

CONCLUSION

« Inutile au monde », tel est le verdict prononcé à l'encontre de l'un de nos vagabonds [1]. On peut, certes, prendre ce jugement comme exprimant l'opinion de tous, à cette réserve près qu'il s'applique à un condamné à mort, donc à un cas extrême. Nous avons, cependant, pu observer à l'égard de toutes les catégories de marginaux examinées, un sentiment d'animosité, de méfiance et de mépris. Les données de base de leur statut, ou plutôt de leur absence de statut, nous sont apparues multiples. Le manque d'ancrage dans la société et dans la vie s'exprime essentiellement par la non-participation constante à la production, aux liens de dépendance, aux associations corporatives, par le refus d'appartenir à une cellule familiale et par l'absence de domicile fixe. Mais le mépris dont ils font l'objet constitue le ciment de ces catégories si diverses, si différentes quant à leur genèse et aux fonctions qu'elles assument.

Les groupes marginaux portent, dans la ville médiévale, à l'instar des « *outcastes* » que distinguent les anthropologues et les sociologues [2], des signes distinctifs apparents. L'étranger à une collectivité donnée, celui qui y est méprisé, possède quelquefois la marque ethnique de sa différence, comme il en sera plus tard des Bohémiens [3], et comme il en est déjà des Juifs que l'on oblige, en outre, à porter un signe spécial sur leur habit. Les hérétiques, les lépreux, les prostituées sont également marqués de signes infamants. En un certain sens, les mendiants aussi doivent se différencier par l'aspect, non seulement par l'habit, qui est l'indice naturel de leur situation matérielle, mais surtout par leur aspect physique qui doit justifier leurs demandes d'aumônes et prouver leur incapacité de travail. Or l'infirmité physique est considérée, au Moyen Age, comme une punition de Dieu et l'on touche là, de même qu'au sujet de la maladie et des malades, à l'ambivalence des attitudes sociales : la compassion voisine avec le mépris ou l'horreur [4].

Les marginaux comptent dans leurs rangs des éléments en mouvement permanent, qui rejettent le caractère statique de la société. La mobilité suscite l'inquiétude et tous les migrants sont en quelque sorte « étrangers », cet état devient leur statut social. La sédentarité joue ici un rôle important car la mobilité temporaire, passagère, ne constitue pas une éviction du cadre social, alors que le nomadisme constant équivaut à la marginalité, tant dans l'opinion, que dans les faits. L'itinérance devient le creuset où se fondent vagabonds et groupes criminels professionnels. Nous voyons ainsi l'apprenti en voyage se joindre à une bande armée, le clerc errant à un groupe de voleurs, Villon se lier aux coquillarts. La façon de vivre, en tant qu'élément commun à diverses variétés de marginaux, est bien souvent, comme nous l'avons constaté, l'élément qui les rapproche.

L'historien qui étudie les marginaux en tant que groupe humain a constamment conscience de la disparité des destins individuels que lui ont livrés les documents. Il en résulte, de sa part, une certaine réticence à classer, à mettre en ordre les catégories et les différences, à marquer des limites franches. Mais cette difficulté à cerner l'objet, l'incertitude des distinctions, le flou des contours semblent découler de la nature même de cet objet. Il nous faut surtout, une fois encore, souligner combien incertaine et fluctuante s'avère la frontière entre le monde normal et le monde marginal.

Le milieu de la misère urbaine est la zone de contact où les marginaux côtoient la société. C'est parmi ces gens dont l'existence est économiquement précaire, exposée à l'adversité du sort, que se recrutent les délinquants, mais aussi que se produisent les indispensables contacts avec le monde : on y revend un butin, on y trouve une cachette sûre, on y obtient des renseignements. Les études actuelles soulignent le caractère criminogène des quartiers misérables, l'irréductibilité des « classes inférieures » aux normes sociales en vigueur [5] et cela s'applique très bien à la situation médiévale. Les études d'Oscar Lewis sur « l'anthropologie de la misère » dans les sociétés latino-américaines [6] ou celles de Danilo Dolci sur le monde de la misère à Palerme [7] présentent une image étonnamment semblable à celle qui se dégage de nos documents sur le Paris du bas Moyen Age.

L'évidente particularité des marginaux du Moyen Age, par rapport à ceux qu'ont étudié Lewis ou Dolci, réside dans cette composante qui est frappée du sceau de l'infamie, tout en restant très proche des structures organisées de la société : les prostituées, les lépreux et les mendiants. Ces trois catégories remplissent, dans la société médiévale, un rôle bien défini et sont dans une certaine mesure, institutionnalisées [8]. Par ailleurs, les délinquants et les criminels que nous révèlent les documents judiciaires sont des individus dont l'incorporation à la ville est toute récente et qui sont en cours d'aculturation. Sans fortune et, le plus souvent, sans savoir-faire apprécié sur le marché du travail, ils cherchent non seulement le moyen de s'adapter au monde urbain, mais aussi celui de progresser, de surmonter la menace de déclassement qui les guette [9]. L'urbanisation crée et élargit des secteurs de désorganisation sociale. Les mobiles des crimes qu'avouent les inculpés donnent la mesure de leurs rêves : il leur importe principalement de s'enrichir vite [10], d'atteindre une place honorable dans la hiérarchie sociale. Les temps de guerre renforcent ces espoirs et augmentent leurs perspectives de réalisation. Il est vrai que le métier des armes anoblit. Quand un homme d'arme a le casque sur la tête, il est noble et digne d'entrer en lice avec le roi lui-même. Les armes anoblissent, quel que soit celui qui les porte, ainsi raisonne le *Jouvencel* [11]. Il suffit d'être jeune, d'acquérir une certaine maîtrise des armes pour trouver facilement à s'enrôler. L'éventail des situations offertes est alors assez large : on devient page, sergent, homme d'arme, mercenaire, voire maraudeur dans le sillage d'une troupe quelconque, toutes carrières procurées par la guerre. A peine celle-ci terminée, le contact avec la réalité est dur ; non seulement les moyens de subsistance fondent de jour en jour, mais le mirage de la dignité et de la force, provoqué par l'état militaire, se dissipe. Quelques-uns peuvent s'assurer une insertion durable dans l'échelle de l'aisance ou de la dignité, mais l'énorme majorité se trouve placée devant le dilemme : retourner vers le travail de naguère, sans aucune qualification ou connaissance nouvelle, ou utiliser les seules nouvelles capacités qu'a procurées l'exercice de la violence. L'histoire des « grand'compagnies » et des bandes du milieu du XVe siècle montre que beaucoup choisissent la seconde voie, la seule qui permette de continuer à vivre de la même façon [12].

D'avoir guerroyé partout, ces « compaignons gaigneuz d'aventage » sont passés par l'école de la vie asociale et de la marginalité. Nous avons ensuite montré, à plusieurs reprises, des exemples d'éducation criminelle. A côté des causes de déclassement, on voit ainsi l'influence des modèles de comportement, les aspirations de la classe la plus basse. Les contacts directs dans les lieux de regroupement (d'où le caractère criminogène des quartiers misérables), dans les hôpitaux, les auberges ou les prisons, telles sont les étapes principales de l' « apprentissage » criminel. Ces contacts n'ont d'ailleurs pas seulement un caractère local : un clerc de Fontaine-l'Abbé raconte qu'il est devenu voleur-cambrioleur professionnel sous l'influence d'un Parisien, compagnon de cellule qui lui a appris à confectionner des crochets et à s'en servir [13]. Nous avons constaté également des origines géographiques différentes, y compris parisiennes, parmi les coquillarts.

On peut se demander à quel point les groupes marginaux ont conscience de leur inadaptation aux normes en vigueur. Dans l'opinion, cela ne fait aucun doute : ils sont parfaitement conscients. Dans un traité de morale sociale de la fin du Moyen Age [14], qui énumère les différents états et classes, on décrit une catégorie particulière qualifiée de « vrays folz frenetiques » qui refuse toute obéissance. Voici qui est compris dans ce groupe : « Ce sont les larrons pillars qui communément pillent et robent le peupleè Ce sont les holiers gloutonts qui continuellement sont es tavernes en jouant au dez... ce sont aussi ces dolens maqueriaux qui ne vivent seulement que de pesche de ces folles femmes [15]. »

Ces insensés ne veulent pas écouter les prédicateurs et ne tiennent aucun compte des anathèmes ou des mises en garde contre le châtiment du ciel : « ces manières de malereuses gens dient que Dieu si n'a fait les biens que pour prendre le plaisir des compaignons et les declairent et concluent qu'ilz en feront tout à la voulente de leur sensualite. Et qui pys est ilz dient que Dieu le veult et que pour ce les a ils faiz. Item dient en oultre que Dieu n'a point distingue les biens ne ordonne ce que chacun en doit avoir maiz qui en peult prendre si en prenne [16]. »

Ce traité accorde ainsi aux marginaux des traits de morale libertine. Ces libertins, nous dirions presque ces anarchistes du Moyen Age, qui s'en prennent au droit de propriété et proclament que toute création divine a été faite pour les hommes, ne sont certainement pas un fruit de l'imagination de l'apologiste-moraliste, exposé pour être aussitôt réfuté. On devait effectivement entendre à la taverne, cette « droite escole du diable », des arguments de ce genre, destinés à donner une sanction morale et une cohérence à la vie réellement libertine et anarchique de leurs auteurs.

Il ne semble cependant pas que les marginaux possèdent une philosophie à ce point particulière qu'ils puissent vivre sur un plan moral et culturel absolument différent du reste de la société. Nous pouvons au contraire retrouver dans leur psychisme l'échelle de base des valeurs, des aspirations, des mœurs et des croyances du monde organisé. Les voleurs ne reculent pas devant le sacrilège, mais sont pénétrés de religiosité, ils craignent non seulement le tribunal terrestre, mais celui de l'au-delà. Ils participent aux pèlerinages, non seulement parce que ceux-ci sont une occasion de rencontre traditionnelle du monde interlope, mais pour que soient exaucés leurs vœux de profits matériels ou afin que les saints intercèdent pour le rachat de leurs péchés. Les prostituées rêvent de fonder un foyer, les cambrioleurs et les faux monnayeurs d'entrer dans le cercle des riches, les clercs itinérants d'obtenir une prébende. Quand ces espoirs s'évanouissent, alors seulement apparaît une tendance réelle à accepter son sort, à s'y habituer, à affirmer ses attraits et ses avantages, ce que les sociologues appellent parfois une tendance à l'homéostase. Les vantardises de taverne à propos d'un « coup » réussi, ou la hâblerie du compagnon de Villon après l'effraction du Collège de Navarre, constituent une sorte de transposition de l'exploit chevaleresque. Si l'organisation, le calque de certaines structures corporatives (métiers et confréries) expriment le sentiment d'altérité de cette « contre-société », ils trahissent aussi une tendance à retrouver une place dans le monde structuré.

Nous avons évoqué l'importance du jeu dans l'infraculture marginale. Le traité cité ci-dessus [17] montre, quand il parle des « vrays fols » quel rôle joue le privilège du temps libre, de la distraction, de la vie facile, dans le sentiment d'hostilité que nourrit l'opinion envers les marginaux. Mais nous pouvons rencontrer ces derniers sur une voie totalement différente, parmi les partisans du renoncement, les apologistes du dénuement et les hérétiques.

Le milieu de la capitale n'est guère, à la fin du Moyen Age, propice aux courants hérétiques, ou plus exactement aux hérésies populaires. Le seul courant de l'époque lié à Paris, celui des turlupins, dans la seconde moitié du XIVe siècle [18], semble avoir été surestimé par une tradition postérieure. Dans l'enseignement universitaire, le problème des turlupins est traité comme un *exemplum* qui ajoute une couleur locale aux disputes et controverses savantes. Gerson s'en préoccupe beaucoup et le cas des turlupins, accusés aussi de pratiquer le nudisme et le dévergondage physique, reste gravé dans la mémoire des écoliers : on en trouve le souvenir chez Villon et dans des œuvres plus tardives [19]. Nous savons, en fait, très peu de choses sur leur origine sociale ou l'extension de leur secte ; nous ignorons si, et dans quelle mesure, des marginaux y adhéraient ; nous ne savons pas non plus si la flamme polémique de Gerson se déchaînant contre les bégards et les turlupins, jetant ses foudres sur le nudisme et contre le scandaleux programme du Roman de la Rose [20], trouvait aussi un aliment dans la réalité parisienne du temps. Dans les années soixante-dix du XIVe siècle, il est bien certain que le Parlement débat plusieurs fois de la lutte contre les hérétiques et contre les turlupins en particulier [21]. En 1372, Jeanne Daubenton, membre et peut-être instigatrice de cette « *societas pauperum* » comme cette secte se qualifie elle-même, périt sur le bûcher. Ce groupe semble avoir eu certaines ramifications en Ile-de-France, mais l'inquisition, aidée par l'appareil policier civil, les anéantit complètement. Parmi les adeptes de la pauvreté volontaire [22], à côté de ceux qui renoncent à quelque chose, ceux qui sont pauvres par nature ne manquent pas. Pour eux, la secte offre un moyen de sublimer la situation matérielle, l'indigence n'est plus un coup du destin ou une punition divine, mais une vertu.

Des marginaux se mêlent aussi de sorcellerie. Nous avons signalé le « livre de sortilège » trouvé dans les bagages d'un vagabond type, voleur, joueur et tricheur [23]. Les gens du voyage abondent en charlatans [24]. La possession d'un aide-mémoire « médical », la science des incantations de circonstance, sont une source appréciable de revenu pendant un voyage. Les anciennes prostituées vieillissantes se livrent de même, à côté du maquerellage, à une bizarre association de rebouterie et de sorcellerie [25]. Les paroxysmes de haine collective sont, en tout cas, dirigés contre les étrangers et les suspects quand se déclare une affaire de sorcellerie. Vers la fin de 1459 et début 1460, éclate en Artois la célèbre affaire des Vaudois (qui est une affaire de sorcellerie typique) : un poète et un peintre itinérant, un compagnon et quelques prostituées du coin sont arrêtés, torturés et brûlés. L'inquisition dominicaine élargit de plus en plus le cercle des arrestations et des souçons, mais ce sont les personnes sans feu ni lieu qui font les frais de la psychose collective, de la chasse aux hérétiques et aux sorcières [26]. Plus qu'aux attitudes et aux actes des marginaux, nous touchons là aux complexes et à la haine collective qu'il est plus facile de diriger contre les « étrangers », contre ceux qui sont différents, qui ne participent pas entièrement aux structures les plus communes de la vie sociale et de la culture.

Il est d'ailleurs possible d'envisager le problème des sorcières et de la sorcellerie dans son ensemble [27] comme la manifestation d'une marginalité particulière, de même que tout le domaine de la psychopathologie. Il faut cependant se souvenir que les procès massifs de sorcières n'apparaissent qu'au début de l'ère moderne [28], et non au Moyen Age. Au cours du haut Moyen Age, pendant les premiers siècles du christianisme européen, la magie et les sortilèges se manifestent comme des survivances du paganisme que les hommes et les institutions de l'Eglise doivent éliminer. En fait, ces pratiques conservent leur force et durent encore des siècles dans le folklore européen. A partir du XIIe siècle, quand apparaît l'inquisition, l'accusation de sorcellerie change de nature et s'assimile peu à peu au grief d'hérésie [29]. Le procès de sorcellerie est toutefois plus souvent l'instrument ou le prétexte d'un procès politique, qu'un phénomène indépendant, relevant de la psychopathologie des sorcières ou de leurs persécuteurs.

Le registre criminel du Châtelet contient deux comptes rendus de procès de sorcières. Au cours du premier, qui se déroule en août 1390, deux femmes comparaissent :

l'une est accusée de pratiquer et l'autre de profiter des sortilèges [30]. Le second est du même genre. Il commence en octobre 1390 et se prolonge jusqu'en août 1391 [31]. Dans les deux cas, il s'agit de magie amoureuse. Les deux sorcières présumées sont des vieilles et leurs deux clientes, des jeunes. Toutes les quatre font partie du monde de la prostitution, nous retrouvons donc ici, comme dans l'affaire d'Arras, la suspicion de l'opinion à l'égard de ce milieu. Les deux « sorcières » dont l'une est qualifiée de « devine » et semble une diseuse de bonne aventure professionnelle, se réfèrent aux « forces impures ». L'autre avoue qu'elle a, dans sa jeunesse, invoqué le diable pour qu'il punisse son amant infidèle. Toutes les quatre, malgré les hésitations de quelques juges, sont condamnées au bûcher.

Ainsi donc, bien que pendant notre période les affaires de sorcellerie ne revêtent pas une grande ampleur, celles que l'on rencontre indiquent un lien entre l'inadéquation des croyances et des pratiques religieuses d'une part, la marginalité de l'autre. Il est caractéristique que les attitudes diffèrent selon le milieu social où le phénomène se produit. On pratique couramment et impunément la nécromancie dans les cours princières [32], alors qu'elle devient un crime condamné et poursuivi par l'église et les laïcs dans les milieux populaires. Dans la mentalité du temps, ne pas observer très strictement les prescriptions de l'Eglise est normal et fréquent : la clientèle des devineresses, des briseurs de sort, des guérisseuses et rebouteux se recrute dans tous les milieux et conserve sa place dans les relations sociales. Mais les « possédés » et les mystiques, les sorcières et les hérétiques, les mendiants de leur plein gré et les fanatiques qui cherchent la pierre philosophale, tous partagent plus ou moins le sort des « exclus [33] » de la société, se heurtent à l'animosité, la méfiance ou la peur de celle-ci et souvent le lui rendent bien.

Les changements de la fin du Moyen Age s'expriment dans la religiosité populaire par un renforcement des courants mystiques et millénaristes qui conduisent souvent à la rupture des liens sociaux [34]. Les foules de pénitents, qui entourent les grands prédicateurs des XIVe et XVe siècles, unissent souvent en leur sein, à côté de « fols en Christ », de véritables marginaux, de vulgaires vagabonds. Saint Vincent Ferrier appelle simplement de ce nom l'un de ses ennemis [35]. Ferrier s'élève, en effet, plus d'une fois contre les oisifs qui se joignent au groupe de flagellants qui l'entourent ou feignent d'y appartenir [36]. A Paris, la prédication de frère Richard connaît un énorme succès. Il prêche dans l'esprit de Bernardin de Sienne et désigne Vincent Ferrier comme son maître [37]. Il est loisible de supposer qu'à Paris, les prédications adressées à des milliers de fidèles dans l'ambiance lugubre du cimetière et dans l'ombre de la danse macabre conduisent beaucoup d'hommes à se détacher de la vie sociale ; les chroniqueurs ne mentionnent pas que frère Richard ait été suivi, comme les autres prédicateurs populaires, par une foule de pénitents. En plein cœur de Paris, au milieu du bruit perpétuel, vivent enfin des ermites [38]. Fuir les plaisirs terrestres reste en accord avec les normes et l'idéologie en vigueur ; on peut même dire que cela réalise un modèle de vie idéale, celui qui fonde la morale chrétienne. Cette fuite constitue une rupture des liens fondamentaux de l'individu avec la société, mais propose en même temps une nouvelle situation : le solitaire cloîtré auprès de la cathédrale ou le groupe de pénitents qui gravite autour d'un prédicateur ont leur place et jouent leur rôle social, ils sont utiles. La « *fuga mundi* » reconnue et institutionnellement assurée par l'Eglise peut ainsi devenir une sorte de refuge accueillant les individus ou les groupes qui souffrent de frustration extrême. Une soupape de sécurité originale contre la menace de l' « anti-société ».

Nous ne voudrions pas ici entrer dans le domaine particulier des aspects psychologiques de la marginalité, bien que leur importance dans la formation de ce milieu soit évidente. Ce pourrait être l'objet d'une autre recherche. En achevant ici cette présentation des marginaux parisiens du Moyen Age, nous pouvons seulement dire que, parmi les questions qu'elle a posées, et elle en a posé plus qu'elle n'a fourni de réponses, celles qui concernent les problèmes de psychologie sociale sont celles qui reviennent avec le plus d'insistance.

1. Cf. *supra,* chap. IX.

2. J. D. Donoghue, *An Eta Community in Japan : The Social Persistance of Out Caste Groups,* American Anthropologist, t. LIX, 1957, pp. 1000 et suiv. ; G. Sjoberg, *The preindustrial city,* Glencoe (Illinois), 1960, p. 134. On peut aussi rappeler la remarque d'Engels, dans une lettre à Kautski de 1895, où il écrit que les marginaux sont, dans la ville médiévale, « presque au niveau des parias ».

3. Ils apparaîtront en Europe, dès le XVᵉ siècle, sous le nom d' « Egyptiens ». Dans le *Journal d'un bourgeois de Paris,* éd. A. Tuetey, Paris, 1881, pp. 219 et suiv., nous trouvons la description de l'arrivée d'un groupe de bohémiens à Paris, en 1427, mais ceux-ci n'éveillent encore que l'intérêt et la curiosité.

4. Eustache Deschamps explique la méfiance envers les estropiés par le fait qu'elle va de pair avec l'état de péché et la malfaisance : « Homs de membre contrefais / Est en sa pensée meffais / Plains de pechiez et plains de vices », *Œuvres,* t. IX, Paris, 1874, p. 81.

5. Cf. W. Miller, *Lower Class Culture as a Genarating Milieu of Gang Delinquency,* Journal of Social Issues, t. XIV, n. 3, pp. 5 et suiv.

6. O. Lewis, *Sanchez et ses enfants.*

7. D. Dolci, *Inchiesta a Palermo,* Torino, 1962.

8. W. Kula écrit, à propos des mendiants, vagabonds, gens sans feu ni lieu qui vivent en marge de la société organisée : « Une grande partie d'entre eux était, en dépit des apparences, intégrée à cette société comme l'une de ses parties en quelque sorte indispensable. » W. Kula, *Teoria ekonomiczna ustroju feudalnego. Proba modelu,* Warszawa, 1962, p. 121.

9. Dans un essai intéressant sur les types de marginaux, Elisabeth Neyman distingue une « marginalité consommée » où les individus appartenaient déjà précédemment aux couches inférieures de la société et une « marginalité par déclassement » où l'on rencontre des personnes ayant antérieurement appartenu à des groupes supérieurs (E. Neyman, *Typy marginesowosci w spoleczenstwach i ich rola w zmianie spolecznej,* Studia Socjologiczne, 1966, n° 4 (23), pp. 39 et suiv.). Mais cette distinction n'est pas très convaincante et apparaît peu fondée. La « marginalisation » est toujours liée à un déclassement social, celui-ci la précède ou y équivaut. Le paysan qui devient vagabond est socialement déclassé, même s'il doit maintenant partager sa couche avec un clerc itinérant ou un maître paupérisé.

10. *Registre criminel du Châtelet de Paris,* éd. H. Duplès-Agier, Paris, 1861-1864, t. I, p. 370 (1390) : « Il lui diroit qu'ilz seroient riches à toujours. »

11. *Le Jouvencel,* éd. Favre-Lecestre, t. II, chap. XIX.

12. *Registre criminel du Châtelet,* t. I, p. 103.

13. L. Merlet, *Registres des officialités de Chartres,* Bibliothèque de l'Ecole des chartes, 4ᵉ série, t. II, 1856, p. 588.

14. Bibliothèque nationale, Ms. Fr. 1148. Le catalogue date ce manuscrit du XVIᵉ siècle.

15. *Ibidem,* fol. 64.

16. *Ibidem,* fol. 64 V.

17. C'est ainsi qu'H. Mendras qualifie le milieu des « bidonvilles » dans la société industrielle ; H. Mendras, *Pour une sociologie de la contre-société,* Revue Française de Sociologie, t. VIII, 1967, pp. 72 et suiv.

18. L'état des études sur les turlupins a été présenté par S. Bylina, *Herezja w XIV — wiecznym Paryzu,* Przeglad Historyczny, t. LIX, 1968, pp. 741 et suiv. ; l'auteur associe les turlupins avec les begards et l'hérésie du Saint-Esprit.

19. *Le Testament,* v. 1161, F. Villon, *Œuvres,* éd. A. Longnon

et L. Foulet, Paris, 1932, p. 49 ; cf. P. Champion, *François Villon. Sa vie et son temps,* Paris, 1913 ; L. Spizer, *Turlupin,* Modern Language, Notes, t. LXI, 1946, pp. 104 et suiv.

20. Sur ces polémiques de Gerson cf. surtout M. Lieberman, *Chronologie gersonienne,* Romania, t. LXXXIII, 1962, p. 67.

21. Dans la collection de copies des actes du Parlement, nous trouvons des verdicts touchant les hérésies les 22 mai 1370, 15 janvier 1372, 15 juin 1374, 29 novembre 1376 (Bibliothèque nationale, Ms. Fr. 8058, coll. Dupré). Cf. aussi Archives nationales, L 428, N. 53 — l'accusation contre l'hérésie et la magie que répand dans Paris Johannes de Janua.

22. Cf. T. Manteuffel, *Narodziny herezji,* Warszawa, 1963, pp. 113 et suiv. ; M. Erbstosser, E. Werner, *Ideologische Probleme des mittelalterlichen Plebejertums. Die freigeistige Haresie und ihre sozialen Wurzeln,* Berlin, 1960, Forschungen zur mittelalterlichen Geschichte, B. 7, pp. 22, 41 et suiv.

23. Archives Nationales, X^{2a} 12, fol. 432 (1400).

24. Cf. J. J. Jusserand, *La vie nomade et les routes d'Angleterre au XIVe siècle,* Paris, 1884, pp. 105 et suiv.

25. Voir *supra,* chap. VII.

26. F. Bourquelot, *Les Vaudois du quinzième siècle,* Bibliothèque de l'Ecole des chartes, 2e série, t. III, pp. 94 et suiv. ; A. Duverger, *La Vauderie dans les états de Philippe le Bon,* Arras, 1885, pp. 28 et suiv. Dès la fin de 1460 la vague de persécutions s'arrête, ceux qui sont restés vivants sont relâchés, le Parlement de Paris commence la révision des procès et, en 1491, on réhabilite les condamnés. Les actes des procès sont détruits. On célèbre une messe solennelle à la cathédrale d'Arras, on dresse une croix de pierre pour perpétuer la mémoire des victimes innocentes et on paie des dédommagements aux parents.

27. Il serait difficile de donner ici la bibliographie du problème, bien qu'elle soit moins abondante pour le Moyen Age que pour l'époque moderne. Notons surtout : E. Brouette, *La civilisation chrétienne du XVIe siècle devant le problème satanique,* Etudes carmélitaines, 1948, pp. 352 et suiv. ; P. Villette, *La sorcellerie dans le Nord de la France du XIVe au XVIIe siècle,* Lille, 1956 ; J. Palou, « Misère et sorcellerie », *Revue de la Tour Saint-Jacques,* 1957, et du même, *La sorcellerie,* Paris, 1957.

28. R. Mandrou, *Magistrats et sorciers en France au XVIIe siècle. Une analyse de psychologie historique,* Paris, 1968.

29. Les liens entre la sorcellerie et l'hérésie ont été mis en valeur par M. Foucault, *Les déviations religieuses et le savoir médical,* (in :) *Hérésies et sociétés dans l'Europe préindustrielle (XIe-XVIIIe siècles),* Paris, 1968, pp. 19 et suiv. (et discussion pp. 26 et suiv.).

30. *Registre criminel du Châtelet,* t. I, pp. 327-361.

31. *Ibidem,* t. II, pp. 280-343.

32. J. Huizinga.

33. Cf. J. le Goff, *La civilisation de l'Occident médiéval,* Paris, 1964, pp. 390 et suiv.

34. Cf. surtout *L'attesa dell'età nuova nella spiritualità della fine del medioevo,* Todi, 1962, Convegni del Centro di studi sulla spiritualità medievale, t. III ; E. Delaruelle, *La vie religieuse populaire en Occident dans les années 1500* (in :) *Colloque d'his-*

toire religieuse, Grenoble, 1963, pp. 7 et suiv. ; J. Kloczowski, *Wspolnoty chrzescijanskie. Grupy zycia wspolnego w chrescijanstwie zachodnim od starozytnosci do XV wieku,* Krakow, 1964, pp. 398 et suiv.

35. M. M. Gorce, *Saint Vincent Ferrier* (*1350-1419*), Paris, 1924, p. 28 ; sur la figure de Vincent Ferrier, les ouvrages d'O. Fages contiennent des matériaux très riches.

36. *Ibidem,* p. 183.

37. *Journal d'un bourgeois de Paris,* pp. 233 et suiv.

38. Allusion aux ermitages à Paris (selon Lebœuf), *Recherches sur les pauvres et la pauvreté,* fasc. IV, 1965-1966.

NOTE SUR LES DOCUMENTS ORIGINAUX UTILISES DANS LE PRESENT OUVRAGE

L'essentiel des manuscrits utilisés provient des archives et bibliothèques parisiennes. Je n'ai pas été en mesure d'étendre mes recherches aux archives de province où l'on peut espérer retrouver la trace de quelques marginaux de la capitale, surtout dans les archives judiciaires. Quelques sondages dans les archives bourguignonnes (Archives départementales de la Côte-d'Or et Archives communales de Dijon) ont montré que le dépouillement serait très absorbant et n'offrirait que des chances minimes d'efficacité.

ARCHIVES NATIONALES

La série JJ, qui contient les registres de la chancellerie royale, compte plus de deux cents volumes pour les XIVe et XVe siècles. Parmi les matériaux d'une énorme richesse touchant tous les domaines de l'histoire, se trouvent les documents par lesquels la chancellerie royale graciait les condamnés (les lettres de rémission). Au moment où j'étudiais cette série, le catalogue par matières était seulement en cours d'élaboration, j'ai donc dû utiliser l'ancien, peu utile dans ma perspective. Précisons que les frais qu'il fallait engager pour obtenir une lettre de rémission font que nous ne rencontrons que très rarement des marginaux dans ces documents. J'ai passé systématiquement en revue les registres JJ 118 (pour l'année 1380) ; JJ 138 et 139 (1389-1390) ; JJ 154 (1398-1400) ; JJ 164 (1409-1410) ; JJ 171 (1418-1421) ; JJ 175 (1430-1433) ; JJ 176 (1441-1451) ; JJ 180 (N. 1-156 de 1449-1450) ; JJ 192 (1460-1461) ; JJ 203 (1476-1478) ; JJ 207 (1481-1483).

Dans les séries K et KK (Monuments historiques) j'ai examiné les recueils d'édits municipaux, de privilèges municipaux K 948-951, KK 1007, KK 1008, K 963 ainsi que les rôles fiscaux KK 284 (1438) et KK 323 (1421).

Dans les séries L et LL (Monuments ecclésiastiques) à part

quelques sondages dans les registres du Chapitre de Notre-Dame des années 1326, 1465 LL 105-120, je me suis limité à la collection d'extraits de Sarrazin dont la composition m'a permis de limiter les recherches.

Je n'ai conduit aucune recherche systématique dans les séries H, M, MM, et S et n'ai essayé que de retrouver des matériaux sur la vie des collèges universitaires et la topographie parisienne. Pour cette dernière la série S contient des données intéressantes qui exigeraient cependant des investigations et un travail qui dépassent notre propos actuel.

La série X, qui contient les archives du Parlement de Paris, est l'une des plus riches collections médiévales. Nous devons les matériaux sur les plébéiens et les délinquants aux conflits entre la juridiction civile et celle de l'Eglise qui se résolvaient en appel devant ce tribunal. Dans la section Parlement civil nous avons vu les registres X^{1a} 29-84, X^{1a} 1471-1482, X^{1a} 4789-4798, X^{1a} 8853-8854. Dans les archives de la Tournelle criminelle, les registres du XIVe siècle n'ont guère été plus féconds, mais ceux du XVe siècle ont donné des résultats un peu meilleurs, ce qu'il faut expliquer par l'établissement progressif du droit d'appel dans les affaires criminelles du XVe siècle. Nous avons ici consulté les cotes X^{2a} 9-30 (qui embrassent les années 1376-1464) et donné quelques coups de sonde dans les décennies suivantes : X^{2a} 38-40 (1470-1473), 44-47 (1479-1482), 59-60 (1489-1490).

Dans la série Y, celle des archives du Châtelet de Paris, les investigations ont porté sur les « Livres de couleur » c'est-à-dire les copies de verdicts ou de décisions municipales (Y 1-6). Les « sentences civiles » ont fait l'objet d'une publication par Olivier Martin et Fagniez. Elles ont permis certains sondages dans une série conservée partiellement et intéressant surtout la vie économique de la capitale. Quant à la Chambre criminelle du Châtelet, elle n'a laissé que le registre Y 10531 pour les années 1389-1392, publié par H. Duplès-Agier. La liste des prisonniers du Châtelet pour 1488-1489 (Y 52-66) nécessiterait une recherche et un contrôle approfondis quant aux noms cités, mais cela dépassait notre propos et le cadre chronologique que nous nous imposions.

La série Z, comprenant les archives de différentes juridictions parisiennes, nous a fourni d'importants documents sur les crimes de droit commun et la vie quotidienne du bas peuple. Les livres Z 1h contiennent les procès-verbaux de séances du tribunal municipal à partir de 1395. Des sondages opérés surtout dans Z 1h 5, 6, 7 ont montré qu'il ne fallait pas s'attendre à une bonne moisson pour notre sujet. Ces documents ont d'ailleurs été utilisés et partiellement publiés par l'historien de l'autonomie parisienne G. Huisman, *La juridiction de la municipalité parisienne de Saint-Louis à Charles VII*, Paris, 1912, Bibliothèque d'Histoire de Paris. Nous n'avons utilisé que quelques fragments des livres Z^{10} qui concernent les décisions judiciaires de l'official car J. Pommeroy en a tiré le maximum. Z^{10} 26, c'est-à-dire les « causes civiles », a été publié par J. Petit. Nous avons, dans cette série, compulsé plus systématiquement Z^{2} 3111 (la Barre du Chapitre) ; Z^{2} 3150 (Fort l'Evêque 1447-1448) ; Z^{2} 3257-3258 (Saint-Eloi, 1457-1468) ; Z^{2} 3264-3269 (Saint-Germain-des-Prés 1407-1464) déjà largement exploité par F. Ledoux ; Z^2 3756 (le Temple 1411-1420) ; Z^2 3118 (Ecrous, Chapitre de Notre-Dame 1404-1406).

Bibliothèque nationale

Nous avons utilisé, au département des manuscrits de la BN, différentes œuvres littéraires restées inédites. Les collections les plus utiles ont été celles de Delamare, Dupré, Clairembault. Dans la collection Dupuy, nous avons trouvé un important registre d'affaires criminelles du XVe siècle (coll. Dupuy 250).

Archives de l'Assistance publique

Parmi les archives des hôpitaux parisiens, nous avons utilisé surtout celles de Saint-Jacques-aux-Pèlerins et celles de l'Hôtel-Dieu, en particulier la série des comptes de ces deux institutions.

Bibliothèque de la préfecture de police

Cette bibliothèque possède deux collections de copies manuscrites touchant le Moyen Age. Il s'agit surtout de celle des livres de couleur du Châtelet qui comprend aussi les livres qui ne se sont pas conservés dans la collection que possèdent les Archives nationales. Une énorme collection de copies, appelée la collection Lamoignon, renferme des matériaux sur la police de Paris, les institutions municipales, la sécurité et les compétences de la municipalité.

Bibliothèque de la Chambre des députés

C'est là que sont conservés les extraits d'actes du Parlement (collection Le Nain), la plus riche et la mieux classée des nombreuses collections de ce genre. Un fichier par matières facilite les recherches. Les Archives nationales ne possèdent qu'une copie de l'inventaire de cette collection, nous n'avons donc pas été en mesure de procéder dans les registres originaux du Parlement à une vérification suivie des extraits que nous avons utilisés.

TABLE DES MATIÈRES

DÉJÀ PARUS

Collection Champs

ALAIN **Idées.**
ARAGON **Je n'ai jamais appris à écrire ou les *Incipit*.**
ARNAUD, NICOLE **La logique ou l'art de penser.**
ASTURIAS, **Trois des quatre soleils.**
AXLINE Dr **Dibs.**
BADINTER **L'amour en plus.**
Les Remontrances de Malesherbes.
BARRACLOUGH **Tendances actuelles de l'histoire.**
BARRY **La Résistance afghane du grand mogol aux soviétiques.**
BARTHES **L'empire des signes.**
BASTIDE **Sociologie des maladies mentales.**
BECCARIA **Des délits et des peines.**
BERNARD **Introduction à l'étude de la médecine expérimentale.**
BIARDEAU **L'hindouisme. Anthropologie d'une civilisation.**
BINET **Les idées modernes sur les enfants.**
BOIS **Paysans de l'Ouest.**
BONNEFOY **L'arrière-pays.**
BRAUDEL **Écrits sur l'histoire.**
La Méditerranée. L'espace et l'histoire.
La dynamique du capitalisme.
BRILLAT-SAVARIN **Physiologie du goût.**
BROGLIE (de) **La Physique nouvelle et les Quants.**
BROUÉ **La révolution espagnole (1931-1939).**
BUTOR **Les mots dans la peinture.**
CAILLOIS **L'écriture des pierres.**
CARRÈRE D'ENCAUSSE **Lénine, la révolution et le pouvoir.**
Staline, l'ordre par la terreur.
Ni paix ni guerre.
CHAR **La nuit talismanique.**
CHASTEL **Éditoriaux de la Revue de l'art.**
CHAUNU **La civilisation de l'Europe des Lumières.**
CHOMSKY **Réflexions sur le langage.**
COHEN **Structure du langage poétique.**
CODE CIVIL **(Naissance du).**
CONSTANT **De la force du gouvernement actuel de la France et de la nécessité de s'y rallier (1796). Des réactions politiques. Des effets de la terreur (1797).**
CORBIN **Les filles de noce.**
Le miasme et la jonquille.
DAVY **Initiation à la symbolique romane.**
DERRIDA **Éperons. Les styles de Nietzsche.**
La vérité en peinture.
DETIENNE, VERNANT **Les ruses de l'intelligence. La métis des Grecs.**
DEVEREUX **Ethnopsychanalyse complémentariste.**
Femme et mythe.
DIEHL **La République de Venise.**
DODDS **Les Grecs et l'irrationnel.**
DUBY **L'économie rurale et la vie des campagnes dans l'Occident médiéval** (2 tomes).
Saint-Bernard. L'art cistercien.
L'Europe au Moyen Âge.
La société chevaleresque - Hommes et structures du Moyen Âge I.
Seigneurs et paysans - Hommes et structures du Moyen Âge II.
DURKHEIM **Règles de la méthode sociologique.**
EINSTEIN **Comment je vois le monde.**
Conceptions scientifiques.
EINSTEIN, INFELD **L'évolution des idées en physique.**
ÉLIADE **Forgerons et alchimistes.**
ELIAS **La société de cour.**
ERIKSON **Adolescente et crise.**
ESCARPIT **Le littéraire et le social.**
FEBVRE **Philippe II et la Franche-Comté.**
FÉRRO **La révolution russe de 1917.**
FINLEY **Les premiers temps de la Grèce.**
FOISIL **Le Sire de Gouberville.**
FONTANIER **Les figures du discours.**
FURET **L'atelier de l'histoire.**
FUSTEL DE COULANGES **La cité antique.**
GENTIS **Leçons du corps.**
GERNET **Anthropologie de la Grèce antique.**
Droit et institutions en Grèce antique.
GINZBURG **Les batailles nocturnes.**
GONCOURT **La femme au XVIIIe siècle.**
GOUBERT **100 000 provinciaux au XVIIe siècle.**
GRÈGOIRE **Essai sur la régénération physique, morale et politique des juifs.**
GROSSER **Affaires extérieures. La politique étrangère de la France (1949-1989).**
GUILLAUME **La psychologie de la forme.**
GUSDORF **Mythe et métaphysique.**
HEGEL **Esthétique.** Tome I. **Introduction à l'esthétique.** Tome II. **L'art symbolique. L'art classique. L'art romantique.** Tome III. **L'architecture. La sculpture. La peinture. La musique.** Tome IV. **La poésie.**
HEISENBERG **La Partie et le Tout. Le monde de la physique atomique.**
JAKOBSON **Langage enfantin et aphasie.**
JANKÉLÉVITCH **La mort.**
le pur et l'impur.
L'ironie.
L'irréversible et la nostalgie.
Le sérieux de l'intention.
Les vertus et l'Amour (2 tomes).
L'Innocence et la méchanceté.
JANOV **L'amour et l'enfant.**

Le cri primal.
KUHN **La structure des révolutions scientifiques.**
KUPFERMAN **Laval (1883-1945).**
LABORIT **L'homme et la ville.**
LANE **Venise, une république maritime.**
LAPLANCHE **Vie et mort en psychanalyse.**
LAPOUGE **Utopie et civilisations.**
LEAKEY **Les origines de l'homme.**
LE CLEZIO **Haï.**
LE ROY LADURIE **Les paysans de Languedoc.**
Histoire du climat depuis l'an mil (2 tomes).
LEWIS **Juifs en terre d'Islam.**
LOMBARD **L'Islam dans sa première grandeur.**
LORENZ **L'agression.**
L'homme dans le fleuve du vivant.
L'envers du miroir.
MACHIAVEL **Discours sur la première décade de Tite-Live.**
MANDEL **La crise.**
MARX **Le Capital.** Livre I (2 tomes).
MASSOT **L'arbitre et le capitaine.**
MEAD EARLE **Les maîtres de la stratégie.**
MEDVEDEV **Andropov au pouvoir.**
MEYER **La persistance de l'Ancien Régime.**
MICHELET **Le peuple.**
La femme.
Louis XIV et la Révocation de l'Édit de Nantes.
MICHELS **Les partis politiques.**
MICHAUX **Émergences - Résurgences.**
MILL **L'utilitarisme.**
MOSCOVICI **Essais sur l'histoire humaine de la nature.**
ORIEUX **Voltaire** (2 tomes).
PAPAIOANNOU **Marx et les marxistes.**
PAPERT **Le jaillissement de l'esprit.**
PAZ **Le singe grammairien.**
POINCARÉ **La science et l'hypothèse.**
PÉRONCEL-HUGOZ **Le radeau de Mahomet.**
PLANCK **Initiation à la physique.**
PORCHNEV **Les soulèvements populaires en France au XVIIe siècle.**
POULET **Les métamorphoses du cercle.**
RAMNOUX **La Nuit et les enfants de la Nuit.**
RENOU **La civilisation de l'Inde ancienne d'après les textes sanskrits.**
RICARDO **Des principes de l'économie politique et de l'impôt.**
RICHET **La France moderne. L'esprit des institutions.**
ROSSIAUD **La prostitution médiévale.**
RUFFIE **De la biologie à la culture** (2 vol.).
Traité du vivant.
SCHUMPETER **Impérialisme et classes sociales.**
SCHWALLER DE LUBICZ R.A. **Le miracle égyptien.**
Le roi de la théocratie pharaonique.
SCHWALLER DE LUBICZ Isha **Her-Back, disciple.**
Her-Back « Pois Chiche ».
SEGALEN **Mari et femme dans la société paysanne.**
SERRES **Statues**
SIEYÈS **Qu'est-ce que le Tiers-État ?**
STAROBINSKI **1789. Les emblèmes de la raison.**
Portrait de l'artiste en saltimbanque.
STEINER **Martin Heidegger.**
STOETZEL **La psychologie sociale.**
STRAUSS **Droit et Histoire.**
SUN TZU **L'art de la guerre.**
TAPIÉ **La France de Louis XIII et de Richelieu.**
TESTART **L'œuf transparent.**
THOM **Paraboles et catastrophes.**
TRIBUNAL PERMANENT DES PEUPLES **Le crime de silence. Le génocide des Arméniens.**
THIS **Naître... et sourire.**
ULLMO **La pensée scientifique moderne.**
VALADIER **L'Église en procès**
VILAR **Or et monnaie dans l'histoire 1450-1920.**
WALLON **De l'acte à la pensée.**

Série Champs — *Contre-Champs*

BAZIN **Le cinéma de la cruauté.**
BORDE et CHAUMETON **Panorama du film noir américain.**
BOUJUT **Wim Wenders.**
BOURGET **Lubitsch.**
EISNER **Fritz Lang.**
FELLINI par Fellini.
GODARD par Godard.
Les Années-Cahiers.
Les Années-Karina.
KRACAUER **De Caligari à Hitler.**
PASOLINI **Écrits corsaires.**
RENOIR **Ma vie et mes films.**
ROHMER **Le goût de la beauté.**
ROSSELLINI **Le cinéma révélé.**
TASSONE **Kurosawa.**
TRUFFAUT **Les films de ma vie.**
Le plaisir des yeux.

Achevé d'imprimer en décembre 1990
sur les presses de l'Imprimerie Bussière
à Saint-Amand (Cher)

N° d'éditeur : 12946.
Dépôt légal : janvier 1991.
N° d'impression : 3186.

Imprimé en France